中文社会科学引文索引
（CSSCI）来源集刊

JOURNAL
OF
MODERN
CHINESE HISTORY

华中师范大学中国近代史研究所 主办

近代史学刊

第14辑

朱英 主编

社会科学文献出版社
SOCIAL SCIENCES ACADEMIC PRESS (CHINA)

本刊编委会

主　　编　朱　英
委　　员　(按姓氏笔画排列)
　　　　　　王奇生　北京大学历史学系
　　　　　　王　笛　美国得克萨斯A&M大学历史系
　　　　　　石川祯浩　日本京都大学人文科学研究所
　　　　　　朱　英　华中师范大学中国近代史研究所
　　　　　　刘　宏　新加坡南洋理工大学人文与社会科学院
　　　　　　村田雄二郎　日本东京大学大学院综合文化研究科
　　　　　　李培德　香港大学经济与工商管理学院
　　　　　　郑成林　华中师范大学中国近代史研究所
　　　　　　罗威廉（William T. Rowe）　美国霍普金斯大学历史系
　　　　　　章　清　复旦大学历史学系
　　　　　　渡边佑子　日本民治学院大学教养教育中心
　　　　　　彭南生　华中师范大学中国近代史研究所
　　　　　　虞和平　中国社会科学院近代史研究所

本期执行编辑　许小青

目 录

· 经济社会史研究 ·

论江南制造局"局坞分家"的经营史意义 …………… 李培德 / 1
清末民初上海商界的市政参与及其示范效应
　　——以上海救火联合会为中心 ………………… 方秋梅 / 10
"产销结合"下的上海中国国货公司 ………………… 刁成林 / 37
抗战时期后方金融市场的隐忧及暗流
　　——基于川省手工业融资活动的考察 ………… 赵国壮 / 55
战时大后方工业企业的技术演化
　　——以中央机器厂为中心 ………………………… 严　鹏 / 78
民国时期西藏交通、商业网络的嬗变与城镇兴衰探析 …… 付志刚 / 96
租界扩张与近代上海铁路的关系述论 ……………… 岳钦韬 / 113

· 政治史研究 ·

章太炎的革命方略与边疆建设 ……………………… 王鹏辉 / 132
"二十一条"要求之汉冶萍公司交涉案述评 ………… 李海涛 / 145
特殊的城乡关系
　　——从1955—1956年上海动员农民回乡运动看新中国成立
　　　初期上海与周边省份关系 ……………………… 阮清华 / 160

· 思想文化史研究 ·

论郭嵩焘使英期间中西观的变化 …………… 吴　琦　朱忠文 / 178
吴宓主编《武汉日报·文学副刊》的初步考察 ……… 傅宏星 / 189

· 近代大学与社会 ·

大学、城市与集体记忆：1930年代南京中央大学
　　"大学城"计划始末 …………………………………… 蒋宝麟 / 206
论民国时期基督教会大学立案中的校长人选问题 ………… 赵飞飞 / 219
基督教大学"中国化"意涵与实践的歧异
　　——1930年代燕京大学"百万基金运动"研究 ………… 陈　岭 / 235

· 札记 ·

70天的过渡：从光复到接收间隙中的台湾 ………………… 张健康 / 258

· 综述 ·

近代中国卷烟工业史研究综述 ……………………………… 魏晓锴 / 267
社会转型视野下的国家治理研究 ………………… 郑成林　姬凌辉 / 280

· 书评 ·

经济史与演化发展经济学结合的创新
　　——评《战略性工业化的曲折展开：中国机械
　　工业的演化（1900—1957）》 …………………………… 黄阳华 / 293

Table of Contents …………………………………………………… 297

稿　约 ………………………………………………………………… 306

·经济社会史研究·

论江南制造局"局坞分家"的经营史意义[*]

李培德

内容提要 江南制造局是中国最早期设立的现代企业之一,从1865年成立到1912年,经历了三次重大的组织改变:(1) 1865年与上海兵工厂二合为一,组成江南制造局;(2) 1905年与江南制造局划分,另成立江南船坞,一又分为二;(3) 1912年民国政府成立,江南船坞归海军接管,改称江南造船所。改称后的江南造船所,成为近代中国最早和最大型的造船企业。本文的目的在于讨论1905年"局坞分家"给江南制造局企业组织结构带来的转变,并从企业经营史角度重新加以评价。

关键词 江南制造局 江南造船所 局坞分家 钱德勒论说 中国企业经营史

一 规模经济与范围经济——如何把企业做大?

美国著名企业史学者钱德勒(Alfred D. Chandler)在他所著《看得见的手——美国企业的管理革命》(*The Visible Hand: The Managerial Revolution in American Business*)一书序言中一针见血地指出现有对企业史研究的两点不足:(1)历史学家宁愿研究个人,而不愿研究机构,他们只被企业家所吸引,却甚少注意由企业家所创立的新机构,包括管理方式和实现的新功能,

---

[*] 本文原为笔者于2015年5月由中国社会科学院近代史研究所、中国船舶工业集团公司、上海社会科学院历史研究所、南开大学历史学院联合主办的"中国近代民族工业的起步与发展——纪念江南造船建厂150周年"学术研讨会上发表的主题演讲。

以及在创立者退出舞台后其企业所能继续竞争和成长的方式；（2）几乎没有一个历史学者愿意写出某个单一机构从开始、成长至结束的全部过程，对于现代工商企业的兴起经过及随之而来的经理式资本主义可以说甚少注意。①钱德勒的说法虽然是针对美国，但对目前中国的企业史研究同样适用。②

钱德勒的另一著作《企业规模经济与范围经济——工业资本主义的原动力》（Scale and Scope: The Dynamics of Industrial Capitalism），讨论美、英、德三国工业企业的发展史，归纳出四种不同现代工业成长动力的来源模式：（1）通过"横向"的合并发展，方法是购置一些采用大致同样的工艺，为大致同样的市场生产大致同样的产品的企业或与这些企业合并；（2）通过"纵向"的一体化发展，方法是通过开办前一个生产阶段或后一个生产阶段的工厂，包揽从采矿或原料加工到最后完成产品组装的每一阶段；（3）向远方的地区扩张；（4）生产与企业现有技术或市场相关的新产品。③简单地说，美、英、德三国企业的增长主要依赖"横向"或"纵向"的发展，以扩充规模和延伸业务范围把企业做大。如果我们采用这样的方式来看中国的江南制造局所施行"局坞分家"的话，会有怎样的结果？④

二　企业如何扩充——垄断和竞争

毋庸置疑，纺织、采煤、炼钢、铁路、造船都是外来的新兴工业，中国要发展这些工业，在资本、技术、人才各方面都缺乏优势。在外商垄断

---

① 小艾尔弗雷德·D. 钱德勒（Alfred D. Chandler, Jr.）：《看得见的手——美国企业的管理革命》，重武译，商务印书馆，1987，第4—5页。
② 企业史研究并不是新兴的学科，但在中国的发展历史不长，如何与国际学界接轨甚值得关注，可参考王锦瑭《美国企业史研究》，《历史研究》1996年第4期；王锦瑭《钱德勒与美国企业史研究》，《世界历史》1996年第5期；王处辉《日本的企业经营史研究评介》，《中国经济史研究》1998年第2期；张伟东《哈佛企业史传统与我国企业史学科创新》，《长江大学学报》（社会科学版）第36卷第12期，2013年。
③ 小艾尔弗雷德·D. 钱德勒（Alfred D. Chandler, Jr.）：《企业规模经济与范围经济——工业资本主义的原动力》，张逸人等译，中国社会科学出版社，1999，第43页。
④ 笔者曾以钱德勒的理论分析中国的电影业和荣家企业集团扩充的方法，见李培德《膨胀与收缩——二十世纪三十年代上海申新纺织企业的财务问题和解决方法》，上海大学江南大学《乐农史料》整理研究小组编《纪念荣德生诞辰一百三十周年国际学术研讨会论文集》，上海古籍出版社，2005，第510—529页；李培德《中国早期电影公司的发展模式和经营问题》，黄爱玲主编《中国电影溯源》，香港电影资料馆，2011，第166—181页。

的压力下，能与之抵抗并进行竞争，同样不是易事。正如《海军江南造船所工作报告书》编者陈绍宽所说：

> 船舶为海运利器，故造船事业，即为竞争航权之先声。综计各国船舶，在我领海领川内航行者，英约百艘，属于怡和、太古等公司。日约三十余艘，属于日清、大连等会社。美之捷江，法之聚福，其船舶合计吨数则达三十四万吨之多。仅就江轮而论，已有十四万吨。我大江航业，被其攫夺过半。①

中国要打破外商垄断，必须自行扩展船队，但船舶从何而来？最直接的方法是自行造船，但在当时的上海，修造船舶多由英商船厂如祥生、耶松、和丰垄断，况且造船须解决资金、技术、人才等问题，对于"局坞分家"前的江南制造局而言，可谓是一个极大的挑战。过去，我们对"局坞分家"的看法，一般都从政治史角度来分析，焦点都局限于地方督抚如李鸿章、刘坤一、周馥、张之洞、袁世凯之间的政治争斗或合作，②因而很少注意"局坞分家"在企业经营史上的重大意义。

表1 江南制造局收入和支出统计

单位：两

年份	总收入	来自上海海关的收入	总支出	盈亏
1867—1873	2927458	2884498	2919911	+7547
1874	537154	491682	567794	-30640
1875	549411	520594	528039	+21372
1876	531444	472595	549628	-18184
1877	353135	333975	411571	-58436

---

① 《弁言》，陈绍宽：《海军江南造船所工作报告书》，1933，第6—7页。
② 参考细见和弘以下三篇文章：《中国近代企业史の研究——江南制造局の「局坞分家」の歴史的意义》，《龙谷大学大学院研究纪要》第10集，1989，第220—222页；《清末官弁军事工业における国防生产の展开と中央地方関系——江南制造局の再検讨》，《龙谷大学大学院研究纪要》第11集，1990，第93—105页；《光绪新政期における官弁军事工业の再编过程：江南制造局の移转问题をめぐる清朝中央政権と地方势力间の対抗とその结果》，《东洋史苑》第34、35号，1990年，第205—226页。

续表

年份	总收入	来自上海海关的收入	总支出	盈亏
1878	444626	434779	348926	+95700
1879	487147	468742	397540	+89607
1880	594057	560995	588370	+5687
1881	746172	657226	853081	-106909
1882	616325	529038	613770	+2555
1883	573615	438148	546853	+26762
1884	907253	505206	983196	-75943
1885	604999	527132	505174	+99825
1886	553390	525468	491687	+61703
1887	610204	530669	661542	-51338
1888	568555	556932	487518	+81037
1889	631142	502347	688690	-57548
1890	865866	793399	755717	+110149
1891	786578	679905	644520	+142058
1892	673311	647834	763154	-89843
1893	629135	564128	843151	-214016
1894	817893	662307	859935	-42042
1895	1298141	1180134	976829	+321312
总数	17307011	15025733	16986596	+320415

资料来源：魏允恭编《江南制造局记》第4卷，文海出版社，1969，第2—4、6—8页。

从表1可见，江南制造局虽没出现过重大的亏损，但依赖海关的财政支援非常严重。可以说，如果完全撤除海关挹注的资金，表1中的亏损项将全部出现负数。由此可见，江南制造局的财政从来未具独立的能力。

在经费紧绌、效益不彰和外商垄断等内外压力的煎熬下，当时的两江总督周馥和驻沪总理南北洋海军提督叶祖珪毅然决定把江南制造局和船坞分家，以挽救一向业绩欠佳的江南制造局。周叶两人此举可谓孤注一掷，因为刚独立出来的江南船坞在经费、土地、房屋、机器设备、材料等方面无不依赖江南制造局供给。正如陈绍宽所说：

光绪三十一年，两江总督周馥奏请派海军大员专司其责，将船坞与制造局划分，改称江南船坞，所有与坞相连之机器厂、打铁厂、翻砂厂、锅炉厂、江岸码头及应用房屋划归船坞，年缴制造局坞租，借江安粮道库银二十万两为开办费，仿照商厂办法，常年经费自行周转，获有余利，分期偿还借本。至宣统三年完全还清，尚有赢余，概充船坞基金。

……除造修海军船艇兼招揽修造友邦军舰暨中外各项轮船外，又呈请政府立案，凡海关及招商局应修之船，均归本坞修理，以维厂务而保利权，并规定提给花红，奖励办事人员，于工程、物料、款目、用人四项，力加整顿。经营数年，渐有起色。①

由上可见，江南船坞之所以出现，盖因为获得了江南制造局创造的条件。根据资料所示，制造局为船坞提供的"硬件"，包括以下各项：（1）开办经费20万两；（2）全坞地基约60亩；（3）泥船坞1座，长325英尺；（4）轮机厂1所，连样板楼、锯木房、木工房、抽水房、物料房以及员司住房，大小厂屋98间；（5）岸坞2座；（6）挖泥机船2艘、运泥驳船3艘、万和小轮1艘；（7）锅炉厂1所，连同办公房、木料栈、大小房屋共48间；（8）炮弹厂1所，连同打铜厂、翻砂厂等新旧厂屋共100余间，厂内附属机器有30匹马力和25匹马力汽机各1部，又大小车床64部；（9）水雷厂1所，连同住屋共19间；（10）栈房5所；（11）中西式住房14所。②基本上，制造局是把原来所有与造船相关的场所、设备、工具、物料等全部移交给了船坞。除了以上的"硬件"外，还有为更重要的两项"软件"：江南船坞的新经营模式；受保护的造船市场。

其实，从造船工业的角度来看，船坞从制造局所得的各种设备、厂房和机器不可不说是各个工序的一个"纵"的串合，完全符合上文提到的经济扩充的需要。无可否认，自分家以后，江南船坞所采用的经营模式已脱离原来的"官办"而掺入"商办"的成分。所谓"仿照商厂办法，常年经费自行周转"的意思就是自负盈亏，而同时设立奖励制度，目的是让办事得力的人可获提花红。换句话说，江南船坞此后的存活将交由市场来决定，

---

① 《本所开办以来之沿革》，陈绍宽：《海军江南造船所工作报告书》，第2—3页。
② 上海社会科学院经济研究所编《江南造船厂厂史（1865—1949.5）》，江苏人民出版社，1983，第99页。

官方尽量站于台后而非台前。值得注意的是，由官方出面招揽来自海关、招商局及北洋军舰的修船业务，有助于为这个刚呱呱落地的婴孩提供足够的营养。由于得到造船市场的保障，这个新兴企业获得了较容易的发展。当然，船坞离开制造局母体后并没有完全切断与制造局的关系，至少要每年缴1万两的"坞租"与制造局。

三 "局坞分家"和商业化经营

1905年"局坞分家"以后，出现了几个新的商业化经营气象：（1）以海军提督叶祖珪为江南船坞的督办，总兵衔候补副将吴应科为总办，另聘德人巴斯为总稽查，英人毛根（R. B. Mauchan）①为总工程师，在辞退大量冗员的同时，采用了责任承包的"包工制"；（2）进行设备更新扩建工程，把泥船坞改建为木质船坞，拓长117.3米，加宽22.9米，挖深7.47米，并修建坞东码头，填宽沿江土地，使大型船舶可以停泊；②（3）不论官船、民船、中外军舰或商船，均可在船坞内进行维修、修建等各种业务，脱离专为海军服务的封闭性生产。由于经营得法，不出10年，分家时借用的江安粮道库银20万两开办费，原定分10年摊还，最后因业绩良好，提前4年于1911年全部还清。

在江南船坞所实行的商业化经营中，英人总工程师毛根起了相当重要的作用。他在加入船坞前曾先后在招商局和英商祥生船厂任机器工程师，在造船工业上积累了相当的经验和人际关系网。毛根不仅有专业的知识和技术，他更网罗在外商船厂工作的技术骨干，将他们安插在船坞的各个重要岗位，为船坞以后的扩张打下了十分重要的基础。可惜他于1926年辞去了所有的职务。③

江南船坞最重要的业绩是修建新船的数目，从表2可见，修建的新船时有增加或减少，并不是很稳定。不过，总的来说，在"局坞分家"后的22年间，江南船坞共修造了505艘新船，总排水量达165000多吨，④ 与分家前

---

① 上海社会科学院经济研究所编《江南造船厂厂史（1865—1949.5）》，第98页。
② 江南造船厂志编纂委员会编《江南造船厂志（1865—1995）》，上海人民出版社，1999，第64页。
③ 江南造船厂志编纂委员会编《江南造船厂志（1865—1995）》，第553页。
④ 其所造500吨以上新船，其中有不少是属于中国海军、招商局的船，参见上海社会科学院经济研究所编《江南造船厂厂史（1865—1949.5）》，第104—106页。

40年间只修建新船15艘、总排水量只有约1万吨，真是不可同日而语。

表2　江南船坞（1912年改称江南造船所）历年造船数量

年份	数量	增减情况（%）	排水量（吨）	增减情况（%）
1905	2	—	37	—
1906	19	+850.0	728	+1867.6
1907	20	+5.3	5399	+641.6
1908	39	+95.0	4033	-25.3
1909	5	-87.2	353	-91.2
1910	11	+120.0	975	+176.2
1911	40	+263.6	9515	+875.9
1912	16	-60.0	3181	-66.6
1913	24	+50.0	3474	+9.2
1914	25	+4.2	5241	+50.9
1915	24	-4.0	5178	-1.2
1916	50	+108.3	6712	+29.6
1917	18	-64.0	4471	-33.4
1918	10	-44.4	60373	+1250.3
1919	22	+120.0	5398	-91.1
1920	29	+31.8	10643	+97.2
1921	18	-37.9	8737	-17.9
1922	26	+44.4	3236	-63.0
1923	38	+46.2	6281	+94.1
1924	36	-5.3	12634	+101.1
1925	13	-63.9	2724	-78.4
1926	20	+53.8	5810	+113.3
总数	505	—	165133	—

资料来源：上海社会科学院经济研究所编《江南造船厂厂史（1865—1949.5）》，第103页。

由表3可见，自1905年实行"局坞分家"后，江南船坞（1912年改称江南造船所）几乎每年都出现盈余，只有1926年亏损174000元，其中以1921年的数字最为惊人，当年营业额竟高达1800多万元，盈利216万余元。主要原因为该年承造完成了美军4艘大型运输舰,分别为"文华"号(Mandarin)、"神圣"号(Celestial)、"东方"号(Oriental)和"国泰"号(Cathay),每艘均为14750吨。①江南船坞虽然有相当不错的财政盈余,但增长率起落不定,盈利率更是时高时低,十分不稳定,可见修造新船订单的多寡直接影响着江南船坞的收入和盈利。

表3 江南船坞(1912年改称江南造船所)历年营业额和盈余统计

单位:两

年份	营业额	盈余	增减情况(%)	盈利率(%)
1905年4月至1907年4月9日	1691582.37	130280.70	—	7.70
1907年4月10日至1907年12月	715379.21	107711.92	-17.3	15.06
1908年1—12月	880694.57	116840.86	+8.5	13.27
1909年1—12月	887600.05	85165.47	-27.1	9.60
1910年1—12月	729709.34	45712.54	-46.3	6.26
1911年1月至10月20日	931546.46	262204.06	+473.6	28.15
1911年10月21日至1912年4月	571158.62	46014.38	-82.5	8.06
1912年5—12月	984708.42	213026.21	+363.0	21.63
1913年1—12月	958314.77	93226.83	-56.2	9.73
1914年1—12月	1197571.81	143277.08	+53.7	11.96
1915年1—10月	1168420.10	241983.99	+68.9	20.71
1915年11月至1916年12月	1887998.30	205186.46	-15.2	10.87
1917年1—12月	2208893.37	604171.13	+194.4	27.35
1918年1—12月	2592984.94	490650.90	-18.8	18.92
1919年1—12月	1580540.47	325526.25	-33.7	20.60
1920年1—12月	3634931.56	1152409.84	+254.1	31.70
1921年1—12月	18060742.22	2167003.69	+88.0	12.00
1922年1—12月	3920440.16	1465561.59	-32.4	37.38
1923年1—12月	2348580.01	781156.76	-46.7	33.26
1924年1—12月	4131274.33	2130551.43	+172.7	51.57
1925年1—12月	3670192.48	629736.65	-70.4	17.16

① 上海社会科学院经济研究所编《江南造船厂厂史(1865—1949.5)》,第106—107页。

续表

年份	营业额	盈余	增减情况（%）	盈利率（%）
1926年1—12月	2423193.16	-174000.58	-127.6	-7.18
合计	57166456.72	11263358.16	—	19.70
每年平均数	2598475.31	511970.82	—	19.70

资料来源：上海社会科学院经济研究所编《江南造船厂厂史（1865—1949.5）》，第111页。

四 结语

江南制造局从1865年成立到1905年实行"局坞分家"，前后历经40年，企业组织由二合为一，再由一分为二，完全符合钱德勒所说"范围经济"在纵向连合时的整合过程。需要指出的是，这是一个"规模扩张"而非收缩的过程。江南制造局的历史告诉我们，只有"局坞分家"才能各司其职，制造局专注于军事武器的生产，而船坞则集中于船舶的修建。

需要指出，江南船虽然是在官办的模式中掺入商办元素，但绝不能说是"官督商办"。不过，不得不承认的是，这个崭新的商业化经营模式，足以把垂危的船坞救活。到了1921年，江南造船所更出现前所未有的高达216万余元的巨额盈利。显而易见，企业经营模式的转变对企业发展至为重要，"局坞分家"可说得上是一个典型的案例，在中国的企业经营史上写下了重要的一页。

（作者单位：华中师范大学中国近代史研究所）

清末民初上海商界的市政参与及其示范效应*

——以上海救火联合会为中心

方秋梅

内容提要 清末民初,上海商界市政主体意识已觉醒,上海救火联合会的成立、发展及其市政参与是上海商界市政参与的成功范例。该会多方面的市政参与,对近代上海政建设与市政管理做出了积极贡献,同时对江浙等地区的众多城市的民间消防组织产生了明显的示范效应。上海商界市政参与的示范效应在增进中国城市现代性尤其是江浙地区城市现代性滋长方面起到了积极作用。

关键词 清末民初 上海商界 上海救火联合会 市政参与 示范效应

上海作为近代中国最早开辟租界和推行地方自治的城市之一,其市民市政主体意识的觉悟程度与参与市政的广度和深度,以及由此而产生的示范效应,都是颇值一书的事情。而商界作为近代上海最重要的民间市政实践主体,其市政参与无论在清末还是民初的中国,均产生了良好的示范效应,从而在近代上海乃至近代中国市政发展史上留下了浓墨重彩的一笔。①

---

* 本文为国家社会科学基金青年项目"近代中国城市社会发展进程中的民间市政参与研究"(09CZS022)、中国博士后科学基金面上资助项目"民间市政参与与近代中国城市发展研究"(2011M501218)、湖北省博士后科技活动择优资助项目"近代中国民间市政参与研究"的阶段性成果。

① 本文采用广义的也就是政治学意义上的市政,将市政主体主要区分为官府与民间两大类。因为这种分类更切近清末民国中国市政的实际,并且当时不论是官方,抑或商界、学界,在论及市政主体的时候,都不免将官治与民治对称,将官办市政与民办市政并提。如孙传芳在向闸北商界解释为何要由官府来办理闸北市政时,就曾提到"闸北同浦东、吴淞、沪西各区的市政,暂时官办民督,南市的市政,民办官督"。参见《孙传芳昨校阅闸北救火会操演》,《申报》1926年5月10日。而商界和学界都反对官派淞沪商埠督办,认为一经官

在诸多的市政实践中，上海商界所主导的上海救火联合会及其对城市消防的参与，是近代上海商界市政参与的一个成功的范例，所产生的示范效应十分突出。①本文希望通过梳理上海商界这一典范性的市政参与及其所产生的示范效应，增进我们对于区域城市发展史和中国城市现代性问题的认识。同时，也希望本论题可以为近代中国城市史研究贡献一点新思路。②

　　派督办，就是官治——官办市政，如果由民选督办，就是民办市政。市政专家董修甲在上海进行市政演讲的时候，就讲过"市政应官办或民办"的问题，他认为中国的市政有三种形式：完全官办、完全民办、官民合办。尽管他所说的官办、民办与商界所说的未必一致，但主要也是将市政主体以官与民的形式来区分。参见《中国公学请董修甲演讲市政》，《申报》1926年5月12日。

① 南市在上海称得上是商业区，支持救火会活动的是各业商人。在上海救火联合会中，各类从事商业的人员在救火会会员中占压倒多数，商人在会董中也占大多数，其中一部分是上海总商会会董，是商界的精英。总的来说，上海救火联合会是在以资本家阶级为中心的上海地方精英的指导下运作起来的。参见小浜正子《近代上海的公共性与国家》，葛涛译，上海古籍出版社，2003，第152—158页。因此，上海救火联合会大致上可以归为商界主导的民间社团组织。

② 目前，有关上海救火联合会的研究成果主要如下。日本学者小浜正子的专著《近代上海的公共性与国家》（上海古籍出版社，2003）是目前为止对上海救火联合会研究最深入的成果，该著辟专章论述了清末民国的上海救火联合会，分别从该会与"地方公益"的关系、该会内部组织及活动、该会与上海市政府的关系等角度进行了详尽的论述，其研究主旨在"考察以民间社团为据点培育起来的中国近代城市公共性的性质"。该著认为该会是在以资本家阶级为中心的上海地方精英的指导下运作起来的，在清末民初的地方自治运动中体现了地方公益，得到了都市社会民众的热情支持，在上海华界的活动十分活跃，显示了近代中国公领域的一种形态。而它在民国的发展，顺应了城市快速近代化的形势。周武、吴桂龙著《上海通史·晚清社会卷》（上海人民出版社，1999）从社会转型的角度论述了作为民间消防组织的上海救火联合会的成立。王寿林编著《上海消防百年记事》（上海科学技术出版社，1994）介绍了该会成立的地方自治背景、成立经过、所起的作用及其与国际消防组织的关系等。李采芹主编《中国消防通史》下卷（群众出版社，2002）论述了上海救火联合会诞生、发展经过、影响及李平书的相关事迹等。胡启扬的博士学位论文《民国时期的汉口火灾与城市消防（1927—1937）》（华中师范大学博士学位论文，2012年），论述了上海救火联合会的成立和完善，指出该会的成立和完善不仅推动了本地区城市消防的发展，还对周边地区起到了巨大的示范作用，对当时中国整个消防事业的进步都具有积极作用。文中还将汉口保安公益会和上海救火联合会的消防进行了比较，认为上海救火联合会有地方绅商主导，其组织程度、消防器具装备等都为汉口保安公益会所不及。但是由于胡文论述的目标城市为汉口，故对于上海救火联合会的市政参与及示范效应未有详细论述。此外，相关论文主要有梅雪《清末民初的上海救火联合会和钟楼》，《上海消防》2001年第10期；《李平书与上海救火联合会》，未注明撰稿人，《新安全·东方消防》2013年第2期。

一 清末民初上海商界市政主体意识的觉醒

上海开辟租界后，租界市政呈现出良好的发展态势，很快对华界产生了积极的示范效应。鉴于"外权日张，主权浸落；道路不治，沟渠积淤"①——市政主权的日渐旁落、华界市政与租界市政的霄壤之别，华界不论是官府还是民间，都急切地希望改良市政，清末上海的市民意识由此得到萌发并不断滋长。而地方自治运动在清末的开展以及这场运动随着民初政体的转换断续地展开，华界市政改良的不断尝试，上海市民的市政主体意识不断强化，他们参与市政的欲望也日趋强烈。其中，上海商界作为中国最大的工商业城市中最活跃的一个群体，其市政主体意识与参与市政的欲望尤其强烈。

（一）"市民有参与市政之必要"，"市政事宜由地方绅商共同组织"

根据唐振常先生的研究，上海租界的市政设施刺激了上海的华人与华界。从19世纪60年代起，上海市民意识开始萌发，地方人士即不断提出意见，要求上海市政当局力求改革，在华界采用租界先进的市政管理与设施。②

1905年冬（光绪三十一年十月），上海绅商李平书、姚文枬等受租界市政发达的启示，同时也有意借鉴武昌、天津的市政经验，在清地方政府的支持下，积极参与地方自治，成立了城厢内外总工程局。③ 从此之后，上海商界的市政主体意识随着地方自治运动的展开而快速滋长，以至一旦城市自治权或市民市政参与权遭受侵害时，上海商界就会做出强烈的反应。

1914年2月，袁世凯下令取消地方自治，上海南市和闸北的自治也随即取消，上海市政厅和闸北市政厅均被撤销，取而代之的分别是上海工巡捐总局和闸北工巡捐分局，上海市政厅筹募的公债银十余万两也转而由上海工巡捐局承继。对此，上海商界十分无奈，同时也做出了自己的反应。正是在自治机关与官办机构交接的过程中，南市商界纷纷向市政厅董事催还债款。南市漳泉会馆致函市政厅索还公债，声称该馆当初之所以愿意购

---

① 杨逸纂《上海市自治志》，台北：成文出版社，1974，大事记甲编，第1页。
② 唐振常：《市民意识与上海社会》，《学术季刊》1993年第1期，第140页。
③ 参见杨逸纂《上海市自治志》，大事记甲编之第1页及李平书等《李平书七十自叙·藕初五十自述·王晓籁述录》，上海古籍出版社，1989，第53页。

买公债，一是因为地方自治因公益而需款；二是因为主持市政厅的绅商热心任事，为众商所信任。现在既然停办自治机关，改为官办，就应偿还以前的公债，"盖所借之款乃借与自治机关，非借与官治机构"。而华成总公司亦因自治机关改归官办，也向市政厅索还其向该公司押款的规元25000两。① 米业公所仁谷堂董事也加入催还公债的行列，催还的理由是公债是借与市政厅的，现在既然"市政取消，改为官办"，市政厅就应该立即清偿公债。② 南市商界的这些催债行为虽然直接针对的是即将为官办机构所取代的市政厅，但促发他们索款的理由却是不愿意将钱借给不属于地方自治的官治机构。这种做法实际上是以一种消极的方式显示了他们对官方接办市政的不满、不信任与不支持，而透露出来的是上海商界日趋张扬的市政主体意识。

1916年，袁世凯在一片唾骂声中离世，中央政府遂又宣布恢复地方自治。地方政府未能落实恢复地方自治政策，上海南市绅商呈请恢复地方自治，声称上海从清末举办地方自治至上海市政厅被取消，"办理自治，先后十年……现在共和再造，国会重开，各级自治机关亦经国会议决即行回复……上海全市人民，急盼自治复苏，有如饥渴，并以本地方市政繁重，与他处情形不同，谓宜速行规复……众意金同……"③ 显示出强烈的市政主体意识。由于地方军政各方的阻扰与故意拖延，上海的地方自治机关未能及时恢复。对此，上海的舆论也表示出强烈的不满及对上海市政前途的担忧。《申报》评论说："夫使上海而终于军政时代，使上海之市民而永无自治之权利，则亦已耳。苟不尔者，则市政固自治范围之内也，而奈何改组？而奈何假借改组之名以永久官治？"④

1919年五四运动以后，上海公共租界华人因不满工部局抵制华人参政，开展了长达数年的华人争取市民权——市政参与权的运动，此即轰动一时的上海公共租界华人参政运动。对此，上海舆论多予以坚决支持，甚至宣称："租界纳税华人之选举理事，为市民参与市政之发端"，"市民有参与市政之必要"。⑤ 可以说，此言道出了上海商界的心声。

---

① 《停办自治机关余闻》，《申报》1914年3月4日。
② 《米业公所索偿公债》，《申报》1914年3月9日。
③ 《请复上海市自治机关文》，《申报》1916年11月29日。
④ 《杂评二·上海市政之将来》，《申报》1917年3月14日。
⑤ 《杂评二·选权与市政》，《申报》1922年4月12日。

同年10月，上海公共租界各马路商界纷纷组织联合会，稍后，又在此基础上成立市民公会。次年10月14日，公共租界华人纳税人会宣告成立，其重要后盾就是各马路商界联合会。纳税华人会成为以华商为主体的公共租界华人争取租界市政参与权的中间组织。该会及华商以西方议会政治民主的原则——"不出代议士，不纳租税"作为运动的口号和斗争武器。可以说，华人参政运动极大地强化了上海商界的市政主体意识和市政参与意识。

此后，上海的地方自治运动渐入高潮，上海商界的市政主体意识也伴随着地方自治运动再度兴起而高涨。上海商界认为，商会"为各业领导之集合机关，应有参与市政之权"，"市政事宜由地方绅商共同组织"。① 上海各马路商界总联合会更宣称："上海为我上海市民之上海"，呼吁迅速组织市政筹备会，群策群力，详细筹划商埠市政。② 此期间，包括商界在内的上海各界组织上海市纳捐人会、淞沪市政协会、市政联合会等社团组织，极力主张上海成立特别市，且抗拒官派市政督办，要求市长民选。上海商界市政主体意识的觉醒，最终导致其与学界、工人阶级结成联盟，于1927年3月联合成立了上海市临时政府。至此，上海商界的市政主体意识达到了清末以来的顶点。

（二）"为国家主持消防事务"

在参与城市消防的过程中，上海商界主体意识的觉醒也得到了充分体现。

南市上海救火联合会的绅商领袖们认为，按照地方自治制度的规定，消防——他们称之为"火政"——"本隶属市政范围"，而南市绅商同人等办理火政不费公家分文，共同维持火政，不但为地方谋公安，还足以与近在咫尺的租界一争高下；③ 他们"办理火政纯系地方慈善事业，不受公家分文，只知遇警施救，救熄为止，是为天职"；④ 不论是团体、人民还是国家，其实均有分担义务之责任，而南市救火会义务办理火政其实就是"为国家

---

① 《谢蘅牕对于沪事之意见》，《申报》1925年2月4日。
② 《组织市政筹备会建议》，《申报》1925年3月7日。
③ 《救火联合会公宴穆杼斋》，《申报》1914年1月9日。
④ 《救火联合会复交涉员函》，《申报》1916年11月25日。

主持消防事务"。① 显然，他们以城市主人翁自居。

闸北商界的市政主体意识在其消防观念中也有充分的体现。闸北的救火会声称自己"职掌消防"，② 闸北救火会也被商家视为"综揽地方大政"③的组织。1926年，闸北救火会会长俞宗周在孙传芳校阅该会操演时，甚至声称"消防事业，为市政唯一要务"。④ 此说对于一意统揽闸北市政管理权的孙传芳而言，很有些斥其喧宾夺主的意味，其间蕴含的市政主体意识不言而喻。

二 清末民初上海救火联合会的市政参与

随着市政主体意识不断滋长、张扬，上海商界对市政的参与也越来越积极。⑤ 而上海市救火联合会的成立、发展及其市政参与，就是上海商界参与市政的一个成功范例。

（一）上海救火联合会的成立与发展

成立统筹管理消防的社团并不断健全其组织，改良消防设施，既是清末民初上海商界参与消防管理的基础，也是其市政参与的重要表现。

---

① 《请免救火机件之关税》，《申报》1919年8月27日。
② 《闸北一段救火会感谢特捐》，《申报》1924年3月7日。
③ 《闸北商界致函工巡捐局注意消防》，《申报》1924年4月20日。
④ 《孙传芳昨校阅闸北救火会操演》，《申报》1926年5月10日。
⑤ 总体而言，清末民初上海商界的市政参与可以分为以下几类。第一类是以法定地方自治团体的身份办理市政，但是由于取得的市政管理权与决策权比较有限，不时需要借助官府的权威或取得官府的支持，才能切实推行市政。如上海城自治公所、上海市公所主办的市政。第二类是以非法定地方自治团体的身份主办市政，如上海城厢内外总工程局主办的市政。上海城厢内外总工程局纯系南市绅商组织的民办市政组织，它得到了苏松太道的支持，但并未有地方自治法规的认可。第三类是以自治性社团的身份主办某一方面的市政或介入市政管理，如闸北救火会主办闸北消防，上海城厢内外总工程局时期的上海慈善团主办南市慈善事业。第四类是自治性社团如上海总商会、银行等，回应地方市政当局的市政举措，参与某项市政事务（如购买市政公债，临时应邀共商市政进行之策）等。第五类是商家以个体形式参与市政，如捐款资助市政、为促进市政发展建言献策等。第六类是商界通过与地方市政当局以某一组织形式合办某项市政或取得部分市政管理权，如上海市政厅时期，上海慈善团与上海市政厅合作办理南市慈善事业，商家或私营企业与地方市政管理当局合办公共事业。第七类是以自治性社团身份争取市政管理权，包括争取部分市政管理权（如税捐使用的监督权）和争取执掌市政权，如要求民选市长、组织市民所有的市政权。就上海救火联合会而言，其市政参与主要属于第三类，但其参与市政的范围实际上并不局限于第三类。

1. 为统筹管理城市消防、维护消防主权，清末上海绅商成立上海救火联合会

上海南市人烟稠密，火灾频繁，在上海救火联合会成立之前，就已成立了30多个救火会，互不统属。它们用手提灭火机灭火，经费由当地绅商负担。由于设备老式，报警设施落后，各救火会各行其是，没有统一的管理，严重影响了临场施救能力的发挥。"起火时就打锣把队员召来。水源往往不敷需要，火势难以扑灭。各消防队一听到火警都争先恐后奔赴火场，结果秩序大乱，妨碍了救火。"① 南市分散的消防组织亟待整合、改进。

租界对南市消防主权的侵蚀，也促使南市商界寻求应对之策。由于火灾频繁，华商纷纷向租界洋商购买保火险。由于南市消防落后，一旦发生火灾，商家损失惨重。"华界火政不修"对租界经营保险业务的洋商的营业造成了不利的影响，同时也招致西人的讥笑。② 租界的保险业洋商为了避免营业损失，请求领事当局转商江海关道，要求"遇南市失慎，许西人救火会越界来救"。租界洋商及救火会所为，侵蚀了南市的消防主权。为了维护消防主权，南市总工程局总董李平书于是建议将城区各救火会联合为一个组织。他的建议得到了南市绅商的积极支持。

1907年阴历八月（光绪三十三年孟秋），上海绅商组织成立了一个联合消防机构，即"上海内地城厢内外救火联合会"。1910年改称"上海救火联合会"。该会修订了章程，还建造了会所和警钟楼，总耗费"一万二千金"。③《江海关十年报告》称，"仿照租界办法，择地筹款，建筑钟楼会所，遇灾报警"。④ 而上海救火联合会成立后，所有的活动耗费，"公家不曾支出分文。消防队员都是各商店青年店员，完全是义务性质的"。⑤ 该会亦

---

① 《江海关十年报告之四（1912—1921）》，徐雪筠等译编、张仲礼校订《上海近代社会经济发展概况（1882—1931）——〈海关十年报告〉译编》（以下简称《海关十年报告译编》），上海社会科学院出版社，1985，第225页。
② 《请拨海神庙基地建筑龙所》，《申报》1917年7月17日。
③ 参见《救火会》，姚文枬等纂《上海县续志》卷2，台北：成文出版社，1970，第44页；包明芳：《中国消防警察》，商务印书馆，1935，第25页。需要说明的是，《上海县续志》载有39个救火会（见该书卷2第45页），但并非所有各会均加入进来，因为直到1916年10月上海救火联合会操演时，至少有同安社、城东平安社并未加入该会，"亦未到场试演"。参见《同安救火会不愿归并》，《申报》1916年9月21日；《城东平安救火会不愿归并》，《申报》1916年9月24日；《各区救火会联合操演》，《申报》1916年10月10日。
④ 《江海关十年报告之四（1912—1921）》，徐雪筠等《海关十年报告译编》，第225页。
⑤ 《江海关十年报告之四（1912—1921）》，徐雪筠等《海关十年报告译编》，第226页。

自称"其时上海总工程局甫经成立,以主权攸关,邀请各救火社联合为一,组织救火联合会,仿照租界,建筑报警钟楼,并建会所,平日可研究火政,临事则通力合作"。① 该会还每每自豪地宣称"不支公家一文"② "敝会办理火政以来,一切经费,全由地方绅庶捐款维持,从未受国家丝毫之补助"。③ 可见,上海救火联合会系纯粹的民间组织,该会的成立既是抵制洋商侵害华界市政主权的结果,也是华商界学习租界市政管理经验的产物。

2. 为强化消防能力,民初上海救火联合会大幅度整合组织,改良消防设备

上海救火联合会成立后,"但消防设备仍不够完备,救火方法也有不足之处"。④ 为此,该会继续探讨改进之方,先后在1913年、1919年两次大幅度整合内部组织,借此集合财力,增购设备,强化消防能力。

1913年,该会鉴于"拆城辟路以来,北半城市面日见发达,房屋益行繁盛,近且建造货栈,均三四层不等,遇有火警,施救不易。因将全埠火政划为七区,添备救火引擎等器具,以期实力改良"。⑤ 将属下38个救火分会整合为7个区,即城内东北区、西北区、东南区、西南区4区,城外十六铺至关桥、关桥至董家渡、董家渡至南火车站3区。⑥ 各区都建筑高大龙所作为汇总之地,并向外洋添购救火引擎及种种器具。经此整合之后,联合会自称"我南市火政不支公家一文,七年以来,进步神速"。⑦

分区合并之后,各分区下面的分会各会不再分别收捐,而由合并之后的各区救火会统一收捐,由上海救火联合会转呈上海县公署立案并给示布告,⑧ 从而加强了各区的经费统筹能力。

1919年冬,上海救火联合会又开始对下属消防组织进行新一轮的大幅整合。该会开会议决,将全部火政,改并为东、南、西、北四区,以一、二、三、四区改并为西、北两区,以五、六、七三区,改并为东、南两区,

---

① 《请拨海神庙基地建筑龙所》,《申报》1917年7月17日。
② 《救火联合会公宴穆杼斋》,《申报》1914年1月9日。
③ 《救火会请减电费之呈文》,《申报》1917年7月23日。
④ 《江海关十年报告之四(1912—1921)》,徐雪筠等《海关十年报告译编》,第226页。
⑤ 《整顿火政之布置》,《申报》1916年7月7日。
⑥ 《华界火政之改良》,《申报》1913年7月5日。
⑦ 《救火联合会公宴穆杼斋》,《申报》1914年1月9日。
⑧ 《南市救火捐统一征收》,《申报》1916年9月20日。

先从南市东区着手以期轻负担而速成功。①城内西、北两区，组织在本城。东、南两区，组织在大码头及沪杭车站。所有五区六区之两火会，一在大码头，一在生义码头。将六区并入五区，改为东区。②到 1921 年时，东、西、南、北 4 个消防区，各有消防站 1 所；东、西、北三区的消防站已建成，南区消防站尚在筹建中。并向国外订购新式消防设备，在大街小巷安装救火龙头。③各区正式成立时间不一。如西区救火会议决在 1924 年 3 月 1 日开成立会，④南区救火会决定在 1924 年 4 月中旬开成立大会。⑤

此外，上海救火联合会在组织上还有所扩张。隶属上海县管辖的浦东烂泥渡地方成立救火会之后，也归属上海救火联合会麾下。1923 年 8 月，该会召开选举大会，上海救火联合会曾委派总务科长陆锦鳞、东区主任何永寿二君，渡浦莅场监视。⑥

经过不断整顿，"上海全市（此处指南市——引者）火政，规划为东西南北四区，均以各区域适中地点，设立会所，以敝会为其总制，使会务、经费、器具、服装，尽归统一，所有各区火会，一律建筑宏敞西式屋宇，购置新式马特器具，凡救火设施应用之器具，悉已具备，并雇佣警备员役，日夜轮值，常川驻守"。⑦据记载，1924 年各区人员合计 365 人，⑧ 到 1926 年，上海救火联合会下辖的全部组织共计有值班和救火的会员 1050 人，其中雇员 150 余人，同时拥有新式汽油机泵浦消防车 34 辆、扶梯车 7 辆、自动扶梯车 1 辆、消防龙头 800 余只。⑨

得益于自身组织的完善与救火装置的更新，上海救火联合会得以更好地参与市政管理。

---

① 《南市刷新火政之进行》，《申报》1920 年 10 月 7 日。
② 《华界救火会之改组》，《申报》1920 年 5 月 28 日。
③ 《江海关十年报告之四（1912—1921）》，徐雪筠等《海关十年报告译编》，第 225—226 页。
④ 《西区救火会行政会纪》，《申报》1924 年 2 月 17 日。
⑤ 《南区救火会消息》，《申报》1924 年 4 月 6 日。
⑥ 《烂泥渡救火会选举揭晓》，《申报》1923 年 8 月 9 日。
⑦ 《救火联合会通告募捐》，《申报》1926 年 1 月 7 日。
⑧ 上海救火联合会辑《上海救火联合会报告（二）》《报告册民 17 年度》《报告册民 20 年度》《报告册民 24 年度》各会员题名录，转引自胡启《民国时期的汉口火灾与城市消防（1927—1937）》，华中师范大学博士学位论文，2012 年，第 157 页。
⑨ 李采芹主编《中国消防通史》下卷，群众出版社，2002，第 1307 页。

（二）多方面的市政参与

自1907年成立到1926年的30年时间里，上海救火联合会积极开展城市消防，并由此介入上海市政的其他领域。可以说，它多方面地参与了上海南市市政管理。

1. 参与救火

毫无疑问，上海救火联合会最重要的市政参与就是主导辖区范围内的救火。据统计，从1907年成立到1923年，该会历年出动救火的次数分别为17、32、31、44、25、13、44、29、43、33、59、35、30、57、74、97、103次，[①] 1923—1926年总计出动救火548次。[②]

随着会内组织的整合、管理的完善，救火效率也不断提高。至1926年时，其救火效率十分可观，消防水准已经与租界并驾齐驱了。"设遇火警，由专机电话，传达警信，得以立时出发，五分钟内，可驰抵灾区，使大小之灾，易于扑灭……火政修明以后，外人之参观者，亦无间言。向来南市保险洋商，以内地火政不良，保费倍于租界，今因南市火政设施完备，故各保险行对于南市保费，已一律与租界平等。可见南市一带商铺住户，其所受无形之实惠，已不可以道里计。"[③]

2. 完善市面消防设施

要提高消防效率、减小火灾损失，只改善救火联合会会内消防设施是不够的，还必须完善市面的消防配套设施。为此，上海救火联合会在完善这方面做了大量努力。

在未安设消防设施的市面或消防设施稀少的地方安接水管，装设消防栓等设施。这种工作在上海救火联合会成立初期的时候是常事。如：1907年时在北城脚、韩姓住宅门口、宋家弄口、石皮弄口、石皮弄四叉路口、陈市安桥南浜6处安设消防水龙头；[④] 1908年在城内外各段添设太平龙头。[⑤]

而随着城市化的进展，一些原先市面寥落、并未安设消防设施的地方

[①] 参见《上海救火联合会出动回数》表（A），小浜正子：《近代上海的公共性与国家》，第160—161页。

[②] 参见《上海救火联合会出动回数》表（B），小浜正子：《近代上海的公共性与国家》，第161页。

[③] 《救火联合会通告募捐》，《申报》1926年1月7日。

[④] 《提议改良火政》，《申报》1907年11月17日。

[⑤] 《添设太平龙头为难》，《申报》1908年8月12日。

渐趋兴盛，也需要安设消防设施。如1914年上海救火联合会鉴于城内九亩地一带已逐渐繁盛，由会长毛经筹（即毛子坚）与自来水公司莫锡纶（即莫子经）磋商后，安设了大号水管，安装了太平水龙，以预防火患。①该会鉴于尚文门内守卫路、凝何路及蓬莱路一带尚未装设救火龙头，且地下未埋水管，多次规划安设，约计需费7000余两，由于经费困难一直未能进行。同年，在当地绅商的敦促下，该会与自来水公司商允在该处马路下统一装设6寸大管，在三路要道装设救火龙头10处，并安装特别大龙头3处，专备救火之用。②1916年，该会鉴于北城民国路一带货栈林立，房屋栉比，尚无自来水管，一旦遇警，颇为可虑。于是"商由自来水公司将民国路一律埋设大号水管，有救火会自小东门起，至老西门等处，仿照法界装设四寸救火龙头九十余处"。③同年，该会会长毛经筹鉴于邑庙前殿后院等处店铺林立，市面渐兴，又没有安设自来水管和太平龙头，就召集会议讨论添装水龙头的办法。④1918年，又"以南市中华路大东门至小南门一带两旁新建市屋甚多，该处道路尚未埋设水管，救火龙头无从安设，殊为可虑，爰特上有内地自来水公司姚总理在该路埋装十二寸大水管，以便集款装设龙头，裨益消防。闻已得该公司总理之许可，不日动工，并由该会将全路通盘规划，拟装四寸救火龙头五六个，且拟在篾竹街加接四寸支管六十丈，直通里郎家桥，装设二寸半太平龙头二三个"。⑤

上海救火联合会还翻高了一些地段的救火水龙头。如1914年城内以及南市所装地龙头共有370余处，被筑路翻深者居其大半。为防患未然，上海救火联合会根据第一区救火会筹备处请求翻高地龙头的报告，通告"由各社……查明所装地龙头有无过于深邃或铁管锈坏，不能应用，必需翻高者……以便汇总，函致自来水公司派匠案段翻修，俾得有备无患"。⑥

据统计，1907—1923年，上海救火联合会在南市共安装或更换232处水龙头，并设立707处消防栓。⑦

---

① 《九亩地安排水管》，《申报》1914年3月18日。
② 《防范火患之布置》，《申报》1914年12月1日。
③ 《整顿火政之布置》，《申报》1916年7月7日。
④ 《庙园添设水龙头之提议》，《申报》1916年9月9日。
⑤ 《华界火政之进行》，《申报》1918年3月8日。
⑥ 《救火联合会之通告》，《申报》1914年2月11日。
⑦ 上海救火联合会辑《上海救火联合会报告（二）》《上海救火联合会报告（六）》，转引自胡启扬《民国时期的汉口火灾与城市消防（1927—1937）》，第155页。

该会还曾计划购买救火小轮,只是不知最后结果如何。①

戏园、影戏馆及旅馆消防设施的完善,也是上海救火联合会关注的重点。该会曾呈请淞沪警察厅和南市工巡捐局,要求"嗣后遇有请给执照,开设戏园、影戏馆及大旅馆等一切多数游人聚驻之设施场屋以集客业者,严加取缔,饬合仿照租界防火部分,多开太平水门,妥设救火龙头,以防危害,并请知照敝会派员前往查明是否布置完备,详复再行给照开幕"。②

3. 制定部分消防规章

为加强消防管理、提高消防效率,上海救火联合会成立后,首先规范了本会会员行为,还制定了一系列内部条例,如《上海救火联合会章程》《上海救火联合会办事细则》《上海救火联合会行政会议细则》《上海救火联合会职员选举细则》《上海救火联合会议事细则》《上海救火联合会会员入会细则》等。③其中,以组织章程最具典型性和代表性,该章程分为"名义""区域""联合会""评议会""会董""职员""会员""纠察员""选举""会议""经费""章志""雇员""临警""训练""奖励""惩戒""抚恤""附则"19章共83条,将会内各项工作规定得极为细致,成为当时全国各类民间消防组织规章的典范。④

在易燃物的管控方面,该会也通过与地方相关管理机构协调,加强了管理。如在易燃易爆物品的管控上,该会规定"凡有批售煤油之店以储存五箱为限以免危险",对违反者要传讯店主,由相关机构进行处罚,⑤ 对于屡教不改者则规定"从重科罚"。⑥

该会还仿照租界消防章程,规定凡居家铺户焚化大批冥器,应先报告

---

① 1919年,上海救火联合会鉴于浦东烂泥渡失慎延烧房屋20余幢,因为浦江阻隔而未能前往施救,以致大火未能及时扑灭,拟添购铜板救火小轮一艘,"专为浦江船只及浦东、西等处洋栈并轮埠码头发生火警时,可为效仿之利器",爰由绅董虞和德、王震、穆湘瑶、莫锡纶、顾履桂、毛经畴等发起集资添购救火小轮。小轮大约需要13000两,计划邀集浦东、西两岸各实业家暨地方各绅商集议担任劝募经费,如果募集不足数,再由联合会公款项下设法支拨津贴,"以收改良火政之实效"。参见《集议添购救火小轮》,《申报》1919年9月19日。
② 《救火联合会之防患未然》,《申报》1915年6月18日。
③ 包明芳:《中国消防警察》,第168—189页。
④ 上海救火联合会辑《上海救火联合会报告二》《报告册民17年度》《报告册民20年度》《报告册民24年度》各会员题名录,转引自胡启扬《民国时期的汉口火灾与城市消防(1927—1937)》,第157页。
⑤ 《救火联合会限制洋油》,《申报》1909年10月2日。
⑥ 《重刊限制寄售火油之示谕》,《申报》1909年11月10日。

该管警区转告于会，以免火警瞭望人员误以为发生了火灾，导致误报火警，浪费消防人力。西门外白云观和西门内关帝庙焚烧大批冥器，但在事前都未按章报告区警，结果导致警钟误报，各社救火会奔驰往救，徒劳一场。为此，救火联合会要求商埠巡警厅长对于这两个庙、观的违章行为予以严惩，"以重火政而报公安"。①

需要指出的是，上海救火联合会只有部分消防规章的制定权，因为其组织之外的重要的消防规章往往要由警厅制定（如有关火场的警戒、弹压等方面的规章，就由警厅制定），且一般都要经由警厅等地方官厅颁布，才算有效。

4. 参与规范市房营造

为了减小因建筑不善而导致火灾的几率，减少火灾损失，上海救火联合会还将市面房屋的建筑纳入其消防管理的范围。

例如，1915年5月15日和7月27日，该会两次向上海工巡捐总局和淞沪警察厅呈报南市九亩地由于建筑不善导致重灾，并拟定了造屋防患办法，要求"择要加入营造执照，俾工匠有所遵守"。其中规定：

（1）平顶。以后建造房屋，如用石灰平顶，其每间山头必须用砖砌断。以防遇有火警时火焰飞入延烧隔屋，此次九亩地富润里及上月大境路两次失火延烧10余幢至20幢之多，皆系此病。

（2）洋（阳）台。以后建造房屋，其挑出洋台应规定2尺半，以中柱为准，但其道路不满20尺者，不得挑出，否则不特两旁店铺黑暗无光，一旦遇火警，势必容易延及。

（3）砖墙。以后建造房屋，每5幢应加一大墙，必须出顶，如系挑出洋台，其大墙亦应随洋台砌出，以防遇火延烧。

（4）转角。内地街道狭窄者多，交通恒多不便，凡遇转角及十字路口为尤甚。以后建造房屋如有转角之处，应一律改为斜角，利便良多。

上海救火联合会所呈得到批准并颁行。

此外还规定，以后凡建造市房，此项定礅高低，当于给照时规定，在侧石以上应高若干；楼房之高低，应规定下层13尺，上层11尺，给照时由局知照匠头，照章建造；其建造住房及洋房者，听从此办法。②

---

① 《救火会请究私焚大批冥器》，《申报》1913年1月31日。
② 上海救火联合会辑《救火联合会报告·公牍·呈文》（1924年），转引自胡启扬《民国时期的汉口火灾与城市消防（1927—1937）》，第155—156页。

5. 监督路政管理

救火效率的高低还与道路交通是否便捷密切相关。对此，上海救火联合会有十分明确的认识："平治街道，放宽马路均为辅助消防行政之一端，是路政与火政实有连带之关系"，①"放宽道路，利便交通，系辅助消防行政之要图"。② 为了便捷消防，该会还着意监督市政当局的路政管理。

（1）监督市房营造让宽规道路章的执行

1915年春，九亩地新舞台遭受火灾后重新开演。上海救火联合会鉴于火灾当时由于道路过窄，致使两面延烧。为改善路政，避免火灾悲剧重演，该会函请工巡捐局将大境路妨碍道路交通的废牌坊柱迁去，致函工巡捐局："窃维便利交通、振兴商市，端在道途宽畅，沪地自前清设立总工程局，定有章程，凡遇翻建房屋，均须收让尺寸……惟查九亩地一带，本为荒僻去处，此前所定路线，初不料有今日之兴盛。而自开辟市场后，商铺云集，人烟稠密，户口繁多，且有戏园在彼，车马行人拥挤殊甚。即如此次火警，两面延烧，实因路不过宽之故，应请饬知工程科，嗣后九亩地一带如有翻建房屋，沿路照章收让，俾得宽阔道路，不独便利交通已也……并查大境路东口至紫金路，以及紫花路至侯家路等处道路，尤为窄狭……该两处为由东往西之要道，关系更重要，并请迅即规定路线，预为出示布告，俾两旁业主翻建房屋有所遵循……"③ 敦促路政管理当局切实做好市房营造让宽的路线规划工作，以便市民建房让宽道路有章可循。

1918年5月，上海救火联合会下第二区救火会报告区内已有多家建造房屋按照既定路线和尺寸收让，唯独陈市安桥南首黄姓翻建房屋3幢，工巡捐局只令其收让3尺，与既定路宽3丈应收让的尺寸相比有所减少，请救火联合会转函工巡捐局吊照停工，饬令仍然按照南北确定路线收让，以维路政而便利交通。第七区救火会报告区内有火焚之屋翻造丝毫没有按章收让，也请救火联合会转函工巡捐局先令吊照停工，勘明照让，再行施工。据此，救火联合会在转函中称："查规划路线、造屋给照收让尺寸，均属贵局行政范围应办之事，本非敝会所能干预。但平治街道，放宽马路均为辅助消防行政之一端，是路政与火政实有连带之关系，是以凡遇地方建屋受让尺寸，素所关心，如被焚之屋，重行盖建，更为注意……为此函请贵局长迅赐察

---

① 《建屋不让路线之函请勒拆》，《申报》1918年5月2日。
② 《救火会请规定烂泥渡路线》，《申报》1919年10月8日。
③ 《九亩地道路尚嫌太狭》，《申报》1915年3月3日。

核，将该而出营造执照即日吊销，饬令停工，派员勘明，按照规定路线丈尺拆让，俾维路政而昭公允"，①敦促工巡捐局严格按照既定规章，实施路政管理。

1919年，上海救火联合会根据第六区救火会报告，南市董家渡大街天主堂的房屋失慎后雇工建造新屋，"未照路政定章将屋退让，以致是处路面仍难宽阔，殊于前市政厅规定章程不符"，转函沪南工巡捐局，要求局长派路政员勘明情形，转知该业主令匠头照章收让，"以重路政而便公益"。②

同年，上海救火联合会致函上海县知事说，浦东烂泥渡一带在1907年迭遭火灾，"毁及全镇之半"，原因在于"道路甚为窄狭，屋檐相距密迩，蔓延迅速，施救为难"。灾后绥靖地方绅商集议改宽道路，复兴市场，但是全市路线仍未十分开阔。该年9月烂泥渡大街又遭火灾，延烧房屋数十幢之多，损失惨重。现在业主正在重建房屋，"若不图改良，陈陈相因，万一覆辙相寻，后患何堪设想？况判断烂泥渡大街，系由浦东塘基改筑，为全市之干道，精华荟萃之区，火政防维，尤宜注意。因拟将该路路线函请官厅先行规定为三丈开阔，令两旁业主无论现在重建及将来翻造房屋，一律遵照三丈路线收让，使道路宽敞，交通利便"。③

（2）干预市街路面的整理

1915年9月，上海救火联合会接到第一区救火会报告，上海北半城民国路建筑工竣，华界与法租界各界相对，法租界铺屋侧石上均铺设水门汀，坚洁光泽，一望平整。而华界"所建铺屋虽气象堂皇，而门前侧石未能整齐，即所砌石片，亦多凹凸不平，破旧杂料堆放，泥污龌龊，殊不雅观"。救火联合会方面认为第一区救火会所请"自系辅助路政起见"，"事关改良路政"，因而转函要求工巡捐局"出示晓谕北半城城壕业主，各自按照侧石尺寸报局，有工程处代为铺设水门汀"，工料照章由业主按地照缴，并请从第一区救火会屋旁侧石开始铺筑，"以为首倡"。④

（3）督促取缔于消防便捷有碍的市街招牌

南市城内外各处商铺所悬挂的招牌，高低不一，致使每次救火会救火车奔赴火场救火的时候不免碰撞到招牌，十分危险。为此，上海救火联合

---

① 《建屋不让路线之函请勒拆》，《申报》1918年5月2日。
② 《救火会请放路面》，《申报》1919年1月13日。
③ 《救火会请规定烂泥渡路线》，《申报》1919年10月8日。
④ 《整理华界路政之计划》，《申报》1915年9月25日。

会于 1925 年 10 月致函上海市公所，要求进行取缔，传知各商店将招牌一律悬高，免生危险。市公所据此派员到各处实地进行勘察，随即拟定了招牌悬挂的统一尺寸，准备请示总董后发布通告。①

尽管我们很难看到直接反映上海救火联合会对南市路政管理监督效果的信息，但从个别报道还是透露出该会在路政管理方面起到的监督作用。如 1915 年，救火会嫌九亩地道路太窄，函请工巡捐局将大境路废牌坊拆去，该局局长照准。并请迅即规定相关地段路线，"预为出示布告，俾两旁业主翻建房屋有所遵循"，该局局长接到函件后，认为事关公益，"当即交工程科照办，一面赶即规划实行"。② 又如 1918 年，沪南工巡捐局路政工程员王文淑对于海神庙对面某姓家造屋所让路线一事，未照定章办理。此举被上海救火联合会揭发后，该工程员又登报声辩。上海救火联合会在丈勘后，发现他所指路线数目不符，再次函致该局指谪该员办事违章。结果，该局姚局长以该员"经理路政工程，对于翻造房屋，退让路线，向禀承本局长指示，惟于丰记码头退让路线一案，事先未经陈明，已属疏忽。事后又遭人指谪，更为办理不善。着先行撤差，听候查办。合行令仰该员即便遵照，于此案未完之先，不准擅自离局"。③ 该路政工程员被撤差，对于其他路政工程员的管理行为必定起到警示作用，也势必影响路政管理。可见，救火联合会对路政管理起到了一定的监督作用。

6. 参与其他方面的市政建设与管理

（1）参与维持城市治安

商团是上海商界为维护城市治安而自行组建的治安组织，上海救火联合会也组织了商团，并加入上海商团公会，维持城市治安。④ 二次革命爆发前夕，上海救火联合会属下的商团就参加了沪南商团的治安联合行动，负责维持相关地段的治安。⑤ 上海商团存在期间，在维持城市治安方面表现突出，得到了商界的肯定，以至每当上海城市治安面临较大威胁时，商界就试图恢复商团，其中自然也有上海救火联合会的一份功劳。

---

① 《市公所整顿市政路政之一斑》，《申报》1925 年 10 月 13 日。
② 《九亩地道路尚嫌太狭》，《申报》1915 年 3 月 3 日。
③ 《工巡捐南局工程员撤差》，《申报》1918 年 5 月 26 日。
④ 上海各业商团共 26 团进行了培训，1913 年 1 月 6 日，举行商团毕业典礼，其中，上海救火联合会商团毕业人数有 49 人，说明上海救火联合会也加入了商团维护城市治安的行动。见《商团毕业人数》，《申报》1913 年 1 月 7 日。
⑤ 《商团注意地方治安之规划》，《申报》1913 年 4 月 20 日。

(2) 督促整顿市内电话

在安装报警电话后,上海救火联合会以"电话为交通要政",关系火灾报警效率,对南市电话局的电话管理也进行了监督。南市的电话杆线由于年久不更换,时常出现断线和通话不清等弊,一直影响消防报警。1921年2月2日,南市及闸北电话因为雨雪而大半损坏不通,时值阴历年关,火警频闻,但报警信息因电话受损而迟阻,导致贻误事机。对此,救火联合会急电交通部,请为从速整顿。①

此外,救火联合会还参与规划市政,② 援助社区道路建设。③

综上所述可知,清末民初上海救火联合会不仅主导了城市消防,还将市政参与延伸到与消防相关的路政、治安、电讯等领域,对近代上海市政建设与市政管理做出了积极贡献。

三 清末民初上海救火联合会市政参与的示范效应

清末民初上海救火联合会多方面的市政参与中,消防管理成绩最为突出,也最为市民所肯定。早在1913年,南市商界就认为它"总揽火政大纲"。④ 1916年,南市商会鉴于救火联合会对于消防"实力整顿,保卫地方,功绩昭著",特地转请当道转详中央给予嘉奖,最终获得中央政府批令奖给"功孚既济"匾额一方。⑤

上海救火联合会的市政参与还对其他地方尤其是江浙地区众多城市的民间消防组织产生了明显的示范效应。具体而言,其主要表现最为以下几个方面。

---

① 《救火会请整顿电话局》,《申报》1921年2月12日。
② 如《申报》载:"浦东烂泥渡第九区救火会邵尔康、蔡炽文、陈泉声等与当地士绅沈杏苑筹议提倡扩充烂泥渡陆家嘴一带市政,俾交通、卫生诸要端日臻完美。其规划办法拟将烂泥渡污秽不堪之护塘浜安置大瓦筒,改筑石路……成一南北大街,所有墙外余地及旧有之路,均可建筑市房。而陆家渡镇则将原有官道北迁至森昌公司九垛头后,在冶坊前将淤河填平,沿冰厂门前向东另筑新镇市,并将吴家浜(约十丈)亦改筑大道,东接洋泾大道。如是则陆家渡路至沈家巷一段将路基挖于高巷浜,使道路加阔,则沿浜厂栈益将发达,而陆家渡镇亦因河流交通之便利,其繁盛可立待。以上所举,筹款方法,则以填平之浜基变卖,嘉定以每分三百元,计值数万之资可以立集。现正举起草员,绘图说帖,即将定期开会讨论,以资进行。"见《扩充浦东市政之规划》,《申报》1919年8月15日。
③ 参见小浜正子《近代上海的公共性与国家》,第143—144页。
④ 《萃秀堂定期集议火政》,《申报》1913年4月26日。
⑤ 《救火联合会得一匾额》,《申报》1916年1月27日。

（一） 成为全国各地尤其是江浙两省城市消防社团的模范

1922年7月上海救火联合会转奉外交部部令，遴派朱良材、徐映奎二位消防员赴美参加旧金山万国消防联合会。该会还为此特地召开了盛大的欢送会。本埠到会的有南市和闸北的救火会会长、会董、会员及英法两租界救火会西人等计200余人，外埠到会的有苏州、无锡、松江、杭州等20余救火会代表200余人。在会上，救火会代表致欢送辞说：

> ……下稽近今十年，倡自苏之上海，始创所谓救火会者，筚路蓝缕，无惮寒困，极其精诚之所至，一时风气，乃斐然不变，以垂及今，兹恢恢乎抗衡列邦而庶几矣。以故吾苏浙之言火政者，一奉上海为导师。全国郡县之闻风景从者，亦以上海为矩范。然则吾国今日火政之既备既臧，实自上海肇造之，犹之黄河一泻千里，而必远择其源于星宿海也。①

1924年，在上海救火联合会新会落成开幕式上，上海公共租界救火会会长潘菊热情致辞，充分肯定了上海救火联合会消防事业所取得的巨大进步，以及该会对内地救火团体的示范作用。他说："上海救火会，比较十年前规模，已斐然改观，耳目亦焕然一新，进步之速，成绩之优，出人意料，希望内地各埠，均以上海为模范，研究整顿，以图改良。"②

由此可见，上海救火联合会的消防事业不仅得到了华界同人的肯定，也得到了租界同行的肯定，被全国各地尤其是江浙两省的城市民间消防团体奉为模范。

（二） 推动了江浙等地民间救火组织的完善

"上海救火联合会成立和完善不仅推动了本地区城市消防的发展，还对周边地区起到了巨大的示范作用，邻近上海的苏州、无锡、常州、镇江、杭州、宁波等地也纷纷效仿成立了救火联合会。"③ 其中，苏州救火联合会

---

① 《救火会欢送赴美代表纪》，《申报》1922年7月9日。
② 《上海救火联合会落成开幕纪》，《申报》1924年6月23日。
③ 上海救火联合会辑《上海救火联合会报告·公牍·丁编》，转引自胡启扬《民国时期的汉口火灾与城市消防（1927—1937）》，第157页。

的成立就是一个典型。

苏州救火联合会成立以前，其民办消防的情况与上海救火联合会成立以前的状况颇有类似之处：组织分散，缺乏统一管理，救火效率低下。报载："苏垣城厢内外各处水龙虽多，然皆就地筹款，各归各办，未能统一。是以遇有火警，辄分畛域，不能互相救援，且时有冲突事。而报警又无警钟，未免消息不灵"；①"苏州火政向不讲求，虽有洋龙六十余架，每遇火警，临场争先恐后，时有冲突"。于是，苏州商民公推姚谱琴为代表，专程前往南京、杭州、上海各处调查火政，以便仿办。姚谱琴经过一番考察之后，认为上海火政最臻完美。回苏后，就决定仿照上海办法办理，先设立救火联合筹备处，将各洋龙社计67处联合一气，建筑钟楼及会所，以期逐渐进行。②另一说是毛子坚、方雅南、洪少圃等仿照上海办法，发起组织救火联合会，预发传单，邀集城厢内外各路水龙社、各职员、各绅商等开会，商议筹集经费，建设警钟及分派调查员调查各路水龙，设法改良等事。③

苏州绅商决定在1913年5月召开苏州救火联合会成立大会，并柬请上海行政官厅、商学各界，及各救火会、各商团会莅苏观礼。上海救火联合会以关系邻谊，理应前往，决定由正副会长李平书、王引才、莫子经及会员120人乘火车赴苏。④5月4日，苏州救火联合会正式成立。

苏州救火联合会成立后，该会绅商鉴于各救火会之间难免界限之争，也对会内组织进行了分区整合。1922年，苏州救火联合会决定将城乡划分为5个区——东、南、西、北四区加上阊区，将旧有龙社名称取消，改称某区某段救火会。同年冬，西区救火会最先成立。次年春，其他各区救火会相继成立。这次组织上的分区整合也是由该会评议员范君博提出"仿照上海救火会的成法而来"。⑤

继苏州之后，无锡、松江、宁波、常州、镇江等江浙城市纷纷成立了

---

① 《新闻报》（上海）1913年1月9日，转引自彭志军《官民之间：苏州民办消防事业研究（1913—1954年）》，上海师范大学博士学位论文，2012年，第71页。
② 《苏州火政之效法》，《申报》1913年5月1日。
③ 载《新闻报》（上海）1913年1月9日，转引自彭志军《官民之间：苏州民办消防事业研究（1913—1954年）》，第71页。
④ 《苏州火政之效法》，《申报》1913年5月1日。
⑤ 《吴县救火联合会出版刊物之四——吴县救火联合会概况简明统计》，转引自彭志军《官民之间：苏州民办消防事业研究（1913—1954年）》，第78页。

救火联合会，并完善内部组织。如1917年，松江救火联合会也议决将松地各龙划分四区，以清界限而便于管理。① 无锡救火联合会自成立以后，"一切消防事务，颇见积极进行"。②

上海救火联合会的消防参与还对江浙以外城市的消防组织起到了示范作用。汉口就是其中的一个。"1909年3月，汉口大夹街一带的绅商居民，仿上海救火会章程，成立公益救患会。"③ 此后，汉口涌现出众多类似的民间消防组织，或称消防会，或称救火会、保安会等。到1911年时，在此基础上成立了汉口各团联合会，会下设有消防股，专门负责组织汉口华界市区消防工作。汉口各团联合会的成立，使整个汉口的消防管理水平得到提高。

（三）促进了区域性消防社团交流网络的形成，为区域内其他民办消防提供借镜

通过消防演习为其他救火会提供学习消防管理能力的机会，是上海救火联合会彰显消防示范作用的又一个主要表现。

从1915年开始，上海、松江、无锡、镇江、苏州等城市的救火联合会之间，以相互参观演龙（即消防演习，在演龙的过程中通常要分组竞赛）的形式进行联络。其中，上海救火联合会充当着组织领导角色。

本来，各城市常规演龙的时间均定为每年的5月20日。1915年，上海救火联合会认为，各处演龙均于5月20日分龙日同时举行，不能相互参观，相互促进。为此救火联合会会长毛子坚发起邀集苏州、无锡、松江等处救火会领袖来上海，经过集议决定：苏州于5月20日操演，无锡22日，松江27日，上海则于25日举行。④ 当然，在具体执行的过程中，各地会根据具体情形稍作调整。如1916年，苏州救火联合会就提前举行演龙。⑤ 1917年，松江救火联合会则因故将演龙日期推迟到秋天。⑥

下面将从《申报》上辑录到的各地救火会相互参观演龙的情况整理如表1。

---

① 《松江·救火联合会议纪事》，《申报》1917年6月12日。
② 《无锡·救火联合会备案已准》，《申报》1917年4月22日。
③ 皮明庥主编《近代武汉城市史》，中国社会科学出版社，1993，第105页。
④ 《再志苏沪松锡火政之共进》，《申报》1916年6月16日。
⑤ 《苏州·救火联合会演习纪》，《申报》1916年5月26日。
⑥ 《松江·救火联合会议纪事》，《申报》1917年6月12日。

表 1 各地救火会参观演龙情况

举办单位	举办时间	受邀参观的救火会	评判者	备注
上海救火联合会	1916.10.9	杭州、嘉兴、枫泾、无锡、苏州、昆山等处各火会均派代表莅场	可能是毛子坚、穆杼斋	会集各区分会洋龙火龙在沪杭车站后空地操演,当场当场评出名次,由联合会会长毛子坚、穆杼斋呈交徐道尹颁奖①
	1924.6.21	外埠救火会团体分别来自苏州、镇江、武进、常州、无锡、枫泾、海宁、兴化、嘉兴、奔牛、松江、青浦、嘉定、吴淞、江湾、横林、周浦,本埠的有浦东、闸北、北新泾、曹家渡、胡家桥等处,各火政团体列队到会者数百人		上海救火联合会落成开幕;②上海救火联合会将集合各区救火机械,在南车站操演。在接到上海救火联合会的邀请后,常州救火联合会召开临时会议,决定派正副会长及各区各推科员2人参加,全体于20日上午穿制服整队起行,到沪后,先参观闸北救火会及工部局救火会。21日上午至救火联合会及北区救火会,下午参观南区救火会落成大典,"并在南车站参加实习演龙,借资考镜"③
				苏州东、南、西、北四区加上闾区五区联合分会,每会挑选12人,共计60人,由联合会副会长戈秋潭及每区代表1名带队,穿制服整队前往;每人自费20元(包括制服12元、旅费2元及抵沪后一切费用6元)④
苏州救火联合会	1916.5.26	上海、松江、无锡各处救火联合会分别派均代表莅场参观⑤		
	1918.5.26	上海救火联合会李平书、无锡救火联合会顾和笙、其他救火会的邓业成	李平书、顾和笙、邓业成	预由该会正副会长贝哉安、宋绩臣、毛子坚召集各社职员议定办法,并赴上海、无锡等处聘请公证员来苏评判⑥
无锡救火联合会	1917.5.27	上海救火联合会毛子坚、穆杼斋等14人,苏州救火联合会姚润生等,南京警察厅消防队长等	毛子坚、穆杼斋	该会举行第二次会演,城厢个救火会预演者19会;此次演龙内有数会应须处罚,由评判员返沪后,详加审定,再行开单寄锡开会公布⑦
	1918.5.21	上海救火联合会18人,闸北救火会18人,苏州救火联合会15人	李平书、毛子坚、穆杼斋	记到该会水龙20会,临时并有北乡、刘潭桥救火会参加与演;先期敦请评判员⑧
松江救火联合会	1917.10.14	上海救火联合会之外,还有枫泾、新桥等处救火会会员、泗泾商会消防队	毛子坚	该会皮带洋龙15架⑨

续表

举办单位	举办时间	受邀参观的救火会	评判者	备注
青浦朱家角等处	1920.11.22	沪上救火联合会各区主任共20人		该处地方人士新办救火器[10]

注：李平书（李钟珏）、毛子坚（毛经畴）均曾担任上海救火联合会会长，穆杼斋为副会长。

资料来源：
① 《各区救火会联合操演》，《申报》1916年10月10日。
② 《上海救火联合会落成开幕纪》，《申报》1924年6月23日。
③ 《常州·救火联合会之临时会》，《申报》1924年6月18日。
④ 《苏州·救火会职员大批赴沪参观》，《申报》1924年6月22日。
⑤ 《苏州·救火联合会演习纪》，《申报》1916年5月26日。
⑥ 《苏州·救火会赛龙志》，《申报》1918年5月29日。
⑦ 《无锡·救火会二次演习》，《申报》1917年5月28日。
⑧ 《无锡·救火联合会演龙纪》，《申报》1918年5月22日。
⑨ 《松江·演龙大会纪详》，《申报》1917年10月16日。
⑩ 《救火会员赴青往返纪》《申报》1920年11月23日。

从前述及表1可知，上海、无锡、苏州、松江这4地的救火联合会是最基本的联络单位。在其他城市救火会演龙时，上海救火联合会是必被邀请的对象，且每每作为裁判员的派出单位参观演龙。而在上海救火联合会演龙时，受邀参观演龙的民间救火会众多，不仅有江苏省的，还有浙江省的。

上海救火联合会在民初不仅充当区域城市消防演习的组织领导者，还在相互交流中扮演评判员的角色，这两种角色都是该会消防高水准和同行对其高水准消防认同的体现。与此相应，其他各会则在相互参观演龙的过程中，充当被评判和真诚的学习者的角色。这种状况对于上海救火联合会而言，与其说是"相互参观，以促进步"，① 还不如说是借演龙以示范，以示范促进各会进步。

对于作为学习者的外埠救火会而言，受邀参观上海救火联合会的演龙，是获得一次宝贵的学习先进救火技能与消防管理经验的机会。因此，它们（如苏州救火联合会、常州救火联合会）在赴沪参观演龙之先，往往要经过一番精心的准备，显得异常重视。他们参观上海救火联合会演龙的目的很明确，就是希望本城市的消防事业能够"借资考镜"，以提高本城市的消防水平。

这样，在上海救火联合会的主导下，借助相互参观演龙这种交流形式，

---

① 《再志苏沪松锡火政之共进》，《申报》1916年6月16日。

在江浙地区逐渐形成了一个以上海救火联合会为中心,以上海、无锡、苏州、松江4个城市的救火联合会为核心,彼此互通声气的区域性消防社团交流网络。在这个网络中,上海救火联合会不断地为区域内其他民办消防组织提供借镜。

(四) 成为各地救火会购置新式设备的榜样和委托者

上海救火联合会在消防方面对各地各救火会的示范作用,还体现为各会在消防设备更新方面的跟进。

"工欲善其事,必先利其器。"上海救火联合会(包括其属下各会)不断更新消防设备,而且往往直接订购当时国外新式的消防设备。如1913年,该会第一次进行组织整合时,就"向外洋添购救火引擎及种种器具"。① 1919年,第一区救火会率先"向伦敦定购新式,马特救火帮浦并马特扶梯车等救火器具,为全国之模范,而又媲美邻封"。② 到1921年,上海救火联合会"已向国外订购新式抽水机4台(每分钟可抽水300万—500万加仑),消防车8辆和消防梯8架"。③ 到1926年,"所有各区火会,一律建筑宏敞西式屋宇,购置新式马特器具,凡救火设施应用之器具,悉已具备",④ "拥有新式汽油机泵浦消防车34辆、扶梯车7辆、自动扶梯车1辆"。⑤ 消防器具的不断更置,成为上海救火联合会的救火事业媲美租界、模范全国的一个重要因素。

各地民办救火会既以上海救火联合会为"导师",在消防设备的更新方面也力图跟进,以期改良火政。其中,苏州救火会成为学习者中的先进。如1917年一二月间,苏州迭遭火警数十次,地方绅商急欲整顿火政,因为苏州40多处所用消防器具,多系旧式广龙(俗呼木龙),"遇警施救,水力甚微,且不能装接皮带,难期得力"。严峻的消防形势迫使他们不得不考虑更新消防设备。于是,由阊门保康龙社的石寿山、安泰龙社的鲍和清两人筹集款项,函请上海救火联合会代表监造大号四轮全铜洋龙两架,喷水距离可以达到10丈以外,还可以在装接双龙头后保持足够的出水力。同年旧

---

① 《救火联合会公宴穆杼斋》,《申报》1914年1月9日。
② 《请免救火机件之关税》,《申报》1919年8月27日。
③ 《江海关十年报告之四(1912—1921)》,徐雪筠等《海关十年报告译编》,第225—226页。
④ 《救火联合会通告募捐》,《申报》1926年1月7日。
⑤ 李采芹主编《中国消防通史》下卷,第1307页。

历五月二十日,新购洋龙运抵苏州后,立即进行操演,各救火社董事受邀到场参观,全场一致称赞。① 到1923年,苏州各救火会"所有救火器,均属新式"。②

紧跟苏州之后,昆山的救火会也开始更新消防设备。昆山商会副会长徐景伯鉴于苏州新购消防器具的高效和本地救火器具(包括警察厅消防队的在内)的陈旧——"洋龙只有四五架,且系老式","亦拟仿照办理",于1917年7月5日至上海救火联合会会晤毛子坚,讨论改良火政办法。③徐景伯购得新式洋龙后,就在昆山成立了青云城救火会。其后,只有旧式洋龙的乐安社主任童仰辰见状,也考虑更新设备。

值得注意的是,促使乐安社最终决定更新设备的原因还有一个,那就是童仰辰参观了苏州、无锡演龙,返回后就"亦拟改良火政",邀请各绅商,开会讨论,"议决先从筹募经费、改良器具为入手办法,请李平书转托上海救火联合会监造二号洋龙一架,并一切救火器具"。6月,新购设备运回后,该会立马决定于当月操演,并"柬请官绅商学各界并外埠各救火会莅临指导"。④

由此可见,在更新消防设备的过程中,上海救火联合会仍充当了模范,并且还成为各地救火会购买消防机件的托付者。

需要说明的是,上海救火联合会市政参与的领域如前所述已经溢出了单纯的消防领域,因此,其所产生的示范效应,也应该扩散到消防之外的领域。不过,由于篇幅限制和笔者寓目的资料有限,相关这方面论述只能到此为止。这个缺憾只能留待日后弥补了。

四 上海商界市政参与的示范效应与中国城市现代性的滋长

上海救火联合会的市政参与只是清末民初上海商界众多市政参与行为的一个组成部分,这种市政参与无论从广度还是深度上都超出了前述上海救火联合会市政参与所及的领域,其对其他城市所产生的示范效应也更具广度和深度。简单地举几个例子,就不难说明这个问题。

---

① 《办理火政之取法》,《申报》1917年7月26日。
② 《苏州·西北二区救火会行将成立》,《申报》1923年10月19日。
③ 《办理火政之取法》,《申报》1917年7月26日。
④ 《昆山火政之改良》,《申报》1918年6月18日。

例一：模仿上海拆城

上海商界仿照天津要求拆城以促进交通与市面的发展，获得了成功。结果，苏州等江浙城市的商界为相同的目的，又以上海为范本，力图推动本地城垣的拆除。

例二：拟模仿上海开办电车

上海商人陆伯鸿在南市开办了电车公司，既发展了城市交通，又获得了可观的收益，于公于私两全其美。1914年，华侨联合慈善会理事总理胡锡堂拟仿上海，在宁波开办电车，他说："凡各省轮船、火车索道指出，皆有车辆，以便行人，而上海又最多，除军车、汽车、马车外，人力车约有四万余部……吾宁波城厢以外及江东江北周围约有三十里之遥，地段延长，街道宽阔不下上海城厢内南市等处，南市可行，甬江何不可行？"因此决定发起组织宁波振兴同益公司，"……临时开办行车、起捐两事，悉照上海南市章程。吾宁亦先从江北沿江马路少数车辆实行，再由火车站通至……"①宁波籍巨商虞洽卿即为该公司董事之一。

稍后，"汉口绅商各界因见上海华界电车营业颇为发达，故拟在汉口各马路行人热闹之处，仿设电车，惟集股章程以及办理购料、铺设轨道，并制造电车暨公司内部办法，皆应先行考察，以资仿办，故日前特派代表孙德全君来沪，面谒上海华商电车公司经理陆伯鸿君，询问始创办理情形及和各项章程，以便回汉仿行"。② 由于计划未被批准，仿行未能实现。

例三：模仿上海建造公共娱乐设施

上海有商人建造的大型娱乐设施大世界，汉口商人张国樵随后就在汉口仿造了一个同类设施——汉口新世界。上海有丹桂茶园，汉口也有丹桂茶园。还有一些同名的娱乐设施也是汉随沪名。

例四：仿照上海建立武装商团

上海商团建立后，苏州、汉口等城市的商界也纷纷仿照建立了商团，它们在20世纪20年代中期，也像上海商界一样，希望市内不驻兵，而城市能够实现自卫。

例五：拟模仿上海建立市政厅

1913年，汉口商界维持会为尽快促进汉口重建、恢复汉口商业，"拟仿

---

① 《拟办宁波车辆之函稿》，《申报》1914年1月7日。
② 《南市电车之近讯·汉口之仿行》，《申报》1914年3月10日。

上海市政厅办法,首立市政筹备研究会,养成人才,为市政之先导"。①

例六:仿照上海争取城市自治

20世纪20年代中期,上海商界争取建立淞沪特别市、上海特别市,汉口、天津等地也纷纷争取成立特别市,希图实现城市自治。虽然最终都以失败告终,但市民自治的精神却得以留存并渗透到城市社会。

如此等等,举不胜举。有物质层面的如例一、例二、例三,有制度层面的如例四、例五、例六,也有制度兼精神层面的,如例六——希望建立新的制度,同时为城市争取独立的人格,这就上升到精神层面了。这样的广度和深度是上海救火联合会示范效应的广度和深度所不能企及的。

清末民初上海商界市政参与所产生的诸层面的示范效应,最终带给中国各城市的,或是模仿的成功,或是浅浅的尝试,或者甚至只是一种梦想——仅停留在口头上,有的却能激发于精神层面。不管怎样,这诸多示范效应至少可以归结出一点,即在市政建设与市政管理方面,上海带给中国众多城市以现代城市文明和现代性的启发,促进了现代性的滋长。

上海城市的现代性不仅来源于明清以来市镇经济的发展,也来源于西方文明的输入。"在20世纪初期,以租界为中心的上海已跻身于世界最大城市的行列",而在20世纪20年代中期以前的60余年期间,上海租界发展为"所有租界中唯一的文化较为发达的一个",上海租界产生的磁铁式效应,使得"上海也于20世纪初上升为中国的文化中心"。②换句话说,在清末民初,上海是作为中国最现代(即最具现代性)的城市而存在的。而上海在现代城市文明增进、城市现代性滋长的同时,其自身也成为中国其他城市学习的榜样,成为现代城市文明输出者和城市现代性的启发者。

问题是,近代上海究竟是如何输出其现代城市文明,又是如何启发其他城市的现代性的?或者说,它是如何影响中国其他城市的文明的增进与现代性的滋长的?后进城市究竟是如何向上海学习以增进城市现代文明或滋长城市现代性的?对此,学界尚缺细致深入的探讨。

事实上,对于众多其他城市的中国人而言,上海尤其是上海租界毕竟是陌生的,能够熟悉上海的中国人终究是少数人,能够熟悉上海租界的中国人更是少数。那么,这种陌生感势必成为上海输出现代城市文明和现代性的障碍。在这种情况下,接受过上海租界的现代文明、感受过上海城市现代性

---

① 《汉商请派员设立清理局》,《申报》1913年4月9日。
② 费成康:《中国租界史》,上海社会科学院出版社,1991,第269—272页。

的华人或华人组织,自然而然地就成为上海租界甚至整个上海向外传播城市文明的中介,很容易就成为中国其他城市学习的榜样。清末民初上海救火联合会的市政参与,从一个侧面证明了这一点。

如前所述,上海商界出于推动城市发展和维护城市消防主权的需要,向租界学习消防管理经验,成立了上海救火联合会。上海租界的消防管理尽管最为进步,但上海以外的江浙其他城市学习上海消防管理经验,更多地获益于对上海救火联合会消防管理的模仿,而不是直接模仿租界。并且,这些城市学习上海救火联合会消防管理经验,有的是直接的,有的是直接与间接的混合,还有的可能只是间接的。例如,苏州对上海的学习,就是非常直接的。而昆山则既有对上海的直接学习——参观上海救火联合会演龙、拜访上海救火联合会主要负责人,进行直接讨教,又有对上海的间接学习——参观热心学习上海的苏州和无锡两城市的演龙,在学习苏州和无锡的做法之后,"亦拟仿照办理"①"亦拟改良火政"。②就是在这种直接和间接的学习的过程中,江浙地区城市消防的现代性得以滋长。

因此,从总体上看,江浙地区城市消防现代性的滋长,借助于逐渐形成的一个以上海为中心和模范的区域性消防社团交流网络而得以实现。因此,在中国城市现代文明增进和现代性滋长的过程中,先进城市所产生的示范效应起了十分重要的作用。③

(作者单位:江汉大学城市研究所、华中师范大学中国近代史研究所)

---

① 《办理火政之取法》,《申报》1917年7月26日。
② 《崑山火政之改良》,《申报》1918年6月18日。
③ 关注这种通过区域性社团交流网络而产生的示范效应,对于我们深入研究中国城市现代性问题、探求近代中国城市史研究的新路向,至少有以下几点积极的意义。首先,上海作为近代中国最重要的示范城市之一,其对近代中国城市现代性滋长的影响将会受到应有的重视,对于推动近代上海城市史研究具有重要意义。同时,研究近代上海城市的示范作用,也有助于我们深化对近代上海城市现代性及城市地位的认识。其次,从区域范围内城市网络组织间的示范与学习关系角度,研究近代区域城市的现代性问题,无疑可以深化中国近代区域城市史研究。最后,研究近代中国先进城市的示范作用及其示范效应,一定程度上可以改变近代中国城市史研究的路向,不仅可以使我们从内外关联的角度探讨近代中国区域城市乃至整个近代中国城市的现代性问题,从而摆脱近代中国城市史研究中的那种单向的、孤立的、内向性研究的窘境,还可以丰富我们对中国城市现代性滋长路径的认识,避免线性思维模式的偏执。

"产销结合"下的上海中国国货公司

刁成林

内容提要 上海中国国货公司由上海各大国货工厂及部分银行联合出资组建。公司建立了近代股份制企业的管理制度,以"专营国货""产销结合"为特色,体现了1930年代外在政治与经济环境对百货行业发展战略的影响。国货公司的建立,也是基础薄弱的上海新兴国货工业在危机中联合自救的表现,推动了上海国货提倡运动的发展,也为近代百货公司的营业活动注入了民族主义消费色彩。

关键词 上海中国国货公司　国货运动　民族主义消费

1930年代,国货运动持续发展,但这一时期的世界政局和经济形势却有很多不利于国货销售的因素。在这样的背景下,上海国货界开始从生产、销售和金融三方面寻求合作,试图建立一个较健全的国货推销网,以促进国货运动的开展。① 于是,以"产销结合"为特色的上海中国国货公司应运而生。

与上海先施、永安、新新、大新"四大百货公司"由华侨投资,经营环球百货不同,上海中国国货公司由国货工厂及部分银行联合出资、管理,以专营国货为特色,是近代百货行业发展的一种新探索。但是,现有研究仅从企业内部股权、人事管理、消费文化等方面对四大百货公司进行了较

---

① 关于近代中国国货运动的研究,可参见潘君祥《近代中国国货运动研究》,上海社会科学院出版社,1998。另外,近年来美国学者 Karl Gerth 从消费文化的角度出发,为国货运动研究提供了新的视角(Karl Gerth, *China Made*, *Consumer Culture and the Creation of the Nation*, Harvard University Asia Center, 2003)。

全面的研究,① 而对国货公司的关注相对薄弱。②

本文旨在利用台北中研院近代史研究所档案馆、上海市档案馆所藏相关史料,从企业史的角度出发,对1937年官股入资之前的上海中国国货公司的成立、发展,公司的组织管理、营业活动的开展及特色等方面进行分析,考察公司内在的社会关系网络,及其对1930年代上海国货运动以及近代百货行业经营发展的影响。

一 危机背景下公司的成立及发展

1930年代初,九一八事变的发生,自然灾害的频繁,世界经济危机的波及等原因,中国经济陷入困境。特别是一·二八事变的发生,使上海民族工商业受到了沉重打击。据时任国民党中央党部统计主任、兼代国民政府统计局局长吴大均的粗略统计,"上海市政府管辖区域内,可以以数字形容的损失达1560049871元"。其中,工业方面,"被侵占区内有工厂597家,占全市工厂四分之一,受损失者过半数,计67991874元。全市工厂受直接间接损失之价值达97151287元"。③ 如何从危机中恢复国货工厂的生产,寻得国货销路,成为国货工商业乃至上海金融界亟须解决的课题。在此背景

---

① 关于"四大百货公司"的研究,可参见:〔日〕岛一郎《近代上海におけるデパート業の展開》,《经济学论丛》第47卷第1号,1995年,第1—61页;Wellington K. K. Chan, "Selling Goods and Promoting a New Commercial Culture: The Four Premier Department Stores on Nanjing Road, 1917 – 1937", Sherman Cochran, *Inventing Nanjing Road: Commercial Culture in Shanghai, 1900 – 1945*, Cornell University East Asia Program, 1999, pp. 19 – 39;连玲玲《企业文化的形成与转型:以民国时期的上海永安公司为例》,《中央研究院近代史研究所集刊》第49辑,2005年,第127—173页;《从零售革命到消费革命:以近代上海百货公司为中心》,《历史研究》2008年第5期,第76—93页;〔日〕菊池敏夫《民国上海の百货店と都市文化》,研文出版社,2012;顾宇辉、李一翔《近代家族企业的股权结构及其对公司治理的影响——以上海四大百货公司为考察对象》,上海档案馆编《上海档案史料研究》第12辑,上海三联书店,2012,第89—106页;宋钻友《永安百货与上海摩登时代的生活时尚》,《上海档案史料研究》第12辑,第107—128页。

② 目前涉及上海中国国货公司的研究,可见陈正卿《上海中国国货公司在战时后方》,《档案与历史》1987年第3期,第64—71页。该文主要分析1941年之后上海中国国货公司的股本构成、活动及对战时后方经济发展的作用,未涉及公司成立初期概况。

③ 上海市政府管辖区域包括闸北、吴淞、江湾、真茹、引翔、殷行、彭浦、南市等,均为直接受灾区。《沪变损失之中央初步估计》,《工商半月刊》第4卷第4、5号合刊,1932年3月1日,第3—5页。

下，1932年3月，中国银行的张公权邀集实业界同人，首次举行了"星五聚餐会"，交谈各工厂所遇的困难，讨论如何恢复战火中受创工厂的运营。张公权认为，"吾国之国货运动，由来已久，仁人志士，呼号不绝。然其成效，或限于一时，或限于一地，其不能行之远而宏其效者，岂策动者之力有所不逮？余尝深思其故，盖产销金融各方未能打成一片，各行其是，力量分散，有以致之也。欲求国货运动之有效，非先从各方团结，集中力量不可"。①

于是，1932年8月，张公权联合国货生产、运销及金融各方面，吸收上海各业国货工厂为会员，成立了中华国货产销协会，以"集合本国工商行业同志，谋切实合作以利国货之制造与推销"为宗旨。② 协会成立后便着手开展国货展览会、成立国货介绍所及中国国货公司等事业。③ 其中，1932年9月18日，为纪念九一八事变一周年，中华国货产销协会会员中国化学工业社、美亚织绸厂、五和织造厂、中华珐琅厂、三友实业社、一心牙刷厂、中华第一针织厂、华福制帽厂、胜德织造厂总计9家企业，在上海南京路红庙对面（今南京东路490号张小泉剪刀总店对面），联合组织了"九厂临时国货商场"，每天每厂提出两种货品发售，合为九厂十八种货品，寓意"九一八"，以示纪念。④ 到1936年为止，各大国货工厂又先后联合举办了4次九厂国货临时商场。

据主持九厂国货临时商场事宜的李康年回忆，商场"每天可以做七八千元的生意，平均每厂近乎千元，生意还好"。⑤ 所以，第一届九厂国货临

---

① 《中国国货联合营业公司十周纪念刊》，1947，"张公权序"，第5页。
② 《本会章程》，《中华国货产销合作协会每周汇报》第1卷第4期，1933年6月28日，第19页。
③ 协会由张公权任任理事长，杜重远任总干事，但吸收的会员以一业一户为限。关于中华国货产销合作协会的研究，可参见潘君祥编《近代中国国货运动研究》，第123页。但是该研究只是对协会的概况进行了介绍，对其组织构成、活动开展等方面的研究还有待深入。
④ 柯定盦：《中国国货公司的发起与成立》，上海晨报社编《上海市之国货事业》，上海晨报社，1933，第20页。最早的国货商场可以追溯至1925年，上海总商会借助"市民提倡国货大会"，率先在南市筹备开设国货商场，地址位于上海老北门东首民国路，1925年7月5日正式开张。上海工商社团志编纂委员会编《上海工商社团志》，上海社会科学出版社，2001，第285页。
⑤ 李康年：《经营国货事业之贡献》，《中华国货产销合作协会每周汇报》第2卷第22期，1936年，第4页。李康年，浙江宁波人，1898年生，1913年入宁波大昌纸号当学徒，满师后任该店司账，1925年经人介绍，到上海中国化学工业社任总务科长，后担任上海中国国货公司经理一职。

时商场结束之后，临时商场的当事者商议，"在上海的都市里，不可没有一个规模宏大的国货公司"，作为国货推销的永久性场地。① 于是，上海中国国货公司应运而生。

1933年2月9日，公司正式开幕，地址位于被称为"洋货之街"的南京路的大陆商场。该商场由1930年12月15日成立的大陆银行上海信托部投资建设，1931年5月动工，后因一·二八事变发生，工期耽搁至1932年4月完工，但因战后"疮痍未复、市面萧条"，商场底层门面租出极少，二楼商场全部空关将达一载。在此情况下，国货公司向商场租用房屋，一开始公司属试办性质，范围不广，仅租用了大陆商场二楼北半部和沿南京路铺面三间做营业场所，内辟盘梯，直达二楼。② 商场一楼为陈列部，陈列各国货工厂的产品，二楼北部卖场有绸缎、皮件、化妆品、五金等20部，后扩充至40部。

公司以"利薄多卖"为宗旨，力图便于各大国货工厂产品的贩卖，节省宣传广告的费用，并以产品博大众之比较与品评，促使其改良品质。公司也试图使内地手工业出产的精美物品易于推销，不至胶守一隅，以致日渐零落。同时，公司还致力于使消费者知晓、辨认国货，便于消费者以最低廉之代价，取得最合需要之国产品，激发其爱国心。③ 因此，商场售品的范围不限于九厂，凡是国货工厂所产物品，自愿送去陈列寄售，他们都欢迎。④

据1933年2月10日的《申报》报道，公司刚开幕时，与其合作的工厂有数十家，委托贩卖的工厂约200家，开幕当天营业额达5万元以上。"上午9时，门未启时，门外顾客及道贺者，已肩摩踵接，鹄立以待，待开门络绎不绝，户限为穿，实为沪上自有国货公司以来未有之盛况"。⑤ 公司的设立，也被认为是"国货运动中的新事业，而且是国货运动的中心事业"。⑥ 之后，加入贩卖的工厂数量不断增加，1933年底时增加到1000家，到1934

---

① 上海晨报社编《上海市之国货事业》，上海晨报社，1933，第20页。
② 谈公远：《上海大陆商场始末》，陆坚心、完颜绍元编《20世纪上海文史资料文库》（4），上海书店出版社，1999，第172页。
③ 《中国国货公司开幕宣言》，《申报》1933年2月9日。
④ 《中国国货公司开幕志盛》，《申报》1933年2月10日。
⑤ 《中国国货公司开幕志盛》，《申报》1933年2月10日。
⑥ 杜重远、潘仰尧：《中国国货公司之使命》，《申报》1933年2月9日。

年底达到了2000家。①

公司营业额也不断增长，1933年4月止，公司营业额就已达到50万元以上。1933年4月15日，经公司临时股东大会通过，增资至20万元。到1933年12月31日，营业额为208万元，盈余18065.08元。之后，1934年营业额为278万元，到1935年，营业额达283万元，盈余22369.64元。② 随着经营状况的良好发展，中国国货公司顺应"沪上人士爱用国货之热烈"，继而扩充公司的规模。③

1933年4月公司第一次增资的同时，在二楼卖场增设南部商场，并更名为"上海中国国货股份有限公司"。④ 大陆商场也格外迁就，对其降低租金，按三折起租，半年后增加半个折扣，逐步加至对折为止。⑤ 1933年7月4日，公司又在西部设立"九九商场"（每种货物的售价均为9角9分）。这样一来，二楼卖场便相继扩充为东、南、西、北四部，出售商品包括衣、食、住、卫生、玩赏、儿童等日常生活用品，以更大规模、更完备的商品分类进行售卖。⑥ 1933年12月，公司又在新闸路池滨路口设支店，1935年8月，又设支店于南市小东门大成绸缎局旧址，1936年5月，公司还接办长沙中国国货公司，改组为长沙分店。直到1937年抗日战争爆发后，上海及长沙分支店先后收歇，归并总店。⑦

---

① 据公司经理李康年回忆，参加的工厂数达到2000家以后，公司便不再要求增加了，原因是2000家工厂的产品已经足够推销，且有些产品是相同的。公司在负责推销这些国货产品的基础上，还应该担负起督促国货工厂改进产品的责任。李康年：《经营国货事业之贡献》，第4页。
② 就目前笔者所掌握的资料而言，1934年公司盈余状况不详。1933—1935年的营业额，可参见《介绍全国唯一伟大百货商店上海中国国货公司》，中化工业国外贸易协会编《南洋商业考察团专刊》，1936，第179—181页。1933年、1935年的盈余，参见《上海中国国货股份有限公司资产负债表》，上海市档案馆藏档：Q266-1-623。
③ "中国国货股份有限公司增股计划书"，上海市档案馆藏档：Q266-1-623。
④ 《股份有限公司变更登记换发执照稿底》，台北中研院近代史研究所档案馆，经济部门档案：17-23-01-72-20-012。
⑤ 谈公远：《上海大陆商场始末》，第172页。
⑥ 公司东部为皮件部，经营较大件商品；北部有绸缎、化妆品、针织、内衣、文具、饮食等16部，针对妇女的商品较多；南部于1933年6月20日开业，有土产、糖果、电器、布匹等20部，以各种日常生活用品销售为主。《中国国货公司各部图略》，《申报》1933年6月29日。
⑦ 《上海中国国货股份有限公司简史》（联合征信所调查报告书，1947年），上海市档案馆藏档：Q78-2-15430。

上海中国国货公司经营的成功，使中华国货产销合作协会更加充满了信心。为将上海中国国货公司的模式推广到内地，进一步推广国货事业，1934年，中华国货产销合作协会将1933年3月10日成立的与上海中国国货公司同样作为其事业之一的国货介绍所，改组为"中国国货公司、国货介绍所全国联合办事处"，简称"国货联办处"。① 国货联办处成立后，便着手协助各大城市开设国货公司，到1936年4月为止，先后在郑州、长沙、温州、镇江、济南、徐州、福州、嘉兴、重庆、广州、西安、昆明12个城市成立了国货公司。

在此基础上，1936年10月，实业部所属的国民经济建设运动委员会又联合中华国货产销协会共同筹设了官商合资性质的"中国国货联合营业公司"，简称"联营公司"，于1937年5月12日正式开始营业。② 因联营公司有协助各地国货公司发展业务的职责，因此，1937年7月，上海中国国货公司第二次增资至40万元时，联营公司投资5万元。③ 1939年联营公司迁至重庆，1941年4月改组，原有官股由中国、交通、新华三家银行承受，抗战胜利后，联营公司再次迁回上海。④

可见，危机背景下上海中国国货公司的成立及其规模的不断扩大，对上海国货销路的扩大有积极影响，并且伴随各地国货公司的建立，国货联营事业逐步由上海向内地扩散，形成了一个广泛的国货销售网，有利于上海各大国货工厂开拓内地市场。不仅如此，向来以销售环球百货为营业方针的先施、永安、新新等百货公司，受中国国货公司的影响，也开始转变经营方向，增加国货工业品的进销，以加强竞争。⑤

---

① 国货介绍所是以"搜集各厂之优美出品，介绍于国内外市场，服务社会便利选购"为宗旨的机构。《中华产销协会国货介绍开幕》，《工商半月刊》第5卷第8号，1933年，第73—75页。联办处的概况可参见《国货公司及国货介绍所联合办事处成立》，《工商半月刊》第6卷第6号，1934年，第87—88页。
② 王志莘：《中国国货联合营业公司概述》，《中国国货联合营业公司十周纪念刊》，1947，第20—21页。另根据潘君祥的研究，中国国货联合营业公司的设立也与1935年3月张公权辞去中国银行总经理、宋子文出任中国银行董事长后，改变大力扶持国货事业的政策，取消了对国货联办处的支持有关。潘君祥：《近代中国国货运动研究》，第127页。
③ 《中国国货公司昨开临时股东大会》，《申报》1937年7月26日。
④ 周节之：《国货运动中的产销协会和联营公司》，中国人民政治协商会议上海市委员会文史资料工作委员会编《上海文史资料选辑》第43辑，上海人民出版社，1983，第175—180页。
⑤ 上海百货公司、上海社会科学院经济研究所、上海市工商行政管理局编《上海近代百货商业史》，上海社会科学院出版社，1988，第145页。

以永安公司为例，1931年九一八事变之前，永安公司经销的国货工业品只占公司全部商品的2%，连同土特产、手工艺品合计在内，也只占25%。但是，到1934年，永安公司所经销的国货已占公司全部商品的60.5%，并在这之后一直呈持续增长，1935年为63.1%，1936年上升到65.1%，1937年为65%。① 同时，为了打开国货销路，1934年秋，永安公司这在公司四楼专辟了国货商场。②

同样，先施公司也认识到，"目击危机，良堪浩叹，本公司提倡国货，不敢后人"。③ 因此，为使国人了解上海、香港、广州的工商状况，先施公司编辑《国货特刊》，刊登历年出入口货之统计，工商业种类之分配，"力图振作，以备将来发展工商业计划之根据"，并论述中国商业之变迁以及国货运动实施的情景等，"收集舆论，以资观摩"。④ 同时，先施公司还认识到"不能不本产销合作之精神，以谋经济复兴之方策"，先后于1933年4月、10月举行两届"联合国货展览会"。⑤

二 公司的管理机构及制度

1933年1月20日下午3点，中国国货股份有限公司的创立会在上海香港路四号银行业同业公会召开，到会股东及代表共125人。公司筹得资本10万元，分为5000股，每股20元。⑥ 资本的筹集，除向各国货工厂筹集

---

① 上海社会科学院经济研究所编著《上海永安公司的产生、发展和改造》，上海人民出版社，1981，第132、136页。
② 但是，因为资金困难，永安公司的国货商场无力全部自进自销，便采取寄售一些国货工厂商品的方式，营业并不理想，不到半年便宣告结束。此后，永安公司又计划在即将落成的位于南京路浙江路口的永安新厦筹办规模较大的国货商场，准备1937年9月1日正式开幕，但是，离开幕只有十几天，"八一三"炮声一响，历时两年筹设的永安国货商场也就因此流产了。《上海永安公司的产生、发展和改造》，第134、135页。
③ 先施公司编《国货特刊》，1933年，"发刊辞"，第1—2页。
④ 先施公司编《国货特刊》，"自序"，第7页。
⑤ 先施公司编《先施公司第二届联合国货展览特刊》，"发刊辞"，1933年10月。
⑥ "中国银行投资各事业概况一览表"（1938年1月14日）。1936年，中国国货联合营业公司成立后，是年3月第二次增资至40万元，1939年8月第三次增资为60万元，1940年3月第四次增资至100万元，1941年7月第五次增资为250万元，1942年6月第七次增资为600万元，同年11月第八次增资为1200万元，1943年8月第九次增资为4800万元，1947年第十次增资为48000万元，同年12月第11次增资为120亿元。参见中国银行总行、中国第二历史档案馆合编《中国银行行史资料汇编》上编（二），档案出版社，1991，第1751页。

外，不足之数，经黄炎培、史量才等与有关方面联系，协调筹足。如表1所示，经过投票选举，当选理事分别为方液仙、蔡声白、任士刚、王志莘、方剑阁、叶友才、潘仰尧、史量才、张惠康9人，当选监察人为程年彭、贲延芳2人。① 经理为方液仙，副经理为李康年。

1933年4月15日，公司召开第一次临时股东会议，决议将董事增加为11人，监察增加为3人。1934年3月10日，公司又召开第一次股东会，改选董事及监察人，董事在原有基础上增加史海峰（史久鳌）、贲延芳2人，监察为王振芳、孙瑞璜、程年彭3人。② 到1935年，董事11人中，史量才变更为胥仰南。③ 可见，除董事人数增加外，其余人事变动并不大。但1937年7月，因官商合资的中国国货联营公司的投资，公司第二次增资至40万元后，增加官股董事、监察各1人，分别由时任实业部次长周诒春、国民经济建设总会程志愿担任。④

表1　上海中国国货股份有限公司董事、监察人一览（1933年）

董事	籍贯	所在单位	略历	备注
方液仙	浙江镇海人	中国化学工业社	1893年生。少时喜欢化学，跟随德国人窦伯烈学习化学知识，1912年筹设中国化学工业社，后得其叔父方季扬投资，改为无限公司，任总经理。1935年增资至100万元，改组为股份有限公司	后因忙于中国化学工业社的事务，辞去经理一职，由李康年担任
蔡声白	浙江吴兴人	美亚织绸厂	1894年生。1911年考入北京清华大学，1916年保送至美国麻省理工学院攻读地质。归国后，1921年春，被聘为美亚织绸厂经理	
任士刚	浙江慈溪人	五和织造厂	1927年与杨光启等五人一起创办五和织造厂，担任经理，以创立"鹅"牌汗衫出名	
王志莘	上海人	新华信托储蓄银行	1896年生。1921年考入上海商科大学，1923年前往美国哥伦毕业大学留学，攻读银行系。1925年归国后，在上海商科大学和中华职业学校任教。1930年，出任新华信托储蓄银行总经理	

---

① 股权数统计参见《中国国货股份有限公司创立会纪录》，《申报》1933年2月2日。
② 《关于决议增资之股东会议录》（1933年4月15日）、《新旧股东全体股东大会决议录》（1934年3月10日），台北中研院近代史研究所档案馆，经济部门档案：17-23-01-72-20-012。
③ 《第三届股东会报告》（1935年2月23日），上海市档案馆藏档：Q266-1-623。
④ 《中国国货公司昨开临时股东大会》，《申报》1937年7月26日。

续表

董事	籍贯	所在单位	略历	备注
方剑阁	江苏嘉定南翔人	中华珐琅厂	1886年生。1914年创办《实业周刊》，随后投身教育事业数年。1921年创立中华珐琅厂，担任经理	
叶友才	浙江定海人	华生电器厂	1887年生。1916年与杨济川、袁宗耀一起创办华生电器织造厂，主要负责采购业务	
潘仰尧	江苏嘉定人	中国征信所	早年肄业于江苏太仓师范学校，后毕业于江苏神州法政学校，曾任嘉定县教育局代局长、上海职业指导所主任等职。1932年被聘为中国征信所经理	
史量才	江苏青浦人	申报馆	1880年生。1901年进入杭州蚕学馆学习，毕业后，曾在育才学堂、南洋中学等处任职。1912年买入申报馆，任总经理。1929年秋就任《新闻报》总经理，1932年被选为上海地方维持会会长	1935年改选为晋仰南
张惠康	浙江鄞县人	亚光制造公司	曾留学美国，归国后，1930年6月，集资4万元，创办东方年红公司，设厂于闸北宝山路，发展年红灯工业	
监察人	籍贯	所在单位	略历	
程年彭	上海人	章华毛绒纺织公司	1932年接任为章华毛织厂经理	
黄延芳	浙江镇海人	浙江兴业银行地产部	1883年生。1896年在宁波新顺记南北货行北号办庄当行栈学员，1910年进入上海中华捷运公司当职员，1920年被推派赴欧洲各国考察运输事业的发展概况，回国后任中华捷运公司总经理，1929年任浙江兴业银行董事兼地产部经理	1934年开始被选为董事，由王振芳（浙江上虞人）、孙瑞璜（江苏崇明人）2人接任

资料来源：《实业部股份有限公司登记稿底》，台北中研院近代史研究所档案馆，经济部门档案：17-23-01-72-20-012。董事略历参见徐友春主编《民国人物大辞典》，河北人民出版社，2007，第230、281、526、2231页；上海晨报社编《上海之国货事业》，1933，第49、50、70页；寿充一等编《近代中国工商人物志》第2册，中国文史出版社，1996，第215—219、388—394页；浙江省政协文史资料委员会编《宁波帮企业家的崛起》，浙江人民出版社，1989，第213—216、249—255页。

从表1中公司董事、监察人的人员构成来看，多数为上海各国货工厂特别是新兴日用品国货工厂的创办人或主要负责人。因此，可以说上海中国国货公司实质是由投资的各大国货工业所支配。同时，董事王志莘为新华信托储蓄银行①的总经理，黄延芳是浙江兴业银行董事兼地产部经理，监察人孙瑞璜是新华信托储蓄银行副经理，王振芳是中国银行虹口办事处主任，这样的人员构成，也是金融界与工商界的结合，解决了前文中张公权所说的"产销与金融未能打成一片"的问题。因此，中国国货公司的成立，被认为是"国货年中值得纪念的事实，同时也是中国商业史上一个新的开端"。②

这些人当中，方液仙曾跟随德国人学习化学知识，黄延芳曾赴欧洲考察一年，蔡声白、李康年、王志莘、张惠康等都曾留学国外，高层管理人员的涉外背景也有利于公司吸收外来科学管理制度。另外，值得注意的是，这些人中，浙江"宁波商帮"③占多数，这主要与1930年代浙江"宁波商帮"在上海工商业中占据的重要地位有关。"宁波商帮"在上海的经营活动范围涉及航运业、金融业、商业、工业等，被称为"来沪经商而最有手腕和力量"④的帮口之一。公司的成立，也体现了宁波帮商人顺应时代潮流、积极拓展经营新兴行业的精神。

公司董事会之下设置经理、副经理，负责公司全部工作。经理室下又设置人事、总务、营业、进货、会计五部，各部设有主任一人，分掌各部事宜。其中，会计部主任由中国银行委派，负责监督全公司的财务和会计等活动。⑤而在财会制度上，公司采用西式复式簿记，每天货物进出都有各项报表记录，一目了然。同时，公司还制订了一套与营业部相关的在商场中设收款会计的制度，将商场中收款人员划归会计部管辖，并将专售商品包扎工作的包扎柜设在收款柜旁边，进行复核，但归总务部管辖。这样就使得会计部、营业部、总务部之间形成互相监督的局面，以防止商品

---

① 新华信托储蓄银行是由1914年成立的新华银行在中国、交通两银行增资改组下设立，其在工商业往来业务方面，以中小型民族工商业为主要对象，与国货厂商关系密切，不仅对其进行放款，还进行投资。吾新民：《王志莘、孙瑞璜与上海新华银行》（1987年7月），上海市政协文史资料委员会编《上海文史资料存稿汇编》经济金融（5），上海古籍出版社，2001，第189—198页。
② 上海晨报社编《上海市之国货事业》，上海晨报社，1933，第21页。
③ "宁波商帮"指旧宁波府所属鄞县、奉化、慈溪、镇海、定海、象山六县在外埠经营的商人，以血缘姻亲和地缘乡谊为纽带连接而形成的商业集团。张海鹏、张海瀛编《中国十大商帮》，黄山书社，1993，第107页。
④ 吴拯寰：《旧上海商业中的帮口》，《上海地方史资料》（三），上海社会科学院出版社，1984，第102页。
⑤ 《上海近代百货商业史》，第178页。

走漏。①

在业务管理上，与四大百货公司相同，国货公司也设置进货部负责进销业务，设营业部负责商场内各商品柜的业务指导和监督。但不同的是，虽然国货公司的进货部是统一的进货机构，各商品柜进货必须先开好进货通知单，送给进货部统一向工厂办理，但因为商品柜的柜长大多数是股东厂直接派来，权力较大。因此，进货时先由商品柜长看好花色品种，决定进货数量之后，再给进货部补开进货通知单。同时，各商品柜长有权决定哪些商品可销和能销多少以及制定销售价格或者在商品发生变质或过令等情况时决定降低售价。这样一来，进货与营业两部的工作既分工又相互制约，避免进销脱节，造成商品呆滞积压，影响资金周转。这也造成商品柜的推销以股东厂产品为主。②

人事考勤制度上，公司仿照商务印书馆的办法，设置考勤计时钟，通过每个员工的考勤计时卡进行考勤管理。③ 上班时，每人先到人事部取卡放入计时钟的校卡箱中，打印出几点几分，如果迟到一分钟，卡上就出现红字，同样，下班也要领计时卡。每月以卡上统计的数字，作为考勤和结算工资的依据。④

当然，这一时期，在南京路的百货商店几乎都是外商投资（如惠罗公司）或者华侨（广东籍占多数）投资经营，中国国货公司的资本、规模远不及这些公司。但是，从以上公司的组织管理制度可以看出，公司已具备近代中国股份制企业的特征，并且采取科学化管理方式，以"宁波商帮"为主组成的董事会是公司的实权机构，这就为公司的经营建立了相应的社会关系网络。投资的国货工厂，除传统的纺织业外，还涉及化学工业、电器等日用品工业。这些国货工厂通过国货公司扩大自己产品的销售市场，也折射出1930年代中国进口替代工业特别是基础薄弱的新兴国货工业联合寻求出路的发展轨迹。

---

① 林炳炜：《李康年与中国国货公司》，潘君祥编《中国近代国货运动》，第269页。
② 《上海近代百货商业史》，第178页。
③ 当时上海使用考勤计时卡的只有商务印书馆和中国国货公司。商务印书馆在上海各部分均设有倒班钟，以为职工工时的记录。商务印书馆编《商务印书馆人事管理概况》，1935，第47—48页。
④ 中国国货公司的经营管理制度主要是仿照上海商务印书馆，并参照先施、永安、新新等百货公司行之有效的制度加以改进的。《上海近代百货商业史》，第178、263页。

三 公司营业活动的开展及特色

上海四大百货公司的经营范围较广，品种繁多，包括洋货、国货，由于货源不同，其进货渠道和方式也不同。洋货主要从上海的洋行和东西洋庄批发字号等进货，或直接从国外厂商进货。国货则直接去产地采办或从手工工场和工厂进货。[1] 但是，上海中国国货公司是"产销结合""工商结合"的百货公司，且又以专门经营国货为特色，因而在进货方式上与四大百货公司有明显区别，它的进货渠道主要分为合作厂、寄售厂和现进户三方面。

合作厂，一般以公司股东为主，是公司进货的主要对象。根据1934年公司编刊的《中国国货公司货名汇录》来看，化妆品柜台以出售中国化学工业社的产品为主，其他厂产品为辅，绸缎柜台以美亚织绸厂产品为主，内衣柜台以五和织造厂为主，搪瓷柜台以中华珐琅厂产品为主，袜子柜台以中华第一针织厂产品为主，帽子柜台以华福厂产品为主，牙刷柜台以一心牙刷厂产品为主。[2] 这样一来，公司直接从这些合作厂进货，不但数量能满足，而且价格优惠。零售价格由公司自行制定，盈亏归公司负责。商品遇有损坏变质情况发生，也由工厂负责退还，即使物价波动，公司也可尽量出售，不受工厂限制。[3]

寄售厂也是公司的主要进货对象，凡国货工厂的产品，都可以委托公司寄售。这些工厂不是公司的股东，但公司为了扩大货源，增加收益，也乐于承担销售责任。寄售厂大都是中小型工厂，为谋求产品销路，也愿意这样做。寄售厂的进货价分两种，一种以工厂出厂价作为公司进价，销售价由公司自行制定，盈亏公司负责，这种厂的产品一般质量较好，市场上有一定销售基础。另一种是零售价由工商双方协商确定，公司按零售价提取10%～20%作为回扣，不负盈亏责任，货物售出后，货款定每月25日为结账日期，下月5号付款，付款时再开5天的期票，这样公司就可以占用工

---

[1] 《上海近代百货商业史》，第127—128页。
[2] 为提倡国货之精神，翔实列载搜集之物品，以启爱国人士之注重，中国国货公司编刊《中国国货公司货名汇录》于1934年出版，分部罗列公司货品名目，综观各部，其货物以合作工厂出品占多数。
[3] 《上海近代百货商业史》，第133页。

厂半个月的资金。① 除此以外，为满足市场消费者需求，公司也采取现进户的进货方式，向批发商现进货物进行出售，每个月结算一次，但这种方式数量不多。

通过寄售的方式，公司进货后，工厂可凭公司进货单向中国银行贷款，利息由工厂负担，待产品出售以后，由公司代银行扣还贷款。这样一来，就实现了由工厂供给货物，银行调节金融，公司负责推销的"产、销、金融"相结合的运营模式。这种特殊模式的产生，也是受1930年代中国外在政治与经济环境的影响，与1930年代的国货运动浪潮相呼应。

在销货方式上，中国国货公司与先施、永安、新新等百货公司一样，分为零售和批发，又以零售业务为主，普遍采取大廉价、发售礼券、邮售等销售策略。但它也有自身的特点，其主要营业活动的开展主要有以下几点。

1. 广泛利用"爱用国货"宣传

公司长期在《申报》中刊登大篇幅的宣传广告，罗列各项特价产品价目，并以"请中国人，用中国货""服用国货，是国人天职""是中国人，用中国货"等作为宣传标语，并自称"全国最伟大最完备的国货总库"。这些具有爱国色彩的煽动性宣传标语，成为国货公司宣传的一大特色。

除了视觉性的广告图片宣传以外，国货公司还通过短文叙事性的宣传形式，将爱用国货的宣传生活化，以吸引顾客。如一则"爱人的礼物"的短文，叙述了一个名叫张一民的丈夫为妻子秀英购买了中国国货公司的衣服，妻子秀英收到礼物后，"把那盒子细看，上面印有中国国货公司字样，这样使她相信了，那新装是中国货，欢喜很了不得"。② 再如一则题为"我嫂嫂的经验"的短文，叙述了作者的嫂嫂传授给她的如何经济时装的经验："服装的美不美，不全在衣料，却在缝制的是否得意"，而缝制的衣料，"舶来品太贵，自然拣选国货"，而国货衣料的购买，"以大陆商场中国国货公司最可靠，且价格最相宜"。③ 这样的文字宣传，较直接爱国色彩的煽动性的宣传标语来说，更与普通消费者的生活相联系，以一种通俗化、生活化的方式，对中国国货公司的商品进行了宣传，刺激了普通消费者的信心和购买欲。

---

① 《上海近代百货商业史》，第133—134页。
② 刘曾慰：《爱人的礼物》，《申报》1933年5月11日。
③ 伊丽：《我嫂嫂的经验》，《申报》1933年5月18日。

2. 季节性的大廉价活动

1933年2月9日中国国货公司开幕当天,即开始了21天的"开幕大廉价"活动。随后,公司常常巧立名目,根据季节的变化以及利用各种纪念日等推进大廉价活动。以1933年为例,如表2所示,公司所开展的大廉价活动从公司开幕一直持续到1933年12月,几乎每个月都有廉价活动,并且大多数季节性大廉价活动的时间都是21天,或者在此基础上延长。① 同时,在公司南部商场、九九商场开幕之际,公司又继续进行大廉价活动。除此以外,公司还常不定期开展儿童服装、各种皮具、摩登时装、男女皮鞋等特卖活动。可以说,仅在1933年一年中,公司就有一半时间以上都在进行大廉价活动,"大廉价"已成为公司常态化的经营状态。

表2 大廉价活动统计(1933年2—12月)

时间	大廉价名目
2月9日—3月1日(共21天)	开幕大廉价
3月16日—4月5日(共21天)	春季大廉价
5月12—25日(共14天),后又延长至6月1日	夏季大廉价
6月20日—7月10日(共21天)	南部开幕大廉价
7月6—11日(共6天)	九九商场开幕大廉价
9月5—25日(共21天),后又延长至10月2日	秋季大廉价
11月6—26日(共21天),后又延长至12月6日	大廉价21天

资料来源:《申报》1933年2月9日、3月16日、5月16日、5月26日、6月20日、7月6日、9月7日、11月6日、11月27日。

3. 特定主题的国货展览活动

除了常态化的大廉价活动以外,上海中国国货公司还应时应景地举办各种特定主题的国货展览会活动。1933年3月16日,筹备参加美国芝加哥

---

① 就目前笔者掌握资料来看,21天的廉价活动天数,与该公司同永安、先施、新新、大新、丽华五大百货公司共同订立的合作协约有关。该协约草稿规定,因六家公司营业相同,利害与共,因此欲对内对外,力谋一致,共图健存而臻繁荣。所以,六家公司共同规定每年大减价不得超过六次,即春、夏、秋、冬四季四次及特别减价两次,每次之天数最长不得超过21天等内容。该协约草稿原件未载日期,立卷归档者估计时间为1937年6月,但按照中国国货公司的减价活动来看,其实施应该早于这一时间。《永安、先施、新新、大新、国货、丽华六大百货公司合作协约草稿》,上海市档案馆、中山市社科联编《近代中国百货业先驱——上海四大公司档案汇编》,上海书店出版社,2010,第348—349页。

博览会的出品协会与上海中国国货公司合作，在大陆商场二楼举行"芝博会出品展览"，展期两周，后又延长至 4 月 2 日。① 随后，1933 年 4 月 4 日，公司借儿童节之际，在商场南部举办"儿童游乐市"，将国货贩卖与儿童消费联系起来，试图从儿童入手培养使用国货的习惯，这一举动被称为"破天荒的美举"。②

因投资该公司的股东都为中华国货产销合作协会的会员，所以公司营业活动的开展也积极配合协会的活动。1934 年 6 月，中华国货产销合作协会发起"西北国货流动展览团"，前往开封、郑州、西安、兰州等地举行国货展览，所展产品除参加工厂自行出产的外，非参加工厂的产品则由上海中国国货公司负责选配。③ 为推进国货至内地及海外，1936 年 1 月，国货公司又与上海市地方协会、市民提倡国货会、中华国货产销合作协会等 14 个团体一起成立了上海市国货运动联合会，国内以长江流域、国外以南洋群岛各埠为主要区域，进行国货宣传、调查、展览、研究等工作。④

4. 礼物柜的设置及礼券的发行

在送礼之风盛行的上海，中国国货公司还把能馈赠亲友的礼物等商品如绸幛、镜框、银质器具等，集中起来成立礼物柜进行销售。除此以外，公司还设礼物部，制定《礼物部代送礼物简则》，由专员负责办理，可以代客设计加工各种礼品，顾客如果购买礼物柜的商品，且委托公司去代送婚、丧、寿庆等，售价还可以打九折。⑤

另外，公司还特设了礼券部，发行一元、二元、四元、十元四种礼券以及一种空白礼券，以便临时填写。这种礼券，除可以向中国国货公司提取各种商品外，还可以向新华信托储蓄银行兑取现金。⑥ 这样一来，国货公司通过礼券的发售，也可以吸收一部分社会资金。同时，公司宣传说，"以

---

① 1933 年初，因国内时局紧张、财政困难等因素，原本筹备参加美国芝加哥博览会的出品协会的各种准备事宜，被迫奉令停止。但筹备出品协会方面，"因筹备征品，为时甚久，牺牲劳力金钱亦至巨，故不愿中途停止"。《芝博会出品协会昨招待新闻界》，《申报》1933 年 3 月 15 日；《芝博会出品展览今日开幕》，《申报》1933 年 3 月 16 日。
② 潘仰荛：《儿童与国货》，《申报》1933 年 4 月 6 日。
③ 《定期出发之西北国货流动展览团》，《申报》1934 年 5 月 18 日。
④ 《十四团体发起国货运动会》，《申报》1935 年 12 月 28 日；《国货运动联合会昨开各组联席会议》，《申报》1936 年 1 月 18 日。
⑤ 《上海近代百货商业史》，第 140 页。
⑥ 《中国国货公司发行礼券》，《申报》1933 年 2 月 11 日。

本公司礼券送人,即劝君亲友服用国货"。① 这就又为礼券的发售赋予了一层在自己购买国货之上,还通过赠送礼券,劝他人也加入"爱国"行列的意义。

5. 九九商场的设置

1933年7月,国货公司在大陆商场西部设置九九商场。所谓"九九商场",就是把几种商品凑成一组,这些商品几乎都是与衣、食、住息息相关的日常生活用品,每组售价均为九角九分。各种商品不拆零贩卖,以一组为购买起点,每一组的品种组合也有所不同,由顾客按需要挑选。根据1934年公司编刊的《中国国货公司货名汇录》所载的"九九商场九角九分货品名一览"统计,这样的组合货品多达124种。② 这种组合商品销售的方法,始创于上海英国惠罗公司。为迎合顾客喜欢廉价和购物方便的心理,惠罗公司以一段衣料或几样日用品缚成一扎,标价1元,种类繁多,任凭挑选。③ 所以说,中国国货公司所售的商品虽标榜为"国货",但其所用的销售方式也通过学习、模仿西方近代百货公司的经营方式,在吸取近代营业制度之上,结合自身经营情况而构造出新的特色。

至于"九九"这个名称的由来,主要是根据当时商业税率规定而来。1927年南京国民政府成立后,草拟了《国民政府财政部印花税暂行条例》,1927年11月23日由财政部公布实施。其中,关于铺户所出各项货物凭单应贴印花的凭证,规定金额在1元以上未满10元,贴印花1分,10元以上的贴印花2分。④ 因此,销货不满1元的商品,不需开销货发票或者贴印花税,中国国货公司定价"九角九分"的商品,就是根据这一暂行条例来打造的,既迎合了消费者购买便宜和方便的需求,又将国货公司自身利益的

---

① 《中国国货公司广告宣传图》,《申报》1933年3月9日。
② 上海中国国货公司编《中国国货公司货名汇录》,1934,第102—105页。
③ 上海英商惠罗公司,于1904年英国商人皮雷(Prior)租得上海大马路(今南京东路)近外滩一家广东银器铺子的楼面三间房间充作店址,1908年迁入南京东路、四川路口的新址,是上海外商经营的一家大型百货大楼。佚名:《我所知道的上海英商惠罗公司始末》(1986年2月),上海市政协文史资料委员会编《上海文史资料存稿汇编》(7),上海古籍出版社,2001,第173页。
④ 1929年2月,国民政府修正《印花税暂行条例》;1934年12月8日,国民政府公布《印花税法》,其中规定发货票、银钱货物收据、账单等,金额不满3元者,不贴印花;1935年7月23日,财政部公布了新的《印花税法实施细则》,并于1935年9月1日起,全国一律实行,原颁布的印花税暂行条例及有关解释例案和各省单行章则,一律作废。江苏省中华民国工商税收史编写组、中国第二历史档案馆编《中华民国工商税收史料选编》第4辑下册,南京大学出版社,1994,第1914—1915页。

追求最大化。

可以说，国货公司在与华侨资本的四大百货公司竞争时，既有模仿又有自己的特色。公司并没有像四大百货公司那样设置游乐园等极具娱乐性的设施来吸引顾客，而是赋予商品以"国别"属性，在整个经营活动中贯穿"国货消费"这一理念，使得消费者在原本的"廉价"与"品质"的消费选择之外，还多了一层"是否爱国"的思量。

四 结语

上海中国国货公司是上海各大国货工厂及部分银行在1930年代初期国内外社会大环境衰退、经济形势恶劣的背景下，联合出资组建的一家百货公司。公司以合作厂、寄售厂和现进户的方式，吸收各类国货工厂的产品以及内地手工制品，被称为上海最完备的国货总库。但实际上，公司所销售的商品主要以股东厂的产品为主，而股东及合作厂又多以浙江"宁波商帮"占多数，形成了以"宁波商帮"为主的社会关系网络。伴随上海中国国货公司的成立，中华国货产销合作协会开始在全国范围内设立国货公司及国货介绍所，致力于推动1930年代国货运动的开展，使得国货的销售网络逐渐由上海向内地市场扩展。

公司在与华侨资本为主的四大百货公司竞争中，以"专营国货"为特色，是民族资本企业对百货行业的一种探索。同时，也是以化工、食品、电器等新兴国货工业在面对外来洋货的竞争时，因资本力量薄弱而采取"产销结合"的方式应对"商战"、联合自救的体现。在此基础上，公司还通过与中国银行、新华储蓄银行等银行合作，调节工厂周转资金及监督公司财务管理，可以说也是"产、销、金融"的结合，标志着这一时期上海都市空间的国货运动开始从各方面走向联合。

公司建立了近代股份制企业制度，而投资的国货工厂也多采取近代工业生产方式，以增强自身行业竞争力。公司采取近代科学管理方法，与其他环球百货公司有不少类似之处，但也有自己的特色，在进销货的结合制度方面，商品柜的柜长权力较大。公司营业活动的开展，主要以"爱用国货"为宣传点，进行常态化的大廉价活动，并开展各种特定主题的国货展览。但是，这种通过廉价的力量并给商品赋以"爱国"标志，试图影响消费者购买选择的方式，是否激发了普通消费者的爱国心，仍是一个疑问。

但值得肯定的是，中国国货公司的创立确实对1930年代上海百货业的发展产生了影响，以销售中高档洋货为主的环球百货的先施、永安、新新等公司也加入国货宣传、销售的行列，这体现了1930年代上海的百货行业也开始在商品销售中重视"民族主义"消费色彩。

（作者单位：日本立命馆大学经济学研究科）

抗战时期后方金融市场的隐忧及暗流*
——基于川省手工业融资活动的考察

赵国壮

内容提要 抗战时期，在后方金融市场上，一些具有微观、潜在、持续等特征的"隐性"问题，如借贷观念与贷款手续之间的繁简之困、季节性用款与放贷速度之间的时间之争、贷不足用的经常性存在等，使得战时后方金融市场内部隐忧重重、暗流涌动。这些"隐性"问题，与后方金融业的快速发展及金融网的构建，以及一些具有宏观、显著、急剧等特征的"显性"问题，如游资、金融投机、通货膨胀等，一起构成了战时后方金融市场的多维图景。

关键词 抗战时期　金融业　手工业　融资活动

近年来，抗战时期后方地区（西南、西北）金融史研究为学界所持续关注，并形成两个层面的共识：第一层是战时国家行库、沿海地区部分省行及部分商业银行的西迁，以及政府出台大力扶持后方金融业发展的政策，共同推动了后方金融业的蓬勃发展，形成了一个覆盖整个大后方的金融网;[①] 第

---

* 本文为2013年度重庆市社会科学规划抗战大后方历史文化重大委托项目"抗战大后方手工业研究"（2013ZDZX17）、2013年度重庆市社会科学规划重点项目"抗战时期西南社会经济调查文献的整理与利用研究"（2013ZDLS11）、西南大学2014年度中央高校基本科研业务费专项资金项目"20世纪30、40年代西南地区手工行业调查资料整理与研究"（SWU1409199）的阶段性成果。

① 有关战时后方金融网形成的论述，可参见：黄立人《四联总处的产生、发展及衰亡》，《中国经济史研究》1991年第2期；王红曼《四联总处与西南区域金融网络》，《中国社会经济史研究》2004年第4期；张朝晖《试论抗战时期大后方金融网的构建路径及特点》，《抗日战争研究》2012年第1期等。刘志英在《抗战大后方重庆金融中心的形成与作用》（《中国社会经济史研究》2013年第3期）一文中肯定了重庆作为战时后方金融中心的地位。

二层是通货膨胀、游资、金融投机等一些"显性"问题的存在，影响了后方金融业的良性发展。①不过，仍有一些"隐性"问题，如借款观念与贷款手续之间的繁简之困、季节性用款与放贷速度之间的时间之争、贷不足用的经常性存在等，并不为学界所重视。它们与第二层面具有宏观性、显著性、急剧性等特征的"显性"问题相比，具有微观、潜在、持续等特征，但是，这并不等于这些问题微乎其微，恰恰相反，正是它们的存在，使得战时后方金融市场内部隐忧重重、暗流涌动，对其进行梳理、剖析，既可以从手工业融资活动中窥视战时后方金融业发展及转型过程中的阵痛，又有助于更为全面、准确地把握战时后方金融业发展情况。基于此，本文通过对战时川省典型手工业融资活动的考察，窥视后方金融业发展过程中的"隐性"问题，希冀有助于更为全面、准确地把握战时后方金融业发展情况，进而推动抗战时期后方社会经济史研究向前发展。

一 战时后方手工业的借贷依赖性经营

战时以国家行库为主体的金融业与大后方工矿商农各业之间的密切联系，已为学界所肯定，②然而，战时后方手工业经营活动与近代金融业的关

---

① 有关战时通货膨胀的主要论述，可参见：吴冈《旧中国通货膨胀史料》，上海人民出版社，1953；杨培新《旧中国的通货膨胀》（增订本），人民出版社，1985；张公权《中国通货膨胀史（1937—1949年）》，文史资料出版社，1986；抗日战争时期国民政府财政经济战略措施研究课题组《抗日战争时期国民政府财政经济战略措施研究》，西南大学出版社，1988；冯宪龙《抗战时期国民政府通货膨胀政策评析》，《社会科学辑刊》1997年第3期；杨菁《试论抗战时期的通货膨胀》，《抗日战争研究》1999年第4期；赵小勇《抗战初期大后方通货膨胀新论》，《安徽师范大学学报》2004年第5期；易棉阳《抗战时期通货膨胀的计量研究》，《贵州财经学院学报》2012年第5期。这些论著对战时通货膨胀的表现、成因、危害及国民政府的治理政策进行了较为深入而全面的分析。就战时后方游资及投机问题而言，何旭艳在《近代中国信托业的投机现象》（《史学月刊》2011年第7期）一文中认为，近代中国尚不具备信托业兴起和健康发展的社会经济条件，游资泛滥下的投机需求催生了信托业的兴起，投机带来的超额利润维系着信托业生存；钟华英在《略论抗战时期后方城市游资及其危害》（《江汉论坛》2013年第5期）一文中认为，战时后方城市游资通过多种渠道汇集，从一般商品货物囤积到土地购置，无所不炒，给后方城市百姓生活带来了灾难性影响。

② 参见王红曼的系列论文：《四联总处与战时西南地区的金融业》，《贵州社会科学》2005年第3期；《四联总处与战时西南地区工业》，《贵州社会科学》2007年第1期；《抗日战争时期四联总处在西南地区的工农业经济投资》，《贵州民族学院学报》（哲学社会科学版）2007年第1期。在这些研究中，她肯定了四联总处与后方经济发展之间的密切联系。

系却未能引起学界足够的重视。战时,二者之间有着极其密切的联系,手工业甚至已经到了严重依赖近代金融业资金支持才能从事经营活动的地步,这与其战前经营方式有本质上的区别。以下分别详细述之。

制糖业。1940年5月,宜沙沦陷,川糖外销两湖受阻,糖价下跌,而其他商品的价格却不断上涨,以致制糖成本不断增大,业糖者普遍需要向银钱业融通资金以求生存。如这一时期的"甜城"内江,急需大量资金救济糖业及整个经济,因而也成为最为著名的"差款码头"。1943年12月16日,内江美丰支行在呈报重庆总行总经理的密函中,详细描述了内江差款情形:"内江产糖价值专以白糖一宗而论,目前可值十万万元,加以桔糖、红糖及漏水不下二十万万元,但是年论蔗农、糖房、漏棚需要资金,困难之户特多,即就总价值之二成计算,共需二万万元,除国家银行外,所有商业银行十六家在内江之资本仅七八千万元,故内江为差款码头。"①不仅内江一地为重大差款码头,从制糖区各县所需合作事业贷款来看,资中、资阳、简阳、隆昌、荣昌等地均和内江一样,所需之款数倍于自筹之款(参见表1)。

表1 四川省各县市1944年度合作事业需要贷款概况(内江支行辖区)

单位:元

县市别	共需资金	自集资金	需要贷款资金	备注
内江	90220000	10220000	80000000	蔗糖区
资中	83463310	3463310	80000000	蔗糖区
资阳	25093228	93228	25000000	蔗糖区
简阳	51950000	26950000	25000000	蔗糖区
隆昌	10747000	747000	10000000	蔗糖区
荣昌	8310000	310000	8000000	蔗糖区
合计	269783538	41783538	228000000	蔗糖区

资料来源:《四川省各县市1944年度合作事业需要贷款概况表》,第84页,内江市档案馆藏,民国资中、内江银钱(钱庄)(联)全宗:13-2-441。

从表1来看,1944年资中共需糖业资金83463310元,而其自筹资金只有300余万元,仅为该年所需资金的一个零头;再如资阳,1944年所需糖

---

① 《内行致总行机密信件底稿》,重庆市档案馆藏,美丰商业银行全宗:0296-12-16。

业资金达 2500 万余元, 而自筹资金仅 9 万余元, 几乎全部资金均需要贷款才能满足; 相对而言, 简阳略好一点, 不过仍有一半约 2500 万元的糖业资金需求助于贷款; 隆昌、荣昌同样需要大量贷款才能维持糖业正常运营。各贷款人需款急迫之情溢于言表。如 1944 年 1 月 8 日, 交通银行该年的"贷放较往年中行办理糖清放款较迟, 各借款人需款急迫, 一经贷放, 纷集市区, 其势未容逐户互推"。①

井盐业。1938—1941 年, 在战事发展、增产加运等因素的影响下, 富荣场商出现了资金周转不灵之窘状, 开始向银行业短期通融资金。1937 年, 富荣、犍乐、射洪、云阳等盐场奉政府命令, 筹备川盐增产, 以备战时所需。四川盐务管理局代各盐场致电盐务总局, "呈准部局向重庆中中农三行贴放委员会商借增产加运透支借款 260 万元, 指定以富荣、犍乐、射洪、云阳 6 场所收之建设专款为偿还基金, 定期 1 年偿清, 与贴放委员会订立合约", 自该年 10 月起到 1938 年 5 月止, 已先后透支 250 余万元, 所收之建款抵偿基金也已达 110 余万元。然而, "在此长期抗战方殷下游长江四岸缺盐之际, 湘鄂淮商复来川接洽请求购运, 为接济民食及增收税款以供国用起见, 川盐更有积极增产之必要。惟前订借款已垫借告空, 而筹借增产加运, 又在需款周转"。于是, 1938 年 5 月, 再"向重庆中中交农四行贴放委员会另行商借增产透支借款 350 万元, 其前借之 260 万元, 除以所收建款抵还基金拨还外, 不敷之数, 即由新借款内如数拨足, 以资清结"。财政部接到盐务总局转来之增产透支借款代电后, 一方面表示对其理解、赞同, 另一方面致电联合贴放委员会称, "现以非常期间, 各岸需盐孔殷, 亟待川区大量接济, 对于川盐增产加运, 正饬加紧进行, 该管理局所请继续商借增产透支款项 350 万元各节, 复核尚属必要, 务希贵处迅即转电各渝分行贴放委员会, 允予照办, 以利川卤而裨税食"。② 1940 年以后, 物价持续上涨, 场商资本日益不敷使用, 不得不请求官府饬令四联总处贷款予以周转, 还款方式为"请盐务局从盐价项内拨还"; 1942 年起, 富荣盐场场商开始大范围向外融资, 从井灶用具如锅、灶、篾索、钢丝、推牛等生产设备, 到以马达、机车等改良生产设备, 再到煤、食米、油等燃料及日用必需品, 井、

---

① 《陈复内江中我两行与制糖公会所订担保契约各点祈鉴核》, 内江市档案馆藏, 民国资中、内江银钱 (钱庄) (联) 全宗: 13-3-56。
② 《关于四川盐务管理局请继续商借增产透支款项及检同透支正式合约并请展期一年的呈、函》, 第 275—277 页, 重庆市档案馆藏, 中中交农四行联合办事处全宗: 0285-1-0277。

灶、筧所需物品，均需依赖银行业的资金贷放。① 1943年10月，贡井盐场公署根据自贡两场场商请求生产贷款2.4亿元一案，拟具自贡两场场商生产贷款借款还款及分配办法，② 贷款主要是扶助井灶场商，涉及面广泛，包括各井灶商人购备生产所需材料、燃料、物料、改良生产建设及扶助现行凿办、淘办各井之用；偿还方式，由川康盐务管理局在自贡两场联合办事处每月应领盐价内截扣转还银行。

桐油业。战时，随着桐油统制政策的推行，战前桐油业行业内部的"预油""抵押给洋行"等融资方式为国家行库及商业银行的抵押放款所取代。国营性质的复兴商业公司取代外国洋行成为桐油贸易唯一的出口商，垄断了整个川省桐油出口事业。据1944年度中国银行万县分行营业报告书，"万县主要出口商品原为桐油、猪鬃、生丝、牛羊皮、五棓子等，桐油盛时年销2万余吨，年来价格上涨甚微，产量锐减，本年约产9千余吨，大部由复兴公司收购，供军政部炼油，由商人运销者月约200吨"。③ 但是，复兴商业公司并没有大批资金来购置桐油，为了桐油出口业务的顺利开展，该公司分别采取了以下办法来通融资金。其一是向四联总处申请抵押借款，例如，1941年5月31日，资源委员会复兴商业公司购运全国桐油内销部分获准再借2000万元，贷放各行推荐中央银行业务局为代表行拟具是项增加透支批示；④ 其二是向四联总处申请贴现贷款，即由复兴商业公司出具承兑汇票，桐油商执此汇票向银行贴现。例如，1945年5月5日，四联总处在"关于万县、奉节、云阳各地桐油商按售油数额开具复兴公司当地收货处承

---

① 生产设备贷款参见《为耗款过巨续办维艰恳请贷款救济以维生产一案由》，第49页，自贡市档案馆，自流井盐场公署全宗：5-4-408；生产燃料贷款参见《为据情转请贷款接济西场井灶，以备购煤存底，而维推前由》，自贡市档案馆藏，贡井场盐业场商办事处全宗：20-1-187。改良技术之贷款参见《川康区扶助电力汲卤贷款须知》，自贡市档案馆藏，贡井场场商联合办事处全宗：20-1-192。《贡井盐场公署训令贡井场联处》（贡字第3688号），自贡市档案馆藏，贡井场场商联合办事处全宗：20-1-190；制盐日用品之贷款参见《为照原案续向贵行贷款采购盐工食米仍由川康局保证由》，自贡市档案馆藏，贡井场场商联合办事处全宗：20-1-190以及《四川自贡市油商业同业公会公函》，自贡市档案馆藏，贡井场场商联合办事处全宗：20-1-190。
② 《自贡两场场商生产贷款借款还款及分配办法》，第3—4页，自贡市档案馆藏，自流井场场商联合办事处全宗：19-1-134。
③ 《1944年度营业报告书》，第85页，万州区档案馆藏，中国银行万县分行全宗：J027-001-174。
④ 《关于准复复兴商业公司购运桐油增加透支案批注备案的呈、公函》，第95页，重庆市档案馆藏，中中交农四行联合办事处全宗：0285-0001-0238。

兑汇票向中行贴现总额以 3 亿元为度案"中，函称"复兴公司以该地收货站，需款甚巨，商以承兑汇票贴现方式向各该地本行贴借款项总额 3 亿元。经本总处（四联总处）第 269 次理事会决议'准予照办'。为协助收购外销物资，并扶助川东各地桐商、桐农起见，拟允由各该地桐油商按售油数额，开具复兴公司当地收货处承兑汇票，向万县本行贴借 1.5 亿元，奉节 0.5 亿元，云阳 1 亿元，每次期限至长 90 天，贴现票据由复兴公司在渝到期兑付，并由该公司各收货处出给桐油栈单，按收购成本七折提供担保，并由财政部保证承还"。① 10 月 11 日，中国银行重庆分行与复兴商业公司签订贴借 3 亿元合约（四联总处第 269 次理事会议核准复兴商业公司因收购川东桐油向中国银行重庆分行贴借国币 3 亿元一案），支持其在川东收购桐油业务。贴借期限为 12 个月，自 1945 年 5 月 18 日起至 1946 年 5 月 18 日为止，利率定为三分六厘，由财政部保证承还。②

蚕丝业。在川省丝业衰退时期，省内丝商曾经先后联合组织久和、大华、新华等生丝贸易公司，以期减低成本，突破困境，但均未获成功。1936 年春，省政府认股改组成立四川生丝贸易股份有限公司；1937 年 5 月，该公司与四川省营蚕种制造股份有限公司合并，更名为四川丝业股份有限公司（以下简称丝公司）。丝公司主要经营制造改良蚕种、收买改良蚕种、缫制及运销改良蚕丝等事项。丝公司成立后，川省府开始实行改良蚕丝统制政策，③赋予"丝公司以独家改良蚕种与独家收购改良蚕茧之权，公司有无偿赠送农民改良茧种，与遵照官价收尽农民所产改良蚕茧的义务"。④"举凡营育桑苗，制造茧种，收茧，缫丝，运销诸端，莫不由该公司作有系统之经营。"⑤ 然而，就丝公司资本而言，1937 年度仅为 160 余万元，逐年增资至 1941 年也不过 1200 万元，以至丝公司现有资本"概用于厂场茧庄设备，流动资金全恃举债"。1937 年时生丝成本不过 600—700 元，所需流动资金不巨，1941 年度茧价增加 10 倍，"其余物价、人工增高之程度更不止此，

---

① 《关于复兴公司万县、奉节、云阳等地桐油商为收购桐油向中国银行贴现的函、代电》，重庆市档案馆藏，中中交农四行联合办事处全宗：0285 - 1 - 0296。
② 《函送复兴商业公司收购川东桐油贴现 3 亿元合约副本及抄本各一件希查明转报由》，第 31 页，重庆市档案馆藏，中中交农四行联合办事处重庆分处全宗：0292 - 0001 - 0377。
③ "四川省政府管理蚕丝办法大纲"共 14 条，赋予了丝公司独享经营川省改良蚕丝事业的权利，大纲具体内容参见《蚕茧与蚕丝业近况》，《四川经济月刊》第 10 卷第 1 期，1938 年，第 22—23 页。
④ 林骥材：《范崇实与四川丝业公司》，《新世界月刊》第 10 期，1946 年，第 13 页。
⑤ 《四川丝业公司之过去与将来》，《联合经济研究室通讯》第 4 期，1946 年，第 18 页。

生丝成本每担价格达一万元以上,所需流动资金至四千余万元之多,幸赖国家银行贷予茧款与缫丝费八成半,其余一成半垫头及制种垫款八百万、九百万元,系向市面短期借入,利息既重,周转尤感困难,经理人员忙于举债筹款之时多,致力于厂场茧庄之时少"。①

战前,中国金融机构多有偏重。"我国银行业均麇集于滨海沿江,尤以聚集江浙两省为多,西南、西北广大地区,则以关山险要,交通阻塞,经济落后,资金枯涩,金融机构为数甚少,甚至竟付阙如。"② 相对沿海地区而言,西南及西北区域的近代金融业力量极为薄弱,手工行业多通过行业内部融资方式(自有资本、业内预付款、传统金融机构商借款项)维持经营活动。战时,政府迁渝,国家行库及商业银行纷纷迁往后方,加之政府出台一系列金融扶植政策,后方金融业迅速发展,形成了覆盖面极为广泛的大后方金融网,既为手工业发展营造了一个资金较为充足的融资环境,也丰富了手工经营者的融资手段。加之战时物价涨幅过快、通货膨胀等因素的存在,手工业从业者被迫逐渐走上了依赖近代金融业贷款维持生存的经营之路。可以肯定,战时手工业大量融资活动的存在,使手工业与近代金融业之间的关系日益密切。正是这层关系,有助于从行业融资角度窥视后方金融市场上存在的一些"隐性"问题。

二 繁简之困:从信用贷放向质押贷放转型的手续问题

战时,受特定环境影响,手工业从业者被迫大面积向外通融资金,其手段多是向近代金融业通融资金,这就促使行业融资方式从"对人信用"向"对物信用"发展变迁,抑或尝试"票据信用"。从对人信用到对物信用再到票据信用的融资方式的转变本是近代金融业快速发展的重要标志之一,然而,贷放手续的繁简之困,即信用贷放乐于手续简约而质押贷放重于成套文本,成为战时后方金融市场上一个典型的"隐性"问题。

(一)信用贷放乐于手续简约。战时,后方农村借贷,按其性质可分为信用借款、抵押借款和合作借款,不过,此抵押贷款系含有抵押性质及预

---

① 《四川丝业公司1941年营业报告书》,重庆市档案馆藏,中中交农四行联合办事处全宗:0285-0001-0390。
② 张禹九:《抗战以来四川之金融》,《四川经济季刊》第1卷第1期,1943年12月15日,第64页。

卖作物的借款，如广西的"放青苗"，江浙的"放稻"、"放麦"① 以及四川糖业"卖青山"② 及蜡业"卖空仓"。③而就信用贷款而言，因中国信用制度极不完善，银行、钱庄、典当等金融机关，均不注重个人信用，大都偏重抵押贷款，同时，一般贫农之负债，因缺乏抵押品，自难与此发生关系，如需借款，势必向私人通融。④

传统手工业（家庭副业）的借贷活动同样偏重个人信用借贷，且多向传统金融机构通融资金。例如，在战前，"万县各银行与各商帮之关系，不及各钱庄与各商帮关系之密切，其情况与重庆同。钱庄制度，具有较悠久之历史，一般商人对之比对银行之信仰较深，钱庄重对人信用，银行重对物信用，商人借款，自多向钱庄往来。钱庄之股东或主人，多兼营其他之商业，对各帮之内容情况，较为熟悉，人事往来，较为接近，钱庄手续亦较为简单，易于通融，因此种种关系，故万县之钱庄，其业务上之活动，较之银行之活动为优也"。⑤ 同时，个人信用融资也是个人社会地位、名望及荣誉的一部分，能顺利地通过个人信用融通到资金，是对借入者个人能力、商号实力的一种展示，而以抵押形式向外融资，在一定程度上往往是一种万不得已之举，无形中可能有损自己的形象。另外，个人信用借款也有便捷的一面，即借还手续简单、借款到账迅速，借贷"习俗富于保守，凡事皆重简单，绝不乐于繁文"。⑥ 1941年底，第二区制糖工业同业公会主席周仲元在《再告同业书》中声称："我们举办糖业银行，可应时救济，不必得向别人借款，一定要依照法规，造册呀！请示呀！种种文绉绉的办法，等到解决发款，已经过了时效。"⑦ 这种传统的信用借贷观念严重影响了商民的借贷行为，他们并不太信任近代银行的抵押放款，也不太适应银行借贷的苛繁手续。

（二）质押贷放重于成套文本。近代金融业的贷放活动并非在熟人社会

---

① 卢显能：《中国农村借贷问题的研究》，《农村经济》第4卷第5期，1937年，第6页。
② 《甘蔗试验场各县糖蔗产量及甘蔗生产情况调查》（1936年），第62页，内江市档案馆藏，四川省农改所甘蔗实验场全宗：15-1-16。
③ 吴嘉谟：光绪《井研志》卷8，第2页。
④ 朱博能：《中国农村间之借贷情况》，《东南经济》第4期，1941年，第15页。
⑤ 平汉铁路经济调查组：《万县经济调查》（平汉丛刊，经济类，第三种），光明印刷书店，1927年1月，第6页。
⑥ 《关于整顿南充金融市场的函》，重庆市档案馆藏，聚兴诚商业银行全宗：0295-1-899。
⑦ 《第二区制糖工业同业公会主席周仲元再告同业书》，第21页，内江市档案馆藏，民国川、陕、黔酒精厂（联）全宗：7-3-858。

里进行，其经营理念是通过正当、合法的手续对物信用，保障放出资金的安全。战时，无论是糖、盐等日用消费品行业，还是蚕丝、桐油等易货借款行业，从业者需资日益紧迫，被迫向国家行库贷款；加之国家行库的利息远低于市面利息，这就迫使手工业从业者从传统重关系、轻手续的借贷观念中跳出来，向重契约、重抵押、重手续的贷放模式靠拢。因此，战时盛行的均为抵押贷款，无论是押贷、押汇还是汇票贴现等，国家行库均奉行质物抵押，极少从事信用贷款。"近代银行，拥有巨额资金，以科学管理方法，信誉日著，执金融界之牛耳。惟其经营方针以安全稳妥为第一，投资、放款均按一定规章，如银行放款、透支，均须取具确实可靠之担保品，仅凭个人或商号之信用而放款者极少。而各商帮则狃于旧习，多不愿与银行直接来往，宁愿以较高利息，告贷于钱庄。"①

对手工各业中的从业农户而言，合作社贷款手续较为复杂。为稳定后方社会经济，战时政府大力扶持以缓解后方金融需求为首要任务的合作社的发展。② 然而，从贷放手续来看，合作社放款颇为复杂。从中国农民银行内江支行1942年有关农村放款业务来往函中来看，农行在办理资中县联社橘糖、漏水储押贷款手续有如下规定：（1）县联社办理橘糖、漏水储押贷款应将手续办理齐全后，方能开始申请借款；（2）县联社借款时须填具"借款申请书"、"抵押品保管书"及"价款细数表"各一份，印鉴二纸，上陈县政府，并由其核转贷款行核定贷放；（3）贷款行接到县联社借款申请书后，应即会同县府合作指导室赴联社存储橘糖、漏水地点查验储押品数量、品质属实后，始行审核；（4）贷款行查验储押品数量、品质属实，经核定储押额后，应即填写表，核准通知书，函转知县联社负责人，携带该社图记、条戳及各负责人私章，至贷款行填具借据后领款；（5）县联社领款时应即约定贷款行派员常川驻社，保管并监视所押之橘糖、漏水，以昭慎

---

① 李廷荣：《论重庆银钱业》，《中央银行经济汇报》第4卷第11期，1941年12月1日，第1—17页。

② 例如，四川省甘蔗试验场在其"沱江流域蔗糖业调查报告"中呼吁："沱江流域产蔗最盛，农村间现呈着极度不安，此乃蔗糖生产事业之危机，所以谁都知道要改进川省糖业，必须从改进蔗农环境着手，普遍组织合作社使蔗农得到资金之周转，渐渐铲除各种不合理之现象，将应得之利润，归还到蔗农本身，然后再进而以技术来解决蔗农业、糖工业问题……因为现今蔗糖生产过程中之种种畸形事实，其最大原因，都是由于农村金融的枯竭，蔗农资金周转不灵，以致遭受各种剥削，组织合作社，贷放甘蔗生产资金，必定能将'卖青山'、'预卖糖'等苛刻剥削，渐渐铲除。"四川省甘蔗实验场：《沱江流域蔗糖业调查报告》，1938，第四章，第11页。

重，在监视期间，行方所派监视人员之一切费用均由联社负担之；（6）监视人员于每日每旬每月应填具日报、旬报、月报，报行备查。① 从手续流程来看，县联社贷款要分三个步骤，首先要填写"借款申请书"、"抵押品保管书"及"价款细数表"等表格；其次，贷款行对县联社贷款资格（主要是抵押品）的审核；最后，县联社携带该社图记、条戳及各负责人私章，至贷款行填具借据后领款。与农民向合会、典当、地主、富农等借贷的传统方式相比，合作社贷款手续的复杂显而易见。

对手工各业中的商人而言，贷款手续同样较为复杂。在制商方面，例如，1943年12月23日，内江交通银行汇报糖商贷款业经办理情况及处理手续。② 其一为放款流程：先由核准登记之制糖厂商填具"糖清借款申请书"送交制糖工业同业公会，经公会审查后，即填具"糖清借款核转通知书"，连同信用调查表送交中交两行；经两行会同核定放款金额后，代表行根据核定金额填发"核准糖清借款通知书"，通知公会，再凭公会复函暨检附之借户印鉴及保人调查表，与借户办理订约手续；贷款放出后，即逐户填制"放出款通知单"送交摊放行换取支票；将来收回时，逐户亦须填制"收入款通知单"，连同送金回单送交摊放行等。其二为放款保障：由食糖专卖局出面保证及制糖工业同业公会订立担保契约，并由借户将食糖专卖局所发之"糖类产品移转簿"交回公会保存，中交两行并得随时抽查，对借户无此项"移转簿"即不能买卖糖类。其三为保险：因过去中行及川省历年办理糖清贷款，以借户散居四乡，均未投保，此次内江办事处提议的保火险，经公会担保契约内一再请求免报，如因空袭或其他任何原因而使质押物受损时，公会应保证借款人须将借款本息完全清偿，不得借故推诿。由此可见，与糖商向旧式银钱业的信用借贷相比，国家行库的抵押贷款手续较为复杂。在运商方面，1937年11月1日，为裕税便商起见，四川盐务管理局商得中中交农贴放委员会的同意，在自流井开办盐儎押汇，并俟押汇盐儎到岸后，在各岸接做盐儎押款，唯为确保乙方放款本息起见，特协定担保条件如下，以资信守。③ 该合约共分四部分：总则、押汇部分、押借

---

① 《办理资中县联社桔糖漏水储押贷款手续》，第25页，内江市档案馆藏，民国资中、内江银钱（钱庄）（联）全宗：13-2-107。
② 《糖商贷款业经办理详陈缘由及处理手续》，内江市档案馆藏，民国资中、内江银钱（钱庄）（联）全宗：13-3-56。
③ 《关于续订四川盐务管理局富荣边计盐押汇、押款合约并将利息改为月息一分的函、呈》，第64—69页，重庆市档案馆藏，中中交农四行联合办事处全宗：0285-1-0277。

部分及附则。押汇部分共22条，详细规定了盐僦押汇限额、盐僦押汇区域、押汇手续、押汇利息、押汇期限、担保方职责、押汇盐僦保险、押汇保证金及代表行等事项。尤其是押汇手续，颇为细致。首先，押汇申请人应填具四川盐务管理局颁发之押汇申请书，要求正副两份，并觅定保证人，经申请及保证人签章后，送呈管理局，经该局审核认可后，即由该局出给押汇担保信，连同副本、申请书，一并送交联合贴放委员会办理押汇手续。其次，押汇之借款人，每户每次应向联合贴放委员会订立押汇借据，并即以申请书上所载之担保人负担保责任，并自愿抛弃先诉、抗辩权，负代偿押汇本息之全责。最后，四川盐务管理局所出之押汇担保信，应盖具其关防印信，并由负责人员加以副署，此项负责人员，由管理局预为指定，并将签章样本由该局以正式公函于本合约签订后送达四行联合贴放委员会存验。为保证银行贷出的押汇资金安全，银行一方在订定合约时，事无巨细，对押汇手续及押汇保证均做出细致的规定。

就各类厂矿用款情况而言，贷款手续也较为复杂。1943年8月，中央信托局拟订了"工矿业贷款说明及申请手续"，在说明部分明确指出："对本局所派或委托人调查时，（承贷方）应据实答复及编制各项有关文件，并尽量给予便利，所有调查费用，不论贷款成立与否，均由申请贷款人负担之"；在申请手续部分，明确指出申请贷款时应填写以下15种表格，包括贷款申请书、申请贷款调查表、公司业务组织说明书、公司章程、公司组织系统表、财产目录、最近三月资产负债表、最近三月损益计算表、最近三月决算表、送核会计报表及机器抵押品清单说明书、各种产品成分化验单、厂矿平面图、机器抵押品明细图、借款用途预算表、如有其他借款尚未偿清者应抄送各项合同及抵押品清单。①

（三）观念流变与制度设计。近代金融业为了放款资金的安全，对贷放手续有较为细致的规定。从银行业务发展来看，放款手续日益具体化、规范化、制度化、国际化，是近代银行业日益成熟的标志，本无可厚非，但是，在借贷运作及资金使用过程中，商民对以国家行库为主体的后方金融业的贷款手续却诟病不断，其症结颇值得分析。

诟病之一：部分手续要求不尽合理。如，1943年12月10日，作为代表行的中国银行致函交通银行，提议免除各区乡代表签名手续，因为据第

---

① 《工矿业贷款说明及申请手续》，《西南实业通讯》第8卷第3期，1943年，第46页。

一区制糖公会糖工字64号函称,"查敝会此次商同贵行续办糖清押款,各会员押款时按照手续应各别备具押款契约,又于办理押款之前,敝会须先填送介绍书,查介绍书上印列有区乡代表,是时区乡代表应署名签章,在介绍书号经同署契约上,亦应同样办理。今区乡代表前既负责介绍各该押款户到会,事实上已负责任,兹又于上陈书约两行,重行列署,意义无多,似可不必,且区乡代表散居四乡,如留城候办,困难殊多,敝会为简化手续起见,拟于填送介绍书及各押户书,立押款契约时,区乡代表列名同署之,处请予免除,以杜麻烦"。① 对此,川康食糖专卖总局长甘绩镛也认为所报"各节尚属实情,关于制糖厂商贷款项,其不属于超额贷款者,似可简化手续,变通办理,以适民情"。②

诟病之二:手续细致,借贷者深以为忌。在传统社会里,从业者的资产及营业额奉为行业秘密,极不愿公布于众,而近代金融业为了保证贷放资金的安全,往往要求借方出具详细的资产登记表及营业额报告表,这自然就成了转型时期借方与资方之间的一个冲突抑或矛盾。例如,丝业需要贷款接济者,计有蚕农、丝厂、绸厂、丝茧商、制种厂及增产机关等,其中尤以前四者最有季节性,需要最为殷切,不过,因各银行贷款手续烦琐,"动辄就要填写资产、负债、营业额等为厂商所深忌,故纷纷向私人高利告贷,借资周转"。③ "试看年来境内各地场商蚕农,每逢春茧上市之际,莫不即呈银根奇紧,周转艰难,以致大部分被迫告贷私人比期,甚或减产停工,饱受种种剥削压迫之苦。"④

诟病之三:手续苛繁,有违初衷。在蚕丝业中,一方面,手续苛繁致使蚕农望而却步。"国家银行农贷手续向称苛繁,贫苦蚕农素无直接借款权利,兼以农村关系一仍守旧,地方土劣反可借端肥己,以致偌大一笔农贷,往往落入彼辈手中,转作私人比期,以致一般贫苦蚕农每于青黄不接之际,不能不告贷私人,甘受种种高利盘剥。"⑤ 另一方面,手续烦琐,枉费周折

---

① 《免除各区乡代表签名》,内江市档案馆藏,民国资中、内江银钱(钱庄)(联)全宗:13-3-56。
② 《据制糖公会呈请简化放款手续函请查照办理》,内江市档案馆藏,民国资中、内江银钱(钱庄)(联)全宗:13-3-56。
③ 秦孝仪:《革命文献》第104辑《抗战建国史料——农林建设(三)》,台北"中央"文物供应社,1986,第243页。
④ 姜庆湘:《四川蚕丝业的复兴之路》,《四川经济》第3卷第2期,1946年,第77页。
⑤ 姜庆湘:《四川蚕丝业的复兴之路》,第77页。

而增加生产成本。例如，1945年春季，丝公司"收茧、制丝两项共需资金19亿元，除由本公司自备三成垫头外，特请贵处惠允，按七成借款13.3亿元，俾资收购"。同时，考虑到5月初鲜茧即将大量登市，丝公司要求上项茧款必须于4月20日左右以现钞分运川东北各县乡镇，方可济用。然而，因该项贷款手续颇费时日，丝公司不得已请求"在上项借款未借以前，请另提生丝100关担为担保品，先行支用5000万元"。① 同年秋季，丝公司先向五行局洽订1945年秋季收茧、缫丝9亿元借款合约，后因用款比较急切，8月2日，丝公司总经理范崇实代电请求四联总处，"以收茧业务即将开始，各区茧庄购买炕柴，修理炕灶，派员发种，暨订购煤焦，在在需款，至为殷切，上项借款如待办理签约等手续须费甚久，拟请贵处于本月半间以前，先行惠付1亿元，以备各项庄缴之需"。② 在借款签约手续办妥之前，丝公司屡次以抵押方式先行支用款项，可见借款手续之烦琐，有违其扶危救急之初衷。

就融资活动的成效而言，手工业从业者能够在一定程度上摆脱高利贷的盘剥、压榨，而以较低利息从国家行库或商业银行融通资金，维持行业正常运作，本为行业发展幸事。因此，从此角度立论，近代金融业贷放手续复杂一事，似乎无可厚非。但是，从实际操作层面来看，近代金融业未能全面审度战时后方金融环境发展变迁的过渡性质，在贷放手续方面近似苛刻的要求让借贷者望而却步，这既有违金融业扶植行业发展、厚植抗战基础的初衷，又无意间提高了借贷的门槛，在行业与金融业之间构筑一条不小的鸿沟，妨害二者之间关系的和谐发展，进而也有损近代金融业的健康持续发展。

三 快慢之争：季节性用款与贷放速度之间的时间问题

手工业用款有一个较为明显的特征，即季节性明显，这主要在于大多数手工业均依托特定经济作物，而经济作物的种植及上市均有一定季节性，由此也就决定了手工业用款的这一特征。比如，每年农历10—11月甘蔗成熟之时及之后糖品上市的3个月，每年春季4—6月春茧收购及秋季9—11

---

① 《准四联秘书处代电为准四川丝业公司向五行局借款5.6亿元令仰遵办报查由》，重庆市档案馆藏，邮政储金汇业局重庆分局全宗：0290-0001-0075。
② 《关于核准四川丝业公司在借款合约未签妥前先行动支1亿元的代电、函、呈》，第231页，重庆市档案馆藏，中中交农四行联合办事处全宗：0285-0001-0394。

月秋茧收购（此时被称为茧汛，可见其季节极强），以及每年农历10月之后到来年3月间桐油榨制时期，均为需款甚殷之时。另外，井盐业虽不依托特定经济作物，但是用款也有较强的季节性，比如，每年端午、中秋及春节，即井盐业所谓三关时期，用款量颇为巨大。

就制糖业而言，糖房、漏棚开搞之时往往是银根最紧之际。"十冬腊三月为糖房开工制糖时期，所需款项为数甚大，且须全部现钞下乡，又内（江）市接近农村，消费不大，故现钞下乡后即分别流往他处，极少回头，而内（江）由销区调回糖款，最后必向中交农三行抵填，三行又向重庆运现来内接济，以故银风松时极松，紧时极紧。"① 1944年，"惟据一般推测，蔗价至少在每万公斤4万元，糖清至少应评80万元之谱，是则生产总成本在40亿元以上，除下制商本身资本约占一半，下余之20亿元，即须仰赖内（江）市供给。姑以糖清生产过程需时两月而论，每日所需现款资金在3千万以上，为数惊人，银风之紧俏程度，不难想象。本年因闰年关系，糖房开搞较往年提早，现正陆续开搞中，而银风亦随之转快，最近数日即期汇兑失灵，同业家家短款，银风奇紧，日折虽做到6元，兑之最高峰犹感告贷无门也"。②

是故，从业者对金融业的放款时日有较高要求，不然一旦错过季节，借款效用将大打折扣。1942年1月29日，内江石子乡袁家坝等社理事主席张谦益等人上呈内江县长易元明，请求速发生产贷款，以解救资金危机，呈称："窃社等所有社员尽属无资贫农，过去首赖预卖甘蔗以为耕作资本，因之不免受糖房之束缚、剥削；政府提倡蔗糖生产合作社，赖中国银行发放生产、加工贷款，蔗农始得摆脱糖房之压迫，中行诚有大造于蔗农矣。惟是该行于各社情势未尽明了，因之贷款措施不无柄凿。" 1941年的春季生产贷款迟滞5月才开始贷放，而实际工作已于2月份开始，同时"以1940年秋获欠丰，各社员上粮而外，早无余粮，若仍如1941年缓至4、5月份，则本年甘蔗无法生产，社等拟请钧府转商中行速发本年生产贷款，以免妨害农作"。③

就蚕丝业而言，茧汛之时往往是从业者需款最急之际，需要金融业大

---

① 《关于报送内江糖业停顿情形及聚行内江办事处现钞缺乏请止做内江汇款业务等之函》，重庆市档案馆藏，聚兴诚商业银行全宗：0295-1-1438。
② 《为报内江市糖业生产期银风例紧即期顶交款请勿过巨由》（1944年11月16日），重庆市档案馆藏，聚兴诚商业银行全宗：0295-1-1566。
③ 《内江县政府公函》（1941年1月29日），内江市档案馆藏，民国资中、内江银钱（钱庄）（联）全宗：13-1-233。

量注资。"每逢春茧上市之时，亦为各地金融最吃紧之时，银行钱庄多库空如洗，以南充一地为例，1943年春丝登场时，每担生丝成本13万元，每匹绸子成本3500元，假使每机房存丝两担，存绸10匹，则南充一地之机房500余家，每月即需周转资金1.1亿余元，是时复兴公司以资力有限，不能尽量收买，生丝乃呈疲滞状态"，"因丝厂存货无法脱手，继续工作，所需周转资金数量极大"，但是年南充"有国家银行3家，商业银行10家，钱庄3家，国家银行与市面无接触，商业银行之规模皆系办事处，营运资金很少在1000万元以上者，最多仅能供应市场需要五分之二，其余五分之三则全靠私人贷款"，"供应者为当地官僚、地主、店员、老太婆之私房钱等，利率高达十八分，借者无力负担"，因此，到该年9、10月，"倒闭停业者达40余家，总债额达7000余万元，"足见丝业产销与金融关系之密切"。①

战时四川丝业托拉斯——四川丝业股份有限公司②同样限于贷款速度过于缓慢，不得不采取一系列便宜方式，以应资金开支之急迫。例如，1940年9月，丝公司为该年秋季分发改良蚕种，预计收购鲜茧需款720万元、收茧费用64万元、缫丝需款200万元，共需984万元，拟按成本九折押借885.6万元，一切详细办法均按该年春季借款办理，分别申请四联总处及渝分处核办。在合约尚未签妥以前，丝公司"以秋茧上市需款迫切，所有上项借款885.6万元，先后商准渝四行通融，先行拨用，补订合约"。③ 1943年丝公司以春季购茧缫丝向四联总处申请借款8721万元，四联总处予以核准。不过，在春茧即将上市之时，丝公司因需款紧急，不得不又做了两笔汇票贴现以解燃眉之急。④ 1945年春季，丝公司"共发川东、川北各县改良

---

① 秦孝仪：《革命文献》第104辑《抗战建国史料——农林建设（三）》，台北"中央"文物供应社，1986，第243—244页。
② 四川丝业股份有限公司，遵照四川省政府颁布之管理蚕丝业办法大纲于1937年成立，并按照公司法股份有限公司之规定命名，总部设于重庆陕西路92号，总经理为范崇实，在重庆及川东川北等地分设分公司、办事处、制丝厂、制种场及购茧庄等分支机构。具体设置情况为：川东区办事处、南充区办事处、三台区办事处、阆中区办事处、成都办事处、上海办事处；第一、二、三、四、五制丝厂；北碚蚕种制造场、巴县蚕种制造场、南充蚕种制造场、西充蚕种制造场、仁和蚕种制造场、阆中蚕种制造场、三台蚕种制造场；北碚冷藏库、南充冷藏库；川东区副产品厂；合川转运处、澄江镇转运处；川东区茧庄、南充区茧庄、阆中区茧庄及三台区茧庄。
③ 《关于检送四川丝业股份有限公司1940年春、秋季借款合约及办理经过概况的呈、附合约》，第173—202页，重庆市档案馆藏，中中交农四行联合办事处全宗：0285-0001-0388。
④ 《中国银行总处函报四川丝业公司续向该渝行贴现3千万元请登核备案》，第114—116页，重庆市档案馆藏，中中交农四行联合办事处全宗：0285-0001-0392。

蚕种15万张，以每张产茧10公斤计，可收改良鲜茧150万公斤，其他土种黄茧尚不计在内，现估计茧价每公斤900元，庄缴每公斤100元，供需茧款15亿元，又上项鲜茧量，可缫丝2000关担，每关担缫丝费用估计约需20万元，共需4亿元以上，收茧、制丝两项共需资金19亿元，除由本公司自备三成垫头外，特请贵处惠允，按七成借款13.3亿元，俾资收购"。同时，考虑到5月初间鲜茧即大量登市，丝公司要求上项茧款必须于4月20日左右，以现钞分运川东北各县乡镇，方可济用；"至如改良茧设因产量关系不能收购足额，则加收黄茧补充，俾济需要"。另外，在收购春茧前，各项布置需费周转，因此，丝公司请求"在上项借款未借以前，请另提生丝100关担为担保品，先行支用5000万元"。同年秋季，丝公司先向五行局洽订1945年秋季收茧、缫丝9亿元借款合约，后因用款比较急切，8月2日，丝公司总经理范崇实代电请求四联总处，"以收茧业务即将开始，各区茧庄购买炕柴，修理炕灶，派员发种，暨订购煤焦，在在需款，至为殷切，上项借款如待办理签约等手续须费甚久，拟请贵处于本月半间以前，先行惠付1亿元，以备各项庄缴之需"，呈请在借款签约手续办妥前，先行支用1亿元，四联总处认为"尚属可行，准予照办"。①

　　近代金融业的放款审核程序一般为：在行业层面，个体商户要先草拟贷款申请，转给同业组织（商会或同业公会），同业组织出具担保证明，然后一并由其转送当地分支行处；在银行层面，地方分支行处接到手工业同业组织转交行户贷款申请后，上报分行或总行，然后由分行或总行呈报四联总处审核。此贷款流程本身并未有明显纰漏，然而与传统信用融资程序相比，贷放速度缓慢之情况则极为明显。这一现状恰与手工业季节性用款格格不入，因而成为行业融资及金融业发展的一大隐忧。

四　名实之差："贷不足用"的经常性存在

　　战时，在后方金融市场，众多银行和巨量游资的存在②是不争的事实，

---

① 《关于核准四川丝业公司在借款合约未签妥前先行动支1亿元的代电、函、呈》，第231页，重庆市档案馆藏，中中交农四行联合办事处全宗：0285-0001-0394。
② 高叔康在《后方游资问题》（《新经济半月刊》第3卷第9期，1940年）一文中指出，"现在后方游资充斥……以重庆一市来说，至少有三万万以上的游资，西南各省投资总额不过五万万元，而重庆一市游资之多，即占了西南各省投资总额的大半，不能不说是畸形的发展"。

然而金融市场看似丰盈，手工业从业者却是一片嗷嗷待哺的窘状。原因除手续复杂和贷放速度较慢外，金融业"贷不足用"的经常性存在也负有一定的责任。

在制糖业中，贷不足用成为常态。例如，1943年11月初，正值糖房、漏棚开搞，而内江制糖生产资金的缺口尚"在2亿元，即须向银行及街面贷款，以资周转，故要求中国银行洽放押款总额4000万元，省行3000万元。按棚户所做糖清数量为单位比例加放，而以每万公斤糖清作押10万元。呈请财部以生产事业不受法令之百分率比放限额之限制，而请通令行庄扩大加放以解决。利率，中行二分，省行五分，中行暂允押借2000万元，省行暂允1000万元"。① 银行应允数额不仅与所需之数额相差过半，并且迟迟未能贷放下来。"在中国银行所请之2000万元，利息开为二分一厘，每万放款需搭储蓄券500元，仍由公会总揽分配，划息已高，迄今迟迟未办。"②

在井盐业中，所需资金数额与实际贷放数额之间有较大差距。盐业技术改良首先面临的困境就是资金不足，因为试制新法、改良器具、引进设备等均需要大量资金方可进行。国家行库虽然有扶助改良技术一项贷款，但多贷不足用。例如，1944年10月14日，《釜溪通讯社稿》以"自场生产贷款数目微末"为标题报道了生产贷款总数尚不及半个月盐价的情况。是年，川康盐务管理局奉盐务总局命令，函准犍乐盐场向央行透支3亿元生产贷款，用于增加生产、生产建设或改良生产建设。而自流井场所分贷额仅为1.11亿元，尚不及12日所领之盐价（九月份盐价约2.8亿元），对于各该井灶笕等购买卤水、煤炭、竹蔴、牛只、五金器材、修整车廊、淘井取落、建设枝条架及改良产制等费用，仅能作一小部分之补助。根据自流井盐场公署统计，此次生产贷款申请者70余户，请贷2.6亿元，因此，贷款数字公布后，各单位"多有杯水车薪之感"，并且分4个月发领，"数目奇零"。③

在蚕丝业中，丝公司流动资金常年均感缺乏。"生丝既为外销特产，且为季节性产品，从栽桑、育蚕以至缫制生丝、运输出口，可说在在均非政府贷放巨款接济不可"，"近年以来，当局对于后方农贷的改进，诚已不遗

---

① 《关于检送内江糖清产量及制糖公会与中省两行洽押糖清情形等的函》，重庆市档案馆藏，聚兴诚银行全宗：0295 - 1 - 877。
② 《为陈报十一月底糖清押放情形内拟增放该项押款额度500万元请予鉴核由》，重庆市档案馆藏，聚兴诚商业银行全宗：0295 - 1 - 877。
③ 《自场生产贷款数目微末》，《釜溪通讯社稿》，自贡市档案馆藏，贡井盐场公署全宗：8 - 1 - 911。

余力,无奈战时通货膨胀,币值贬跌不已,以致农贷数额虽增,物价尤见高涨,杯水车薪,于事无补"。① 丝公司流动资金常年缺乏,屡屡削价出售蚕丝及设法提前支用贷款。1943年丝公司春季购茧缫丝借款,四联总处核准8721万元,自备垫头一成半;秋季购茧缫丝借款,四联总处核准9660万元,自备垫头三成;制种费用全年约3000余万元,须全数自行筹措,公司资本3000万元已全部投资于厂场固定资及购备各项材料,平时需用流动资金,除以销丝赎押余头应付一部分外,全赖高利向外拉借短期信用放款以为周转。1943年度,丝公司对外负债计中国银行丝茧押款8000万元,月息三分(生丝每关担押借7万余元,按市价六折),短期信用借款4600万元,月息七分,负担利息极重。尤以中秋节前后各地银根均告紧急,子金高至十分,当时适值收茧制种时节,需款殷繁,调度财务左支右绌,实觉困难万分。②

在桐油业中,所需之款为数甚巨。例如,达县桐油产量战前每年为4万—5万篓(1篓为280斤),战争爆发之后,因外销不畅,产量锐减,1943年约产1.2万篓。1943年前后,达县有中国农民、四川省行、四川农工、美丰、重庆、川康平民、永利、同心、达县县行、邮汇局10家行局,但仍为缺款码头。因达县子息较高,各商业银行多以此地为放款码头,存款不易吸收,10家银行经常收存之款总计不过3500万元。③

表2 1944年达县金融业务概况调查

单位:万元

银行	等级	存款估计	存款利率		放款估计	放款利率	各行收作各地汇款汇率	
			活期	定期				
中国农民	办事处	700	8厘	12厘	200	4分	西安20	渝蓉10
川省银行	支行	550	10厘	30厘	800	9分	万县5	南郑22
美丰银行	办事处	300	10厘	30厘	250	9分	安康25	渠县15

---

① 姜庆湘:《四川蚕丝业的复兴之路》,《四川经济》第3卷第2期,1946年,第77页。
② 1944年1月10日下午2时,在重庆陕西路92号四川丝业公司本部,四川丝业股份有限公司召开第25次董监联席会议,钱家骅主任报告1943年丝公司财务概况。《四川丝业股份有限公司第25次董监联席会议记录》,第121—123页,重庆市档案馆藏,美丰商业银行全宗:0296-0014-0342。
③ 《关于鄂西、达县、渠县调查报告》(1944年),万州区档案馆藏,中国银行万县分行全宗:J027-001-279。

续表

银行	等级	存款估计	存款利率		放款估计	放款利率	各行收作各地汇款汇率	
			活期	定期				
重庆银行	办事处	50	10厘	30厘	400	9分	南充 15	江津 15
川康平民	办事处	80	10厘	30厘	200	9分		
永利银行	办事处	100	10厘	30厘	300	9分		
四川农工	办事处	260	10厘	30厘	200	9分		
同心银行	办事处	200	10厘	30厘	150	9分		

资料来源:《关于鄂西、达县、渠县调查报告》(1944年),万州区档案馆藏,中国银行万县分行全宗:J027-001-279。

从表2来看,8家银行的存款总数估计为2240万元,放款总数估计为2500万元,其中中国农民、美丰、四川农工及同心四行的存款总数大于放款总数,而川省行、重庆银行、川康平民及永利银行的存款总数远低于放款总数,尤其是重庆银行1944年存款总数仅为50万元,而放款总数则达到400万元,二者相差甚巨。另外,从存贷款利息来看,活期存款利息除中国农民银行8厘外,其他为10厘;定期存款利息除中国农民银行12厘外,其他为30厘;而放款利息除中国农民银行稍低、为4分外,其他均为9分,存贷款利息最高相差11.25倍。放款利息如此高,可见达县为差款码头。

从战时各业的融资活动来看,向外借贷不仅仍为常态,并且呈日益紧迫趋势。出现这种情况,显然不能全都归咎于金融业的支持不力,但资金不足仍是一个较为严重的问题。二者有如此密切之关系,那么为何会出现"贷不足用"的经常性存在现象呢?归纳起来主要有以下三点原因。

其一,经济统制政策在一定程度上限制了商业资本对手工业的资金通融活动。战时,政府为维持凝聚抗战力量,对后方经济实施了统制政策,这在很大程度上,限制了商人资本参与手工业的经营性活动,而政府财力有限,无力满足广大申贷需求,势必造成贷放捉襟见肘之现象。"就四川一省未经统制时所生产之10万公吨桐油,5万担以上猪鬃,3万担以上之生丝计算,所值不下200余亿元,而国营贸易公司的资本连同易货基金,总共不上10亿元,仅及二十分之一,假使更以后方各省产量计算,恐不及百分之一,而历年所售之外汇仍存英美,大部尚未调回支付收买价款,仍靠四行周转,数量既小,手续又繁,无论如何压低价格,亦无法收购后方各省的外销物资。且此种物资有急促之季节性质,蚕农数月辛苦,亟希脱手求售,换钱济急，而却要勒令经过议价、订约、收购、付款等官厅手续，何能不误时害事？因而有'统而不购、包而不办'的责难。"①

其二，大量银行资本从事商业投机活动。战时，商业资本家把大量资本转化为商品囤积，形成了畸形发展状况，这种状况的出现，与银行业的推波助澜有直接关系。战前，中国一般银行放款都偏重于商业，到战时，私营银行更是以商业放款为主。例如，1942年3月，重庆24家银行和34家钱庄银号的放款，商业放款占总放款的64.58%，如果将同业间放款扣除，则商业放款总额增至76.97%，而对工矿业放款则只占10%。②银行业偏重商业放款，有利于商业资本家的囤积居奇，商人利用抵押放款方式，以少量资金即可囤积数百于自身资本的商品，利用商业的信用放款，就给商人更大的发财便利。与此同时，银行业自身也经营商业，从事囤积投机，且花样翻新，层出不穷。它们或以搞副业方式直接经商，或开设钱庄行号，或直接从事囤积投机，将银行资本转化为商业资本。据1942年4月2日《中央社讯》，"国家总动员会议，近已办理银行仓栈检查一案，……这次全国各地区银行检查结果，四川省内渝、蓉、自贡、万、宜宾五分区，施检20县市银行仓栈，共计152家，检举违法案件363件，物资总值最低概算达6.6亿元"。③

商业银行甚至国家行库乐于商业放款，慎于投资实业；大量购买政府公债，极少买卖公司证券。例如，上海商业储蓄银行渝属各行1941年放款62045881.99元，投资仅677340.90元，放款数额约为投资数额的100倍；1942年放款76010503.62元，投资为14688759.00，放款数额约为投资数额的5倍；1943年放款为137787500.51元，投资为16158751.27元，放款数额约为投资数额的8.5倍。④并且，在投资总额中，上海商业储蓄银行除投资四川畜产公司20万元外，其他概属政府历年发行之债券，如建设公债、军需公债、同盟胜利公债、节约储蓄券等。⑤1944年度，上海商业储蓄银行放款为28450余万元，投资总数仅1586万余元，且"比较1943年底之1615

---

① 李守尧：《四川之蚕丝业概述》，《四川经济季刊》第2卷第3期，1945年，第120页。
② 康永仁：《重庆的银行》，《四川经济季刊》第1卷第3期，1944年。
③ 寿进文：《战时中国的银行业》，1944。
④ 《上海商业储蓄银行民卅二年度营业报告书》，重庆市档案馆藏，上海商业储蓄银行重庆分行全宗：0310-0001-0251。
⑤ 《上海商业储蓄银行民卅二年度营业报告书》，重庆市档案馆藏，上海商业储蓄银行重庆分行全宗：0310-0001-0251。

万余元，减少了 25 万余元，其中大部分为政府历年发行之公债与储券等等"。① 由此可见，银行资本运作热衷于高额回报的短期商业放款，谨慎于对风险较大、收益较慢的实业投资，更因证券市场未建，"票据信用"发展滞后，而极少参与买卖公司股票业务。

其三，后方银行业区域分布不均衡，影响手工业的融资活动。就川省一地金融业而言，"虽则四川省银行，省合作金库，及各县市银行分布范围尚称普遍，然由于行处数最多之商业银行，专业银行，国家银行以及各省地方地方银行之分布，形成少数重要都市商埠及特产区银行业之汇集"。例如，重庆市"举凡公款之收付保管，与夫私款之汇兑调拨，皆需银行经理，更以工商业同臻发达，为战时游资之蓄纳池，操全国之经济命脉，遂形成银行业之雍聚现象"。重庆全市总分支行处数达 143 所之多，几占全省银行业 1/5。又如，沱江流域产糖区各县，除内江一地外，其他 6 县（金堂、简阳、资阳、资中、富顺、泸县）银行并不多。1940 年，富顺仅有中国、四川省及县银行三家，合作金库一所，"县银行及合作金库不做糖业交易，中国银行与省行，虽做糖类押款，惟限于堆栈容量与投规，每行只放款 20 万—30 万元，不能满足糖商需要，市面银根奇紧，利率高涨，普通信用借款，恒在七分左右"。1941 年，简阳也仅有中国、四川省银行及聚兴诚三家银行，三行均做糖业抵押放款，"中国照时价五成押款，利息一分三厘，省行与聚兴诚可抵七成，前者利率约二分，后者三分；三行放款数额，各约为 20 万、30 万元"。泸县虽于 1940 年前后有银行 11 家，即中央、中国、农民、四川省、聚兴诚、美丰、川康、川盐、和诚、重庆及大川（即设）；钱庄 3 家，和懋、永大及光裕，但是"各金融机关，均不做糖业押款，因糖类体重价贱，不如其他货物方便；对殷实糖号，各商业银行，多做信用放贷，利息约三分"。而同时期的资阳，银行仅有中国及省行两家，"两行均作糖业抵押放款，每年各放款 20 万—30 万元，以 3 个月或半年为一期，押款利息中国一分三厘，省行二分"。②

上述几点原因，有些属客观环境所致，有些属主观因素使然，总之，近代金融业的"贷不足用"成为经常性的存在，此一现象遂成战时后方金

---

① 《上海商业储蓄银行民国三十三年度营业报告》，重庆市档案馆藏，上海商业储蓄银行全宗：0310 - 0001 - 0325。
② 杨寿标：《四川蔗糖产销调查》，中国农民银行经济研究处，1940，第 139、120、151、107 页。

融市场上的又一隐忧。

五 结语

抗战时期，在后方金融市场上，一些具有微观、持续等特征的"隐性"问题，如借贷观念与贷款手续之间的繁简之困、季节性用款与放贷速度之间的时间之争、贷不足用的经常性存在等，与后方金融业的快速发展及金融网的构建，与一些具有宏观、急剧等特征的"显性"问题，如游资、金融投机、通货膨胀等，一起绘制了战时后方金融市场的多维图景。因此，我们在肯定战时大后方金融网建立、金融业发展促进后方社会经济发展的同时，也有必要分析后方金融市场中的隐忧及暗流。

近代金融业为了放款资金的安全，对贷放手续有较为细致的规定。从银行业务发展来看，放款手续日益具体化、规范化、制度化、国际化，是近代银行业日益成熟的标志，本无可厚非，但是，从借贷运作及资金使用过程来看，商民对以国家行库为主体的后方金融业的贷款手续却诟病不断，这一方面反映了商民借贷观念转变与后方金融业快速发展的非同步性，另一方面也体现了制度设计与现实操作之间的不协调性，即贷放手续的成套文本与手工业的用款季节性有较大矛盾。

战时手工业的融资环境优化及融资渠道的丰富是可以肯定的，但是贷不足用的经常性存在这种类似悖论的现象，从一个侧面说明战时后方金融市场并不健全、完善。战时后方金融业的快速发展及金融网的建立是在客观形势所迫及政府政策驱动下形成的，既非农工商矿各业大发展而催生，也并不是后方农工商业经济长期发展的结果，而是一种典型的外缘型发展模式。同时，正是因为二者之间的这种断裂性，导致对人信用到对物信用的艰难转变以及票据信用遥遥无期。

从一般经济理论来看，手工业与金融业发生密切关系，本为经济良性发展的特征。地方金融业的发展本为地方经济发展的重要标志之一，银钱业的迅速发展，在一定程度上促进了手工业经济的发展，手工制品交易中异地汇兑、比期交割、期货买卖、押借押汇、汇票承兑贴现等业务迅速展开，均得益于银钱业的蓬勃发展。但是，在仔细考究了银钱业繁荣景象的原因、银钱业对手工业经济注入资金的效用之后，热闹而繁荣的银钱业发展表象背后却是手工业经济对资金嗷嗷待哺的窘境，二者虽形成了密切的关系，而后者却并未因此而得到长足发展，反而出现了越是贷款而越需要贷款的怪圈，也即手工业经济有所发展，然而未能实现自身质的突破，在受到技术"瓶颈"限制的同时，资金不足的限制依然长期存在。

（作者单位：西南大学历史文化学院、中国抗战大后方研究协同创新中心）

战时大后方工业企业的技术演化

——以中央机器厂为中心

严 鹏

内容提要 抗战时期,大后方的工业企业经历了特殊环境下的技术演化。以国民政府资源委员会中央机器厂为代表的企业,在艰难环境中制造了发电成套设备等大型装备,使中国工业技术较战前有了大幅提升。战时后方工业企业的技术演化,是资本、技术与市场层面各种因素综合作用的结果。在进口被切断的战争环境下,国家资本忍受长周期投资的非市场逻辑,派遣人员参与国外企业技术活动的海外研发机制,以及用户对本国企业自主制造的支持及鼓励,均构成后方工业企业技术发展的有利条件。因此,尽管战争给中国工业的发展带来了很大的负面影响,但战时特殊形势加速了资本品生产部门的技术积累,抗日战争因此成为中国工业化进程的重要阶段。

关键词 装备制造业 战时经济 国家资本 资源委员会 工业化

大型装备如电站成套设备等属于技术复杂产品,能否制造此类产品是衡量一国工业技术实力的标志。中国工业兴起于洋务运动时期,至抗战爆发前虽已取得一定成绩,但仍无法制造大型装备。然而,抗战时期,大后方的工业企业在极端艰难的环境中,却初步掌握了制造大型装备的能力,使中国工业技术得到提升。罗斯基(Thomas G. Rawski)对中国近代资本品工业部门的研究堪称经典,却完全忽略了抗战时期,[1] 这反映出部分学者将战时中国经济视为"毁灭"的倾向。[2] 诚然,战时中国经济相较于和平时期

---

[1] Thomas G. Rawski, *China's Transition to Industrialism: Producer Goods and Economic Development in the Twentieth Century*, Michigan: The University of Michigan Press, 1980, pp. 8 – 15.
[2] Kent Deng, *China's Political Economy in Modern Times: Changes and Economic Consequences, 1800 – 2000*, New York: Routledge, 2012, p. 145.

是非常态的,唯其如此,大后方工业技术进步的原因与机制更值得探究。目前,学界对战时大后方工业既有宏观性的综合研究,又有针对特殊行业的专门探讨,但能够反映企业技术演化动态过程的微观研究尚不多见。① 本文将在分析原始档案的基础上,② 通过对中央机器厂这一典型个案的考察,在微观层次上完善战时中国工业技术演化的历史图景,并对抗日战争与中国工业化的关系予以评价。

一 中央机器厂制造大型装备概况

中央机器厂是国民政府资源委员会(简称资委会)为培育机械工业而创办的大型国有企业,其技术代表了战时中国机械工业的最高水平。③ 就大型装备制造而言,后方企业具有此种能力者为数不多,中央机器厂又最具典型性。该厂在战时制造的大型装备主要为发电成套设备,包括火电站所用汽轮机、锅炉和电机以及水电站所用水轮机等。以今天的标准来衡量,中央机器厂的产品只能算是小型设备,但在近代中国,该厂产品已臻极致,可以认为是中国制造大型装备的开端。

资委会中央机器厂的创办初衷主要是为了制造航空发动机。1936年,资委会延请物理学家王守竞在湖南湘潭筹办机器厂,王守竞当年即赴美引进航空发动机制造技术。当时,王守竞网罗了一批人才,如张乔啬、费福焘、施伯安等,一方面与美国厂商谈判制造权,另一方面在国际市场上采购生产设备。然而,由于资委会系与航委会(国民政府航空委员会)合作筹建航空发动机工业,而航委会对引进何种机型拖延不决,直到抗战爆发亦无定论,此事遂不了了之。④ 航空发动机制造计划受阻后,王守竞果断地为机器厂寻求其他出路,一面继续尝试引进发动机技术,一面派施伯安等

---

① 张守广:《抗战大后方工业研究》,重庆出版社,2012;郑友揆、程麟荪等:《旧中国的资源委员会——史实与评价》,上海社会科学院出版社,1991,第63—65页;张柏春:《中国近代机械简史》,北京理工大学出版社,1992,第103—107页。
② 目前,学者对原中央机器厂员工的口述访谈已整理出版(张柏春访问整理《民国时期机电技术》,湖南教育出版社,2009),这是不可多得的史料来源。然而,通过查阅企业原始档案可知,某些起过关键性作用的员工因新中国成立后未留在大陆,故没有口述记录,也因此极大地制约了口述史料对于历史图景的完整呈现。故档案对于战时大后方工业企业的研究仍具有不可替代的基础性作用。
③ 张柏春:《中国近代机械简史》,第106页。
④ 钱昌照:《钱昌照回忆录》,东方出版社,2011,第49页。

人赴瑞士寻求其他机械产品的技术引进机会。在施伯安与费福焘的努力下，1938年3月29日，资委会与瑞士布朗勃法瑞厂（Brown Boveri Co.，当时译为卜朗比厂，后文简称BBC厂）签订了技术合作合同，议定由BBC厂转让部分产品的技术与制造权给资委会机器厂，这些产品中即包括两种大型装备：（1）蒸汽透平及透平发电机，"容量以12000千瓦（kW）止，至其电压以12000伏为止"；（2）电机类（火车用电机及交流电整流子马达除外），"容量以5000千瓦（kW）止，至其转轮对径以2000公分为止"。① 以中国当时的工业基础，制造此类装备极为困难，但施伯安与费福焘有信心，他们在给王守竞的报告中称："至于制造蒸汽透平，现在造四、五千kW者当属可能，至造12000kW者，或觉困难，但经调查，有非尽然者。此项特别大透平只需将发电机之转轴、透平之心子及外壳等尺寸过大部分令洋厂车光后输入外，其他部分欲在中国自造，照现在本厂已购设备略加扩充，堪足胜任也。"② 这一建议后来被概括为"难造部分输入，易制部分自造"，③ 符合当时中国的技术水平。除与BBC厂合作外，施、费二人还联系了瑞士机车厂（Swiss Locomotive and Machine Works，后文简称SLM厂），签订了类似的合同。

1939年，为避免日军摧残，资委会机器厂内迁云南昆明茨坝，8月7日正式命名为中央机器厂，9月9日正式成立。中央机器厂造端宏大，其产品并不局限于大型装备，还涵盖了普通动力机械、机床工具、纺织机械乃至汽车等。不过，大型装备在中央机器厂占有重要地位。该厂早期有5个分厂，一分厂造汽轮机（即透平），二分厂造锅炉，三分厂造内燃机，四分厂造电机，五分厂则尝试造汽车。一套火力发电设备主要由汽轮机、锅炉和电机这三大主机组合而成，而这三大主机各由一个分厂专门负责，可见中央机器厂将重心放在了火力发电设备这一大型装备的制造上。由于初次制造该类大型装备有难度，中央机器厂采纳了施伯安与费福焘的建议，在其报告中称："本厂采取逐渐自造办法，以期安全，故第1、2两套中透平发电机送风器、引风器、吹灰器等件，暂向与本厂订有技术合作合同之卜朗

---

① 《中国国民政府资源委员会与瑞士巴登卜郎比厂股份有限公司合同》（1938年3月29日），云南省档案馆藏档：48-1-494。
② 施伯安、费福焘：《签订卜郎比厂合同经过情形之报告》（1938年4月1日），云南省档案馆藏档：48-1-494。
③ 施伯安、费福焘：《签取合同后建议实地进行之办法》（1938年5月19日），云南省档案馆藏档：48-1-494。

比厂购置外，其余悉由本厂设计制造。"① 中央机器厂与 BBC 厂签订的合同规定引进的发电设备容量最大可达 12000 千瓦，但实际开始制造时，中央机器厂仅从两套 2000 千瓦设备着手，是考虑到战时困难而采取"救急之计"。② 同时，为造这两套 2000 千瓦发电设备，中央机器厂采取了分解零件渐进仿造的策略，即先仿造简单零件而进口复杂零件，再逐渐过渡到对复杂零部件的仿造，这也使其制造过程带有试验性质。因此，中央机器厂首次制造大型装备是一个带有探索性的技术学习过程。

在火力发电设备三大主机中，以锅炉制造最简单，汽轮机最复杂，故中央机器厂对汽轮机主要采取了进口策略，而重点制造锅炉与电机。负责制造锅炉的施伯安在进入中央机器厂前，曾任上海新通贸易公司总经理，而新通公司 1924 年就与 BBC 厂签订了在中国境内独家经销该厂产品的合约，③ 故施伯安对 BBC 发电设备的技术特点是很熟悉的。据曾任中央机器厂分厂厂长的王守泰回忆："锅炉是施伯安搞的，完全是自己设计的，新通公司有基础。"④ 因此，中央机器厂的锅炉制造相对顺利，与之相比，发电机

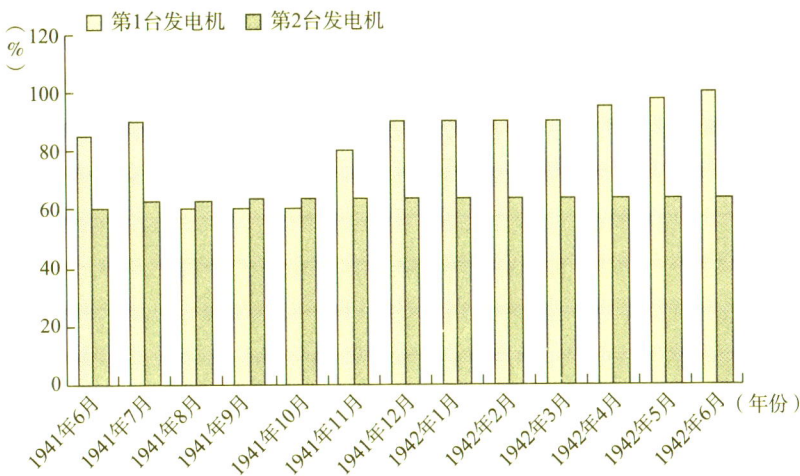

图1　中央机器厂 2000 千瓦电机制造进度（1941—1942）

资料来源：《资源委员会中央机器厂工作月报》（1941—1943），云南省档案馆藏档：48-1-243、48-1-244、48-1-245。

---

① 《中央机器厂 1939 年度事业报告》，云南省档案馆藏档：48-1-215。
② 《施伯安、费福焘致王守竞函》（1938 年 3 月 1 日），云南省档案馆藏档：48-1-494。
③ 袁丕烈：《施伯安与新通贸易公司》，《文史资料选辑（上海）》第 42 期，1983 年，第 193—195 页。
④ 张柏春访问整理《民国时期机电技术》，第 5—6 页。

的制造更为曲折。根据1941—1943年中央机器厂的工作月报,可以勾勒出两台2000千瓦发电机的制造进度。

据目前所能得到的数据,1941年4月前,中央机器厂的两台2000千瓦发电机制造长期停滞。1941年6月,第一台发电机的完工度达到85%,第二台的完工度则为60%,状态尚佳。但如图1所示,此后两台发电机的制造进展十分缓慢。1941年8月12日,中央机器厂遭日军空袭,第一台发电机不幸被炸,进度由7月的90%陡降至60%,直到12月才恢复。1942年头3个月,发电机制造又陷于停滞,直到4月,第一台发电机才继续动工,于6月完竣。至于第二台发电机,则"停工经年",直到1943年8月方重新"进行整理",10月委托新中公司代为办理后始开工。① 实际上,第二台2000千瓦发电机要到1945年才正式完工并投入应用,其制造周期长约6年。综合来看,中央机器厂大型装备的制造贯穿了整个抗战,备尝艰辛,相当不易。这两套2000千瓦火力发电设备,先后卖给了四川的泸州电厂和云南的昆湖电厂。

除2000千瓦火力发电设备外,中央机器厂在战时还制造了其他电站设备,其中一些产品以当时中国的标准来看,也算得上比较大型的装备了。中央机器厂所造电站设备如表1所示。

表1 中央机器厂战时所造电站设备

产品名称	生产			销售	
	完工年份	数量	单位	客户	数量
2000千瓦发电设备	1944—1945	2	套	泸县电厂、昆湖电厂	2
200马力煤气机	1943—1945	7	部	汉中电厂等	7
80马力水轮机	1941	1	部	协康电厂	1
150马力水轮机	1944—1945	2	部	昆湖电厂、雅安电厂	2
HE40水轮发电机	1945	2	套	喜州水力电厂、大竹电厂	2
200千伏安发电机	1943—1945	7	套	汉中电厂等	7
125千伏安发电机	1944—1945	3	套	雅安电厂、昆湖电厂	3

资料来源:《本会中央机器厂六年来主要生产销售统计》,《资源委员会公报》第9卷第3期,1945年,第46—47页。

---

① 《资源委员会中央机器厂工作月报》(1941—1943年),云南省档案馆藏档:48-1-243、48-1-244、48-1-245。

总之，抗战时期资委会中央机器厂在大型装备制造方面付出了艰苦努力，尽管其最终绩效并不算好，但对于中国工业来说，仍然体现了巨大的进步。毋庸置疑，战时国统区的环境相较和平时期而言是极为恶劣的，也正因为如此，中央机器厂所取得的成绩才更加可贵。那么，中央机器厂制造能力提升的原因与机制是什么呢？

二　资本：国家资本的非市场逻辑

在抗战时期的大后方，国家资本的扩张是工业领域内一个突出的现象。对战时国统区的大型装备制造而言，国家资本提供了必要的保障，其根本原因在于国家资本具有非市场导向的属性，能够克服制造大型装备所面临的长周期困难。从中央机器厂的经历来看，这一点尤为典型。

资本的本性是逐利的，国家资本亦不例外。不过，与一般民间资本不同，国家资本具有两点特殊性：其一，国家本身是一个政治组织，由国家出资创办的国有企业也不是纯粹的市场主体，而很可能会肩负政策使命，这一点在近代中国尤为明显；其二，企业经营的利益回报周期不同，民间资本若不能在短期内收到回报，很可能难以为继，非纯粹经济性的国家资本却可以忍受较长的投资周期。简言之，国家资本具有非市场逻辑，这对于制造大型装备等周期较长的复杂技术活动非常有利。而中央机器厂在战时的发展历程中，既非一个纯粹逐利的市场主体，又受到政府持续性的资源注入，这是其成功制造大型装备的根本原因。

从资源委员会创办机器厂的动机来说，本身就包含"以增强国防独立自制为最后目的"这一非市场考虑，[1] 而资委会挑选的机器厂负责人王守竞更具有技术优先的理念，这使得中央机器厂的非市场主体色彩尤为明显。王守竞本为留美归国的理论物理学家，学问扎实，据吴大猷称："量子力学一发展出来，他就坐上头一列火车。"[2] 因此，王守竞本质上是一个知识分子，这使他管理企业的方针有别于一般经营者，对企业的技术发展尤为看重。据中央机器厂的员工雷天觉回忆，王守竞"不是以一个厂长的身份在

---

[1] 《机器制造厂筹备委员会呈资源委员会秘书长函》（1937年5月8日），云南省档案馆藏档：48-1-488。

[2] 吴大猷述、黄伟彦等整理《早期中国物理发展的回忆》，台北：联经出版事业公司，2001，第104—105页。

办厂，而是有把工厂办成一个研究机构的趋势"。① 另据该厂员工韩云岑回忆："厂子什么都做，比较乱，经济效益不好。王守竞说：'只要给我合适的价钱，我什么都能做。'"② 王守竞这句话被一些论者解释为遵循了市场原则。③ 然而，曾亲闻王守竞论述办厂方针的员工李天基的回忆恐更合实情："他（王守竞）有个指导思想：中央机器厂以训练人才为主，不是单纯搞生产。他支持技术人员搞试制、钻研技术，以便抗战胜利后发挥更大的作用。"④ 实际上，中央机器厂引以为傲的产品精密工具块规，员工在制造时"主要是技术上的好奇，是研究性质的"，结果技术上虽达到了瑞士最高一级的精度水平，但在当时"没有市场"。⑤ 王守竞的这种办厂方针，使本身作为非纯粹市场主体的国企中央机器厂更加偏离了市场导向。但对于大型装备制造来说，王守竞的方针非常有利。

其实，以当时中国的技术水平来说，自行制造大型装备成本较高，反不如直接进口有利。施伯安与费福焘在与BBC厂商谈技术引进时，即曾对王守竞指出这一点，称因"初创时工人手艺尚未熟练"，故"输入之要件较诸自造者或反低廉"，且"倘完全自制，于出售时不易得客户信仰"。⑥ 对后发展国家培育新兴产业来说，此种"造不如买"的窘境实为常态。因此，从一开始，中央机器厂人员对制造大型装备的非经济性即有清楚的认识。等实际开工后，大型装备制造耗时甚久的长周期特点就开始显现，此已如前节所述。这种长周期的制造活动给中央机器厂带来了很大的压力。由于制造一套大型装备"动辄经年，其耗时至1年以上者，亦非例外"，⑦ 故该厂建厂伊始效益就不高，引来了为其融资的国有银行的批评。1940年，中国银行驻该厂稽核陈嘉猷称："以商业目光观察，以1800余万元之资本，5个月中只造10万余元之出品，苟出品无需成本，亦不足偿付资本利息之十一，毋论盈余矣。"⑧ 可见，银行方面对中央机器厂生产效率低下有所不满。

---

① 张柏春访问整理《民国时期机电技术》，第29页。
② 张柏春访问整理《民国时期机电技术》，第34页。
③ 马文和：《抗战时期内迁昆明的中央机器厂》，中国人民政治协商会议西南地区文史资料协作会议编《抗战时期内迁西南的工商企业》，云南人民出版社，1989，第84页。
④ 张柏春访问整理《民国时期机电技术》，第63页。
⑤ 张柏春访问整理《民国时期机电技术》，第23页。
⑥ 《施伯安、费福焘致王守竞函》（1938年2月23日），云南省档案馆藏档：48-1-494。
⑦ 《中央机器厂1940年度事业报告》，云南省档案馆藏档：48-1-215。
⑧ 《中国银行派驻中央机器厂稽核陈嘉猷驻厂报告书1939年度》（1940年），上海市档案馆藏档：Q54-3-371。

但对中央机器厂来说,初次制造大型装备的困难是无可避免的。1941年11月,该厂即在一份报告中称,2000千瓦发电设备"因工作较大,且国内尚系首次制造,故设计及制造俱发生意外周折"。① 这些"意外周折"不仅延缓了中央机器厂的生产进度,而且使其面临无产品可供出售而徒耗成本的困境。例如,1941年1月,该厂即"因本月制造工作均在继续进行中,产品较少,故收入亦微"。② 利用目前可以获得的数据,可以清楚地看到中央机器厂效益不佳。

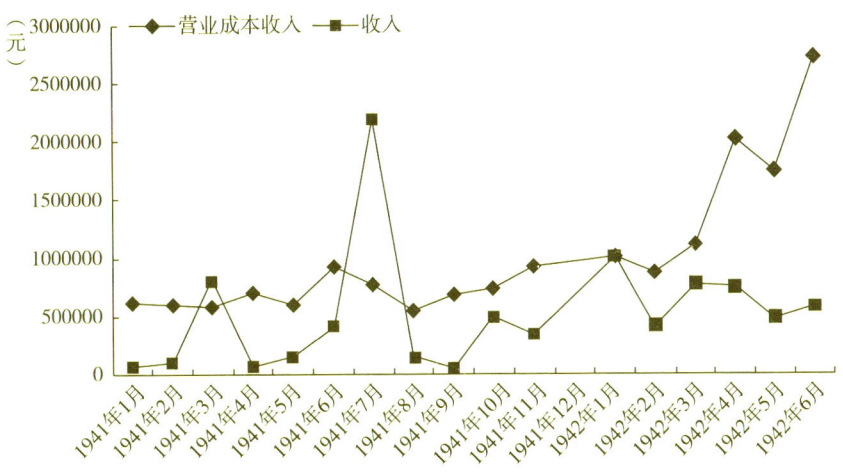

图2 中央机器厂成本与收入比较(1941年1月—1942年6月)

注:图中营业成本系由原料、人工、制造间接费、销售费、管理费5项构成,收入系由产品售价收入、其他营业收入两项构成。图中未列入1941年12月之数据,当月营业成本为1352671.57元,收入为1387748.44元。数据整理自《资源委员会中央机器厂工作月报》,云南省档案馆藏档:48-1-243、48-1-244。

由图2可知,1941年1月至1942年6月,中央机器厂以极其缓慢的进度完成了第一台2000千瓦发电机的制造,并显示该时段内中央机器厂的营业成本在大部分时间内都超过了营业收入,因此,制造大型装备这一长周期行为对中央机器厂的经营来说是一种负担。

不过,从一开始,王守竞就曾写信给施伯安与费福焘,认为企业创办之初"不论成本如何,只须技术上无缺陷"。③ 这是王守竞面对大型装备制

---

① 《资源委员会中央机器厂二十九年度、三十年度截至10月份生产状况表》(1941年11月),云南省档案馆藏档:48-1-241。
② 《资源委员会中央机器厂工作月报》(1941年1月),云南省档案馆藏档:48-1-243。
③ 《王守竞致施伯安、费福焘函》(1938年2月28日),云南省档案馆藏档:48-1-499。

造困难的基本态度。毫无疑问,"技术上无缺陷"体现了王守竞将企业办成研究机构的办厂方针,而"不论成本如何"则暗示了此种方针的非市场导向。由于初次制造大型装备本身即带有研究试验性质,故王守竞的方针与之充分契合。同时,国家对于中央机器厂也给予了充分支持。该厂在收支难抵的情形下,主要依靠国家注资来维系。例如,1943年3月至5月,该厂曾连续增加资本,计3月增资11920383.22元,4月500000元,5月1840349.78元,[①] 累计达14260733元。国家作为中央机器厂出资人的这种不计赔累的投入,是竞逐短期利益的私人资本所不可想象的,也只能以国家资本具有非市场属性来解释。

综上所述,制造大型装备是一项长周期的复杂技术活动,对初次尝试此类活动的国家与企业来说,成本极高,且缺乏直接从国外进口的经济优势。因此,战时大后方企业的大型装备制造活动实际上是非市场理性的。然而,战时逐渐壮大的国家资本具有非市场属性的一面,由国家出资创办的中央机器厂又委任了非市场导向的管理者,这使该厂可以不计短期利益得失而从事大型装备制造这一长周期活动。可以说,国家资本的此种非市场逻辑是战时大后方成功实现大型装备制造的前提条件。当然,国家能倾注资源于大型装备制造,与战时环境下大后方寻求工业自立的特殊需求有密切关系,战争结束后国民政府对自制大型装备的支持力度反而降低,或可说明这一点。

三 技术:驻外人员与海外研发机制

抗战时期国统区的大型装备制造活动,对中国工业来说具有开拓性质,故困难极多。国家资本持续性地注入中央机器厂,解决了该厂的资本供给难题,但能否成功制造大型装备,还取决于该厂自身能否顺利地实现技术转移。作为一家重视技术的企业,中央机器厂创立了大规模的图书馆,并鼓励员工利用业余时间开展技术学习,此点已被职员的回忆所揭示。[②] 不过,较少被研究者关注的是,中央机器厂依靠派驻国外合作企业学习的技术人员,构筑了一个海外研发机制,解决了技术稀缺的难题。驻外人员的参与,对于中央机器厂的大型装备制造活动起到了重要作用。

---

① 《资源委员会中央机器厂工作月报》(1943年3月),重庆市档案馆藏档:0019-1-2224。
② 张柏春访问整理《民国时期机电技术》,第32—34页。

目前，学界对于战时中央机器厂以及整个资委会的出国人员，多关注1939年之前从事技术引进及购买设备活动的张乔啬、施伯安等人，以及1942年赴美实习的所谓"三一会派"人员。然而，中央机器厂在整个抗战时期，都曾派有技术人员常驻瑞士，学习大型装备的制造技术，其实习时间更长且未曾中断。实际上，派员常驻海外合作企业实习是中央机器厂为引进技术而采取的重要方针，例如，在与BBC厂签订的合同中就明确列有"资委会得备费派遣工程师或工头驻扎卜厂以资联系"条款。① 1938年8月，施伯安与费福焘在BBC厂研究"自900到4000kW透平发电机"的图样，准备"俟此间研究毕事后，或挂号邮寄或随身带回"；同时，吴之凤、邵象华则进入SLM厂"分习翻砂、冶金"。② 此后，中央机器厂分批次地派出技术人员赴这两家瑞士企业实习。

中央机器厂的驻外实习人员主要是王守竞、施伯安、张乔啬等人网罗的中国留学生。还在筹建航空发动机厂阶段，王守竞等人就注意考察赴美中国留学生，对其中的优秀分子予以资助，吸纳他们加入机器厂。这些留学生中较突出者包括贝季瑶、金希武、钱学榘、钟朗璇等。贝季瑶、金希武等人是清华官费留学生，王守竞曾指示张乔啬，在清华官费外另由资委会给他们津贴。但同时，这些留学生也要调查研究王守竞指定的技术问题。③ 航空发动机计划落空后，王守竞即改派这些留学生赴瑞士两家企业实习包括大型装备在内的制造技术。一般而言，这些驻外人员在两家瑞士企业的实习为期不长，以参观车间和搜集技术资料为主要活动。例如，吴学蔺在BBC厂"关于machine shop方面，仅略看而已，未能过于认真，大半留材料试验方面，得读完其二十几年之详细报告，知其各种困难"，在SLM厂则"详细观machine shop，翻砂及材料方面，并收得以前吾侪所不全之文件"。④ 不过，也有一些驻外人员停留时间更长，且直接在瑞士企业参与技术研发活动，其成果则为中瑞双方所共享。例如，1938年12月1日，钱学榘开始在SLM厂实习，着手设计VD41油机。⑤ 但一周后，钱学榘即接到王守竞指示，要求他"须注意工具样板及试验事"，他遂将原定在设计部工作

---

① 《中国国民政府资源委员会与瑞士巴登卜郎比厂股份有限公司合同》（1938年3月29日），云南省档案馆藏档：48-1-494。
② 《施伯安、费福焘致王守竞函》（1938年8月15日），云南省档案馆藏档：48-1-494。
③ 《王守竞致张乔啬函》（1938年6月6日），云南省档案馆藏档：48-1-492。
④ 《吴学蔺致王守竞函》（1938年11月19日），云南省档案馆藏档：48-1-495。
⑤ 《钱学榘致王守竞函》（1938年12月3日），云南省档案馆藏档：48-1-491。

六星期之时间"缩短至四星期"。① 同时，根据王守竞的要求，钱学榘撰写了《关于 VD25 接压（Supercharging）装置制造及设计注意点简表》并寄回中国。后来，中央机器厂的研制重心为 VD25 型机，钱学榘撰写的报告涉及技术要点，对昆明厂内的制造工作当有很大帮助。实际上，钱学榘对 SLM 厂研发工作的参与，不仅为中央机器厂提供了第一手的技术情报，而且也使中央机器厂在引进技术时能降低成本。1939 年，在从 SLM 厂购置 GAS - PRODUCERS NO. 721 制造图样时，王守竞即指示当时仍在瑞士的费福焘："请就近与该厂接洽，现钱君学榘既在该厂担任一部分设计新图工作，该项图价似可商请酌减。"② 钱学榘这种在国外企业从事技术研发的行为，使中央机器厂能在国内不具备相应条件的情况下及时掌握新技术，体现的正是该厂的海外研发机制。

就中央机器厂制造大型装备来说，最重要的驻外人员为钟朗璇。钟朗璇为上海交大电机系毕业生，1939 年 4 月被王守竞派往瑞士常驻 BBC 厂，1946 年才回国结婚。③ 在赴瑞士之前，钟朗璇曾在美国西屋公司（Westinghouse，当时或译称为"威厂"）实习，那时他已考虑到"国内涡轮发电机较重要，且机厂中派费先生等到瑞士时，亦注重 Brown Boveri 之汽涡轮发电机"，故主动申请到汽轮发电机科工作，学习火力发电设备制造技术。④ 在西屋公司，钟朗璇"到工场之机会甚多，对大汽轮及水轮发电机之构造及制造方法，颇有观察之机会"，而负责指导他的美国工程师也"极肯详细指导"，故他"所得甚多"。⑤ 初入 BBC 厂实习时，钟朗璇尚对汽轮机"不熟悉"，但一年后，对"汽轮机理论及设计方面，已稍有眉目"。⑥ 随着实习的深入，钟朗璇增强了自制汽轮机的信心，对中央机器厂的领导层表示："汽轮机之制造问题，我辈最难解决者为材料问题，如我辈能制齿轮铣头类之工具，则翼子之制造甚易解决。"⑦ 1941 年 9 月 9 日，在给王守竞的信中，钟朗璇再次强调："朗两旬来往工场所观察，颇觉我辈开始制造汽轮机，亦

---

① 《钱学榘致王守竞函》（1938 年 12 月 8 日），云南省档案馆藏档：48 - 1 - 491。
② 《王守竞致费福焘函》（1939 年），日期不详，云南省档案馆藏档：48 - 1 - 499。
③ 张柏春访问整理《民国时期机电技术》，第 211 页。
④ 《钟朗璇致王守竞函》（1938 年 6 月 8 日），云南省档案馆藏档：48 - 1 - 496。
⑤ 《钟朗璇致王守竞函》（1938 年 6 月 27 日），云南省档案馆藏档：48 - 1 - 496。
⑥ 《钟朗璇致王守竞函》（1939 年 8 月 28 日）、《钟朗璇致费福焘函》（1940 年 12 月 3 日），云南省档案馆藏档：48 - 1 - 498。
⑦ 《钟朗璇致王守竞函》（1941 年 4 月 3 日），云南省档案馆藏档：48 - 1 - 498。

并无难处（叶子之制造，系大宗生产式，需资本较多，暂似不必）。"同时，他开列了当时中央机器厂制造汽轮机所缺的工具。在这封信中，针对王守泰提出的"先制 100—200kW 之汽轮机"计划，钟朗璇亦表达了不同的意见，以为"此小型汽轮机用处不大（火车燃用发电），恐销路不广，又此小型机大体系等压式，我辈现有机件已立即可制造（除叶子外）"，①鲜明地支持试造大型装备。总之，钟朗璇一直致力于推动中央机器厂着手制造汽轮机，而他本人所掌握的相关知识与技术亦日益精进。只可惜，由于客观条件限制，中央机器厂未能从事汽轮机的制造，但钟朗璇在瑞士实际上部分地完成了该厂制造汽轮机的技术准备工作。

尽管中央机器厂在战时未能利用钟朗璇从瑞士传回的知识与技术制造汽轮机，但钟朗璇对于该厂制造其他大型装备及其核心部件仍发挥了重要作用。与钱学榘一样，钟朗璇也参与合作企业的设计工作，并将其成果反馈给中央机器厂，令该厂完成在国内缺乏条件完成的研发工作。例如，1938年 8 月，在给王守泰的信中，钟朗璇称："Wr410c 之励磁控制电阻，系根据弟在此间之设计而制造，如国内已另有设计，且机将根据国内设计制造，请即将设计之详细（绝缘，励磁绝缘尤重要）寄来，以便根据更正。"②1941 年 4 月，钟朗璇复问王守泰："前我厂制 Wr410c 及 WTA512h 之固定子情形如何，厂中制造时倘有技术上之困难，望尽量详细示知，以便与卜厂商量。"③ 这表明钟朗璇虽为实习生，但实际上等于中央机器厂安置于 BBC 厂内的研发人员，利用 BBC 厂的资源为中央机器厂服务。此外，中央机器厂尝试制造水轮机时，钟朗璇扮演了关键性的角色。一方面，钟朗璇为中央机器厂在瑞士寻找并购买了关于水轮机的技术资料；④另一方面，钟朗璇一直在推动国内自造水轮机，写信给负责其事的王守泰，称："水轮机之构造原甚简单，制造较汽轮机容易得多，我辈最宜试制也。"⑤ 当中央机器厂打算从瑞士进口某些水轮机零部件时，钟朗璇亦利用其在 BBC 厂的人际关系，将技术实情告之国内，鼓励国内自制，称："水轮机轴承壳子未请各厂报价，因据卜厂懂事者谓该件并非用特殊金属制造，我辈如有图样亦自能

---

① 《钟朗璇致王守竞函》（1941 年 9 月 9 日），云南省档案馆藏档：48 - 1 - 498。
② 《钟朗璇致王守泰函》（1939 年 8 月 28 日），云南省档案馆藏档：48 - 1 - 498。
③ 《钟朗璇致王守泰函》（1941 年 4 月 2 日），云南省档案馆藏档：48 - 1 - 498。
④ 《钟朗璇致王守泰函》（1941 年 4 月 2 日），云南省档案馆藏档：48 - 1 - 498。
⑤ 《钟朗璇致王守泰函》（1940 年 7 月 31 日），云南省档案馆藏档：48 - 1 - 496。

制造。"① 成功试造水轮机也是中央机器厂在战时制造大型装备的一项成就，钟朗璇对此功不可没。

战前，中国机械工业未能成功制造大型装备，原因之一即在于技术欠缺。抗战时期中央机器厂制造大型装备的成功，得益于从国外企业引进技术，而该厂驻外人员正是这一技术转移过程的实际运作者。机械制造业中的技术往往涉及图纸和书面资料中无法明言的默会知识，即所谓"默认的、无法规范化表述的'诀窍'"，这使"边干边学"对该产业的技术积累尤为重要。② 中央机器厂的成功之处在于，它引进技术的方式并非单纯地购买图纸等技术资料，而是派技术人员深入合作企业内部"边干边学"。进一步说，中央机器厂的驻外人员在合作企业并非单纯地学习，而是直接参与成果共享的技术研发，这相当于中央机器厂在海外设置了研发机构，有效地克服了国内工业基础薄弱及战争干扰给技术活动带来的阻碍。因此，由驻外人员构成的海外研发机制，是中央机器厂在战时恶劣环境下制造大型装备的技术保障。

四 市场：用户对自主制造的支持

战前，中国机械工业的发展受到市场狭小的制约，而国内用户普遍对国产机器缺乏信心，是市场狭小的重要成因。例如，上海大隆机器厂在纺织业企业家穆藕初的鼓励下成功制造了织布机，但机器造成后，该厂向穆藕初所办纱厂推销产品却没有什么效果。③ 大隆的遭遇并非个案，机械业从业者不禁感慨国人有"迷于外货之恶习"，导致"惑于自制之机器，而不敢轻于试用"。④ 由于机械工业在中国属于新兴的幼稚产业，其产品不如进口货亦属正常。然而，用户越不选购国产机器，本国机械行业越难完成积累，其产品也越难通过使用过程中的实测来加以改进，这是一个恶性循环。抗战时期，包括中央机器厂在内的国统区机械企业能顺利完成大型装备的制

---

① 《钟朗璇致王守竞、费福焘函》（1941年4月8日），云南省档案馆藏档：48-1-498。
② 亨利·厄伽斯：《技术政策的重要性》，帕萨·达斯库帕塔、保罗·斯顿曼编《经济政策与技术绩效》，徐颖等译，长春出版社，2008，第62页。
③ 上海社会科学院经济研究所：《大隆机器厂的发生、发展和改造》，上海人民出版社，1980，第19页。
④ 严庆祥为《上海工业》一书所写文稿，时间推断为1930年前后，上海市档案馆藏档：Q459-1-467。

造，与用户的支持密不可分。

早在中央机器厂派员赴瑞士引进大型装备制造技术之初，未来的市场消纳问题就在考虑之内，而用户对于国产装备的接受问题尤为该厂职员所关注。如前所述，施伯安与费福焘提出了进口与自造相结合的渐进式技术引进方案，其用意除了降低制造难度外，也着眼于制造成功后的产品销售。他们认为，"倘完全自制，于出售时不易得客户信仰"，而"新厂事业所得客户信用较诸技术上问题显更为重大"，故"采取输入要件乃营业上必要方针"。① 在与BBC厂签订了技术引进合同后，施伯安与费福焘在对王守竞提出落实合同的建议时，仍强调零部件进口与自造相结合的策略十分重要，因其"可以满足购者心理"。② 由此可见，中央机器厂自身对于用户是否接受国产大型装备十分在意。不过，在战时的环境下，对外交通困难，用户的选择有限，国产装备也就自然有了市场需求。1940年7月，钟朗璇在写给王守泰的信中称："近日欧局如此摇动，我辈购机，运输必甚困难。"到当年12月，形势更趋恶化，钟朗璇告诉王守泰："近日则从瑞士运机器返国，绝对不可能。"③ 中央机器厂无法从瑞士购买机器及其零部件运回中国，也就意味着国统区用户同样无法直接进口国外装备。这样一来，战争反而为大后方机械企业自制各类装备创造了一个保护性市场。

但是，在战时国统区，用户绝非消极被动地接纳国产装备，部分用户也积极主动地支持中国企业自主制造。中央机器厂试制水轮机即得益于此。本来，中央机器厂与瑞士厂商签订的技术合同，主要着眼于引进火力发电设备，对水力发电设备则"完全无制造经验"。④ 据王守泰回忆，中央机器厂对水轮机的涉足，纯系用户主动提出要求："1939年或1940年，王志超在西康雅安搞水力发电，找我搞水力发电机。他是留德的。他说：'你照葫芦画瓢也能搞出来。你中央机器厂不搞谁来搞？'"⑤ 另据1939年12月王守泰写给钟朗璇的信，资委会当时已"来令注意水电并令饬本厂制造Water

---

① 《施伯安、费福焘致王守竞函》（1938年2月23日），云南省档案馆藏档：48-1-494。
② 施伯安、费福焘：《签取合同后建议实地进行之办法》（1938年5月19日），云南省档案馆藏档：48-1-494。
③ 《钟朗璇致王守泰函》（1940年7月31日），云南省档案馆藏档：48-1-496；《钟朗璇致王守泰函》（1940年12月3日），云南省档案馆藏档：48-1-498。
④ 《钟朗璇致王守泰函》（1940年4月19日），云南省档案馆藏档：48-1-496。
⑤ 张柏春访问整理《民国时期机电技术》，第9页。

Turbine（水轮机）"，① 故中央机器厂关注水轮机当在 1939 年。1940 年 3 月 21 日，王守泰致信钟朗璇称："西康省政府拟订之水轮发电机有相当把握，因该处现即将先订 50kW 者一套，由本厂承造以应急需，日内即将签订合同。"② 此处西康省政府所订水轮发电机，当即指王志超所需要之水轮机。从档案来看，西康省政府请中央机器厂造水轮机是为了"应急需"，但是，当时大后方从瑞士进口装备的渠道仍未被切断，而西康省方面鼓励中央机器厂"照葫芦画瓢"自行制造，可以说是对中央机器厂有相当之信任。因此，中央机器厂制造水轮机实际上是由作为用户的西康省政府直接推动的。尽管西康省政府订购的水轮机严格说来还算不上大型装备，但以之为基础，中央机器厂在抗战后期已开始设计并制造 2000 千瓦水轮机这一真正的大型装备，③ 足见用户的鼓励对于装备企业的制造能力提升有着重要作用。

除水轮机是受用户直接推动而制造外，用户对于中央机器厂自造大型装备的支持，还体现为宽容并不完美的 2000 千瓦火力发电设备延期交付。如前所述，中央机器厂制造 2000 千瓦发电机遇到了一些困难，进度缓慢。在制造第二台发电机时，中央机器厂与资委会昆湖电厂订有合同，规定 1944 年 9 月底交货，但资委会业务处"为策万全计，特放宽半年时间，将交货日伸延至 1945 年 3 月底"。等真正完工时，已到 1945 年 6 月底，孰料试机时又发生因"铁心制造不良"而出现的线圈温度过高故障。受客观条件限制，中央机器厂只能采取因陋就简的解决方案，确保设备"在任何恶劣环境下亦能发电"。但当时负责此事的余昌菊亦声明该方案将导致"效率自不免稍形减低，而线圈因温度提高关系，恐难免有炭化现象，即试车成功，机器寿命恐不免缩短"。然而，直到当年 10 月，余昌菊还是"希望昆湖电厂方面不以此机制造之稍有缺点，因此滋生对于国产机件失却信仰之心理"。当时抗战已结束，余昌菊亦自知该机对昆湖电厂"已非必要"。④ 对于这部存在先天缺陷而又非必要的设备，昆湖电厂仍然予以购买。此后，电厂也确曾因该机发生"不能应用"的故障，而让机器厂取回零件"研究修改"。⑤ 从经营角度说，昆湖电厂的行为可谓毫无市场理性，因为抗战结

---

① 《王守泰致钟朗璇函》（1939 年 12 月 14 日），云南省档案馆藏档：48-1-500。
② 《王守泰致钟朗璇函》（1940 年 3 月 21 日），云南省档案馆藏档：48-1-500。
③ 张柏春访问整理《民国时期机电技术》，第 9 页。
④ 《余昌菊呈费福泰、贝季瑶签》（1945 年 10 月 4 日），云南省档案馆藏档：48-1-433。
⑤ 《昆湖电厂致昆明机器厂函》（1947 年 4 月 1 日），云南省档案馆藏档：48-1-395。

束后,盟军返国,昆明工业亦萎缩,电力需求锐减,购买延期交付的设备"仅起增加预备容量的作用",① 且该设备故障频发,徒增烦恼。然而,恰如余昌菊所言,昆湖电厂若接受中央机器厂所制大型装备,可以"协力研讨纠正各项缺点",不仅使机器厂"技术得能日益改进",还可推动整个中国工业的发展。② 因此,昆湖电厂在延期交货的情况下购买质量不佳的2000千瓦发电机,不管其动机如何,客观上对于中央机器厂完成大型装备的制造起到了支持作用。而电厂将设备使用过程中暴露的问题反馈给机器厂,假以时日,对机器厂提升大型装备的制造技术也是能起到促进作用的。

总之,抗战时期国统区企业试制大型装备"在国内尚属创举",故而制造"匪易",③ 产品完工后也存在一定的缺陷,这是新生事物难以避免的。但与战前中国机械工业的产品不被用户信任相比,在战争环境下,出于主客观原因,用户对于国产装备的接纳与宽容程度大为提高,乃至于主动鼓励装备企业研制新产品,这对于国产装备的制造是极大的支持。因此,大后方部分装备用户对于自主制造的支持,解除了制造企业的市场"瓶颈",使极为困难的大型装备制造活动在战时得以顺利进行。

五 小结

作为一种企业活动,战时国统区的大型装备制造,与和平时期的制造业活动一样,受资本、技术与市场等因素的影响。然而,战时国统区企业的大型装备制造活动在这些因素上反较战前更有优势,这是战时大后方工业技术提升的根本原因。对近代中国来说,工业基础薄弱,制造大型装备缺乏相应的技术,且面临周期长、回报低的困难,即使试造成功,又要面对用户普遍不信任国产装备的窘境。此类束缚导致战前中国的机械工业无力从事大型装备制造。抗战时期,在大后方,国家资本为适应战时环境而兴起,情况有了很大的变化。与必须尽快获取回报的私人资本不同,国家资本具有一定的非市场逻辑,能够将资源倾注于周期长而无法在短期内取得收益的活动。因此,作为国家资本载体的资委会中央机器厂,凭借国家

---

① 杨树春:《记昆明电业先驱——昆湖电厂》,中国人民政治协商会议西南地区文史资料协作会议编《抗战时期内迁西南的工商企业》,第200页。
② 《余昌菊呈费福焘、贝季瑶签》(1945年10月4日),云南省档案馆藏档:48-1-433。
③ 《余昌菊呈费福焘、贝季瑶签》(1945年10月4日),云南省档案馆藏档:48-1-433。

资本的这一属性，得以在战时制造大型装备。对后发展国家的企业来说，技术引进通常是制造大型装备初始阶段的必由之路，中央机器厂亦不例外。该厂的成功之处在于，派遣技术人员常驻国外企业参与技术研发，从而一方面解决了技术转移过程中的默会知识学习问题，另一方面也利用海外资源实现了在国内缺乏条件完成的技术研发活动。同时，尽管中央机器厂首次尝试制造的大型装备在质量与交货速度上均存在问题，但用户对此表现出极大的宽容，部分用户且鼓励该厂自主制造新产品，这使该厂能在一个相对友善的市场环境中制造大型装备。因此，战时国统区企业能够实现大型装备制造，是有利的资本、技术及市场因素综合作用的结果。

战时国统区大型装备制造的成功，在很大程度上是战时特殊环境的产物。以中央机器厂这一案例来说，在有利的资本、技术及市场诸因素中，唯有技术层面的海外研发机制较少战时色彩，无论在战争还是和平时期都可以存在并发挥作用。然而，资本层面的国家资本的非市场逻辑，以及市场层面的用户对自主制造的支持，都与战争切断了国统区正常进口渠道有密切关系。在战争尚未开始时，国民政府以及装备用户都曾对中央机器厂表示不支持的态度，因为它们所需的装备"可随时以较廉之价格直接向国外厂商购得"。① 但随着战争的爆发及持续，从国外直接进口机器成品日益困难，而国统区的工业体系又急切需要各类装备供应支撑抗战，于是，从投资和消费两方面说，国民政府及各类用户都不得不支持国产装备。换言之，在和平时期受进口装备压制的中国工业，因战争对市场的扭曲而排除了外资的竞争，反而获得了较大的发展空间。因此，抗日战争对于中国工业的影响既不能忽略，也不能轻率地以"毁灭"概括。对提供资本品的中国工业部门而言，抗日战争加速了其技术积累，其成果在 1949 年后亦长期得到应用。② 当然，战争虽然为国统区企业制造大型装备创造了有利的投资与市场环境，但也给相关企业带来了直接的损害和干扰，这是必须辩证看待的。

值得一提的是，在中央机器厂引进大型装备制造技术之初，主持其事的施伯安与费福焘就曾对王守竞表示："吾方欲思旦夕之间仿造成功，于事实上有难能之处，如非照苏俄办法，每厂费三五百万或千万之金钱，由原

---

① 《航空委员会公函四研丁字第 00293 号》（1937 年），云南省档案馆藏档：48 - 1 - 488。
② 中国内燃机工业协会编《中国内燃机工业诞辰一百周年纪念文集》，机械工业出版社，2008，第 380 页。

厂派三五十名之机匠搬运全套机器来华开工制造，庶可办到。"① 由此可见，中央机器厂领导层自身并不认为其在战时采取的举措是制造大型装备的最优方案，他们更为欣赏的是苏联花费重金全面移植西方工厂的追赶策略。只不过，战时的环境与国民政府的财力均限制了中国效仿苏联的可能性。然而，思想的种子既经埋下，历史的展开就多了一种路向，战时国统区大型装备制造的经历，将成为一个承上启下的节点，暗藏着此后中国装备工业的演化逻辑。

(作者单位：复旦大学历史学系、华中师范大学中国近代史研究所)

---

① 施伯安、费福焘：《签取合同后建议实地进行之办法》(1938年5月19日)，云南省档案馆藏档：48-1-494。

民国时期西藏交通、商业网络的嬗变与城镇兴衰探析[*]

付志刚

内容提要 交通一直是制约西藏发展的重要因素。晚清民国，在经略西南边疆的过程中，中央与地方政府先后做出了打通交通线路、加强与西藏政经联系的努力。民国时期，西藏的交通道路沿革基本沿袭了清代的交通线路，随着商人群体的多样化发展与政治形势的变化，川藏贸易有所衰落，而青藏、藏印、藏尼贸易却日益兴盛。西藏商业贸易活动的发展推动了商业贸易网络的形成、嬗变，同时，以商业贸易为中心的城镇得到了一定的发展，奠定了西藏现代城市的基础。

关键词 民国时期 西藏 城镇发展

西藏地区地处高原，地域辽阔，人烟稀少，与中原主体文化区相隔甚远，加以崇山峻岭阻隔，交通极为不便，尤其到了寒冬时刻，道路几乎无法通行，区域内部城市之间、区域内城市与区域外城市之间的交通十分困难。然而，随着区域经济与社会的发展、对外交往的频繁，西藏地区的交通也有所改善，商贸活动的增加、人员流动的增长带来沿线城市的发展与兴盛。厘清西藏地区的交通走向、商业网络形成与城市的关系是为重要一环。

西方列强一直对西藏有所图谋，蚕食鲸吞之心早已有之，各国政府及机构支持开展了大规模的调查研究。荣赫鹏是英国侵藏的主要策划者，随

---

[*] 本文为国家社会科学基金青年项目"新中国成立以来南疆区域开发与城市发展研究"（13CZS057）、四川大学中央高校基本业务费青年项目"新中国成立初期新疆区域开发与社会治理的历史进程与基本经验研究（1949—1966）"（SKQ201514）的阶段性成果。

军入藏的过程中留下了大量对西藏地理、社会的笔墨记载;① 日本人山县初男对西藏也有过系统的研究,涉及自然地理、社会生活、宗教问题、社会阶层、教育文化、军事防卫、金融贸易、都邑等方面,且在"都邑"中简单介绍了包括拉萨、扎什伦布、察木多、亚东等数十个城市的情况。② 随着边疆问题日益凸显,国人对西藏的关注日深,对西藏的研究成为显学。民国时期的洪涤尘与任乃强是较早系统关注涉藏问题的研究者,主要考察了西藏的地理与历史,兼及交通、商业与城镇等的发展状况。③新中国成立以来,学者对于西藏问题的研究更为深入,有些建立在广泛的史料档案和实地调查基础上,系统地总结了西藏古代近代交通的状况、发展历程,力图揭示高原地区道路交通运输开拓、发展和运作状况;有些从商业管理、市场(商埠)、商帮与藏商、西藏与内地及南亚的贸易角度详述了商业与外贸,全面展现和论述了西藏古代近代经济演变的历程;有些以历史地理学的视角对民国时期青藏高原经济地理做了全面的探讨,对西藏地区的交通与城镇有初步论述;另有一些成果涉及西藏城市的专题研究。④

从简要学术史回顾可以看出,迄今为止学界对西藏交通、商业贸易及城镇发展都有研究,但囿于各自研究重点的不同,未能形成各问题相互串联和互动的研究成果。有鉴于此,本文希望以此为讨论重点加以详细研究。

一 民国时期西藏地区交通的承袭与变迁

民国时期,西藏地区对内沟通、对外联系的交通要道主要承袭了清代的线路与走向,随着现代的交通方式日益成为世界发展潮流,其也逐步影

---

① 荣赫鹏:《英国侵略西藏史》,孙煦初译,商务印书馆,1934。
② 山县初男:《西藏通览》,四川西藏研究会,1909。
③ 洪涤尘:《西藏史地大纲》,正中书局,1931;任乃强:《西康图经》,西藏古籍出版社,2000。
④ 参见西藏自治区交通厅、西藏社科院联合编撰《西藏古近代交通史》,人民交通出版社,2001;陈崇凯:《西藏地方经济史》,甘肃人民出版社,2008;张保见:《民国时期青藏高原经济地理研究》,四川大学博士学位论文,2006年;任卓:《高原、民族与宗教:清代西藏城市研究》,四川大学博士学位论文,2009年;周晶:《20世纪前半叶西藏社会生活状态研究(1900~1959)》,西北大学博士学位论文,2005年;刘武坤编著《西藏亚东关史》,中国矿业大学出版社,1997;骆俊波:《清代打箭炉城镇的兴起与发展》,四川师范大学硕士学位论文,2008年;黄博:《清代西藏阿里的域界与城邑》,《中国藏学》2009年第4期。

响到西藏地区的交通发展，使得西藏更加紧密地与外部世界相联系。

（一）晚清政府建设西藏现代化交通的努力

张荫棠担任驻藏大臣后，开始在西藏推行新政，其中就提出发展新式交通的问题。光绪三十三年（1907）正月，他向清政府提出了"治藏建议十九条""治藏大纲二十四款"等新的治藏政策，认为应该修筑交通，架设巴塘至拉萨的电线，修好打箭炉、江孜、亚东牛车路；以及优待达赖，清查户口，编练新军，发展文化教育，振兴农工商业，抵制印茶输入，设置银行，改良风俗。① 后来，张荫棠又上《咨外务部为西藏议设交涉等九局并附办事草章》，将西藏交通建设扩展到铁路建设方面。"路矿局主管勘察道路，路政管理，修建道路，修建电车、人力车设施等"，为此他派人到国外留学学习铁路修建，建立矿务局，招募四川矿工修建铁路，聘请矿业专家。②

光绪三十一年（1905），清政府任命联豫为驻藏帮办大臣，赏以都统衔。联豫在到达拉萨后不久就被清政府任命为驻藏大臣兼帮办大臣，其任职后力图在西藏实行一系列的新政措施，以挽救清王朝在西藏地区岌岌可危的统治，其中一项重要措施即改善西藏与内地的交通。宣统二年（1909），联豫在给清廷的奏折中称："查由前藏至察木多为东路，计程二千六百余里，分为三十二站，臣拟遴派熟悉工程之员逐段勘验，兴修其路。"③ 联豫认为要推动西藏经济发展，必须首先改善西藏交通运输的落后状况。他针对西藏交通的实际情况，积极主张尽快修路筑桥，特别是应该花大力气修好察木多至拉萨、拉萨至江孜的2000多里的主干道公路，然后根据财力逐步修筑支干道公路。他要求主干道路面宽以一丈五尺为宜，这样不仅方便"转运饷械商贾货物"，④ 而且也便于西藏与内地的官员、商人及一般民众往返旅行，更能促进内地与西藏的经济文化交流。另外，为加快西藏与内地的信息交往，他要求沿主干道公路敷施电话线，充分利用电话这一现代化的通信工具，与内地建立统一迅速的信息网络。

但由于清王朝很快覆灭，张荫棠和联豫等人关于发展西藏现代交通、

---

① 张荫棠：《咨外务部为西藏议设交涉等九局并附办事草章》，吴丰培编《清季筹藏奏牍》卷3，商务印书馆，1938，第3页。
② 张荫棠：《传谕藏众善后问题二十四条》，吴丰培编《清季筹藏奏牍》卷2，第38—43页。
③ 吴丰培编《联豫驻藏奏稿》，西藏人民出版社，1979，第124页。
④ 吴丰培编《联豫驻藏奏稿》，第124—125页。

推动西藏经济发展的各种主张未能得以实践。

相对卫藏地区，康藏地区的交通改革则有一定成效。① 1903 年 5 月，巴塘事件发生（时任驻藏大臣凤全在巴塘遇害），赵尔丰被调任建昌道，率兵勇前往巴塘平定叛乱。其后，清政府为了稳定川边局势，任命赵尔丰为川滇边务大臣，决定在川边地区实行改革藏政和改土归流的政策。1908 年赵尔丰又升任驻藏大臣兼任川滇边务大臣，在打箭炉驻兵，改设打箭炉为康定府，后又设登科等府，加强了清政府对康藏的控制。赵尔丰主政康藏期间，鉴于康藏地区与内地之间山高路窄，交通异常艰难，不仅不利于对康藏的控制，而且也严重影响了这些地区经济的发展，因而十分注重交通建设，其主要的措施就是修车路，筑钢桥。1906 年，赵尔丰在会同川、滇两省总督筹议边务时，率先提出"以辟治道路为宗旨"，以此推进康藏地区建设。经多方协商，决定四川、康藏分段兴修道路，其中康定至昌都一段道路由川滇边务大臣负责。该路经数年始筑成，其路面较前平整，宽度为九尺至一丈二三尺不等，随高就低，以能行车为度。此一道路为民国时期川藏交通的发展奠定了重要的基础。②

（二）民国时期西藏交通的承袭与发展

民国时期西藏地区的主要交通线路基本沿袭清代，并在其基础上有所变迁，确立了通川、通甘、通新、通印四条最为重要的交通主干。

1. 通川大道为民国之正驿。此道为川藏重要的交通要道，民国时期成为正驿，沿途设有驿站，并常饬各县修筑，故较为平坦。自成都至拉萨合计共 5320 里，自康定至拉萨共 5200 里，通常需 3 个月始达拉萨。③ 民初，尹昌衡经略西康时，已着手将此道筑为马路，开始成都至泸定一段的勘测工作。1920 年，刘成勋初步完成此路段的硬化，刘文辉当政西康后继续加以修葺，并取名成康马路，全路段长 302 里。马路的质量虽无法与内地交通建设相提并论，但也部分改善了四川通往西康的道路状况。但这条道路并未改善川藏交通的艰难，到和平解放西藏时，解放军做的第一件事情就是重新修筑到西藏的道路，"十万筑路大军历经四年的苦战终于在即日将金桥

---

① 赵尔丰提出在川边屯垦、练兵、设官、兴学、通商、开矿六事，见《川滇边务事宜均关紧要据实缕陈拟具章程折》，《赵尔丰川边奏牍》，四川民族出版社，1984，第 46—50 页。
② 杨策：《清末在川边、西藏的改革新政》，《中央民族学院学报》1991 年第 5 期。
③ 洪涤尘：《西藏史地大纲》，正中书局，1931，第 33 页。

修到了拉萨"。①

2. 西藏通往印度的线路是对外之要通。通印大道经拉萨通往印度，又名东路大道，起自西藏的中心城市拉萨，经锡金首都冈多进入印度。由于英印政府图谋西藏地区，印度至锡金道路修建较为完善，交通甚为方便。亚东开为商埠后，此线路遂成为西藏地区对印度商品往来、贸易活动的最主要通道。20世纪30年代，一方面，随着海运技术的发展和航道港口建设的完善，经海路至印度的时间大为缩短，途中周转便利，又有飞机直达德里。另一方面，到抗战时期中英已结成盟国一同作战，来往更为便利。英国人贝尔说："在最近十二年中，中国货物之运入中藏者，悉取道加尔各答，不似从前至经由陆路，经由东藏而达拉萨矣。中国与西藏间之商务，逐年有舍弃取道陆路改由海运之倾向，盖中藏边境，山峻谷深，不易通过，重以华人藏人间感情恶化，久仅平复，更足以增进取道海运之倾向。窃以为即使西藏道路回复安宁，赞成海道者，仍将见加多。"②

另外，西藏地区仍与尼泊尔保持着较为频繁的往来，通往尼泊尔的道路有四条：一由加德满都至吉隆；二由加德满都经郎卡格密至聂拉木；三出叶楞城至绒辖；四由鄂博出喀达之东南。③ 聂拉木、绒辖、喀达、定结、干坝、帕里，皆为南部要隘，其中聂拉木和吉隆为两个重要的商道要关，西藏地方政府于此设卡收税，均与频繁的藏尼往来有直接关系。

3. 通甘大道自拉萨至青海西宁，与青海到甘肃的官道相连接。因西宁清时为府治，属甘肃，前甘边宁海镇守使驻节于此，兼辖青海军民事务，盖沿旧称耳。到1928年秋，青海建为行省，政府始定西宁为青海省会。此路为唐代以来的交通正驿，约1200里，须50—54日可达。但自清末赵尔丰督办川边，改康定、巴安为通藏正驿后，出此路者甚鲜。④

4. 通新大道为跨越藏北高原通往西北的重要通道。此道自拉萨至新疆，行程自拉萨西行，80里至业党，又90里至曲水，又120里至白地，又105里至浪噶子，又120里至春堆，又140里至江孜，又150里至巴浪，又120里至日喀则，自日喀则西上达阿里部境。自拉萨至日喀则共900里，自日喀则经马品木达赖池向西转北至罗多克城入新疆若羌，共计3000余里。旅行

---

① 冀文正：《一路进军一路歌》，《西藏文史资料选辑》第21辑，民族出版社，2005，第193页。
② 查尔斯·贝尔：《西藏志》，董之学、傅勤家译，商务印书馆，1936，第159页。
③ 陈观浔编《西藏志》，巴蜀书社，1986，第133页。
④ 洪涤尘：《西藏史地大纲》，第34页。

此途者，必在冬季，始得成行，因冬季泉枯水冻，踏冰可以往来，夏日则水潦漫行，无从问津也。① 另外，还有自乌鲁木齐先到库尔勒，途经若羌、过格尔木、那曲，抵达拉萨；从新疆于阗经沙东、噶尔而到拉萨；从临夏经循化、玉树、丁青、那曲再到拉萨的道路。

民国时期，西藏的对外对内交通既表现出对清代的传承与沿袭，又因内地和西方现代化因素的影响，出现了新的变化。随着政治形势的变化与交通的发展，西藏的商业贸易往来更加频繁，城镇也有所发展、演变。

二 商人群体的发展与商业网络的扩展

清以来，西藏地区的商业贸易活动在对内对外贸易发展的基础上，商人群体得以形成并迅速拓展。到民国时期，尤其是十三世达赖喇嘛在位期间，新兴的商人群体不断壮大，商业网络有了更进一步的扩展。

西藏人民本性中充满商业的因子，但是真正把持西藏商业贸易的并非普通商人，"藏人无论高卑僧俗，皆长于商业，若与生以俱来者。……即其政府自身，亦纵其自由贸易"。② 寺庙商、贵族商、官商组成复合商业体系，尤其是寺庙，拥有雄厚的资金，经营活动遍及各地，垄断了整个西藏地区的城乡市场。其时，不仅有许多西藏本地和来自内地的商人从事贸易活动，而且西藏的贵族、寺院、政府官员比以往更加积极地参与商业贸易，并掌握了对外商贸的大权。

民国时期，商人群体中最值得注意的是从事转口贸易经营且具有官商性质的邦达家族的崛起与发展壮大。这个家族祖辈曾任西藏地方政府的财政总管，据传过去西藏和印度间贸易的一半由该号经营。邦达·尼江作为邦达家族在民国时期的继承人，出身贵族，但因"1906年事件"丧失地位，后从事滇藏贸易，先是从云南到昌都再到拉萨，继而走向国外，发展为西藏、云南与印度之间的跨国、跨地区商业。邦达·尼江在拉萨、噶伦堡、国内的各大商埠以及印度加尔各答等地建立了"邦达昌"商号和分号，拥有数以千计的畜力驮帮，以经营外货、茶叶、土特产品为主。

邦达家族的真正显赫始于保护十三世达赖喇嘛避难印度。达赖返回拉萨后重赏落难时资助过他的人，邦达·尼江被赐为"商上"（商务官），负

---

① 洪涤尘：《西藏史地大纲》，第34页。
② 麦克唐纳：《西藏之写真》，考试院印刷所，1935，第201页。

责经营十三世达赖喇嘛本人与西藏政府的商业，被赋予支差、免税、统购出口货物等特权，"邦达昌"从此成为噶厦政府的代理商，"为达赖代办羊毛捆商之赢利，双方各一半，一年后改定达赖得三分之二，邦达昌得三分之一，共经营三年。自民国19年至21年，达赖所得约40余万"。① 借助官商的背景，"邦达昌"的经营活动遍及整个西藏，并将触角延伸到加尔各答、上海、北京等地乃至日本，出口印度的货物以牦牛尾为大宗，其他杂货也为数众多。贩运到北京的货物主要是毛布、狐皮、貂皮、山猫皮、土鼠皮等。

到抗战时期，滇缅国际交通线被阻，西藏与南亚的交通联系、商业贸易受到政府的重视。黄慕松分析认为，"康藏交通不便，年来战事时起，内地货物多改海道入藏，因之无论英藏印日中各货物，大半由亚东关进口，经江孜分转各地，其他尼泊尔、不丹等小国"，输入的商品主要有米、五金、药草、香料等，及"内地北平商人、青海货商每年一次由青海草地来藏贩卖马匹、酒、醋等件，购买羊毛皮货运青，多在拉萨交易"。②

西藏地方政府的多数官员受到战时特殊利润的刺激，群起经营商业，直接从事印度与丽江、成都、康定间的商业贸易。一些本钱不充足的商号，通过各种途径打通关节向噶厦政府借贷资金；资产雄厚的，如扎萨柳霞就向"文发隆""兴记"等商号注资，充当股东。商号和官僚系统的关系如此密切，导致普通商人也带有一定程度的官僚资本的痕迹。

抗战爆发后，四川、青海、云南和甘肃等与西藏地区的商业贸易大权也逐步被当地的官僚掌握或控制。各省的地方实力派逐步发现与西藏的商业贸易具有可观的利润，遂利用行政权力或者军事权力垄断市场，在与西藏的贸易活动中大获其利。青海的马步芳成立了"德兴海"商号和"湟中实业公司"，从事青海与西藏的商业贸易。"德兴海"派陈彦常驻拉萨，从青海运出银元、骡马、土特产品等，以换回英、印及西藏物资。私商从拉萨运进的货物，多数被"德兴海"低价收买，有时还不给现款，强以枪支等作价顶替。③

---

① 黄慕松：《使藏纪程》，《西藏学汉文文献丛书》第2辑，全国图书馆文献微缩复制中心，1991，第279页。
② 黄慕松：《使藏纪程》，《西藏学汉文文献丛书》第2辑，第27页。
③ 中国人民政治协商会议青海省委员会文史资料研究委员会编《青海文史资料》第1辑，内部发行，1963，第68页。

抗战后,"全藏商业以拉萨、扎什伦布、江孜、昌度、定日、帕利、亚东关卓木一带为繁盛,尤以江孜亚东关为中心"。① 巨商大贾们购买外货多取道拉萨,以拉萨作为贸易的中转,使得拉萨商业更加繁盛。据西藏贸易公司估计,1952年拉萨有商店1297家,大小商铺鳞次栉比,其中坐商1147家,摊贩120家,行商30家。②

外国商人也积极参与西藏与中国抗战大后方的贸易活动。拉萨的商业有浓厚的尼泊尔色彩。尼商在西藏享有治外法权,设代表(武官)1名、助理2名、卫兵30名驻拉萨。拉萨有尼人商店150家,一干人等长期居住,其中商人占多数。此外,江孜、日喀则各商埠皆有尼人,总数近3000人。③ 许多人娶妻生子,定居在此。在帕里经商的康藏商人有十余家,帕里变得十分喧闹。在互相竞争中,邦达昌、热振、萨塔尔三家逐渐占领了市场。1950年代初更加繁荣,当时有印度商人约30户,尼泊尔、锡金、不丹商人更多。

进口商品在西藏更是应有尽有,除了各种农产品,贵族上层使用的奢侈品也为大宗。首任驻藏办事处处长孔庆宗奉命前往西藏与热振活佛交涉摄政事宜,刚抵达拉萨的时候,热振为了接待其一行在西藏共设宴四次,菜肴之丰盛,令赴宴者咋舌,其中有"鱼翅海参之属"。

由外输入的货物,略述于下:

(1) 由尼泊尔输入者,有珍珠、金、丝缎、獭皮、瑙砂、红铜、黄铜、白米、铁、松蕊石、黑枣、珊瑚等。

(2) 由不丹输入者,有白米、黄豆、绿豆等。

(3) 由锡金输入者,有茜草、蓝靛、橘柑、甘蔗、杏干等。

(4) 由印度克什米尔输入者,有珊瑚、珍珠、干果物(即葡萄、核桃、枣、杏之类)、雪莲、金、丝缎等。

(5) 由印度大吉岭输入者,有珊瑚、水獭皮、茶叶、瓷器、红花(红花产于拉达克及克什米尔之西部,经印商制造,内地人呼为藏红花)、铁板、铁条、红铜板、洋钢、麦粉、白纸、纱罗、毛织物、棉布、钟表、颜料、胰皂、煤油、玻璃、皮鞋、洋烛等。

---

① 黄慕松:《使藏纪程》,《西藏学汉文文献丛书》第2辑,第27页。
② 中国社会科学院民族研究所、中国藏学研究中心社会经济所编《西藏的商业与手工业调查》,中国藏学出版社,2000,第22页。
③ 吴忠信:《西藏纪要》,《西藏学汉文文献丛书》第2辑,第173页。

(6) 由印度孟加拉输入者，有棉织、毛织之匹头货、金属、器皿及丝织物等。①

至于西藏对外输出之物，以往以牲畜、羊毛、麝香、硼砂、盐等为大宗。环顾西藏之输出者，多为原料，输入者多为工业品。西藏羊毛品质甚佳，英商在噶伦堡（距大吉岭车站80里）设有行栈，专行收集，每年输出额虽未调查，然其价值甚大，每包重12克（合60斤）约值藏银24两。英人在噶大克每年输入的茶叶，均易羊毛牛皮而去，故藏毛价日高昂，有人担心"但恐十年之后，藏人将不能衣毡毯矣"。

三 西藏商业网络的嬗变与城镇的兴衰

民国时期，西藏地区的商业贸易无论是长距离的贩运还是城镇中的商业活动都有了长足的发展，呈现出欣欣向荣的景象。

首先，川藏之间繁盛的传统贸易在英印政府打压下出现暂时的衰颓，但沿线各商业城镇贸易仍有不同程度的发展。

民国时期，拉萨、日喀则、昌都、康定、江孜、亚东、噶大克等地是西藏对内对外商贸的集散中心。西藏与内地贸易主要通过青海的西宁和湟源、甘肃的拉卜楞、西康的康定和松潘、云南的德钦和中甸等地。进行交易的货物，无论是品种或数量都远远超过以往任何时代。② 西藏与内地及其他边疆地区输入之货及西藏输出之物，主要有茶叶、铜器、铁器、绸缎、玉器、瓷器、布匹、烟草、丝线、小手工艺品、颜料等，另有骡马、酒、枪支等。③

内地砖茶至西藏，则分川茶及滇茶两种，川茶来自康定，滇茶经西康南路入藏，一部则取道印度。据时人调查，每年自康定输入康、藏之砖茶约11万引，计60万包，价值在国币2000万元上下……其中1/3销西康，2/3输拉萨。④ "西藏之商业发达问题，全视运输为转移，因道路之辽远，运输之费，尝超过于货品之原值。"⑤ 如拉萨茶价，芽尖每包约藏银200两，

---

① 洪涤尘：《西藏史地大纲》，第38—39页。
② 西藏自治区交通厅、西藏社会科学研究院编《西藏古近代交通史》，人民交通出版社，2001，第219页。
③ 陈家琎主编《西藏地方志资料集成》第1集，中国藏学出版社，1999，第14页。
④ 朱少逸：《拉萨见闻记》，《西藏汉文文献丛书》第2辑，第107页。
⑤ 麦克唐纳：《西藏之写真》，第205页。

毛尖一百七八十两，金玉 80 两左右，若以藏银一两折合法币一元计算，其利常在十倍以上，故虽交通险阻，商人仍趋之若鹜。上述输入品中，以四川运入的砖茶为大宗。砖茶产于四川雅安，每包价值银三钱者，输入拉萨后可值藏银二两六钱（合汉银一两八钱），价格飙升的原因在于西藏交通阻塞，转运不易，自炉至藏，非半载之力不为功；且沿途又有关卡，如青海之结古，西康之甘孜、邓柯及俄曲卡等，均设有税卡，节节征收税款。[1]

西藏地区输至内地的商品主要是土特产品，如虫草、贝母、麝香、藏红花、熊胆等药材，狐皮、豹皮、水獭皮、牛羊皮等毛皮，氆氇、藏香、藏经、藏枣、藏桃、羊毛、鹿茸、沙金、酥油、马、牛、羊等特产。其中以麝香、沙金、药材、羊毛、皮革、毡毯等为大宗，具体统计数字如表1所示。

表1　1913年打箭炉关统计西藏与内地贸易

单位：磅

品名	数量	品名	数量
麝香	75000	沙金	30000
药材	15000	羊毛	10000
皮革	5625	毡毯	3125

资料来源：洪涤尘《西藏史地大纲》，第37页。

民国时期西藏地区的商贸活动仍然停留在以物易物阶段，货物运输方式主要以牦牛、马等为主，商人们驱赶牛群、马队千里跋涉到异地换取所需的茶叶、盐、粮食、手工业品等。真正从事商业贸易活动的商人主要来自内地，他们与西藏贵族合资，共同开设商号。到20世纪三四十年代，内地的一些商人逐渐聚集到拉萨等地设立商号，主要有京津帮、四川帮、云南帮以及来自陕西、山西、甘肃、新疆等地的商人。据20世纪50年代初的统计，西藏地区共有各种商店2230户，其中藏商1318户，回商42户，汉商21户，尼泊尔商104户，卡塞尔商21户，印商724户。[2]

可以看出，印度商人的势力有明显的发展，而内地去往西藏的商人则在减少。清末民初发生了中英在西藏的贸易争夺，川藏贸易实际上受到了一些打压，部分是由于西藏地方政府与中央政府的冲突。另外，英印当局

---

[1] 洪涤尘：《西藏史地大纲》，第36—37页。
[2] 陈崇凯：《西藏地方经济史》，甘肃人民出版社，2008，第564页。

大肆扩张在西藏的商业势力,利用亚东等商埠对西藏展开商品倾销,特别是茶叶的销售,在1905年有人统计,川茶每年输入藏达426万公斤,印茶输入藏约200万公斤,①到1930年,通过康定运销西藏地区的茶叶降为350万公斤,直到抗战后,川藏贸易才出现部分恢复。

虽然川藏贸易出现一定程度的衰落,但是川藏贸易网络中的重要起点城镇康定的商业仍有缓慢发展。1929年前后,康定从事商业的汉藏商人大约有4200人。1933年统计西康商人的总数约1.2万,其中藏族2000人,陕籍7000人,川籍3000人。西康建省后,康定"城里老陕街蜂窝街之间,商业最盛,共有1860户,1.57万人,其中商业人口占十分之六"。②康定的"商业分十三帮,计:茶叶、麝香、广货、川北以及烟叶、银具、零茶、干茶、药材、纸、苏货、制革、屠宰等帮"。③据不完全统计,抗战前每年集中到康定的土畜产约有虫草2万公斤,青贝7万公斤,炉贝9万公斤,麝香1500公斤,羊毛100万公斤,羊皮8.3万张,牛皮4.8万张,其他狐、豹、水獭等野生杂皮共计14.8万张,藏人以此换回茶叶、布匹及日用必需品,仅茶一宗便达30万—50万包。1935年康定共有边茶、麝香、赤金、药材、皮货、布匹、绸缎洋货、草烟、纸张、屠宰等业,独资或合资商家222家,资本约391.9万大洋,从业人员1020人。④

西藏东部重镇昌都聚集了一批资本雄厚的商号,其中主要有大金寺的香子饶登、香子噶马夺吉和香子罗结,以及滇商仁和昌、裕恒号。据《昌都地区社会调查资料》记载:"昌都是川青滇藏四地区的货物集散地。各地商人在昌都设有分庄,各地山货都先集中到这里,然后再运往别处。"⑤昌都的商业也有所发展,根据调查记载,城内有大小商店45家,但是基本为手工业商店。裁缝铺20多家,却仅有脚蹬机2架,手摇机1架,其余皆为手工。缝毛皮的2家,银匠3家,木匠9家,铁匠4家,石匠4家,皮匠32家,漆匠1家,种菜园者7家,磨坊7家,做蜡烛者2家,烧酒的7家,屠

---

① 黄康显:《清季四川与西藏之间的茶叶贸易》,《大陆杂志》第45卷第2期,1972年,第40—48页。
② 游时敏:《四川近代贸易史料》,四川大学出版社,1990,第45页。
③ 游时敏:《四川近代贸易史料》,第45页。
④ 游时敏:《四川近代贸易史料》,第45页。
⑤ 中共西藏农村工作组、西藏少数民族社会历史调查组、昌都地区人民解放军委员会等:《昌都地区社会历史调查资料(1957年)》,西藏社会历史调查资料丛刊编辑部《藏族社会历史调查》第4辑,西藏人民出版社,1989,第21页。

户7家,做豆腐的1家,做豆麦面粉的1家,酒馆30余家,开鸦片馆的1家,其余还有其他职业。①

四川雅安历来为中央政府经略藏区的重镇,也是康藏通商的重要贸易城镇。雅安与西藏贸易关系由来已久,早在1076年就曾置茶场于城内,明洪武初又设阜民司于城南收买"番马"。这一时期城外的马市街即古茶场,为明代收买少数民族马匹的地方,城外还有"蛮市"。西康建省后,由于工商业的发展,人口由1940年的3万增至1942年的六七万。雅安商业与康藏贸易密切关联,以边茶和山货药材为主。茶帮前清时有30余家,至1942年仅存一两家,平均年购进边茶总值约40万元,运销康定可值80万元以上。

虽然西藏地区与内地的贸易商道受到英印当局与西藏地方政府的干扰而有所阻塞,但是两者同根同源的紧密联系是不能被阻断的,各类经济贸易活动依旧在自发地进行着,对城镇商业的发展有着积极的作用。

其次,西藏与内地的商业贸易不断深入,贸易额较大,促进了毗邻地区贸易城镇的发展。民国时期西藏与内地商业贸易交往更加频繁,商道也因为英印政府和西藏当局的打压出现了一定的转变。

西藏与青海的贸易在民国时期地位较为重要,有研究者认为,"从清朝中叶到民国时期,西藏与内地间的商贸重心曾发生过从西宁到打箭炉,又从打箭炉至西宁的明显转换";并进一步阐释:"如果说第一次转换是经济发展的必然结果,那么第二次转换则是在英国入侵西藏、挑起川藏战争的特定历史背景下的特殊产物。"②

西宁地处青藏联系的交通要道,是青藏高原的门户和青藏之间商品贸易的转运枢纽和贸易市场。清初,清政府在西宁等地设茶马司,使西宁在当时成为西藏与内地贸易的最繁华的城镇。清代前中期城中商贾云集,时人谓:"卫之辐辏殷繁,不但河西莫及,虽秦塞犹多让焉。自汉人、土人而外,有黑番、有回回、有西夷、有黄衣僧,而番、回特众。"③清中叶开始禁止川藏交通要道上的茶马贸易,此后,大批回、汉商人纷纷前往西宁,从事皮毛及土特产品贸易并在青海定居。后来受战乱与商道转移的影响,商业一度衰败。民国时期,西宁城镇有所发展,城内大小商号多集中于"道门街",青藏高原上"价值最大的皮、绒、鹿茸、麝香、黄金以及羊毛

---

① 《昌都地区情况调查》(1951年1月23日),西藏昌都地区档案馆馆藏档案。
② 杨作山:《清末民初的青藏贸易及其历史地位》,《宁夏大学学报》1999年第1期。
③ 梁份:《秦边纪略》卷2,青海人民出版社,1987,第14页。

的贸易都以西宁为集散地",① 更促使"天津、山、陕商人,贩至京、津、张家口一带,转售洋商多获重利",② 加速了商品流通和城镇商业的繁盛。

湟源是西宁附近又一个与西藏商贸的重要中心,清中期时"商业特盛,青海、西藏番货云集,内地各省客商辐辏,每年进口货价至百二十万两之多"。③ 民国成立后,西藏与青海的贸易量大增,使得湟源获得了较好的发展,"湟源县城大中小商及手工业者,共达一千余户。资金总额亦在白银五百万两以上"。④

滇藏贸易受民国川藏贸易锐减的影响,地位越发重要,到抗日战争时期,东南部沦为敌占区,中缅交通中断,滇藏贸易更是发挥了重要作用。云南贩运至西藏的商品主要有茶叶、红糖、火腿、原铜、铜器、木器、藏靴、藏腰带、绿松石等。由西藏输入云南的商品有羊毛、羊皮、兽皮以及毛织品中的褟子等,药材则有名贵的鹿茸、麝香、熊胆、虫草、贝母、黄连等。滇茶是滇藏贸易的主要商品,特别是民国时期川茶在西藏市场被官方排挤以后,滇茶大量运销西藏,刺激了滇藏茶马贸易城镇的崛起。丽江成为西藏与内地交通往来的枢纽,城镇商业繁盛,"大小商户有一千二百余家,拥有资金一、二百万银元的商户即达十余家"。⑤

最后,西藏对外贸易量有较大的增长,尤其是对印度等南亚地区的贸易活动有力地推动了对外贸易中心城镇的发展。

清末民初,西藏地方与中央政府交恶,双方对峙在康藏边界,因为"发生冲突,商道梗塞,于是中藏商务,为之锐减"。英印政府趁机加大对西藏地区的经济控制,1900—1912年,西藏与印度间的商业贸易量逐步增加,尤其是锡金与印度互市有了突飞猛进的发展,"居然由百万卢比增至六百万卢比",⑥ 就连地处康藏地区的贸易中枢昌都的市场上都充斥着英印产制的日用杂货,国货几乎绝迹。⑦

---

① 默利尔·亨斯博格:《马步芳在青海(1931—1949)》,崔永红译,青海人民出版社,1994,第11页。
② 周希武:《宁海纪行》,甘肃人民出版社,2002,第57页。
③ 参见张庭武修、杨景升纂光绪《丹噶尔厅志》,《西北稀见方志文献》卷5。
④ 廖霭庭:《解放前西宁一带商业和金融业概况》,中国人民政治协商会议青海省委员会文史资料研究委员会编《青海文史资料选辑》第1辑,1963,第100页。
⑤ 《丽江纳西族商业历史资料》,转引自刘永佶主编《经济中国》第3辑,中央民族大学出版社,2007,第197页。
⑥ 查尔斯·贝尔:《西藏志》,第145页。
⑦ 游时敏:《四川近代贸易史料》,第51页。

该时期西藏的出口通道主要有三：一是经拉达克、尼泊尔线，至印度、孟加拉之帕特纳，这是其主要的商品运销市场；二是经度汪吉里及乌达尔吉里至阿隆密；三是经锡金至噶伦堡及大吉岭。

西藏地区主要的出口品有金银、盐、羊毛、氆氇、毛垫、粗毛毯、狐皮、药材、牛尾、麝香、硼砂等。特别是羊毛，拉萨输往印度之羊毛，每年约为10万包，每包售价30卢比，第一次世界大战爆发后，印度方面需要羊毛之量大增，价陡涨至100卢比左右，于是青海、西康一带的羊毛，纷纷取道拉萨输印。西藏出口商品也有税收抽取。但有三类例外：第一，英人因条约关系，享有免税贸易之权利；第二，康商邦达家族，因在十三世达赖时有功，取得免税经营西藏商业之专利权，数十年来，获利甚巨，已有资本千余万卢比，富甲全藏；第三，寺庙、官吏或世家，其物品亦可免税通行。

分析上述，可以发现西藏的商业权逐渐操纵于英印政府之手。清末民初，英人见藏人嗜茶如命，乃于大吉岭经锡金至亚东一带，削崖种茶，设立公司，聘用雅州制茶良工，仿制炉茶，力图推广。此后每年由阿里噶大克输入的茶叶值100余万卢比（合汉银30余万两）。唯茶味甚苦，拉萨各地尚难畅销。但印茶无税，运道捷而脚费轻，价值低廉，贫民乐于购用，炉茶前途殊堪忧，川茶、滇茶在西藏的市场前景并不乐观。

西藏对外贸易的增加，带动了各贸易城镇的发展，特别是贸易中心拉萨的繁荣。据朱少逸观察，"贩运商品之商队，例于每年十二月间，到达拉萨，卸货后再购取其所需要之物品，于次年三月间春水融化以前离去，因之，每年十二月至次年二三月，为拉萨商品交易最活跃之时期"。① 拉萨有北平商人所经营商店7家，各具资本数十万元，经营绸缎及瓷器等物；尼泊尔商店约150家，多属小资本，经营杂货业；次来尚有来自各地之流动商人及当地小贩，于路旁临时设摊交易，数亦可观。② 贵族家常派人四处收买土货运至印度销售，再以所得之价，购买洋货回藏；也有在拉萨坐等、专事接受外来货物再转售他人者，此等经营商业之官吏世家，实居拉萨商业资本之重要位置。康巴商人开设的商号也很有实力，如邦达昌、桑多昌、恩珠昌等，这些商号足迹遍布内地，包括重庆、武汉、上海等，并在印度等地开设有"喜马伦公司"和"大达公司"，控制了西藏对印贸易。

---

① 朱少逸：《拉萨见闻记》，《西藏汉文文献丛书》第2辑，第107页。
② 朱少逸：《拉萨见闻记》，《西藏汉文文献丛书》第2辑，第107—108页。

拉萨市面上的商品众多，绸缎、地毯、瓷器、砖茶、马具、哈达等来自内地；皮革、马、羊等来自蒙古；珊瑚、琥珀、小金刚钻石等来自欧洲；米、糖块、麝香、纸烟等来自锡金及不丹；布匹、蓝靛、铜器、珊瑚、洋糖、珍珠、香料、药材及若干印度工业品来自尼泊尔；红花、干果来自拉达克；香料、干果、狐皮、土制金属马具来自西康。所有上项商品，均以拉萨为分散、消费之中心。①

除拉萨外，民国时期的江孜、亚东、噶大克等城镇均因外贸的增加获得了较好的发展，进而促进了整个西藏地区商业贸易的繁荣。

四　现代化交通建设滞后与西藏城市发展的迟滞

近代以来，中国广大内陆边疆地区都遭遇西方入侵带来的统治危机，但在西力东渐的作用下，以铁路为中心的现代化交通建设为改善内陆边疆地区的交通不便及商贸网络发挥了较大的推动力。然而，西藏却由于现代化交通建设的迟滞制约了整个区域与城市的发展。

东北地区是从以铁路为主的现代化交通建设中受益最多的内陆边疆地区。晚清时期，由于铁路的修筑，东北地区的交通条件得到极大的改善，从而促进了整个区域和铁路沿线城市的发展。1903 年沙俄不仅攫取了"东省铁路"的修筑权和管理权，而且获得了铁路沿线的主权和利益。1905 年日俄战争后，长春以南的南满铁路被日本占有。中东铁路的修建对东北地区的城市发展产生了巨大的推动作用。在中东铁路建设和建成的几年里，铁路的修建使沿线城市的交通状况得到显著改善，东北地区城市的经济地位发生差异性的变化，城市数量也大为增加，沿线城市密度增加。铁路沿线的城市因交通改善带来的经济区位的增强而取得优先发展的机会，崛起为区域中心城市。中东铁路沿线出现 20 多个城市，大连、哈尔滨、长春都是在现代化交通下兴起的城市。

蒙古东部地区也在中东铁路的沿线范围内。平绥铁路成为连接蒙古东西运输的要道，1908 年始建，1923 年通至包头，总长度 816 公里。平绥铁路与传统道路相接的重要站点——包头、归绥、集宁、张家口等城镇获得了很好的发展。在东部，中东铁路经过的海拉尔、满洲里、四平、通辽、

---

① 朱少逸：《拉萨见闻记》，《西藏汉文文献丛书》第 2 辑，第 107 页。

赤峰等均发展起来。①

新疆地区虽未建成现代化铁路交通，但是近代以来中央政府对铁路一直有明确的规划。北洋政府在1918年派遣铁路专家邵善闻负责踏勘绥、宁、甘、新四省铁路，总长2600公里，并绘有踏勘图。② 1923年，北洋政府又设立"西北国道筹备处"，派京绥铁路的高级工程师林兢到新疆、甘肃等四省实地勘察线路，林兢归来后写成《查勘绥、甘、新路线意见书》和《西北国家路线计划书》，建议政府应集中人力、物力，尽快修筑西北铁路，以改变当地交通落后的状况。③ 南京国民政府时期更是希望建设通往新疆的铁路。1934年，国民政府铁道部委托瑞典探险家斯文赫定组织了西北科学考察团对西北进行考察。他建议修筑"一条从西安到喀什的铁路干线，并建些支线通往各个重要地区和城市"。④ 抗战爆发后，修建新疆连接苏联交通线的需求更为迫切。

现代化交通也带动了云南地区城市的发展。滇越铁路一直为法国人掌控，但其修建改变了云南无现代化交通的状况，也为云南工业化奠定了基础，促进了云南经济社会的发展，更是云南城市发展的转折点。1901年，法国越南殖民当局与法国汇理银行等对外投资企业联合成立滇越铁路公司，筹划修建铁路，并在1910年建成全长为843公里的滇越铁路，在云南境内有465公里。滇越铁路开通后，发展最快的为个旧、河口、阿迷等城市。

反观西藏地区，自清代迄民国基本上依靠传统的交通方式与道路和外部世界保持着简单的联系，既缺乏明晰的规划更无实质性的大规模交通建设，以至解放军进藏时，一方面要行军打仗，与藏军作战；另一方面还要开辟道路，为后续部队进入平整路途。

清末，由于西方文化的渗透，现代化交通工具在西藏少数地方得以运用，例如，由于噶大克和西藏地方贸易的影响，亚东修建了铁路。至于机动车辆，直到1930年英国人赠送达赖喇嘛一辆小轿车，西藏才开始有汽车。"根据拉萨市区一些老人们的回忆，直到1948年拉萨才出现三、四部马车，此外还有极少数的自行车和摩托车。"⑤

---

① 于永主编《内蒙古通史》第4卷，内蒙古大学出版社，2007，第396页。
② 兰州铁路局史志办编《兰州铁路局志》，中国铁道出版社，2001，第104页。
③ 林兢：《西北丛编·附录》，《中国西北文献丛书》第109册，兰州古籍出版社，1990，第530—535页。
④ 斯文赫定：《亚洲腹地探险八年（1927—1935）》，新疆人民出版社，1992，第764页。
⑤ 西藏社会科学院编《西藏古代交通史》，第255页。

高海拔、高寒的恶劣地理环境决定了现代交通工具在西藏难以运行，尽管传统的运输工具马匹、牦牛、驮羊相对现代交通运输工具显得非常落后，但是在特殊的自然地理条件下，只有这种原始的运输方法才能完成运输任务。如牦牛的生理特征非常适合高原环境，皮肤厚，采食量大，不择食，毛长而密，体格健壮，能够耐寒耐饥。有史书赞其"行冰天雪窖中不畏冷，虽数日无水草，犹驮二百余斤，行走不衰，真边地之宝畜也"。① 驮羊在交通运输中也起到了一定的作用，驮羊的使用主要集中在牧区，多是一些体格健壮的山羊或绵羊，在西藏的"粮盐交换"中发挥着重要的作用。

（作者单位：四川大学马克思主义学院）

---

① 张典等：《松潘县志》，1924年刻本。

租界扩张与近代上海铁路的关系述论*

岳钦韬

内容提要 为打通上海租界与黄浦江出海口的陆上通道，英国不顾清政府反对修建了吴淞铁路，但该路因存在时间过短而未能促进租界发展。甲午战后，中方从官府到地方士绅采取一致措施防止各条铁路及其车站进入租界，工部局遂采用越界填浜筑路、区域扩张等手段接近铁路以维持租界的繁荣，此举引发了中方新一轮的抵制风潮，最终逼停了租界扩张的步伐。

关键词 上海 租界扩张 铁路路线 火车站

铁路在中国传统社会的现代化转型过程中扮演了重要角色，除作为新型的运输工具外，还以建筑工程的形式存在于所在的区域中，两者对沿线经济社会具有不同的影响，而史学界对于后者的研究甚为薄弱。[①] 既有研究表明引发近代长三角区域经济发展和社会变迁的交通主导力量当属水上运输，铁路运输只处于从属地位。[②] 笔者认为造成这一现象的原因不仅出于两者不同的运输效应，还取决于铁路路线走向和车站位置等工程性因素。

---

* 本文获中国博士后科学基金项目（2014M550240）、上海市教育委员会科研创新项目（15ZS039）、上海市哲学社会科学规划青年课题、上海市高原学科上海师范大学中国史规划项目、上海师范大学人文社会科学研究项目的资助。

① 铁路史研究综述可参见：江沛《中国近代铁路史研究综述及展望：1979—2009》，徐秀丽主编《过去的经验与未来的可能走向——中国近代史研究三十年（1979—2009）》，社会科学文献出版社，2010；黄华平《国民政府铁道部研究》，合肥工业大学出版社，2011，导言部分。

② 如美国学者罗兹·墨菲（Rhoads Murphey）指出，在上海发展成长过程中，铁路的作用显然是次要的。尽管这些铁路把长江三角洲大多数大城市连接起来，尽管长江下游流域的农业和工业生产率较高，它们从来没有成为达到西方规模的大容积运载工具。参见氏著《上海——现代中国的钥匙》，上海社会科学院历史研究所译，上海人民出版社，1986，第108页。

近代上海铁路①的路线和车站形成于华洋抗衡的特殊历史时期,受制于来自中外各个方面的制度和人事因素,尤其在租界扩张中体现得更为明显,扩张进程和最终结果也跟铁路布局密切相关。但现有的史学论著对此问题几无探讨,②各类方志资料也存在一定的谬误,③故本文拟对此做一论述。

一 连通租界:早期铁路的各种设想与实践

(一)最初设想与吴淞铁路的兴废

上海是中国铁路的发源地。1849 年 7 月,《中国丛报》上刊登了一篇鼓吹从上海建设两条铁路通往苏州、杭州的文章,④这是目前可考的西人欲在江南地区敷设铁道的最早记录,较 1863 年英、法、美三国洋行向江苏巡抚李鸿章要求建设上海至苏州铁路一事还早 15 年。⑤次年,英国工程师斯蒂文生(MacDonald Stephenson)来华提出其设想的"中国铁路网",其中就有作为三条支线之一的"上海经杭州、宁波至福州"方案。⑥但上述方案最终都被清政府回绝。

1865 年,英国方面开始计划建设上海至吴淞口的铁路,其工程师亨利·鲁滨逊(Henry Robinson)提议采用旱桥(高架)的方案经过墓地,"这样或者可能避免与业主发生冲突"。但该建议并未收效,反对筑路的声浪仍旧非常尖锐,计划终告失败。⑦次年 3 月,英国驻华公使阿礼国(Rutherford Alcock)以黄浦江沿岸"洋商起货不便"为由,向总理衙门提出从吴淞海口至黄浦江"各商业经租就之地,创修铁路一道,计三十里,由外国

---

① 主要包括淞沪铁路、沪宁铁路、沪杭甬铁路以及沪宁、沪杭甬两条铁路的联络线。
② 上海史中关于铁路的专项研究向来偏少,参见:王荣华主编《上海大辞典》下册,上海辞书出版社,2007,附录部分;印永清、胡小菁主编《海外上海研究书目(1845—2005)》,上海辞书出版社,2009;陈忠平、唐力行主编《江南区域史论著目录(1900—2000)》,北京图书馆出版社,2007;唐力行主编《江南社会历史评论》第 1—5 期,商务印书馆,2009—2013,索引部分。
③ 如上海通志编纂委员会《上海通志》,上海社会科学院出版社、上海人民出版社,2005;《上海铁路志》编纂委员会编《上海铁路志》,上海社会科学院出版社,1999。此外如文史资料等不一一列举。
④ "Things in Shanghai", *Chinese Repository*, Vol. 18, 1849, p. 385.
⑤ 谢彬:《中国铁道史》,上海中华书局,1929,第 5 页。
⑥ 宓汝成:《帝国主义与中国铁路(1847—1949)》,上海人民出版社,1980,第 31 页。
⑦ 肯德:《中国铁路发展史》,李抱宏等译,生活·读书·新知三联书店,1958,第 11 页。

捐资，不必中国相助"，同时表示"浦江淤浅，挑挖不易，铁路修成，水路挑挖无关紧要，行止听便"。但南洋通商大臣李鸿章随即以"开筑铁路，妨碍多端"为由加以拒绝。① 六年后又出现了建设"自小东门码头经金利源栈、火轮船埠，由新北关门口过苏州河对面，直至同和祥码头"的铁路计划，② 但也未付诸实施。

在多次提议遭拒后，英国方面决定转变策略。1872 年 11 月，英国吴淞道路公司（Woosung Road Company）向上海道台沈秉成提出兴建虹口至吴淞的普通道路，获得了沈氏的支持后便开始征地。1874 年 8 月，英方在未经清政府同意的情况下决定将道路改为铁路，这就是中国第一条通车运营的铁路——吴淞铁路。1876 年 12 月全线开通，共建有蕴藻浜（Woosung Creek）、吴淞口（Woosung Bar）、江湾、上海 4 座车站（见图 1），③ 其中上海站址位于三摆渡桥（今河南北路桥）西北堍。④ 次年 10 月，该路被清政府赎回，其铁轨、枕木、道砟、信号设备、车站站房均被拆除，其中上海站被改建为天妃宫。路基则改作普通道路，工部局称之为"Old Railway Road"（见图 2），中方俗称"铁马路"，后被命名为北河南路。

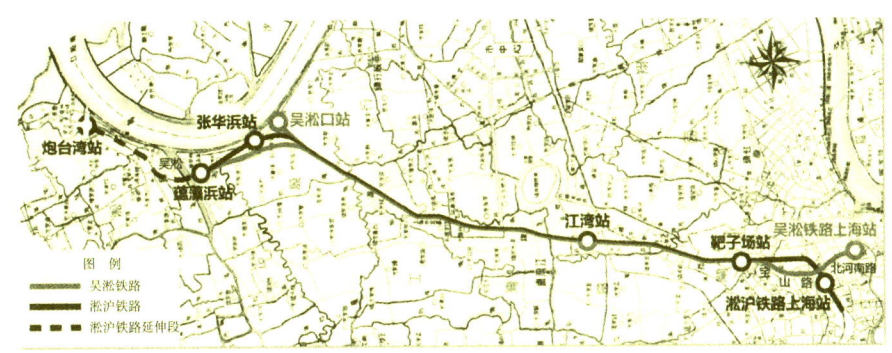

图 1　吴淞铁路与淞沪铁路路线关系示意

资料来源：《淞沪铁路图》，约 1903 年，笔者藏；底图，上海市土地局编《上海市区域图》，1932 年。

---

① 《总署奏上海吴淞铁路须妥筹归宿之法片》，王彦威、王亮编《清季外交史料》第 5 卷，书目文献出版社，1987 年影印本，第 96 页。
② 《建铁路议》，《中国教会新报》第 187 期，1872 年，第 4 页。
③ FO228/594, p.78. 英国国家档案馆藏。该档案文件名模糊不清，以下无标题者均属同一情况，不再一一作注。
④ 参见点石斋编绘《上海县城厢租界全图》，1884 年；《中国铁路问题》，《申报》1919 年 10 月 29 日。具体考证亦可参见张雨才编《中国铁道建设史略（1876—1949）》，中国铁道出版社，1997，第 197 页。

由于该路仍是上海与吴淞间的重要通道，所以工部局曾多次计划对其进行修理并安装路灯、铺设下水道，但在1888年前遭到了历任上海道台的反对，同年12月道台龚照瑗同意工部局对其进行必要的修整，同时声明清政府仍对此路保留所有的权利。① 1893年道台聂缉椝应工部局之请对沿路桥梁进行了修理与重建。② 1896年虹口万国商团靶子场（今四川北路至鲁迅公园一带）建成后，工部局曾计划将此路改建为租界通往靶子场的要道，但由于次年重建铁路的需要而不得不放弃此方案，北河南路则为连接新火车站而进行了拓宽。③ 1898年夏，道台蔡钧将下述淞沪铁路上海站至靶子场站（天通庵旁）之间的路基改建为道路，后被命名为宝山路。④

（二）吴淞铁路的重建与租界高架铁路的计划

1891年，英国"拉尔提格"工厂向时任四国公使的薛福成推销"高脚铁路"技术，⑤ 故同年12月21日薛的日记中有利用"高脚铁路"重建吴淞铁路的记载，但也只是设想：

> 今日风气大开，廷议已准造铁路，似莫如用新式之高脚铁路，较为费省工速，此路创于英国拉尔提格厂，其在沪总办者，则总兵衔权授中国副将麦士尼为能也。路如人字形，以钢条安置地上，占地无多，车脚等系纯钢制成，尤妙在单条行驶，较之双条，稳而且速，即有房屋、坟墓、河水、桥梁，以有高脚之故，易于避让。路之高低不等，或离地三五尺至二丈有余为止，其行驶用煤火力、电气力皆可，其价每一英里，离地四尺者需英金八百五十镑，其铁路之斤两，每一里重英权七十五吨，脚愈高则价银斤两亦大，而总重之较双条者约省费一半，若淞沪再造此路，只十余万金足矣。近闻英、俄、德、法等国，

---

① Shanghai Municipal Council eds. , *Report for the Year* 1896 *and Budget for the Year* 1897, Kelly & Walsh, Limited, 1897, p. 142.
② Shanghai Municipal Council eds. , *Report for the Year* 1895 *and Budget for the Year* 1896, Kelly & Walsh, Limited, 1896, pp. 157–158.
③ Shanghai Municipal Council eds. , *Report for the Year* 1897 *and Budget for the Year* 1898, Kelly & Walsh, Limited, 1898, p. 144.
④ Shanghai Municipal Council eds. , *Report for the Year* 1903 *and Budget for the Year* 1904, Kelly & Walsh, Limited, 1904, p. 266.
⑤ 《英国拉尔提格厂高脚铁路轮车启》，《益闻录》第13册，1891，第215—216页。

以其价廉物美,相继而造者,已数千里矣。①

1895年7月,两江总督张之洞鉴于甲午战后列强谋取中国铁路路权日亟,奏请清政府兴建沪宁铁路。② 1897年2月,原吴淞铁路作为沪宁路中的一部分得以重建,并更名为淞沪铁路,由铁路总公司负责建设,次年9月通车,共设蕴藻浜、张华浜、江湾、靶子场(后改称天通庵)、上海5座车站(见图1)。需要说明的是,现有文献一致认为上海站位于靶子路北、今东华路-虬江路平交道附近,③ 而笔者通过图2和其他1900—1903年间的地图发现该说法有误,事实上该站就坐落在1909年建成的沪宁铁路上海站(后称为北站,今天目东路上海铁路博物馆)之处,即北河南路以西、车站路(Station Road,后拓宽为界路)以北。

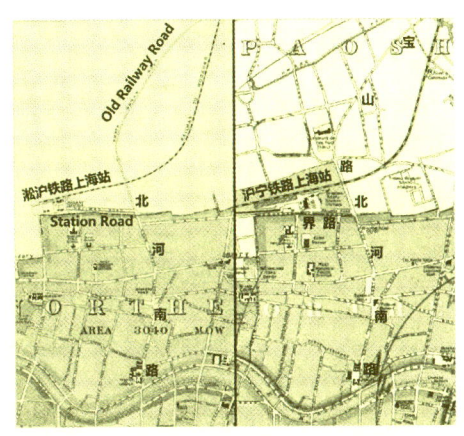

图2 淞沪铁路上海站与沪宁铁路上海站位置示意
资料来源:左图,Authority of the Municipal Council, *Plan of Shanghai*, 1904;
右图,North-China Daily News & Herald Limited, *Map of Shanghai*, 1918, 美国国会图书馆藏。

1897年9月,铁路总公司在重建前往吴淞的淞沪铁路时,计划在英美租界外的北河南路西建大型车站(即后来的北站),以连接通往苏州及苏州

---

① 薛福成:《出使日记续刻》卷3,光绪二十四年(1898)刻本,第15—16页。
② 《署江督张之洞奏筹办沪宁铁路已派洋员测勘分段兴造折》,王彦威、王亮编《清季外交史料》第119卷,第15—16页。
③ 《上海铁路志》编纂委员会编《上海铁路志》,第86页;上海通志编纂委员会编《上海通志》第6册,第4183、4193页。其中利用吴淞铁路的路基量以及吴淞铁路的车站等内容都存在错误。

河沿河各工厂的两条铁路,此外还准备兴建从上海县城小东门外金利源码头通往该站的路线。11月9日,工部局总董伯克(A. R. Burkill)在董事会会议上说,该公司的工程师希尔德·布兰德(Hilde Brand)先生曾拜访他,并向他提出了关于兴建一条沪苏铁路支线的详细情况,该支线将穿过虹口到煤气厂,并从那里沿泥城浜直到上海县城。这一方案计划"在南京路桥附近建造一座车站,以及以填没河浜作为铁路路基等工程"(见图3)。而布兰德提请董事会的目的是为讨论此项建议开辟道路,并了解外侨社会对于建设铁路的看法。

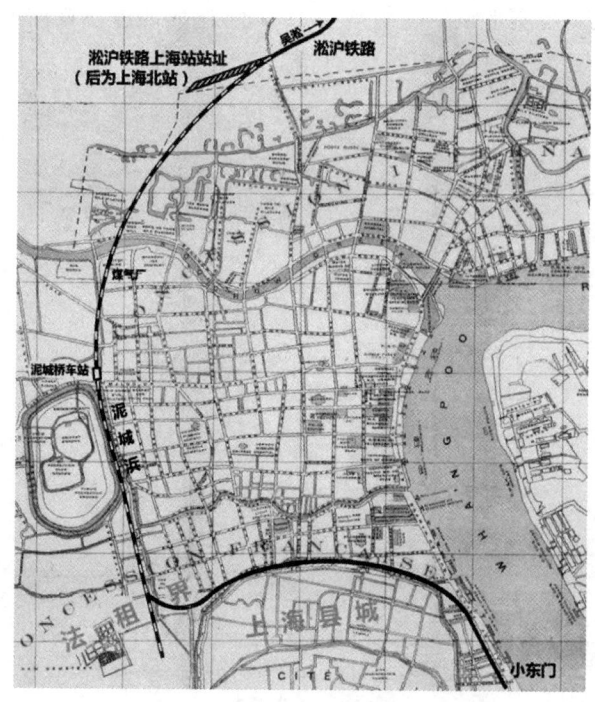

图3　1897年公共租界高架铁路等路线规划方案示意

资料来源:底图,*Shanghai*,1902,美国国会图书馆藏,安克强教授提供。

会议进行了长时间的讨论,伯克指出,从董事会的观点来看必须要对此做一些必要的准备。首先是准备一个明确的协议,规定该铁路的管理局在租界范围内的产业有缴纳捐税的义务,副总董斐伦(J. S. Fearon)则认为不应坚持该义务;其次是准备一个适当的法庭,一旦发生土地等相关事宜的争执,即可诉诸法律;此外,伯克还认为"扩展租界的问题是一个可以同该铁路管理局的方案同时合理地进行处理的问题"。最终,会议决定由于该问题最后必将提交纳税人会议予以批准,所以暂无必要详细讨论,仅表示已同商会联系,并将"可能全部公诸报端"。①

第二天(11月10日)《字林西报》就对此事做了报道。文章称租界工部局鉴于该路线必然对租界交通产生阻碍,同时又为接近铁路考虑——因北站在界外,"在沪之西人,似尚非便"——随即与铁路总公司协商建设采用高架形式的"租界支路"。其提议"在苏州河内,起建一桥,由此过泥城桥而至马路,再从空际造一高桥,架出马路之上",在跑马场(今人民广场)附近建造一座车站,则"西人欲往吴淞、苏州,皆极方便",然后再沿泥城浜"临河地亩"向南"即出租界,再前则近城(上海县城——引者)"。虽然有"车路有碍于跑马场"的说法,但工部局仍坚持认为该支路尤其泥城桥车站"可以保守租界市面"。②

虽然此事不见下文,但诚如伯克在会议上所表示的那样,工部局希望通过租界铁路建设减少现有铁路不经过租界的负面影响,而达到繁荣租界的目的,更重要的是欲借此进一步扩大租界的范围。

二 接近铁路:租界扩张的重要目标

(一)租界界址的北扩

1860年代以后,随着租界土地章程的不断修改,工部局的权力也随之不断扩大。1897年"修改章程委员会"成立,次年该委员会即向工部局提出了五条增订和修改章程的建议,其中包括"新章第六款乙:铁路基地"。该款规定:"中国政府或其他该管官员或团体,如欲于租界内强迫收买土地筑造铁路,必须将所需土地及铁路路线等图样、计划等,缴呈工部局,得其许可,经其许可后,尚须依该款所定办法给价。"这一苛刻的条款非但没有得到清政府的承认,③ 反而促使其选择远离租界的铁路路线布置方案。

---

① 上海市档案馆编《工部局董事会会议录》第12册,上海古籍出版社,2001年影印本,第542页。
② "The Proposed Branch Railway through Shanghai", *The North China Daily News*, Nov. 10, 1897, p. 3. 中译文参见《论铁路公司议造上海租界支路》,《时务报》第46册,1897年11月,第12—13页。
③ 上海市地方志办公室、上海市历史博物馆编《民国上海市通志稿》第1册,上海古籍出版社,2013,第324—326页。

1897年初，时任两江总督张之洞就在上清政府的奏折中，通过对条约的分析，提出不应允许租界肆意扩张，此议为上海地方政府的反制措施定下了基调。9月，工部局制订了具体的租界扩充计划，其北端直达宝山县境。次年春，工部局再度与上海道台蔡钧直接交涉，遭到严词拒绝。各国领事团遂转与两江总督刘坤一交涉，驻京公使团则直接向总理衙门提出扩张诉求，① 其中之一便是计划将其北端界线扩展至淞沪铁路南侧。刘坤一唯恐同年新建成的淞沪铁路上海站被划入租界，又因当时洋商在宝山县境内租地之事尚未谈妥，故未予答应。② 工部局对此表示遗憾，称扩张租界是为了"保障上海商埠之无碍的进展"，中方的反对没有根据。"英国及其他强国政府，非有意管理沪淞路车站。该处已非政治要地，亦非军事要塞，华官之是种意见，殆无殊反对非其直接管理之现行大都市发展之一种口实而已。"③ 最终，租界的扩张计划仍于1899年12月通过与清廷签订《上海土地章程》得以部分实现，其北端界线已到达北距上海站仅40余米的上海、宝山两县的界浜（见图4），而租界的扩张也因章程的限制而暂告一段落。

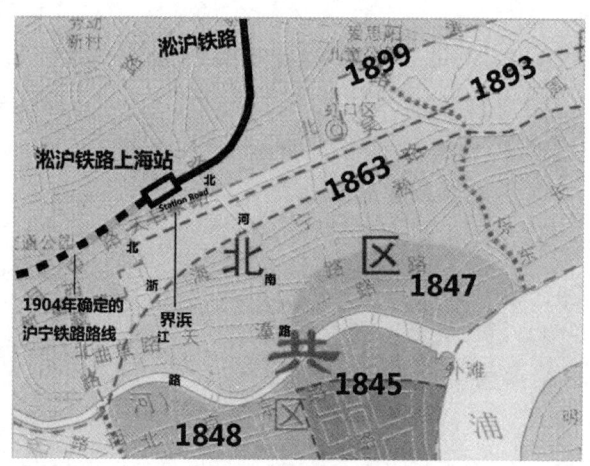

图4　英美租界扩张进程示意

资料来源：周振鹤主编《上海历史地图集》，上海人民出版社，1999。

---

① 参见熊月之主编《上海通史》第3卷（晚清政治），上海人民出版社，1999，第215—216页；张笑川：《近代上海闸北居民社会生活》，上海辞书出版社，2009，第26页。
② 《请将上海租界北线展至沪宁铁路为止归入各国工部局管理由》（1909年1月15日），台北中研院近代史研究所档案馆藏档：02-11-017-02-001。
③ 徐公肃、丘瑾璋：《上海公共租界制度》，国立中央研究院社会科学研究所，1933，第55页。

(二) 从界浜到界路

然而，随着沪宁铁路工程的勘测、筹备，公共租界的扩张趋势又开始抬头，并将目标指向铁路的起点——闸北。1903年沪宁铁路开工，据时人回忆，时任江苏巡抚端方请示外务部"先于车站两旁赶紧自筑通商场，免得将来运兵运械，车站推入租界之内，必受外人掣肘"。① 次年，两江总督批准在闸北设立"通商场"。虽然地方官员与绅商开辟闸北商场的目标不尽相同，② 但避免沪宁铁路车站被划入租界的目标基本实现。

不过工部局并未因此停止接近铁路的步伐——1907年1月，工部局在上海、宝山两县交界处"租"得一部分"充公"土地，随即开始填塞铁路南侧的上、宝两县界浜（见图5），然后在上方修筑铺有有轨电车轨道的城市道路，与原车站路（Station Road）合为一体，借此加强租界与上海站的联系。

图5　界浜与上海站周边道路位置

资料来源：Bryant Rowe，*Map of Shanghai and Environs*，美国斯坦福大学藏，安克强教授提供。

上海县署获悉后于24日派员与宝山方面一同前往查看，发现两县交界处的川虹浜上游支流——沙泾的北河南路河段已被工部局填平一亩多，而从第49号界石起至克能海路计4亩多的河道也将被填。两县署随即上书上

---

① 《闸北绅商沈镛致闸北工巡捐局长函》，庄志龄编《汇通桥纠纷案史料一组》，《档案与史学》1997年第2期，第25页。
② 参见张笑川《近代上海闸北居民社会生活》，第45页。

海道台瑞澂，称该河地处华界，工部局填浜筑路已违反条约，故应立即停工。瑞澂于30日照会领事团的领袖领事薛福德（Daniel Siffert）转令工部局停工，① 但并未奏效。2月中旬，当地士绅袁观澜等人禀报瑞氏称，"如西人再不停工，深恐将来势难阻止"，并提出通过丈量所填土地面积以征收年租这一"俾得转圜"的设想。②

3月12日，工部局通过薛氏驳回了瑞氏的请求，并列举以下理由论证了填平界浜的必要性：

> 第一，该浜北河南路以东之部已填屯多年，故路西未填之路已成为淤塞而不合做卫生；第二，沪宁铁路之局产坐落浜北，经与该路接洽，拟就路线一条，以接连电车与火车站之交通，而此路必须包括该浜全部地面；第三，工部局以为，华官对此需要殷切之公共工程之反对，可以下列之言应付之，即现今标明租界界址之各界石，无论如何不加迁移，而水利可由上海自来水公司照常供给。③

4月22日，瑞澂因听说工部局与沪宁铁路总管理处签订筑路合同而再度照会薛福德，表示界浜为两县界线，即使淤塞也应由两县自行疏浚，"非他人所能占用"。而该浜地处租界以外，工部局本就无权筑路立界，故拒绝承认该合同，并要求停工以符合《上海土地章程》。④ 然而工部局依旧置若罔闻，执意继续施工，瑞氏遂于5月中旬第三次照会薛氏，宣称"照理可将工匠，驱逐出界，浚复旧观"，但恐因此出现纠纷而"有碍中外交谊"，故仍请薛氏出面制止。为防止事态进一步扩大，瑞氏将上述情形向两江总督端方做了汇报。⑤ 端氏接报后随即转请外务部向各国驻京公使团交涉，同时向瑞氏做出批复，要求其继续与工部局协商停工并"妥速办结"。⑥

同年秋，瑞氏卸任上海道台一职，交涉因此中止，但"填浜筑路"仍

---

① "Taotai to Senior Consul", Shanghai Municipal Council eds., *Report for the Year 1907 and Budget for the Year 1908*, Kelly & Walsh, Limited, 1908, p. 170.
② 《请阻西人越界筑路》，《申报》1907年2月19日。
③ 上海市地方志办公室、上海市历史博物馆：《民国上海市通志稿》第1册，第349页。该文译自1907年工部局年报。
④ 《沪道不允工部局填浜筑路》，《申报》1907年4月23日。
⑤ 《复请阻止工部局填筑界浜》，《申报》1907年5月19日。
⑥ 《江督饬阻工部局填筑界浜》，《申报》1907年6月3日。

在继续。1908年1月，新任道台梁如浩接到上海巡警总局的报告称，界浜于上年农历五月间由沪宁铁路总管理处"让与外人"修建道路与宝山路相接，目前正"堆积石子，准备接筑"，而电车轨道"系在公共租界石碑之外"，故询问梁氏此举"是否越界兴筑，抑或商定有案？"梁氏随即展开调查，其矛头直指总管理处与工部局的筑路合同：

> 该界浜纵有淤塞，应开通以资考证，非他人所能占用，所订合同，本署无案可稽，未便承认。地在租界以外，工部局既无筑路之权，何能插立租界马路界石？……究竟贵处所订合同内容如何？是否奉有明文准予订立？现应如何调停？相应转移贵处，请烦查照筹议，并照录合同复道，以便转禀南洋大臣，请示办理。①

30日，梁氏致函薛福德要求对工部局是否曾更换道契、是否盖有印章、土地是否系中方官地、工部局是否已付款、契纸是什么号码、何时颁发等问题做出明确答复。但直到3月25日，工部局才表示筑路理由已在去年3月12日的回函中做了充分说明，而且"当时正竭力促使中方官员确信标明租界界址的界石无论如何都不能移动，而此项保证既经严格遵守，就自然没有讨论的余地，因此工程仍在继续"。②

4月1日，沪宁铁路全线通车。月初，宝山知县见工部局仍在填浜筑路，乃特地当面禀报新任道台蔡乃煌，请其再次照会薛氏并获得同意。③ 11日，薛氏向已卸任的梁氏声称填平界浜是出于卫生和公共利益的需要，故无法停工；但工部局保证不会移动界石，并将严格遵守此项保证。④ 此后不久，沪宁铁路总管理处就1月间梁氏的调查向蔡氏做出回复并抄送了筑路合同。该处表示合同系由工程师格林森所订，"因须接造汽车轨道，以便直达铁路车站，是以允许"。目前该处原有的上、宝两县界石尚未移除，但也"似无妨碍"。蔡氏认为"此事关系路政，应由地方官主持，工程师无权干预"，而所订合同又"语多含混"，至于界石问题则应先行调查，故于20日

---

① 《沪道调查铁路公司与电车公司之合同》，《申报》1908年1月9日。
② Shanghai Municipal Council eds., *Report for the Year 1908 and Budget for the Year 1909*, Kelly & Walsh, Limited, 1909, pp. 169, 190.
③ 《填浜筑路交涉近闻》，《申报》1908年4月9日。
④ Shanghai Municipal Council eds., *Report for the Year 1908 and Budget for the Year 1909*, p. 226；《巡警总办力争主权》，《申报》1908年7月16日。

令两县县署迅速前往查明界石是否仍未拔除，以便继续交涉。①

至7月初，界浜从北河南路至北浙江路一线已被全部填平，筑成"界路"（Boundary Road，今天目东路）。蔡乃煌对此甚为不满，故13日要求薛福德令工部局重开河浜并恢复原有地界。同日，蔡氏又因之前宝山路西、火车站外的三块租界界石日渐埋没而要求工部局恢复原状，并不得移动半步，同时重开原浜以明界址。对此，工部局否认曾移动界石，并于31日表示界路问题"在此前各来往文件中已经说得很透彻，无可再述。只要中国官员不改变对租界北扩的态度，那么这种烦琐而无关紧要的抗议仍将出现"。②

工部局的以上声明无异于不再理会中方的抗议，但抗议行动并未受此影响。7月间，蔡氏上书端方表示填筑界路乃经沪宁铁路总管理处允许，但此举"事关地方主权"，该处"不应擅允"，故应责令其与工部局协商"照旧开浚"界浜。为实现这一计划，蔡氏请端氏出面联系外务部照会驻京公使，以便向工部局施压并警告其"勿再侵越"。③与此同时，上海巡警总局总办汪瑞闿以两县交界一带已归该局管理而出面交涉，强调"即使界浜定欲填满，亦应缴价换契，预先商准地方官，方可动工"，断不容违法侵占，而倘若"此次若不将该界浜争回，则以后凡与租界交界之处，必更侵越"。所以汪氏通知上、宝两知县测绘毗连租界的各界址地图，同时呈请蔡氏再次照会薛福德，力争主权。④9月8日，蔡乃煌鉴于拔除界石的现象愈演愈烈，遂向言而无信的工部局发出了严正声明：

> 界浜界石，所以划清界限，使人一望而知，以免遇事争执起见。乃工部局因填筑马路之故，任意填没拔除，违背两国约章，殊出情理之外。工部局素以文明名誉自居，不应似此轻举妄动，合再备文照会贵领袖总领事，请烦查照叠次去文，速赐饬遵见复，望切施行！⑤

与此同时，端方令蔡氏与铁路总管理处一道与工部局交涉，要求恢复

---

① 《饬查上宝两县界浜界石》，《申报》1908年4月21日。
② Shanghai Municipal Council eds., *Report for the Year 1908 and Budget for the Year 1909*, pp. 226 - 228.
③ 《填筑界浜交涉案近闻》，《申报》1908年7月22日；《江督批饬争回主权》，《申报》1908年9月13日。
④ 《巡警总办力争主权》，《申报》1908年7月16日。
⑤ 《上海道照会领袖领事力争界线》，《申报》1908年9月11日。

界浜原貌，重立拔除的界石，"以分界限而免争执"。① 次年3月，外务部在驳斥租界扩张时谴责"工部局擅填界浜、私拔界石界牌，实属任意侵占，漫无限制"，同时也提出禁止填平界浜、拔除界石的行为。② 如果说填筑界路尚出于加强交通联系的考虑，那么拔除界石则是赤裸裸地为租界的大规模扩张铺平道路。

（三）以各铁路为界址的大规模扩张

沪宁铁路全线通车后，5月28日工部局致函领事团提出"以租界与铁路间之一带土地，尽行划入租界界内"。工部局认为租界北端的界线"因有无数房屋夹处其间，事实上已消灭难辨"，因此"至于界线之所以要展拓到铁路线，据说也有理由的，那便是别无自然边界可划"。③ 此举随即引发地方绅民的强烈反对。6月中旬，上海、宝山两县士绅姚文枏、袁希涛等人上书两江总督端方，请求其联合江苏巡抚陈启泰致电外务部加以拒绝。他们认为如果此次租界扩张得逞，不仅"主权尽失"，而且即便日后赎回沪宁铁路，北站"既归租界，路权亦不完全，贻患甚巨"。④

7月间，驻沪各国领事照会端方，要求将公共租界北线扩展至沪宁铁路。他们认为，目前租界北线以外至沪宁铁路地块基本都被洋商注册，而拟定之新界线并不计划将车站和铁路本身包括在内，故1899年刘坤一所担心的两个问题都不复存在。此外，扩展区域内的华界市政机构（上海巡警总局）管理警察、卫生及各项公益事业等均"有名无实"，华界"与相连租界，大有危险"。端方以1899年扩展之举为"永不再展"之意及该地块多为华商居住，予以反驳并拒绝。⑤ 英国驻北京大使于1908年底照会外务部，该部进行调查后于1909年2月1日回复称："所请推广之地，系租界与铁路中间所夹之一段。该处在宝山县境，并非约开通商口岸……将租界北线以外至铁路各地，归入各国工部局管辖之处，与约不符，断难照办。"⑥

---

① 《江督批饬争回主权》，《申报》1908年9月13日。
② 《外部拒驳推广租界》，《申报》1909年3月11日。
③ Shanghai Municipal Council eds., *Report for the Year 1908 and Budget for the Year 1909*, p.230.
④ 《上宝界务与路权之关系》，《申报》1908年6月14日。
⑤ 《请将上海租界北线展至沪宁铁路为止归入各国工部局管理由》（1909年1月15日），台北中研院近代史研究所档案馆藏档：02-11-017-02-001。
⑥ 《外部力拒上海推广租界之要求》，《东方杂志》第6年第3期，1909年3月，"记事"第12页。

但工部局并未就此中止其计划，公共租界纳税人会议提出一项议案，表示"本会准将沪宁铁路与吴淞江中间之地，自广肇山庄起至虹口公园止，一律圈入租界，并授权工部局，着力持到底，勿稍缓和"（如图6，以淞沪铁路闸北至虹口公园一线为天然界线）。① 工部局总董兰代尔（Davis Landale）表示租界并非为了扩张而扩张，"实因无数之困难，逼令吾人出此"。3月22日，会议继续举行，兰代尔一开始就对此次扩充的区域发表如下看法：

> 此次所谋推广之地两段，举其面积而核之，实为极小之地耳。如第一段，即所谓闸北者是也，其地参差不一，围于租界三面，至第四面则为沪宁铁路所围。租界参差不一之界线，已见于沪宁车站之处。至于第二段右角上，则为虹口公园，由虹口公园起，必能觅得极好之界线。铁路之东，毗连北四川路之间，所推广者，亦属有限。②

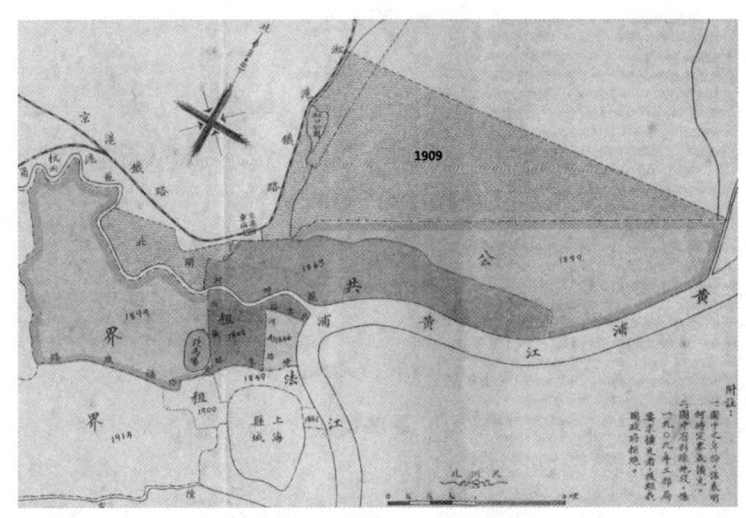

图6　1909年公共租界扩张计划示意

资料来源：徐公肃、丘瑾璋《上海公共租界制度》，国立中央研究院社会科学研究所，1933。

上海、宝山两县绅民及沪上各省绅商闻悉后于4月11日开会讨论，决定推举叶楙华为临时主席，③ 并在《申报》上声明此次租界向沪宁和淞沪铁

---

① Shanghai Municipal Council eds., *Report for the Year 1912 and Budget for the Year 1913*, Kelly & Walsh, Limited, 1913, p.108B.
② 王揖唐：《上海租界问题》，聚珍仿宋印书局，1919，上篇第25—26页。
③ 徐公肃、丘瑾璋：《上海公共租界制度》，第58页。

路的扩张不仅事关上海当地,还将造成对铁路沿线乃至全国的严重后果:

> 此次之所谓推广,浑称沪宁铁路南首西首之地圈入租界,漫无限制,尤骇听闻!且默察其意,直欲如俄国东清铁路线管辖旁地之例,以处沪宁,则其所觊觎者又不独在此区区租界而已,六属皆将受其影响者也。……诸君勿谓租界在上、宝两邑界内,仅上海与宝山有关系也。租界逼近车站,将来沪宁赎回之后,扼吭受制,亦成废路。此种关系,实为我江苏全省之关系,亦即中国通国之关系。①

此外,他们还致电呈请外务部出面干涉:

> 目前所议推广之地,适当沪宁铁路之起点,为全省主权关系,亦为全国利害关系,非坚持到底,后患甚巨。务请大部始终力争,以保主权,而慰众望。②

8月21日,各国领事团再度致函端方陈述扩张的理由,结果遭到拒绝,英、美仍不肯罢休,继续采取各种行动。但"所有这些行动,都未奏效",加之辛亥革命的爆发,租界扩张暂告段落。③

(四) 以各铁路为界址的第二次扩张

公共租界向闸北沪宁、淞沪铁路的扩张只是其扩张的一个方向,另一个主要方向即为通过"越界筑路"手段向西拓展。④ 1913年7月"二次革命"爆发后,租界武装"万国商团"以驱逐陈其美军队为由进入闸北。此

---

① 《绅商集议对付推广租界事》,《申报》1909年4月12日。"六属"指江苏的松江府、苏州府、常州府、镇江府、江宁府、太仓州。
② 《电请阻止推广租界》,《申报》1909年4月13日。
③ 上海市地方志办公室、上海市历史博物馆编《民国上海市通志稿》第1册,第340页。
④ 截至1909年,从越界筑路的数量而言,西部远多于闸北。西部有9条:极司非尔路(1864年建成)、白利南路(1901)、虹桥路(1901)、罗别根路(1901)、劳勃生路西段(1901)、胶州路北段(1903)、忆定盘路(1906)、康脑脱路西段(1906)、星加坡路(1907);闸北、虹口一带仅有4条:江湾路(1903)、赫司克而路(1903)、北四川路北段(1906)、欧嘉路(1908)。参见陈征琳等编《上海地名志》,上海社会科学院出版社,1998。以上内容与《民国上海市通志稿》有所不同,如缺1907—1908年建成的界路和北浙江路。参见上海市地方志办公室、上海市历史博物馆编《民国上海市通志稿》第1册,第171页。

举引起中方强烈抗议,虽然工部局声明"决不乘危越占,即行撤兵",① 但不久还是乘机重提扩大租界的要求。次年2月,北京政府为了换取租界当局交还国民党"党人"等政治犯的便利,由外交部派员到上海与工部局商讨租界扩张事宜,上海官绅随即表示反对,而谈判代表也因租界方面的条件过于苛刻而未达成协议。

1914年7月以后,租界准备再次扩张的消息开始见诸报端,遂引起社会舆论的强烈反弹。闸北官绅多次集议寻求反制措施,11月17日召开会议通过了呈北京政府参政院的公文,文中指出:官民努力经营闸北市政的目的"实以苏州河及沪宁铁路为水陆交通之要地,而于国家运兵运械尤有重要关系。国防所系,地利所在,不能不自为经营以杜觊觎也"。② 但北京政府仍于1915年1月初再次派员进行谈判,并与租界当局达成一致,3月4日工部局公报发表了租界扩张草案13条,计划将下列区域并入租界(见图7):

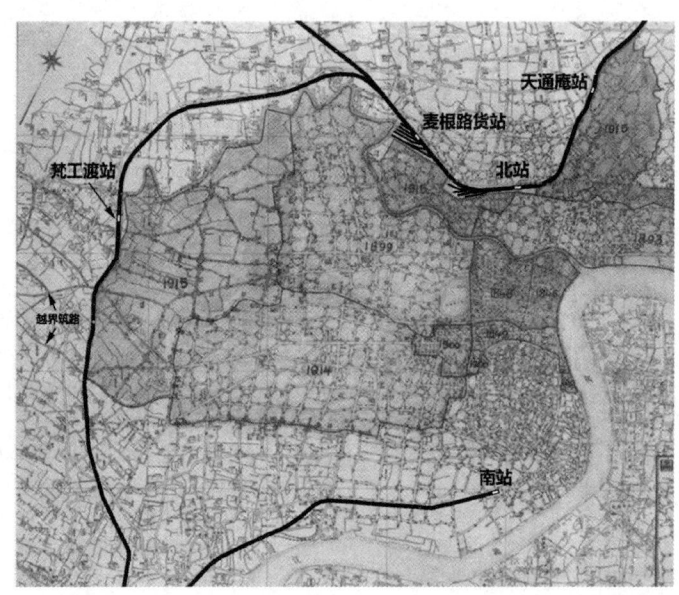

图7 1915年公共租界扩张计划示意

资料来源:上海市城市规划设计研究院编《循迹·启新:上海城市规划演进》,同济大学出版社,2007。

甲、北至沪宁铁路,东至公共租界,西南至苏州路。惟铁路线及现有

---

① 《租界推广之进步》,《申报》1913年9月22日。
② 《拒却推放租界之请愿书》,《时报》1914年11月19日。

余地，皆在租界之外；乙、介于沪宁铁路沙泾与现在租界界线中间之地点，为租界以内之地，由工部局巡捕巡视；丙、北至苏州路，东至现在公共租界，南至徐家汇路、虹桥路，西自苏州河，横至虹桥路之沪宁铁路与沪杭铁路接轨地点。①

从该草案的文本来看，沪宁、沪杭甬两路联络线及沪宁铁路已是工部局承认的租界界线。然而，由于当时华人认为租界"直逼铁道"而侵夺华界权益，故草案一经发表，闸北绅民再次群起反对。他们一方面要求外交部在此后的谈判中允许其派代表参加，另一方面向上海各中方政权机构做"万勿轻弃主权"之请。②俞国桢等人则于3月中旬上书闸北工巡捐局局长，在"拒绝推广租界之意见书"中痛陈了16条理由加以反对，其中与铁路相关的就占到一半：

> 查译述交来稿件中，意思语气尚属和平，亦只谓划界以铁路作界线为最宜，故拟以铁道为华洋界线云云。初非必以是为界线也，意在尝试，故我人无允准之必要。此其宜拒者三。
> 来稿谓划界凭铁路为最宜，其说似矣，然使无铁道，则将奈何？即有铁道，或远在数千里外，则又将奈何？将置而不划乎？抑将此数千里之地，尽划入租界乎？我知其必不然矣。此其宜拒者七。
> 铁道，人造之界线也，河流，天然之界线也，欲求其天然之界线，则莫如以苏州河为界线，不应以铁道为界线。此其宜拒者八。
> 淞沪、沪宁铁路车站左右一带地方，必多军警，官场往来出入，与租界章程时有抵触。并铁道为交通最重要机关，使租界与之逼近，大非所宜。前清江督刘一面允准西人推广租界，一面令华人自辟商场，正不欲其接近铁道，故预防之，使之远离也。此其宜拒者十。
> 兵战争地利，商战亦争地利，故商场地势断不可失。如外人之意，铁路之南划作租界，则华界商场必退处铁路以北，地多荒凉，建筑不易，无论不能成立也，即能成立，亦不便于交通。苏州河既失，又围以铁道，较前形势，大相悬殊。故华界商场断不能迁地为良，退居铁道之北。此其宜拒者十二。

---

① 《推广租界草议之披露》，《申报》1915年3月5日。
② 上海人民出版社编《上海公共租界史稿》，上海人民出版社，1980，第492页。

其思破我商场，占我车站，得寸进尺，进逼吴淞，毫无疑义焉，奈何中其计而受其欺。此其宜拒者十三。

前清江督刘以偌大土地，予彼推广租界，正欲其不扰吴淞，远离铁道，今若以铁道为界，且与之苏州河，是外人直逼铁道，且已扰及吴淞，失地而复失策，是不独商场问题，竟为国防问题焉。海口、铁道入人掌握，危险孰甚！此其宜拒者十四。

引翔乡西系靶子场，东南系杨树浦等处，早在租界三面包围之内，今欲逼闸北退处于铁路以北，岂非又被三面包围乎？西人之意以为既入势力范围内，断不为其逃免。故引翔港暂许归我，铁路北暂不索取，明知两地无可发展。权留我国，犹寄之外府。设有建筑，彼正可安享其利，随时俯拾。且既三面包围，对于警权、路政、卫生等等，正多藉日之资料，他日再议推广，不难将闸北、吴淞全境举而有之矣。阴谋狡计，如是如是！此其宜拒者十六。

如上所述，该文认为工部局意在尝试，故中方无应允的必要；租界欲求天然界线，应以苏州河而非铁路为界；铁路为交通最重要之机关，不宜靠近租界；若铁路以南划为租界，则华界通商场必退至铁路以北之荒凉地带；租界欲通过占据车站进逼吴淞，将成为国防上之一大问题。最后，文章强调"外人之欲难厌，外人之心叵测，闸北商场之未可轻弃，铁道、吴淞之亟宜固守"。①

23日，公共租界纳税人会议通过了扩张草案并交领事团呈请北京政府和各国公使团批准，但由于前者"碍于民气的激昂"，后者"为了别种原因"，该草案始终未被批准。② 而此时的第一次世界大战战事不断升级，英、法等协约国无暇东顾，公共租界的此次扩张无果而终。

三 结语

在清政府反对修建铁路的年代，西人在多次提议均遭否决的情况下，最终通过建设吴淞铁路打通了租界至黄浦江出海口的陆上通道，但因铁路存在时间过短而无法发挥更多的交通效应。而当甲午战后清廷转变态度自

---

① 上海人民出版社编《上海公共租界史稿》，第493—495页。
② 上海市地方志办公室、上海市历史博物馆编《民国上海市通志稿》第1册，第345页。

筑铁路时，从官府到地方士绅采取一致措施防止淞沪、沪宁、沪杭甬等铁路路线和各车站进入租界。租界当局最初希望建设高架路线连接界外铁路，后来则改用直接易行的越界填浜筑路、区域扩张等手段接近铁路，以此维持租界的繁荣，此举引发了中方新一轮的抵制风潮，最终逼停了租界扩张的步伐。

一般而言，铁路对城市和区域发展应具有较为明显的促进作用，但正因为上海城市周边铁路是在中方避免铁路进入租界的情况下形成的，所以难以和主要分布在（或途经）租界地区的港口、航道以及大型工业区取得充分联络。这成为导致近代沪宁、沪杭甬铁路运输效能徘徊不前的一项重要因素，进而限制了铁路对上海乃至整个长三角地区经济社会的推动作用。

（作者单位：上海师范大学人文与传播学院历史学系）

·政治史研究·

章太炎的革命方略与边疆建设

王鹏辉

内容提要 章太炎站在中国近代思想文化启蒙运动的前列,深知中华王朝"夷夏尽有"的国家疆域结构,结合"夷夏之辨"和民族主义,参与制定革命党人的革命方略。章太炎"攘夷匡夏"和民族主义结合而成的汉族族裔民族主义形成现实中的国家疆域与想象中的国家疆域内在的冲突,非汉族群聚居的边疆地带是否构成国家主权领土成为章太炎民族主义革命的理论困境。中华民国创建之后,章太炎投身东北边疆建设,表明对国家非汉族群聚居边疆领土统一的主张,在新的历史条件下回归"夷夏尽有"的国家建构模式。

关键词 章太炎 革命方略 边疆建设

19世纪70年代以降中国国家生死存亡的危机刺激了革命的新兴社会力量登上历史舞台。章太炎与孙中山、黄兴一起成为革命性社会力量的代表人物,并且成为近代中国文化学术的巨人和宗师。孙中山和黄兴是近代民族民主革命家、政治家、军事家,中华民国的创建者,他们的政治实践一直站在时代的前列。章太炎则是近代民族民主革命家、思想家和学问家,革命与学问在其身上融为一体,使其兼具革命家和学者的双重品格。梁启超称章太炎"排满信念日烈","提倡单调的'种族革命论'",[①] 鲁迅评价章太炎为"有学问的革命家"。[②] 章太炎与孙中山、黄兴既曾并肩战斗,又曾激烈争辩乃至分道扬镳。学术界对于章太炎的研究在其革命政治实践、思想学术的各个时期和各个领域,都有比较系统和深入的成果,并呈现多

---

① 梁启超:《清代学术概论》,上海古籍出版社,2005,第80页。
② 鲁迅:《关于太炎先生二三事》,《鲁迅全集》第6卷,人民文学出版社,1981,第547页。

样化的趋势。① 然而，章太炎在革命建国的历史潮流中如何认识国家的边疆主权和领土范围及其革命方略与边疆的关系仍有待探索。章太炎身处中国的现代国家创建时期，成为同盟会的重要领袖，对同盟会的革命方略包括民族革命、政治革命、社会革命理论及革命的策略路线，做出了重要贡献。② 晚清革命党人的革命方略和国家建设规划中都有特定的边疆要素，章太炎对于中华王朝的边疆和中华民国的边疆认识和实践具有时代的代表性，本文尝试探讨章太炎学术知识体系中的边疆认知、革命方略中的边疆因素和政治实践中的边疆建设方略。

一 中华王朝"夷夏尽有"的国家疆域结构

章太炎早年接受了严格的经学训练，熟悉传统舆地之学的史地知识，清楚传统中国国家疆域"夷狄"所居的边疆构造。光绪十七年（1891）至十九年（1893），章太炎在杭州诂经精舍读书期间，考释"郁夷"和"柳谷"时，③ 征引《史记》及《汉书·西域传》；解释"西旅献獒"条时涉及西北诸羌，④ 征引《汉书·赵充国传》；另外在解释"九貉"条时涉及关外敦煌郡白龙堆沙，⑤ 征引《汉书·地理志》。甚至到1933年章太炎表彰冯玉祥在察哈尔抗日，依然能信手使用汉代冯奉世在西域矫制平定莎车叛乱的典故。⑥ 可见章氏对汉代西北边疆故实非常熟悉。章太炎在1908—1911年在日本作《东夷诗》十首，⑦ 其中第九首以汉朝全盛时代的边疆武功为主题：

> 汉家昔略地，戍卒留边野。大夏见邛竹，西极来天马。粲粲西人子，胡袄相巫鼓。或复转珍异，市閧盈斥卤。荐食历岁年，岂复烦师

---

① 欧阳哲生：《章太炎研究述评》，《求索》1991年第4期；于杰、李绪堂：《章太炎思想研究综述》，《鲁东大学学报》（哲学社会科学版）2007年第2期。
② 姜义华：《章太炎评传》，百花洲文艺出版社，2010，第81页。
③ 章太炎：《膏兰室札记》卷2《郁夷、柳谷》，《章太炎全集》（一），上海人民出版社，1982，第168页。
④ 章太炎：《膏兰室札记》卷3《西旅献獒》，《章太炎全集》（一），第284页。
⑤ 章太炎：《诂经精舍课艺·九貉解》，《章太炎全集》（一），第331页。
⑥ 章太炎：《〈察哈尔抗日实录〉序》，汤志钧编《章太炎政论选集》（下），中华书局，1977，第854页。
⑦ 谢樱宁：《章太炎年谱摭遗》，中国社会科学出版社，1987，第54页。

旅。此党独殊绝，先导赍时女。弹筝挈箜篌，利屣堪盘舞。持此作颜行，弥胜诸商贾。军气从之扬，一鼓坚城下。都护何所为？守此娟娟者。①

西汉把西域纳入国家版图，设置西域都护府的建制管辖其地，开启古代中西经济文化交流的丝绸之路，不仅对中国有重大的历史意义，还具有欧亚大陆的世界史意义。显然，章太炎对汉代的边疆舆地有着精深的知识。

章太炎也熟知晚清西北边疆史事，在日本与宋教仁谈论反清革命事业提及曾国藩、左宗棠的英雄事功，太炎从收复新疆角度论证"宗棠又能将率南旅，西封天山，置其叛迹"。②章太炎对西方地理学关于地球圆形、赤道、北极等知识有所掌握，并以《管子·地数》中的舆地知识附会新知。章氏接受西方地理新知，改变了中国居于天下地理中心的观念，"惟中国偏于东北，故东北之夷狄近，而西南之蛮戎远"，③但仍抱有中国作为世界文明中心的优越感，转而认同魏源的学说："自古以震旦为中国，谓其天时之适中，非谓其地形之正中也。"④

光绪二十年（1894）至光绪二十六年（1900），章太炎受到甲午战争战败的国家危机刺激，走出诂经精舍，投身社会政治活动，参加强学会，担任《时务报》撰述，"与尊清者游"，⑤追随康有为、梁启超，赞成维新变法。章太炎对19世纪末亚洲局势有自己的看法，悲叹"今中国无深长虑，欲一快心日本，密约俄罗斯，以为系援，至于胶州屯军，吉林筑路，齐鲁与东三省将为异域"，⑥警惕中国边疆危机中的日本、俄国因素。章太炎的中国地理知识主要来自舆地学，其在"东方盛衰"中明了中国国家疆域的

---

① 章太炎：《东夷诗十首》，《章太炎全集》（四），上海人民出版社，1985，第244页。
② 章太炎：《检论》卷8《对二宋》，《章太炎全集》（三），上海人民出版社，1984，第600页。
③ 章太炎：《膏兰室札记》卷2《地之东西二万八千里南北二万六千里》，《章太炎全集》（一），第198页。
④ 魏源：《海国图志》卷74，魏源全集编辑委员会编《魏源全集》第7册，岳麓书社，2004，第1822页。
⑤ 汤志钧编《章太炎年谱长编》（上），中华书局，1979，第110页。
⑥ 章太炎：《论亚洲宜自为唇齿》，汤志钧编《章太炎政论选集》（上），中华书局，1977，第6页。

地形特点是"自葱岭而东,其山东趋,其水东流"。① 章太炎对于蒙古自元末北迁至清代的历史变迁极为清楚:

> 蒙古则自顺帝北窜,其大子曰阿裕锡里达赖汗者,子姓犹不绝如线。数世以后,遂为车臣、土谢图、札萨克图三汗,横有漠北,血食至今。且南则科尔沁等五十一旗,西则四额鲁特,皆其种族,或尝佣牧马……及噶尔丹作,以牧圉侵轶其故主。漠北诸部,皆鸟窜兽遁,南下保近塞地,荡析离居,莫有宁处。仁者矜而覆之,复其戎索之地,致其九白之贡,筑阿尔泰山为屏树,以断准部之抄掠;以其无政事法守,为置库伦办事大臣以纪纲之。②

章太炎对清朝蒙古各部在塞北边疆和西北新疆的分布流变有深刻的认识,显见其对清朝初年的边疆政策抱有"仁者"评价。章氏对晚清俄国对中国造成的边疆危机更有清醒的觉察,指出:"彼俄罗斯之未事蒙古者,方有事东胡耳。黑龙江、吉林之壤,政既匡饬,道既洞通,则自呼伦贝尔城以西噬客尔客,其举之之易,若以一手足撅春草也。剥床以肤,吾诸夏之忧方大,而彼犹醒醉偃卧而不遽觉。"③ 俄国在有清一代对中国边疆的侵蚀,确实涵盖了从东到西的整个中国北方边疆,章太炎洞明中国东北边疆和北部边疆相互依存的关联结构,进一步指出了作为边疆地带的蒙古社会毫无警醒的危机状态。

章太炎在"尊清"时期在中国疆域的统治官制上形成了"分镇"方略,认为"封建之说未必非,而郡县之说未必是"。章太炎对包含边疆地区的国家疆域重新进行了统治规划:

> 置燕、齐、晋、汴及东三省为王畿,注措无所变。其余置五道:曰关陇,附以新疆;曰楚蜀,附以西藏;曰滇黔桂林;曰闽粤;曰江浙(谓三江、浙江)。④

---

① 章太炎:《訄书初刻本·东方盛衰第二十六》,《章太炎全集》(三),第58页。
② 章太炎:《訄书初刻本·蒙古盛衰第二十七》,《章太炎全集》(三),第60页。
③ 章太炎:《訄书初刻本·蒙古盛衰第二十七》,《章太炎全集》(三),第60页。
④ 章太炎:《訄书初刻本·分镇第三十一》,《章太炎全集》(三),第73页。

章氏以方镇为封建，提出了以分权自治为核心的改革地方行政的政治方案，明确包括新疆和西藏，其实内含应对中国边疆面临西方殖民帝国瓜分危机的革政方案。章太炎面对19世纪末西方殖民帝国瓜分中国疆域的时局，质问道："今自九服以内，旬始未出，而瓜分固已亟矣。瓜分而授之外人，孰与瓜分而授之方镇？"①力图从中国传统王朝国家治理的历史经验中寻求近代中国的长治久安之道。

光绪二十五年（1899）章太炎在戊戌变法失败后避难台湾，后从台湾到日本，通过梁启超与孙中山结识，激赏孙中山"谓不瓜分不足以恢复"的革命卓识。②显然，中国被瓜分的领土首当边疆区域，孙中山推翻清朝的革命是准备舍弃中国的边疆领土。1902年，章太炎同孙中山讨论了改革土地制度和赋税制度的问题，于1904年写定《定版籍》。章太炎在修订《定版籍》时，再次明确指出了中国国家疆域空间结构的特性：

中国所包方域，夷夏尽有之。塞下不可虚，其地广漠，量以绳索而不计步，此不能无业主。内及腹中膏腴之壤，有人耕二亩者矣。是故宽乡宜代田，狭乡宜区田，独宽狭适者可均田耳。辅自然者重改作。今欲惠佣耕，宜稍定租法。③

章太炎认同孙中山的平均地权的主张，但从赋税制度的角度声明中国边疆与内地的实际情况不同，应对不同的土地利用实行区别对待的政策。章太炎筹谋未来国家经济制度和百姓生业，自然地把"夷狄"所居的边疆社会纳入其中。

二 章太炎的"排满革命"与非汉族群聚居边疆的疏离

1900年以后，章太炎从"尊清"变为反清，宣传排满革命，删定《分镇匡谬》，转向革命党人的革命方案。孙中山和黄兴等革命党人的革命方略基本排除了清王朝的非汉族群聚居的边疆地区。1902年初，章太炎在日本和孙中山定交。次年，章太炎发表《驳康有为论革命书》，被清政府以"苏

---

① 章太炎：《訄书初刻本·分镇第三十一》，《章太炎全集》（三），第74页。
② 章太炎：《又至汪康年》，汤志钧编《章太炎政论选集》（上），第92页。
③ 章太炎：《检论》卷7《定版籍》，《章太炎全集》（三），第569页。

报案"逮捕入狱。1906年，章太炎出狱后前往日本加入同盟会，主编同盟会的机关刊物《民报》，与以康有为、梁启超为领袖的立宪党人的《新民丛报》论战，反对立宪保皇，宣传排满革命。章太炎发掘《春秋》"夷夏之辨"思想，论证推翻清朝政府的必要性及正义性，是其革命宣传最得力、影响最大的部分。[1] 章太炎还参与制定了指导全国革命起义的纲领《中国同盟会革命方略》，支持孙中山以两广为中心的东南沿海边疆革命方略。1907年章太炎主编《民报》社出版的临时增刊《天讨》，其中《讨满洲檄》控诉清政府的罪行，鼓动激进的汉族族裔民族主义，论说排满革命，并"律令布告天下，讫于蒙古、回部、青海、西藏之域"，[2] 明确地把非汉族群聚居的陆地边疆地域排除在中华民国的国家疆域之外。

立宪党人杨度1907年发表主张君主立宪的《金铁主义说》，尖锐地指出排满的汉族族裔民族主义可能引发汉、满、蒙、回、藏之间"不仅我排彼，彼且排我"的仇恨，最终导致"全体瓦解，外人乘之"的瓜分困境。[3] 杨度力主"中华民族"的民族主义，自然地把中国国家领土界定为"而今中国之二十一行省，以及内外蒙古、回部、西藏，未尝有一焉不以为中国之土"。[4] 立宪党人认为边疆的各族与领土是选择中国政治方向的特别因素，并以此作为中国实行民族主义的事实依据。章太炎立即以《中华民国解》针锋相对，依据汉族族裔民族主义界定中国和中华，"西藏、回部、蒙古三荒服则任其去来"，[5] 置非汉族群聚居的陆地边疆以可有可无的境地，排斥非汉族群，不以华民相认同。另外，章太炎还从当时西方列强瓜分清王朝边疆的国际形势出发，指出英国窥伺西藏和沙俄染指东北、外蒙、新疆，"此虽满洲政府不亡，其势犹不可禁"。[6] 随着孙中山亲自领导的一系列边疆革命的失败，章太炎对孙中山专注于以两广为中心的东南沿海边疆革命方略产生了怀疑。[7] 章太炎与陶成章、宋教仁等人形成了把同盟会的革命起义从以两广为中心的地区转向长江中下游的方略。

虽然章太炎等革命党人认为非汉族群聚居的中国边疆地区不重要，但

---

[1] 吴雁南主编《清代经学史通论》，云南大学出版社，2001，第242页。
[2] 章太炎:《讨满洲檄》，《章太炎全集》（四），第194页。
[3] 杨度:《金铁主义说》，刘晴波主编《杨度集》（一），湖南人民出版社，2008，第279页。
[4] 杨度:《金铁主义说》，刘晴波主编《杨度集》（一），第253页。
[5] 章太炎:《中华民国解》，《章太炎全集》（四），第257页。
[6] 章太炎:《中华民国解》，《章太炎全集》（四），第260—261页。
[7] 姜义华:《章太炎评传》，百花洲文艺出版社，2010，第108页。

清朝政府与日本、美国等国关于东北边疆的交涉却影响到《民报》的命运。日俄战后分割了中国东北边疆的势力范围，美国通过与清政府合作修筑新民屯至法库门铁路和创办东三省银行力图在东北谋求利益。1908年10月，清朝派遣奉天巡抚唐绍仪为赴美特使途经日本，日本为了抵制美国在中国东北边疆的渗透，极力破坏清朝同美国的外交关系。1908年10月19日，日本政府决定封禁《民报》，由内务省命令牛込警察署执行，牛込警察署署长告诉章太炎："此事关于外交，不关法律。"章太炎另外得到传言，"唐绍仪此次途经日本，将以清、美同盟之威胁日本，又以间岛领土之权、抚顺炭矿之权、新法铁道之权咯日本"。① 后来又有日本说客高桥孝之助以同样的理由劝说章太炎接受日本政府的封禁，章太炎两相印证，确信清政府向日本施加了外交压力。1909年12月11日，日本驻香港代理总领事船津辰一郎在写给外交大臣小村寿太郎的报告中透露了内情："去年帝国政府根据唐绍仪之请求而禁止发行的革命党机关杂志《民报》……"② 由此确证封禁《民报》是日本同清政府达成的政治交易，其中日本攫取中国更多东北边疆利益起到了关键作用。

武昌起义爆发时，章太炎在东京针对留日清朝学生的惶恐解释民族革命"非欲屠夷满人"，"贵政府一时倾覆，君等满族，亦是中国人民"，同时说明共和政体的国家"域中尚有蒙古、回部、西藏诸人，既皆等视，何独薄遇满人哉？"③ 章太炎开始意识到"排满革命"对国家非汉族群群体的威胁，以国家多民族的现实安抚感受到危险的满族人士。武昌起义后，章太炎由日本返回上海，和孙中山、黄兴分道扬镳，主张"革命军起，革命党消"。④ 南京临时政府成立后，章太炎与立宪党人、旧官僚联合组织中华民国联合会，在1912年1月3日的大会演说中反对效仿美国联邦制，认为中国"各省之为行政区划，统一已久……对于外藩，仍应行统属主义"。⑤ 新疆和东北三省在清末已经完成建省，章氏所说外藩当指蒙古和西藏。章太

---

① 章太炎：《为民报封禁事移让日本内务大臣平田东助书（二）》，汤志钧编《章太炎政论选集》（上），第485页。
② 日本外务省外交档案史料：《〈民报〉关系杂纂》，第23358号。转引自唐振常《〈民报〉"封禁"事件诸问题》，中华书局编辑部编《纪念辛亥革命七十周年学术讨论会论文集》（下），中华书局，1983，第1996页。
③ 章太炎：《致留日满洲学生书》，汤志钧编《章太炎政论选集》（上），第485、519—520页。
④ 章太炎：《民国光复》，汤志钧编《章太炎政论选集》（下），第843页。
⑤ 章太炎：《中华民国联合会第一次大会演说辞》，汤志钧编《章太炎政论选集》（下），第532页。

炎在中华民国建立后对革命党"排满革命"造成非汉族群聚居的边疆社会与共和国的疏离有所反思，开始旗帜鲜明地表明对国家非汉族群聚居边疆领土统一的主张。

三　章太炎的边疆建设方略

孙中山在清帝逊位后辞去中华民国临时大总统，设置了附加条件要求把临时政府地点设在南京用以防控袁世凯。章太炎发表意见支持定都北京，指出不能迁都南京的五项利害，其中四害属于边疆因素：

> 以全邦计，燕京则适居中点，东控辽、沈，北制蒙、回，其力足以相及。若徙处金陵，威力必不能及长城以外，其害一也。北方文化已衰，幸有首都，为衣冠所辐辏，足令烝烝丕变。若徙处金陵，安于燠地，苦寒之域，必无南土足音，是将北民化为蒙古，其害二也。逊位以后，组织新政府者，当为袁氏，若迫令南来，则北方失所观望。日、露已侵及东三省，而中原又失重镇，必有土崩瓦解之忧，其害三也。清帝尚处颐和园，不逞之徒，思拥旧君以倡乱者，非止一宗社党也。政府在彼，则威灵不远，足以镇制；若徙处南方，是纵虎兕于无人之地，非独乱人利用其名，蒙古诸王，亦或阴相拥戴，是使南北分离，神州幅裂，其害四也。①

章太炎对定都北京的坚持是建立在对中国历史通识的基础之上的，从国家全局的宏观视野论证定都北京对稳定边疆政局的必要性，警惕边疆国土分裂的危险。章太炎在中华民国创立后抛弃了"种族革命"策略下排除边疆的危险，转而继承清王朝的国家疆域，重新与历史上中国的国家疆域接轨，边疆自然属于国家疆域的主权领土。正是从边疆中国的角度思考定都问题，章太炎支持定都北京的国家政略。1912年1月20日，章太炎与张謇讨论中华民国联合会的政纲，对边疆的治理开始有了具体的方案："东三省、新疆等处，政体当与域内小殊。蒙古、西藏，惟有存其王号，因其神权，设总督以监理之。"② 非汉族群聚居的边疆地区的政教既然与内地不同，

---

① 章太炎：《致南京参议会论建都书》，汤志钧编《章太炎政论选集》下册，第562—563页。
② 章太炎：《与张謇论政书二》，汤志钧编《章太炎政论选集》（下），第553页。

就需要有特别的行政建置。中华民国联合会在 1912 年 3 月 1 日改组为统一党，章太炎在改党大会上揭示了党名的意义所指："外藩尚未亲附，政权兵权尚未集中，故宜标示此义"，① 建设统一的边疆是其政治旨义之一。

章太炎在民初一度拥护袁世凯并寄予厚望，曾经建言袁世凯国家治理要"慎固边疆"。② 章太炎北上与袁世凯合作有认同边疆为共和国领土主权的因素，保持蒙古王公爵位以保国家主权是双方的共识。章太炎对民初袁世凯维护国家在蒙古地区的主权、整合边疆领土给予了肯定，指出："亦会漠北诸藩贰心于俄，故抚柔漠南为慎。惜其后专意南征，弃漠北不顾。然热河、察哈尔、绥远尽设特别区域，漠南比于郡县，袁公功不可没。"③ 民初的边疆危机已经形成外蒙和西藏的分离运动，俄国以《俄蒙协约》策划和支持外蒙"独立"，日本则进一步强化其在东北的殖民利益。1912 年 10 月，章太炎"以事赴三姓，北抵卜魁"，④ 首次亲履非汉族群聚居的边疆故土，以袁世凯总统府"高等顾问"的身份前往东北边疆哈尔滨、齐齐哈尔等地观察形势，为袁世凯的国会选举疏通关系。⑤ 章太炎切身感受到东北边疆主权和领土的危机，发现"日俄经营，不遗余力"，忧虑当政者的"颠顸阘茸，熟视而无睹"。⑥ 章太炎同样批评袁世凯政府的边疆作为，警告当局"漠北不守，则塞外危。塞外危，则长城以南亦无宁宇。壤地丧失，日蹙百里，其异于前清政府者安在？"⑦ 显然把边疆主权和领土的保全作为新旧政府合法性的依据之一。

1912 年冬，章太炎被袁世凯任命为东三省筹边使，其筹边规划"第一统一币政，其次兴矿，其次开垦"。⑧ 章太炎随后精心拟就《东省实业计划

---

① 章太炎：《中华民国联合会改党大会演说辞》，汤志钧编《章太炎政论选集》（下），第 577 页。
② 章太炎：《致袁世凯论治术书》，汤志钧编《章太炎政论选集》（下），第 584 页。
③ 章炳麟：《太炎先生自定年谱》，《近代史资料》1957 年第 1 期，总第 12 号，第 126 页；徐立亭：《晚清巨人传：章太炎》，哈尔滨出版社，1996，第 400 页。
④ 章炳麟：《太炎先生自定年谱》，《近代史资料》1957 年第 1 期，总第 12 号，第 128 页。
⑤ 徐凤晨：《章太炎在长春的"筹边"活动考略》，《东北师大学报》（哲学社会科学版）1986 年第 5 期。
⑥ 《太炎先生之东三省观》，《大共和日报》1912 年 11 月 1 日，转引自姜义华《章太炎评传》，第 239 页。
⑦ 《舆论界慷慨激昂》，《大共和日报》1912 年 11 月 18 日，转引自徐立亭《章太炎在东北》，《北方文物》1990 年第 1 期。
⑧ 章太炎：《统一党第一次报告》，汤志钧主编《章太炎年谱长编》上册，中华书局，1979，第 420 页。

书》，组织勘测资源，并积极招商集资，开展了振兴东北实业的一系列活动。东北是满族发祥故地，辛亥革命前提倡"排满革命"的章太炎任东三省筹边使毫无不适之感。章太炎筹划在东三省兴办实业，考虑的首要问题是"非输入华侨资本，规模难期远大"。① 章太炎计划进行东三省沿边调查，联络海外华侨和内地工商会筹集资金。章太炎照会湖南商工会，希望"南中热心志士，对于东边实业，谅表同情，或能招致巨股，抑或组织机关相与图成"。② 章太炎向三省都督指出："关东地处边陲，天产宏富，久为各列族觊觎，如不及早自图，则必有先我着鞭者。"③ 章太炎希望依靠东三省地方政府筹建东三省实业基金。

章太炎自1912年12月27日离开北京，29日到达长春，1913年1月1日开办公署。④ 章太炎"每驰传宁远、广宁间，念熊襄愍遗事，未尝不抚膺高蹈也"!⑤ 追怀明朝卫戍东北边疆的名将熊廷弼。诗中感叹"何意千载下，弃地如遗锥？"⑥ 章太炎反思明清之际的东北边疆易主，但现实的矛头已经指向俄日侵略者。中华民国建立之后，虽然东北边疆还是"其民羯羠不均"，⑦ 但"排满"已经在章太炎的视野中消失，他全身心投入了中华民国的东北边疆建设。章太炎在长春各界召开的"欢迎章太炎大会"上演说，申言自己的政治责任在于"保全东三省领土主权为务"。⑧ 章太炎在东北筹边期间，主要的实业建设工作有调查东三省垦务、矿务、森林，筹资兴办屯垦、金矿，筹划开凿松辽运河，创办东三省实业银行。章太炎筹边期间还注意到延吉边务，虽然不了解日人所谓"间岛"原本就属于中国领土的确切历史真相，但希望解决"韩人"的国籍问题：

---

① 《为请委任郭同为筹边公署参赞事致袁世凯呈文》（1912年12月12日），吉林省档案馆：《章炳麟出任东三省筹边使档案史料选》，《历史档案》1991年第1期。
② 《为筹边集款招股事致湖南商工会照会》（1912年12月19日），吉林省档案馆：《章炳麟出任东三省筹边使档案史料选》，《历史档案》1991年第1期。
③ 《为筹实业基金事致奉天及吉林都督函》（1912年12月20日）、《为筹措扩垦经费事致黑龙江都督函》（1912年12月22日），吉林省档案馆：《章炳麟出任东三省筹边使档案史料选》，《历史档案》1991年第1期。
④ 《为报东三省筹边公署开办日期给大总统的呈文》（1913年1月1日），吉林省档案馆：《章炳麟出任东三省筹边使档案史料选》，《历史档案》1991年第1期。
⑤ 章太炎：《〈东三省政要〉序》，《章太炎全集》（四），第206页。
⑥ 章太炎：《广宁谣》，《章太炎全集》（四），第246页。
⑦ 章太炎：《〈东三省政要〉序》，《章太炎全集》（四），第205页。
⑧ 《长春各界欢迎章太炎大会纪事》，《盛京时报》1913年2月26日，转引自徐凤晨《章太炎在长春的"筹边"活动考略》，《东北师大学报》（哲学社会科学版）1986年第5期。

韩人侨居延吉者数万口，多以采金为业，请愿归化。政府畏日本，不敢许。余为议曰："间岛之争，中国幸而获直。然处其地者皆韩人，不予归化，名为吾有，其实与日本领土无异，宜速许之。"政府终不敢从。①

章太炎从现代国家主权的视野出发，根据民族国家由国民、领土、主权三个要素结合的政治理论，认为应当承认长期定居中国领土延吉并自愿加入中国国籍的"韩人"的国民权利，避免日本的殖民侵占。以延吉边务为中心的现代国家边疆建设正是此前吴禄贞在延吉的核心工作。

1913年3月20日，宋教仁在上海火车站被刺身亡，章太炎终于意识到革命尚未成功。章太炎1913年6月19日辞去东三省筹边使职务，7月15日东三省筹边公署解散，章太炎的边疆建设最终因缺乏从中央到地方的实质性支持而收效甚微。日本帝国主义于1931年发动九一八事变，占领东北边疆成为侵华战争的开端，中华民族进入严重危机的关头，章太炎认为国民政府对日本侵占东三省"惟有一战"，事关"国家根本之兴废"。② 日本占领东三省后在国际上制造"满蒙本非中国领土"的舆论，章太炎和马相伯联名发表宣言向世界人士宣布：

> 论古来历史，汉时已有辽东（今锦州）、玄菟（今东边道）二郡，明时亦设辽东都指挥司，驻沈阳，是其地原为中国内地，非同藩属。论今日户口，东三省汉人凡二千余万，满洲人不过百余万；若论民族自决，三省正当属汉人，不当属满洲人。再，辽、金、元入主中国，及清康熙与俄订尼布楚五体文约（内有一种为拉丁文），均认为中国土地。③

章太炎和马相伯的宣言从历史事实和国际法两个角度，确证东三省属于中国领土，打破了日本的伪造舆论。章太炎以辽、金、元、清非汉族群建立的中国王朝历史为证，无疑承认了其属于中国历史体系，对汉族族裔

---

① 章炳麟：《太炎先生自定年谱》，《近代史资料》1957年第1期，总第12号，第128—129页。
② 章太炎：《致马宗霍书》，汤志钧编《章太炎政论选集》（下），第826—827页。
③ 《马相伯章太炎联合宣言》，《申报》1933年2月10日。

民族主义有所超越。章太炎的东北边疆建设活动呈现了他从革命党人到现代国家建设者的转型实践，更体现了中国建设现代主权国家中边疆的结构性地位。

四　结语

明末以降的西学东渐，殆至清中叶以来的西力东侵，中国经历了工业化和全球资本主义市场经济体系的渗透，尤以东南沿海区域最为显著，势必影响到中国国家疆域的空间结构。章太炎生逢19世纪末20世纪初中国从前现代向现代巨变的时代，生活于东南沿海区域的浙江余杭，并在此一时空背景中从传统士人转变为近代知识精英。自维新变法运动开始，章太炎投身社会和政治变革的实践，从传统中学和西学中汲取精神资源，把"攘夷匡夏"和民族主义结合起来，最终走上排满的革命道路，力图挽救国家、民族和文化的危机。

章太炎具有坚实的中国传统经学、史学、子学根底，认为"经籍之应入史类而尤重要者，厥维《春秋》。《春秋》三传虽异，而内诸夏外夷狄则一"，[①]熟知中华王朝疆域"夷夏尽有"的空间结构。章太炎以传统的"夷夏之辨"作为反抗清朝统治的思想武器，认为中华民国的疆域只包括汉人居住的以直隶为中心的明代疆界。[②]章太炎曾经向满族人辩白革命政府会平等对待非汉国民，也说明章氏清楚地意识到"排满革命"带来的内地与非汉族群聚居边疆的疏离。"攘夷匡夏"和民族主义结合而成的汉族族裔民族主义形成现实中的国家疆域与想象中的国家疆域内在的冲突，非汉族群聚居的边疆地带是否构成国家主权领土成为章太炎民族主义革命的理论困境。章太炎精研国粹，奠定其排满的民族主义思想基础，通过与梁启超激烈辩论进行广泛的社会政治动员，推动其反清的革命实践，同时又具有抵御西方列强侵略的时代内涵。章太炎参与制定同盟会的《革命方略》，初始支持孙中山和黄兴的东南沿海边疆革命，后来又转向长江中下游的革命方略。中华民国创建之后，章太炎面对主权国家的领土现实，关注满、蒙、回、藏等非汉族群聚居的边疆危机，力主国家统一，在新的历

[①] 章太炎：《论读经有利而无弊》，汤志钧编《章太炎政论选集》（下），第863页。
[②] 杨念群：《"断裂"还是"延续"？——关于中华民国史研究如何汲取传统资源的思考》，《南京大学学报》2013年第1期。

史条件下回归"夷夏尽有"的国家建构模式。章太炎亲赴东三省调查边疆实情，拟定筹边方略，义无反顾地投入东北边疆建设。袁世凯北洋政府的专制腐败终使章太炎的筹边无所作为，但此后在民国前期的政治旋涡中，章太炎的共和国国家建设包含非汉族群聚居的边疆建设是确定无疑的。

（作者单位：四川大学中国西部边疆安全与发展协同创新中心）

"二十一条"要求之汉冶萍公司交涉案述评*

李海涛

内容提要 "二十一条"要求第三号汉冶萍公司交涉案的提出有其深刻的经济、历史背景。汉冶萍对日本钢铁工业的发展具有重大战略意义，包藏着日本巨大的战略利益。民国成立后，北京政府不承认汉冶萍对日借款合同，并强势介入公司事务。汉冶萍为重新构建与政府连接的纽带，主动提出官商合办计划。同时，民初中国社会的动荡局面对汉冶萍的经营产生消极影响，这都对日本在汉冶萍的既得利益构成威胁，迫使其在"二十一条"中提出汉冶萍交涉案。该案以寻求中日"合办"汉冶萍为主要目标，借以强化日本对公司的控制。"二十一条"的签订确立了中日两国政府处理汉冶萍问题的原则，迫使北京政府确认日本在公司的既得利益，并使日本"合法"地取得"合办"汉冶萍的资格。然而，仅凭一纸条约文本无法解开实施汉冶萍"合办"计划的症结，北京政府和社会舆论的态度以及汉冶萍的处境制约着"合办"计划的实现。

关键词 汉冶萍公司 "二十一条" "合办"

1915年1月，为打破列强在华势力均衡局面，确立对华优势地位，日本政府利用一战之机向北京政府提出"二十一条"要求。关于"二十一条"的整体研究，国内学界已取得较多成果，相比而言，对"二十一条"第三

---

* 基金项目：湖北省普通高等学校人文社会科学重点研究基地——长江中游矿冶文化与经济社会发展研究中心招标项目（2014KYWH03）、湖北理工学院优秀青年科研创新团队资助计划项目（13XTR04）。

号汉冶萍公司交涉案的专题研究显得较为薄弱。① 汉冶萍公司只是当时中国一家商办企业，什么原因促使日本政府将它与山东、"满蒙"等重大问题并列，放在中日两国间如此重要的外交交涉中？1912年，日本方面曾提出"合办"汉冶萍计划，迫于种种阻力，未获成功。短短3年后，日本政府为什么又要在"二十一条"交涉中重提"合办"要求？"二十一条"的签订对中日汉冶萍纠纷到底造成什么影响？对这些问题，迄今为止，学界并未进行深入的专题探讨。本文拟对此发表几点浅见，以求教于方家。

一　汉冶萍公司交涉案提出的背景

"二十一条"提出前，据日方陈述，汉冶萍问题是中日遗留下来的历史"悬案"，"非欲另生新事态者"。② 那么，在此之前，日方到底与汉冶萍公司发生了何种联系呢？

中日间围绕汉冶萍公司的争夺由来已久，它与日本钢铁工业的发展息息相关。1896年，日本政府大力发展钢铁工业，创办日本制铁所（亦称八幡制铁所，下文简称制铁所）。制铁所的兴工建设被誉为"划时代的事件"，③ 其在近代日本工业化过程中发挥了举足轻重的作用。1913年，制铁所生铁和钢材产量分别占日本国内总产量的73%和78%。④

但日本是一个铁矿石资源极度贫乏的国家。20世纪初日本政府调查结果显示，其本土铁矿储量总计仅约8000万吨，且分散于全国各地，不易开采。⑤ 如何获取充足的铁矿资源以满足钢铁工业发展需要，成为日本政府无法回避的棘手问题。环顾当时远东地区，只有汉冶萍公司下属之大冶铁矿为大型机采铁矿厂，且储量丰富，与日本一水可通，转运便利。日本政府

---

① 目前学界关于"二十一条"的研究成果十分丰硕，相关论著数以百计。综合分析，现有成果多倾向于整体研究，重点考察"二十一条"的交涉背景、谈判经过、历史影响以及相关人物的作用、列强的态度、社会的反应等问题，但对于"二十一条"交涉案具体内容的专题研究则较为欠缺。特别是对于其中的汉冶萍公司交涉案，相关研究成果未能深入揭示该案的来龙去脉及实际影响。
② 《日本外相加藤高明致驻华公使日置益训令》（1914年12月3日），黄纪莲：《中日"二十一条"交涉史料全编》（以下简称《交涉史料全编》），安徽大学出版社，2001，第18页。
③ 井上清：《日本军国主义》第2册，商务印书馆，1985，第145页。
④ 清水宪一：《官営八幡製鐵所の創立》，《九州国際大学経営経済論集》第17卷第1号，2010年。
⑤ 程文熙：《日本铁矿石之埋藏量》，《中华工程师学会会报》第5卷第12期，1918年。

遂将目光转向了大冶铁矿。1899年，通过《煤铁互售合同》，日本制铁所获得汉冶萍的铁矿石，二者开始发生直接经济联系。1903年后，制铁所的生产逐渐步入正轨，为稳定铁矿来源，日本政府确立了攫夺大冶铁矿的方针："在于使其（指大冶铁矿——引者）与我制铁所关系更加巩固，并成为永久性者；同时，又须防止该铁矿落入其他外国人之手。此乃确保我制铁所将来发展之必要条件。"① 此后，在日本内阁直接干预下，日本金融界、外交界以及工业界通力合作，矢志控制汉冶萍厂矿。以资本为武器，从1904年1月日本兴业银行300万日元预借矿价借款，到1913年12月横滨正金银行1500万日元大借款，十年间，日本对汉冶萍公司借款高达3530万日元。② 相比之下，制铁所从创建到1911年完成第一次规模扩张（年产钢18万吨），耗用资金亦不过约3100万日元。③ 汉冶萍与日本经济利益关系之密切可见一斑，亦足以反映出日本政府对汉冶萍的重视程度。

凭借贷款，到1914年，日本在汉冶萍公司攫取了大量利益。

第一，基本控制了汉冶萍公司的产品流向。如1913年1500万日元借款合同签订后，制铁所要求汉冶萍每年交付的生铁数量为：1919年7万吨，1920年16万吨，1921—1953年每年21.5万—31.5万吨不等，另外，每年还需交送数十万吨的铁矿石。至1953年，总计应交生铁800万吨，铁矿1521万吨。④ 而汉冶萍生铁最高年产量为1924年的179128吨，⑤ 若严格执行合同，所产生铁需全部交给日方。

第二，获得了汉冶萍的部分经营管理权。根据1899年《煤铁互售合同》，制铁所获准在大冶铁矿常驻办事人员。1904年日本兴业银行300万日元借款合同规定大冶铁矿聘用日本矿师。⑥ 1913年，为获得1500万日元大借款，汉冶萍被迫聘用日籍工程顾问和会计顾问各一名，分别由日本制铁所和横滨正金银行选荐。日籍顾问拥有很大权力，按约定，"公司于一切营

---

① 《日外务大臣小村致驻上海总领事小田切第12号机密函》（1903年3月10日），武汉大学经济学系编《旧中国汉冶萍公司与日本关系史料选辑》（以下简称《史料选辑》），上海人民出版社，1985，第44—45页。
② 《加藤致日置益函》（1914年12月17日），湖北省档案馆编《汉冶萍公司档案史料选编》（以下简称《汉冶萍档案》）（上），中国社会科学出版社，1992，第367页。
③ 凡僧：《日本八幡制铁所调查记》，《中华工程师学会会报》第5卷第4期，1918年。
④ 《日本制铁所长官押川则吉致公司董事会函》（1916年8月2日），《史料选辑》，第677—678页。
⑤ 《汉冶萍公司钢铁产量表》，《汉冶萍档案》（下），中国社会科学出版社，1994，第444页。
⑥ 《大冶购运矿石预借矿价正合同》，《史料选辑》，第113—116页。

作、改良、修理工程及购办机器等事",应与工程顾问协商,日常工程事宜,工程顾问"可随时发表意见,关照一切";财务方面,"公司一切出入款项,应允与会计顾问协议而实行"。①

第三,获得了汉冶萍公司全部产业的抵押权。据1913年12月1500万日元借款合同,汉冶萍同意,借款以公司现有及因本借款所添置之动产、不动产、一切财产并将来附属此等财产之所有财产做共同担保,抵押于正金银行。

"二十一条"提出以前,日本钢铁工业和公司实际已经"形成不可分离之关系"。

一方面,汉冶萍成为制铁所最主要的原料来源地。如在铁矿石供应方面,大冶铁矿的输出量在清末民初长年占制铁所消费总量的60%左右。② 汉冶萍公司日籍工程顾问服部渐如此评价大冶铁矿对制铁所的意义:1900年初,中国矿石运进八幡,"从此由中国取得铁矿石一节,便成为八幡制铁所永远事情,原来原料奇缺之情况,至是一变而为十分充足。且大冶铁矿,如前所述,产量极丰,只须由其源源供给,则日本制铁所之原料问题,自可放心"。制铁所的三次扩充工程得以实施并作为国策决定,即因原料问题解决,从而得以完成扩充计划之故。③

另一方面,在钢铁初、中级产品销售方面,汉冶萍严重依赖日本市场。清末民初,中国国内钢铁市场狭小,汉冶萍产品销售严重依赖国外市场。正如盛宣怀所言:"本国制造扩充尚早,我厂非多出货不可,行销非出口不可,故此举实关系成败利钝。"④ 这种客观需要与日本主观需求恰好吻合,造成公司产品销售严重依赖日本市场的现实。如宣统三年(1911)三月至闰六月,公司生铁销售总量为52115吨,其中销往日本42615.5吨,占81.8%,而中国国内连同美国、澳大利亚,总共不足1万吨。⑤

双方这种密不可分的业务联系一度使日本利用辛亥革命之机,提出中

---

① 《汉冶萍公司与日本制铁所、横滨正金银行订立别合同》(1913年12月2日),陈旭麓、顾廷龙、汪熙主编《汉冶萍公司》(三),上海人民出版社,2004,第693页。
② 小林正彬:《八幡製鉄所》,东京教育社,1977,第206页。
③ 《公司日本顾问服部渐追述日本制铁所成立初期对大冶铁矿的垂涎》,《史料选辑》,第3页。
④ 《盛宣怀致李维格函》(1909年11月15日),《汉冶萍公司》(三),第113页。
⑤ 王勋:《汉阳铁厂生铁销场夏季汇报》(1911年5—8月),上海图书馆藏盛宣怀档案,档号012880-1。

日"合办"汉冶萍计划，企图以此建立更为牢固的关系。但由于中国举国上下反对，"合办"计划未能实现。①

然而，令日方最感担心的是，围绕汉冶萍问题，双方的合作自始至终都未得到中国官方认可。1915年前，在汉冶萍问题上，交议双方主要是日本制铁所和横滨正金银行代表的日方以及汉冶萍公司。前者为日本官办企业，而汉冶萍公司从严格意义上讲，只是一家民间企业。但是，中国政府曾在汉冶萍投入巨资，有充足的理由干涉汉冶萍的经营管理。长期以来，汉冶萍与日方的绝大部分协约、合同均未经中国政府备案、批准，而其内容又牵涉中国政府的产业投资安全和行政管理权。所以，这些合同约定到底有多大效力，不免让人质疑。日方所谓"悬案"者，主要即针对此。

19世纪末20世纪初正值钢铁工业在全球迅猛发展之时，钢铁工业是近代物质文明机体中必不可少的重要组成部分，决定着国民经济命脉。汉冶萍对日本经济发展全局具有重大战略意义，这决定了日本政府会不惜代价，彻底确立其对汉冶萍的控制地位。

二 汉冶萍交涉案提出的直接原因

1912年初的中日"合办"汉冶萍风波中，日本寻求"合办"的计划以失败告终。为什么短短两年后日方又重新对北京政府提出公司"合办"要求？笔者认为，1914年前后，来自中国政府、汉冶萍以及中国社会的诸多原因综合作用，迫使日本再次提出"合办"要求。

第一，北京政府对汉冶萍公司借款合同不予承认。如前所述，1915年前，日方与汉冶萍达成的合同绝大部分都是私下进行的，合同签订前中国政府未曾与闻，事后也没有知照中国政府。换句话说，大部分借款合同并未得到中国政府的允准，其合法性遭到质疑。横滨正金银行总理高桥是清曾指出："汉冶萍公司虽为信用昭著之公司，但毕竟是一个私立公司，其信

---

① 前贤对此问题多有研究，参见陈潮《辛亥革命期间中日合办汉冶萍事件初探》（《历史教学问题》1986年第4期）、黄德发《汉冶萍公司中日"合办"事件试探》（《中山大学学报论丛》1988年第3期）、杨华山《论南京临时政府期间汉冶萍"合办"风波》（《学术月刊》1998年第11期）和孙立田《民初汉冶萍公司中日"合办"问题探析》（《历史教学》1998年第3期）等。

用当然不能与政府之信用等量齐观。"① 对1913年12月的1500万日元大借款，农商部获知消息后表示不予承认："此项借款无论是否预付铁砂或生铁价目，抑系单纯借款，必须先呈本部核准方准签字，否则无效。"② 该局面正如日方在汉冶萍的联络人高木陆郎所担忧的："最近十余年来，日本向公司所投之资本实已不少，特别是去年末借款合同成立，更使之倍增。但中国政府迄今未予以承认，从而使该项合同不免处于不稳之地位。"③ 迫使北京政府承认已签订的借款合同，从而承认日本在公司的既得利益，这是日本政府首先必须解决的问题。

第二，中国政府着手整顿汉冶萍公司。民国初年，刚成立的北京政府规划全国经济建设，特别将钢铁工业正式作为国家的"基本产业"，表示应该"切实提倡，全力注之"。④ 钢铁工业建设由此受到国家的高度关注，张謇的"棉铁主义"就是在此背景下出台的。发展钢铁工业，成本最低的莫过于利用已有的设施。汉冶萍经过20多年发展，积累起雄厚的物质基础，况且最初它就是依靠国家资本创建的。基于这层历史关系，北京政府对汉冶萍公司抱有浓厚兴趣，它对公司事务的整顿干涉一直没有停止，特别是将汉冶萍收归国有的主张弥漫于农商部。1914年11月，北京政府实行铁矿国有政策，⑤ 这是中国政府为加强钢铁资源管理所施放的一个重要信号，对日本抢夺中国铁矿资源的行为构成严重威胁。在日方看来，在汉冶萍问题上，但凡中国政府力量的介入都将增加日后处置汉冶萍纠纷的难度，中国政府的这些行为对其既得利益构成威胁，它不能坐视不管。

第三，汉冶萍主动寻求北京政府介入公司经营管理。辛亥革命后，盛宣怀失势。清廷被推翻，汉冶萍连接政府的脐带被剪断，失去了与政府沟通联系的桥梁。汉冶萍在生产秩序维护、资金筹集以及产品销售等方面的特权不复存在。不仅如此，北京政府初期的当政者，特别是交通部的实权人物，许多都与盛宣怀有政治过节，这对公司生产经营管理造成诸多不便。

---

① 《日正金银行总理高桥是清复驻北京董事小田切函》（1911年3月9日），《史料选辑》，第192页。
② 《北洋政府农商部致公司蒸电》（1914年1月10日），《史料选辑》，第485页。
③ 《日外务大臣加藤致驻北京公使日置益函》（1914年12月17日），《史料选辑》，第544—545页。
④ 刘揆一：《工商会议开会日刘总长演说词》，工商部编《工商会议报告录》，北京共和印刷有限公司，1913。
⑤ 《张謇等关于铁矿国有条陈》，中国第二历史档案馆藏，全宗号1038（2），案卷号重165。

对一家大型钢铁企业而言，在任何时候，缺乏政府的奥援，其结果都是不可想象的。1912年，公司提出国有申请，但未获成功。1913年，盛宣怀当选公司董事长，重新控制大权。以盛氏为首的公司管理层利用北京政府对钢铁业的重视，希望政府介入公司经营管理，以此寻求政府的庇护，重新构建公司与政府的联系纽带。国有案一旦实现，无疑对公司发展大有裨益，这在盛氏致其姻亲孙宝琦的私人信函中表达得非常明确，例如，可以筹集1000万元"活本"，调和地方矛盾，以及借助政府之手保护国内钢铁市场等，这些都是"必有求于政府"才能完成的事。① 因此，汉冶萍管理层积极促成此事。

1914年2月2日，汉冶萍董事会向农商部提出官商合办案，拟以官欠作为股份，② 以相关政府部门为股东，将公司与各部门的债务关系改为股权关系，借此寻求中央及地方政府对公司事业的扶持，并减轻公司债务负担。官商合办案若实现，将极大削弱日本对公司的控制力。3月5日，日本政府表达了对汉冶萍官商合办案的反对态度。7日，汉冶萍公司股东大会顶住日方压力，通过官商合办案。③ 虽然日方对此极为震怒，但官商合办案依然继续进行。4月13日，公司董事会正式呈文国务院和农商部，请求官商合办，以此前公司积欠的国家款项扣除辛亥革命损失，剩余部分充当汉冶萍国家股份，另外，由北京政府筹借银1000万两，扩充公司规模。④ 5月25日，北京政府派调查员曾述棨等人赴上海调查公司情形。7月20日，曾递交调查报告。8月5日，张謇就此事发表意见，力主"国有"，暂以"官商合办"为过渡，国家入股后，将修改与日本订立的合同，加强管理，并最终通过国家控股方式实现汉冶萍国有。⑤ 12月11日，袁世凯北京政府饬令江海关监督施炳燮再次彻查公司历年办理情形。而到此时，日方已在密谋通过"二十一条"解决汉冶萍问题。

官商合办案是对日本控制汉冶萍图谋的严重威胁，因其主要以前清政

---

① 《盛宣怀致孙宝琦函》（1914年3月22日），《汉冶萍公司》（三），第819页。
② 截至1914年，汉冶萍借用官款计洋11391283元，其中包括预支邮传部轨价200万两，四川铁路公司轨价100万两，借交通、大清银行及各省官钱局160余万两，这些都是公司遗留的前清旧欠。
③ 《公司董事会致国院、农商部电》（1914年3月7日），《汉冶萍档案》（上），第309页。
④ 《公司董事会呈国务院、农商部暨鄂都督、省长文》（1914年3月9日），《汉冶萍档案》（上），第309—310页。按：该文实际缮发时间在4月13日。
⑤ 《北洋政府农商部总长张謇呈大总统文》（1914年8月5日），《史料选辑》，第505—506页。

府债务入股，基本无须北京政府现金投入（筹措流动资金除外），加上在中央有以张謇为首的农商部的极力支持，所以并非不具有操作性。一旦官商合办案成功实现，日本在处理公司问题时将不得不以中国政府为交涉对象，势必增加控制的难度。这是日本政府最忌讳和极力避免的情况。

第四，社会动乱危及汉冶萍公司产业安全与正常生产经营。民初中国社会的混乱局势对汉冶萍生产经营造成严重干扰。一方面公司受战争冲击，损失巨大；另一方面，中央及地方干扰使得公司长期不能恢复正常生产。日方深知，一旦汉冶萍产业被中国地方瓜分，或无法按预定计划缴纳生铁、矿石，将严重影响日本钢铁生产。所以早在武昌起义期间，为保证原料供应，日本海军就奉令保护公司产业。① 1915年5月，日本在解释"二十一条"中"合办"汉冶萍的缘由时指出："中国政府种种设法妨害公司事业，不特公司事业不能见发达，并且有公司前途不堪寒心者。"并列举了大量"中国政府迫害公司之实例"，如"迫害江西萍乡煤矿"、"湖南都督留难运煤船案"、汉冶萍采矿优先权被侵害、厂矿被勒索矿税等。② 虽然这是日本为"合办"寻找借口，但所述情事的确对汉冶萍生产经营造成严重负面影响。若听任这种情况继续蔓延下去，将对日本国家利益构成严重威胁。

基于以上几点，日方感到其在汉冶萍公司的利益还不稳固，还需要提防中国各方面的反抗和威胁，用日本人的话来讲，汉冶萍问题需要一个根本解决。而一战爆发后，日本政府大力发展钢铁工业，日本制铁所开始谋划更疯狂的扩张计划，拟将钢产能从1911年的35万吨扩张至65万吨。③ 这更要求日本政府必须确保廉价原料的稳定供应。

三　汉冶萍交涉案对中日政府在汉冶萍问题上的权限界定

1915年1月18日，日本驻华公使日置益向北京政府提出"二十一条"交涉原案，关于汉冶萍公司的权益要求主要包括以下三点。

第一，明确提出汉冶萍"合办"要求，提出"俟将来相当机会，将汉

---

① 《斋藤海军大臣致第三舰队司令官电令》（1911年11月25日），邹念之编译《日本外交文书选译——关于辛亥革命》，中国社会科学出版社，1980，第124—125页。
② 《日本政府要求汉冶萍公司中日合办缘因（节略）》（1915年5月），《汉冶萍公司》（三），第944页。
③ 长岛修：《官営製鐵所の拡張計画——第3期拡張工事の経営史的分析》，《立命館経営学》第49卷第5号，2011年。

冶萍公司作为两国合办事业"。第二，在公司经营管理上，要求充分尊重日本的意愿，规定"未经日本国政府之同意，所有属于该公司一切权利产业，中国政府不得自行处分，亦不得使该公司任意处分"。第三，要求公司产业不能受到侵犯，避免间接损害日本利益，要求中国政府承诺，"所有属于汉冶萍公司各矿之附近矿山，如未经该公司同意，一概不准该公司以外之人开采"。①

汉冶萍交涉案最核心的内容是寻求北京政府对中日"合办"汉冶萍公司的许可。日方曾明确指出："日本政府认识公司之利害与日本资本家之利害互相一致。如欲公司事业之发达昌荣，则应由中日两国政府设法特别保护维持为要。其根本解决方法，即将公司作为中日合办组织为最良方策。"② 不难预见，"合办"计划一旦实现，日本方面就可以通过持有公司股份的方式，公开、直接、合法地参与汉冶萍经营管理，甚至可以名正言顺地对汉冶萍提供武力"保护"，从而排斥中国政府对汉冶萍事务的干预，为将汉冶萍打造成稳固的原料基地奠定坚实基础。对此，日本政界元老井上馨曾对盛宣怀毫不隐讳地言明："倘欲保障贵公司事业之强固发展，铁矿供给之安稳履行，并增进股东之利益，只有中日合办为第一上策。"③

汉冶萍"合办"计划是日本的夙愿。早在1908年秋，日本内阁总理大臣桂太郎在接见东游日本的公司总理盛宣怀时，就提到中日"合办"汉冶萍公司的计划。当时盛氏未置可否。④ 1912年初，中日"合办"汉冶萍风波轰动一时，因遭到举国反对而流产。但日方并不死心，他们认为，1912年"合办"失败的主要原因在于，"合办"合同为汉冶萍公司与日本资本家之间签订，"此次如再以公司为对手而签订同样之合同，无论如何已不可能，而且即令公司同意，中国政府对此必加以反对，此诚易明之理。"⑤ 所以，事隔三年之后，日本政府转而以中国政府为交涉对象，在"二十一条"中提出汉冶萍"合办"案。

面对日置益的要求，北京政府认为汉冶萍公司为中国的商办企业，"政

---

① 《日本公使日置益提出的"二十一条"要求原案》（1915年1月18日），《交涉史料全编》，第21—22页。
② 《日本政府要求汉冶萍公司中日合办缘因（节略）》（1915年5月），《汉冶萍公司》（三），第946页。
③ 《井上馨致盛宣怀函》（1915年5月下旬），《汉冶萍公司》（三），第943页。
④ 《盛宣怀〈东游日记〉节录》（1908年），《史料选辑》，第286页。
⑤ 《日外务大臣加藤致驻北京公使日置益函》（1914年12月17日），《史料选辑》，第545页。

府未与该公司商定，不便径自代为处置"，不同意由政府做主，将汉冶萍改为中日"合办"企业；并表示，如果由汉冶萍主动提出，就现有事业愿意与日本商人合办，在不违背中国法律的前提下，"中国政府届时自可允准"，① 显然，此举意在推脱责任。

关于"二十一条"交涉经过，笔者兹不赘述。5月7日，日本政府发出最后通牒，要求北京政府接受修订后的"二十一条"要求。在日本强大的军事外交压力下，9日，袁世凯政府屈服。5月25日，北京政府外交部发出《关于汉冶萍事项之换文》，声明：中国政府因日本国资本家与汉冶萍公司有密切之关系，如将来该公司与日本国资本家商定合办时，可即允准；又，不将该公司充公；又，无日本国资本家之同意，不将该公司归为国有；又，不使该公司借用日本国以外之外国资本。②

西方学者曾形容，通过"二十一条"，"日本的收获是画饼充饥"，认为"汉冶萍公司负债累累，无利可图"。③ 笔者认为，用"画饼充饥"来形容日本通过"二十一条"攫取的权益未免不当。至少在汉冶萍公司问题上，日本政府亦绝非"无利可图"，其对公司的侵夺，不在于眼前的经济利益，而是为其钢铁工业发展奠定坚实的原料基础，是基于长远的战略考虑。

《关于汉冶萍事项之换文》的签订划定了中日政府在汉冶萍问题上的基本活动原则，对中日汉冶萍问题交涉产生重大影响。

对中国而言，北京政府公开整顿汉冶萍公司、将公司收归国有的做法被禁止。从民国成立到"二十一条"签订，中国社会各界要求政府介入公司经营管理的呼声不曾间歇，北京政府对汉冶萍进行改组整顿的计划也一直在酝酿之中。"二十一条"签订后，该议论顿时烟消云散。

对日本而言，该换文实质上迫使北京政府接受了以往汉冶萍对日借款合同，承认其既得利益，并使日本"合法"地取得了"合办"汉冶萍的资格，汉冶萍"合办"计划由此被再次提上议事日程。另外，自"二十一条"交涉案被曝光，汉冶萍公司又一次被推至风口浪尖，媒体关于公司的新闻报道、调查报告以及历史评论连篇累牍，公司与日本十余年的交往内幕被公开。日方在交涉中撕下面纱，对汉冶萍的侵夺从此从幕后走向台前，手段更加赤裸裸。

---

① 《中国第一次修正案》（1915年2月9—12日），《交涉史料全编》，第25页。
② 《关于汉冶萍事项之换文》（1915年5月25日），《交涉史料全编》，第189页。
③ 吉尔伯特·罗兹曼主编《中国的现代化》，江苏人民出版社，1988，第299页。

四　汉冶萍交涉案无法解开汉冶萍中日"合办"计划的症结

日本前首相吉田茂认为,"对华二十一条的要求只是引起了以美国为首的列强的激烈反对,和激起了中国的排日运动,结果,以一无所获而告终"。① 日本以武力为后盾,在谈判桌上虽能压服中国政府,但是,汉冶萍"合办"计划绝非轻而易举即可实现。这其中有着条约文本所不能解决的问题,主要表现在以下三个方面。

第一,北京政府一贯的反对态度。"二十一条"的签订是国际强权政治的产物,北京政府主观上并不认同汉冶萍中日"合办"。条约签订后,北京政府密切关注"合办"计划的事态发展,防止计划被提议与实施。1915年5月下旬,获悉公司召开股东大会,农商总长周自齐密电上海地方当局:"汉冶萍开会选举会长,恐有人提议合办等事,务望密劝股东不可提及,并运动报馆严切警戒。"② 北京政府由在外交上公开反对"合办"转为对内秘密胁迫公司。

在汉冶萍公司"合办"计划的问题上,北京政府的态度具有相当大的权量。汉冶萍产业地跨沪、鄂、湘、赣数省,纵横千余里。在如此辽阔的地域里,任何人都清楚,稳定的秩序是维系汉冶萍正常运营的前提。虽然日本可以迫使北京政府在条约文本上允准中日"合办"汉冶萍,却不能够要求北京政府对公司的生产经营提供切实保护。汉冶萍依赖北京政府之处很多,一旦无视其态度,强行通过中日"合办"案,那么,顺应全国舆论,北京政府势必从中作梗,利用公司官欠问题、矿权纠纷问题、煤焦运费问题等,怂恿地方,对公司生产经营进行种种刁难,这足以撼动汉冶萍营业的根本。这是日方所不愿看到的。北京政府的这种阻力是隐性的,然一旦显现,后果不堪设想。它的破坏力已在民国初年各地方争夺汉冶萍产业的纠纷中体现一斑。

第二,社会舆论的抵触情绪。"二十一条"的提出,在全国引起一片拒日、反日声浪。③ 中国社会舆论一向反对汉冶萍"合办","二十一条"的签订更增强了这种抵触情绪。从1912年的汉冶萍"合办"风波看,中国社

---

① 吉田茂:《激荡的百年史》,孔凡、张文译,世界知识出版社,1980,第34页。
② 《北京周自齐致杨［晟］电》(1915年5月20日),《汉冶萍公司》(三),第1320页。
③ 李永春:《"二十一条"交涉期间的政府外交与社会舆论》,《求索》2007年第9期。

会舆论是一支不可小觑的力量，它甚至可以决定"合办"计划的成败，这已经为实践所验证。事隔仅三年，无论是中日两国政府，还是汉冶萍公司管理层，对此都了然于胸。慑于舆论力量，三方均不敢轻举妄动，公然将"合办"案付诸实施。否则，汉冶萍将在中国社会被彻底孤立，后果不堪设想。盛宣怀私下称："中日合办，股东赞成者甚多，只以迫于社会上之反对，未敢公然发为问题。"① 日本方面也认识到："汉冶萍公司日中合办系时间问题，迟早必定实现，此亦为中国朝野任何人所不置疑之事，北京政府以及公司股东均有此感。但对签字者，要受到舆论攻击而被称为卖国贼，并会遭到社会上非常之迫害，此亦为人所深知。"②

第三，条约文本为汉冶萍公司"合办"计划设定的困境。根据《关于汉冶萍事项之换文》规定，汉冶萍"合办"案是否实行，取决于汉冶萍自身的态度。当公司与日本国资本家商定合办时，中国政府可即照准。这是北京政府为规避责任所设的陷阱，将实施"合办"案的决定权推给汉冶萍。然而，若汉冶萍擅自提出"合办"案，必将面临社会舆论的谴责和北京政府的制裁，承担出卖民族利益的责任。对此，高木陆郎洞悉个中曲直："不久前中日交涉时，北京政府即将此责任完全归之于公司股东盛宣怀，以避日本交涉之锐锋。故日本对盛进行合办交涉，对盛强行要求，乃日本恰坠北京政府权术中，而使盛独受其苦。"③ 盛宣怀对此当然心知肚明，故绝不敢冒天下之大不韪，主动提出"合办"案。

以上三个方面，都对"合办"计划的实施造成阻碍。这是日方始料未及的。

但日方最初并未意识到这些问题。为促成"合办"计划，当"二十一条"尚在交涉时，日方就私下同汉冶萍公司管理层接洽。1915年3月6日，横滨正金银行驻北京董事小田切万寿之助致电盛宣怀，大谈"合办"的好处。④ 28日，盛宣怀复电表示反对，理由大致包括公司股东反对，且一国合

---

① 《盛宣怀致孙宝琦函》(1915年6月1日)，《汉冶萍公司》(三)，第947页。
② 《高木陆郎自上海向日外务省及正金银行提出的意见书》(1915年11月26日)，《史料选辑》，第621—623页。
③ 《高木陆郎自上海向日外务省及正金银行提出的意见书》(1915年11月26日)，《史料选辑》，第621页。
④ 《北京小田切万寿之助致盛宣怀电》(1915年3月6日)，《汉冶萍公司》(三)，第1317页。

办，其他各国会群起效尤，进而危及汉冶萍生产。① 5月13日，盛宣怀复函日本元老井上馨，再次对"合办"案提出异议，理由大体与3月28日电文一致。②

然而，盛宣怀此时反对合办，其实有着不可告人的秘密。因为在"二十一条"签订后，他秘密与北京政府协商通惠借款，希望变相获得北京政府的援助。③ 然而，随着交涉推进，北京政府企图利用通惠借款控制公司的企图日渐显露，又遭到盛宣怀的抵制。10月，盛宣怀故意将通惠借款合同透露给日本驻公司会计顾问，并假借股东联合会之手表示反对，最终通惠借款因日本的抗议而未能施行。④ 但盛宣怀两面三刀的行为引起日方的强烈不满。

1915年10月30日，正金银行总行指示驻上海分行："日本方面相信，改变汉冶萍公司组织，进行日中合办，对双方均最为安全有利。即希从速协定合办案，其所需资金，不论若干，日本决心以现金支付。"⑤ 11月，日本政府要求驻华各相关机构必须尽快实现汉冶萍"合办"计划。正金银行总行明确指出，"当前最紧要之事为秘密协定有关合办条件之内容"。⑥ 对此，盛宣怀仍然表示反对，不愿协商，提出应由北京政府承担施行合办的责任，建议"日本应使北京政府通知公司：日本合办之提议，股东若无异议，政府也就没有异议，因而即可征询股东意见"。⑦ 即要求北京政府先摆明态度，以推卸出卖利权的责任。这实际上又回到"二十一条"开议前的局面，而北京政府势必会如从前，以汉冶萍系商办公司、不便干涉作为推辞。

这一僵持局势引起一些局内人的反思。对日本而言，保障廉价原料的稳定供应是其在汉冶萍问题上的最终目的，"合办"只是解决问题的一种手段。实行"合办"计划会刺激中国社会，从而危及汉冶萍生产经营，进而影响公司对日本的原料供应。北京政府也会将合办的责任推给汉冶萍，在

---

① 《盛宣怀复小田切电》（1915年3月28日），《史料选辑》，第568页。
② 《盛宣怀致井上馨函》（1915年5月13日），《汉冶萍公司》（三），第928—929页。
③ 1915年6月，北京政府利用汉冶萍资金紧张，请求维持的机会，决定由通惠实业公司发行债票，每年拨付汉冶萍300万元，4年共1200万元，政府贴息6厘，汉冶萍贴息2厘，是为通惠借款。
④ 《日正金总行致儿玉函》（1915年10月29日），《汉冶萍档案》（上），第386页。
⑤ 《日正金银行致上海分行经理电》（1915年10月30日），《史料选辑》，第613页。
⑥ 《日正金银行致上海分行》（1915年11月14日），《史料选辑》，第616页。
⑦ 《日正金银行上海分行致横滨总行电》（1915年11月6日），《史料选辑》，第614页。

这种情形下顺势对公司经营制造种种障碍，也会赢得全国舆论的支持。所以一些了解内情的人权衡利益得失，认为"合办"条件并不成熟。如盛宣怀早在1915年3月、5月的两封电报里就曾反复告诫日方，在公司问题上，日本须计较实在利益，勿徒骛虚名，"以铁矿足供所求为第一要义，借款公司、利源稳妥为第二要义"。① 小田切11月19日亦报告："就今日盛宣怀及汉冶萍之地位言，要其具有违抗中央旨意，拒绝任何通惠借款条件，决定中日合办之勇气，无论如何不可想象。"② 高木陆郎11月26日认为："关于汉冶萍日中合办事，盛宣怀之意见和希望，在于北京政府之决心；不然则与其流于形式，还不如向实质上之合办迈进为妥"，即在公司多聘用日本人，"在日中人员联合任职下，即可达到事实上之日中合办"。③ 归结这些观点，日方亲自参与"合办"交涉的人士认为，与其为追求"合办"的虚名而使公司遭受损失，倒不如在公司安插人员，寻求实在利益。

小田切、高木等人的意见最终被日本政府采纳，1916年后，日本政府暂时搁置了汉冶萍"合办"计划。当年，汉冶萍公司修订的章程重申："本公司专集华股自办，不收外国人股分，凡附本公司股分者，不论官商士庶，均认为股东，一律看待。"④ 实质上否定了"合办"计划。而事后，中国社会舆论也认识到日本追求实际权利的危害性远远大于条约本身，如1926年一篇名为《汉冶萍与日本》的文章分析指出，日本通过向中国暗中借款的方式，霸占了中国铁矿石和煤炭产额的90%和27%，惊呼："吾人毋徒事于二十一条要求之奔走绝呼，要知日人之暗中借款与中国，其计实较毒于二十一条之要求也。"⑤

需要指出的是，日本政府主动"退让"，放弃汉冶萍"合办"，也与盛宣怀提议由汉冶萍公司和日本合作，在其本土创建一家新炼钢厂有关。1915年3月，在日本咄咄逼人寻求"合办"计划时，盛宣怀向小田切建议："将来倘在门司等处择地开一钢厂，以中铁就日煤，使钢料足用，贵国工艺可

---

① 《盛宣怀致井上馨函》（1915年5月13日），《汉冶萍公司》（三），第928—929页。
② 《日正金银行驻北京董事小田切致总经理井上第282号函》（1915年11月19日），《史料选辑》，第606页。
③ 《高木陆郎自上海向外务省及正金银行提出的意见书》（1915年11月26日），《史料选辑》，第624页。
④ 《商办汉冶萍煤铁厂矿有限公司修正章程》（1916年），上海档案馆藏盛宣怀档案，档号Q322-1-176。
⑤ 《汉冶萍与日本》，《太平导报》第24期，1926年。

期早兴,不特毋求欧美,且可减轻成本,使东方各国愿购日货,利莫大焉。"① 该建议随着汉冶萍"合办"案的搁置而被日方采纳,得以付诸实行。1916年8月,汉冶萍公司与日商安川敬一郎签订合同,合作成立九州制钢公司。双方股份各半,汉冶萍的股本以预借生铁价值形式由日本贷给。在日本本土合办炼钢厂,对汉冶萍而言,一方面可为将来下属之大冶钢铁厂的生铁产品寻求出路,另一方面可以满足日本掠取生铁原料的要求,并可避开中国各界对汉冶萍"合办"案的反对态度,其阻力相对要小很多。

综上所述,"二十一条"提出前,基于国内钢铁工业发展的需要,日本政府虽在汉冶萍公司攫取了大量权益,基本控制了公司生产经营,但鉴于动乱的社会形势,以及北京政府与公司的一系列整顿、合作活动对其既得利益构成威胁,遂在中日"二十一条"要求中着重提出汉冶萍交涉案,希图借此强化对公司的掌控。"二十一条"的签订对中日汉冶萍纠纷产生重大影响。它实质上迫使北京政府承认日本在公司取得的既得利益,确立了中日两国政府在汉冶萍纠纷问题上的基本立场,使日本"合法"地取得了"合办"汉冶萍的资格,为其日后公开干涉公司事务打下基础。但是,由于中国政府反对合办的主观态度没有改变,加上中国社会舆论强烈的抵触情绪,以及公司本身不敢担当出卖民族利权的责任,使得"二十一条"无法解开实施汉冶萍"合办"计划的症结。这最终迫使日本对汉冶萍公司采取了追求实际控制权的侵略手段。

(作者单位:安徽工程大学思政部)

---

① 《上海盛宣怀致小田切电》(1915年3月28日),《汉冶萍公司》(三),第1318—1319页。

特殊的城乡关系

——从1955—1956年上海动员农民回乡运动看新中国成立初期上海与周边省份关系

阮清华

内容提要 为了将上海改造成"生产基地",1955年上海市委提出"紧缩上海"计划,要求大量疏散上海人口,其中数十万人被当成"农民"疏散到江浙皖等上海周边地区。市委认为上海为新中国建设做出了巨大牺牲和贡献,江浙皖等周边省份有义务协助上海安置"剩余人口"。实际上上海将江浙皖等周边地区都视作农村,使之成为上海这个大城市疏散人口的安置地,从而形成一种特殊的城乡关系,而且开启了将城市人口疏散到农村进行安置的人口流动新模式,影响至为深远。

关键词 紧缩上海 生产基地 人口安置 城乡关系

近代上海城市的快速发展与其优越的地理位置以及广阔的纵深腹地紧密相关,[①] 开埠以后源源不断涌入的外来移民则为城市的快速扩张提供了廉价而丰富的人力资源。近代上海人口从开埠初期的50万增加到1930年代的300多万,1949年前后更是增加到500万。[②] 增加的人口主要是外来移民,尤其是上海周边的江浙两省移民,据统计,1930年代的上海人口中,来自江苏省(包括上海本地人后裔)的人口占上海总人口的53%,来自浙江的

[①] 讨论上海与周边地区关系的研究主要有:罗兹·墨菲《上海——现代中国的钥匙》,上海社会科学院历史研究所编译,上海人民出版社,1986;戴鞍钢《港口、腹地与城市——上海与长江流域经济关系的历史考察(1843—1913)》,复旦大学出版社,1998;熊月之《上海通史——导论》,上海人民出版社,1999;等等。

[②] 邹依仁:《旧上海人口问题的研究》,上海人民出版社,1980,第90页表1。

占34%，两省籍人口占到总人口的87%。① 在上海近百年的发展中，"到上海去"成为一代又一代上海周边人的梦想，"人口有余，则移之上海；职业无成，则求之上海"。② 上海成了周边地区解决人口过剩和就业困难的蓄水池，为近百年来江浙两省人口持续外流的最大目的地。但是1949年以后，随着中共中央决定将城市由"消费的中心"改造成为"生产基地"政策的贯彻实施，③ 不仅江浙人口进入上海的通道越来越狭窄，江浙地区反而成了上海人口疏散的最重要承载地；而且在这一过程中，一种特殊的城乡关系开始形成并凸显，即上海视自己为大城市，而将整个江浙地区都视为农村。上海认为江浙必须为上海城市职能的转变承担接收和安置上海"多余人口"或曰"剩余人口"的任务。这一特征最为突出地表现在1955—1956年上海动员农民回乡生产运动中，本文即以此次运动为切入点，分析新中国成立初期上海与周边地区新"城乡关系"的形成及其影响。

一 政策出台

1949年解放军进驻上海后，中共上海市委和上海市人民政府为了打破国民党对上海的封锁，于同年8月上海市第一届人民代表会议上正式提出了包括紧缩人口在内的"六大任务"，正式确立"紧缩上海"的方针。④ 实际上，上海人口疏散从解放军进驻上海不久即已开始，1949年6月上海市军管会和市政府收容散兵游勇7000多人遣送出境；从5月底到8月，上海市共计疏散难民40余万人回乡。⑤ 8月以后，上海开始将部分工厂、学校及人员内迁；⑥ 与此同时，上海通过改造游民妓女等方式，将数以万计的各类"游民"外迁到苏北、皖南甚至甘肃、青海等地进行安置；同时又以支援内

---

① 卢汉超：《霓虹灯外——20世纪初日常生活中的上海》，段炼等译，世纪出版集团、上海古籍出版社，2004，第34页。
② 方鸿铠、黄炎培：《川沙县志》，转引自卢汉超《霓虹灯外——20世纪初日常生活中的上海》，第35页。
③ 1949年毛泽东在中共七届二中全会上第一次明确提出，"将消费的城市变成生产的城市"是即将成立的新政权的基本任务。参见《毛泽东选集》第4卷，人民出版社，1991，第1428页。
④ 中共上海市委党史研究室编《历史巨变1949—1956》（2），上海书店出版社，2001，第573页。
⑤ 阮清华：《上海移民江西垦荒研究（1955—1956）》，《中共党史研究》2014年第11期。
⑥ 中共上海市委党史研究室编《历史巨变1949—1956》（2），第573—574页。

地工业建设以及安置失业工人等的名义,将大量失业工人和壮工遣散到内地进行安置。① 但是,此时期进入上海的人口仍在大量增加,1955 年 4 月上海总人口达到 699 万,比 1949 年增加近 200 万人。②

而随着国家优先发展重工业战略的实施,"一五"计划中的重点工程基本都安排在内地或原料产地,或矿产资源和能源丰富的地区,上海不仅未能成为国家工业建设的重点地区,并且被要求充分利用和改造现有工业基础,支援全国重点工业和国防工业的建设。③ 对于那些与工业生产关系不大的行业如服务业、娱乐业以及与之相关的各种产业则必须进行改造、压缩,这意味着将有大量人口从那些需要被改造的行业中淘汰出来。毛泽东在中共七届二中全会上明确提出:"只有将城市的生产恢复起来和发展起来了,将消费的城市变成生产的城市了,人民政权才能巩固。"④ 从此,"变消费的城市为生产城市"⑤ 成为人民政府城市改造的基本目标,即人民政府要把城市由为旧统治阶级和有钱阶级服务的"消费的中心"改造成为广大人民群众服务的"生产基地"。⑥ 而要实现这一目标,就意味着大量服务行业从业人员以及各种"非生产性人口"都不能继续存在于城市中。同时随着"一五"计划的执行,大规模工业建设全面铺开,全国粮食供应开始出现困难,毛泽东和中共中央一再要求压缩城市粮食供应,⑦ 上海亦准备于 1955 年开始实行城市居民口粮计划供应。⑧ 因此,为了减少城市消费人口和城市粮食消费,将城市改造成社会主义的"生产基地",1955 年 7 月上海市委发布"紧缩上海"的指示,要求采取"严格限制迁入、积极鼓励迁出"的方针,在 1955 年下半年和 1956 年上半年疏散全市人口 50 万—100 万人。⑨

---

① 阮清华:《上海游民改造研究 (1949—1958)》,上海辞书出版社,2009,第 131—144 页;阮清华:《上海移民江西垦荒研究 (1955—1956)》,《中共党史研究》2014 年第 11 期。
② 《市委关于加强本市户口管理与逐步紧缩人口的指示》(1955 年 7 月 1 日),上海市档案馆藏档(以下简称沪档,仅注档号),档号:B168-1-860。
③ 中共上海市委党史研究室编《历史巨变 1949—1956》(2),第 576—577 页。
④ 毛泽东:《在中国共产党第七届中央委员会第二次全体会议上的报告》(1949 年 3 月 5 日),《毛泽东选集》第 4 卷,第 1428 页。
⑤ 这是《人民日报》1949 年 3 月 17 日社论的题目。
⑥ 关于中共城市政策的形成背景、过程与影响,笔者有专门论述,见阮清华《建国初期中共对城市社会闲杂人员的处理研究》(未刊稿)导论部分。
⑦ 杨继绳:《统购统销的历史回顾》,《炎黄春秋》2008 年第 12 期。
⑧ 汤水清:《上海粮食计划供应与市民生活 (1953—1956)》,上海辞书出版社,2008,第 9 页。
⑨ 《市委关于加强本市户口管理与逐步紧缩人口的指示 (草稿)》(1955 年 7 月 1 日),沪档:B2-2-10。

"紧缩上海"的主要措施包括两方面：一是加强户口管理，限制外地人口的继续流入；二是有组织地大力疏散上海人口。根据上海市委的统计，1955年上海全市人口699万人，其中基本人口即"在工业、建筑业和有全国意义的高等学校、铁路、海运、空运、港口等工作的人员"118万，只占全市总人口的16.99%；服务人口，即"在商业、市政企业、文教卫生部门等工作的人员"为119万余，占17.14%；农业生产人口20余万，占2.49%；其他"非在业人员"如儿童、学生、老人、一般无劳动能力的人口和失业人口、临时人口为440万余，此即所谓"消费人口"，占62.93%。市委认为"这显然是很不合理的"，因此必须对现有人口进行清理和疏散。①

市委认为疏散上海人口的主要方式就是组织劳动力到外地就业：失业工人与待业知识青年等去外地支援工业建设；农民和职工家属有条件的回乡生产，无条件的移民垦荒；游民、社会渣滓和犯人强制遣送到外地劳动改造。市委认定，在近几年增加的上海人口中，有90多万来自农村，其中又有80万左右在家乡"有土地房屋等生产资料"，适合动员回乡生产，因此至少可以动员40万农民回乡。动员农民回乡人数占到全部计划疏散人口的一半以上，成为紧缩上海中最重要的人口疏散方式。② 7月2日市委办公厅即针对性地提出了动员外来城乡居民回籍生产方案，进一步明确了需要动员回籍生产的对象范围等：

> 凡在本市无正当固定职业而原籍又有生产生活条件的外来城乡居民均应大力分批动员回籍，其主要对象是：（1）无业、失业或没有正当固定职业的市民，在原籍有生产或生活条件者。所谓失业，包括未登记的社会失业人员及虽已登记但短期内无就业机会者；所谓没有正当固定职业系指收旧货、拾荒、流动小贩、无照摊贩、私设的工场作坊的员工、过剩的人力车工及擦皮鞋、铲刀、磨剪刀、爆炒米花、修旧补旧、流动理发等独立劳动者。（2）对临时户口和漏户漏口，除按照户口管理的规定，可留住本市者外，一律动员。（3）机关、部队、团体、企业、学校的员工家属，原在农村或其他城镇从事生产，回籍

---

① 《市委关于加强本市户口管理与逐步紧缩人口的指示（草稿）》（1955年7月1日），沪档：B2-2-10。
② 上海市委办公厅：《关于动员外来城乡居民回籍生产工作的初步方案（草案）》（1955年7月2日），沪档：B2-2-10。

后仍有生产条件者,或具有劳动力,可以回籍生产者,或虽不能从事生产,但可以回籍生活者……(4)由外地来沪的佣工、保姆、临时工,原籍有生产生活条件者。但对佣工、保姆的动员,应给予雇佣者以一定时间,使能找到接替人,乳母应在一定时间或断奶后动员;对临时工的动员应有一定的时间,使劳动部门能在本市员工中组织调配。(5)解放后从农民转为工商企业之职工、店员,虽系在职在业,目前由于企业生产陷于极大困难,一时不能解决,而本人原籍又有生产条件者(但应防止资本家乘机钻空子)。此外,在动员影响下,如有在职员工自愿回籍者,也可协助其回籍。①

方案中对具体动员哪些人做了进一步的规定,同时解释了什么是"无业"、什么是"无固定职业"以及哪些必须回乡,哪些虽不是动员对象但一旦有回乡意愿者亦可协助其回乡等。同时,为了使得动员工作尽可能顺利,该方案规定创造条件让动员对象尽快离开,如协助处理在沪未尽事宜、给予困难者车船票补贴甚至部分生活补贴等。方案还规定了具体做法,即"以公安部门换发户口簿中所掌握的材料为基础,具体分析研究外来人口的户数、人数,来沪时间及原因",并调查其在原籍的情况,据以分析动员的难易程度,根据"先易后难"的原则,逐步推进动员工作。动员农民回乡的具体领导部门是市民政局,其中第一、第二两类对象由各区包干,其他三类由条条包干,并向区负责。②

7月15日民政局出台《关于动员农民回乡生产工作的方案》,将动员对象进一步简化为"农民"。该方案规定:"凡原籍有生产条件(即有土地、有劳动力)或生活条件(即在原籍有依靠或有亲属汇款供养)、必须和可能动员回去的农民,都应该大力动员回乡生产。"③ 具体包括以下几类:(1)在本市等待就业和无正当职业或固定职业的;(2)机关、部队、企业、学校员工和居民的家属、保姆、佣工等;(3)工厂企业的临时工;(4)在现有困难行业应行解雇的职工中,原是来自农村的农民。

---

① 上海市委办公厅:《关于动员外来城乡居民回籍生产工作的初步方案(草案)》(1955年7月2日),沪档:B2-2-10。
② 上海市委办公厅:《关于动员外来城乡居民回籍生产工作的初步方案(草案)》(1955年7月2日),沪档:B2-2-10。
③ 《中共上海市委批发上海市民政局党组〈关于动员农民回乡生产工作的方案〉》(1955年7月21日),沪档:A45-1-1-105。

为了加强对"紧缩上海"的领导，市委在 4 月专门成立了以副市长马天水、宋日昌等人领衔的"上海市紧缩问题调查研究委员会"和"人口问题研究小组"。① 民政局的动员方案在 7 月 21 日得到市委批准；同日，市委将"调查研究委员会"改组为市人委直接领导下的"人口问题研究委员会"，在委员会下设人口问题研究办公室（简称人口办公室），专门领导上海人口疏散等工作。② 随后各区成立相应的区人口办公室，有些动员任务比较重的企事业单位也成立各自的人口办公室，从而建立起一套从市人委到区和基层单位的疏散人口领导机构。

二 动员农民回乡

事实上，1955 年 7 月 "紧缩上海" 政策出台之前，上海已经在一些单位和部门进行了零星的人口疏散工作。1955 年 4 月 2 日，上海市委即要求在 4 月内动员那些在上海就食的灾民、农民回乡生产。动员对象"以家有土地、从事主要或补助（辅助）农业劳动、来沪后无固定职业、立足未稳的农民为主"。③ 该指示强调动员对象必须家里确实有从事农业生产的条件，而且本人能够从事农业生产，同时也强调在沪"立足未稳"。而这类人口主要集中在水上区。根据水上区的调查，1954 年以来流入上海各水道的外来农民船最多时有 2081 条，船民 9568 人。④ 市委发布动员农民回乡生产的指示以后，水上区立即开始动员辖区内的外来船只回乡。到 4 月中旬，1954 年以来流入上海各水道的苏北农民船大部分离开了上海，只剩下 168 条，不到原来的 1/10。

但在上海疏散苏北农民船及船民的同时，周边各县进入上海的船只却多达 2181 条，船民 9027 人；⑤ 与以往苏北农民船季节性涌入不同，这批农

---

① 《关于成立上海市紧缩问题调查研究委员会的通知》（1955 年 4 月 26 日），沪档：A 80 - 2 - 110 - 17。
② 《市委、市民政局党组关于成立紧缩问题和人口问题研究委员会的通知》（1955 年 7 月 21 日），沪档：B168 - 1 - 36。
③ 上海市委：《关于动员外来灾民、农民还乡生产工作的指示（初稿）》（1955 年 4 月 2 日），沪档：B 2 - 2 - 10。
④ 中共上海市水上区委：《关于动员农民回乡生产的情况报告》（1955 年 5 月 14 日），沪档：A 80 - 2 - 117 - 6。
⑤ 中共上海市水上区委：《关于动员农民回乡生产的情况报告》（1955 年 5 月 14 日），沪档：A 80 - 2 - 117 - 6。

民船87%来自苏南，其中又以常熟县（503条）和昆山县（770条）等为多。① 苏南农民船的涌入是上海周边农民季节性流动的结果，但更多的是由于农村实行统购统销以后出现粮食紧张状况，来沪者主要是妇女和小孩，他们投靠亲友"就食"，以节省乡下的口粮。② 而这些人正是上海准备大力疏散的"消费性人口"。

从4月下旬开始，上海市水上区将动员主要方向转向邻县农民船及邻县农民。上海市委要求江苏省委下令各县派干部到上海协助动员本地民船和农民回乡。如常熟县委派来科长、区长和科员各一名到沪协助动员。常熟干部与水上区委、水上公安分局共同组成一个15人的工作组，集中对新闸区水上船民进行动员。但由于常熟干部并非来自来沪船民较多的地方基层干部，动员效果欠佳。5月3日常熟县委加派以县委组织部长带领的10人工作组到沪，与水上区、水上公安分局组成了一个28人的工作组。由于新来的干部基本上是从来沪船民所在地的基层调配的，对基层情况非常了解。他们到沪以后，先对船民中的"骨干分子"即党员（10名）、团员（8名）、村长（14名）、人民代表（5名）以及农会主任和互助组长共计46名进行集中"教育"，要求他们带领群众迅速回乡生产。然后采用釜底抽薪的办法，集中力量动员船主回乡。因为很多农民是搭乘乡邻的船只来上海，而且到上海以后也是住在别人船上，一般都是几家住一条船，最少的一条船住2户7个人，最多的一条船住12户20人。只要船主愿意回乡，则同船的所有人都不得不跟着回乡，因而可以起到事半功倍的效果。对于阶级敌对分子和反革命分子（伪乡长3人、伪保长13人、一贯道坛主2人、半地主4人、富农4人，共26人），则"责令他们老老实实，迅速回乡生产"。新工作组成立后，只用了两天时间，就"动员"了132条船1400人回乡。③

水上区在动员上海附近各县来沪农民船及农民回乡的同时，也顺带将

---

① 《上海市民政局关于动员外来农民回乡生产工作的情况报告（1955年5月11日）》，沪档：B168-1-860-141。
② 《上海市民政局关于动员外来农民回乡生产工作的情况报告（1955年5月11日）》，沪档：B168-1-860-141。
③ 本段叙述主要资料来源为：上海市公安局水上分局《关于动员常熟农民船农民回乡生产工作的情况汇报》（1955年5月12日），沪档：A80-2-117-5；中共上海市水上区委《关于动员农民回乡生产的情况报告》（1955年5月14日），沪档：A80-2-117-6；中共上海市水上区委员会《关于动员农民回乡生产及外来农民船的情况汇报》（1955年5月20日），沪档：A80-2-117-26。

流动驳船替工动员回乡,到7月,60%以上的流动替工已经离沪。① 与此同时,许多原本有疏散人口计划的单位很快接过"动员农民回乡生产"的大旗,开始将本单位计划疏散人员往农民回乡问题上靠,使得动员对象、范围不断扩大。5月4日,上海市交通局人力车三轮车管理所出台动员车工回乡生产计划,预计动员1000名左右车工回乡生产。② 上海市建筑工程局也搭顺风车,将部分员工加以裁减,作为"农民"动员回乡。③

7月,市委"紧缩人口"的指示下发以后,各区、各部门、各单位纷纷制订自身的工作计划,但这些计划都不再局限于动员"农民"回乡,而是直接针对各行各业的在职在业人员。如上海市市政建设系统当时有各类工作人员122493人,预计1955年疏散48153人,1956年继续疏散24666人,共计划疏散72819人,仅保留49674人,也就是60%的市政系统从业人员将被疏散。④ 上海市第三重工业委员会则要求各厂在1955年共计动员疏散6000人;⑤ 第二轻工业委员会及轻工业一、二局所属62个单位则计划动员5760人回乡;⑥ 饮食服务业则准备动员16236人回乡,其中1955年即需动员4000人离沪。⑦ 各上级单位制订出疏散计划后,其下属单位则根据部门或系统的计划制订本单位的疏散计划,从7月中旬到8月初,各单位基本上都制订出了详细的疏散计划,并且一边计划一边即开始动员。

从4月起,上海开始动员人口离沪,7月市委正式发布"紧缩上海"指示后,动员"农民"离沪成为人口疏散的主要方式,到7月底上海动员回乡的"农民"已经达到3万人左右。⑧ 进入8月初,回乡人数明显呈上升趋势,8月2日有3000多人回乡,3日、4日每天回乡者也在三四千人,8月

---

① 上海市水上区劳动科:《动员驳船流动替工中部分农民回乡生产总结报告》(1955年8月5日),沪档:A 80-2-117-77。
② 上海市交通局人力车三轮车管理所:《动员人力车、三轮车车工回乡生产计划》(1955年5月4日),沪档:B7-2-217-50。
③ 上海市建筑工程局:《关于联合砖厂遣散工人回乡生产的计划》(1955年5月12日)(原件无名称,标题为引者拟),沪档:B4-2-92-60。
④ 《上海市市政建设系统紧缩初步方案》(1955年7月),沪档:B 25-2-9。
⑤ 中共上海市第三重工业委员会宣传部:《关于动员农民回乡生产工作计划》(1955年8月1日),沪档:A45-1-160-6。
⑥ 《中共上海市第二轻工业委员会办公室关于紧缩人工的情况与打算》(1955年7月20日),沪档:A 50-1-82-1。
⑦ 《紧缩和动员本市部分饮食服务业从业人员回乡参加农业生产的初步方案(草案)》,沪档:B25-2-9。
⑧ 《本市已有三万农民回乡生产》,《文汇报》1955年8月4日。

5—7日，每天回乡8000余人，8月8日以后更是每天增加到了一万四五千人；8月1—10日共疏散81000多人，最多的8月15日一天就有2万人以上离开上海回乡。① 到8月底止，上海先后疏散回乡人口已达30万人以上，到10月止，共计有55.5万农民被动员回乡。以前每年的8、9月份是上海人口迁入的高峰期，1955年终于改变了这一格局，该年9月迁入人口只有9841人，比1954年9月减少36193人，减少78.6%。② 此前上海每月人口的流入数都高于迁出数，从1955年8、9月开始，人口净流入终于变成了负数。到1956年6月，疏散运动结束，上海市通过动员"农民回乡生产"的方式，共计疏散人口637255人。③

三　交涉与博弈

城市人口疏散不仅对于城市是一项艰巨的任务，对于安置地同样是十分艰巨的任务。上海移民虽然来自全国各地，但最主要的来源地是苏浙皖三省，尤其是江苏省。④ 上海在提出"紧缩上海"、疏散城市人口的计划以后，就开始跟苏浙皖三省省委、省人委及民政厅联系，要求协助上海的人口疏散工作，安排好返乡人员。三省先后派出以民政厅领导为首的工作组到沪，进行磋商、联系与协助；安置任务比较重的部分县市也专门派人到上海协助动员和疏散。⑤ 江苏省委接到上海的疏散计划以后，就给有安置任务的县市下达了接收任务。上海估计解放以后流入上海且在家乡"有一定的生产、生活条件，必须和可能动员回乡"的江苏农民有27.6万人；1955年第三季度需要动员回去的就有17.5万人，需要被安置到江苏省的76个县市。其中需要安置1000人以下的有23个县市，1000人以上5000人以下的

---

① 《本市动员农民回乡工作概况》（1955年），沪档：B2-2-10；《本市已有三万农民回乡生产》，《文汇报》1955年8月4日；《为什么要动员农民回乡生产》，《文汇报》1955年8月16日。
② 樊玉琳：《上海市动员农民还乡生产的几点体会》，《内务部通讯》1956年第1期，第21页。
③ 以上数据来自不同日期的《上海市回乡生产人数统计表》，沪档：B25-1-15、B168-1-866-1。
④ 近代以来上海无论是"公共租界"还是"华界"，其人口籍贯构成中，苏浙皖三省均居前三位。参见邹依仁《旧上海人口变迁的研究》，第114页。
⑤ 江苏省政法党组：《关于安置上海市疏散回乡的农民的报告》（1955年8月12日），江苏省档案馆藏档（以下简称苏档）：3085-长期-115。

有35个县市，5000人以上1万人以下的有12个县市，1万人以上的有6个县市。① 也就是说，江苏省几乎2/3的县市都要准备接收安置从上海回乡的"农民"。

江苏省委充分意识到短时期内安置十几万从大城市疏散到农村的身份各异的人口参加农业生产，是一项十分艰巨的"政治工作"和"组织工作"，一方面要求省民政厅和有关专署密切配合，采取"积极稳妥"的办法来完成这一任务，另一方面也对安置对象提出了要求："（1）有足以维持最低限度生活土地，有劳动力，愿意从事农业生产而又有家可归者；（2）虽无土地劳力，但有固定生活来源和可靠亲属投靠者；反革命分子、游民、保姆、佣工和符合收容标准的残老孤幼，由上海市负责就地解决；（3）接收安置外出回乡农民的时限，以1952年9月份起外出的为限，土改前的暂缓处理。"②

很明显，江苏省提出的动员条件比上海的条件要严格一些：对土地的拥有量、离乡时间等都有较为清晰的规定，并明确拒绝接收有"政治历史问题"以及其他问题的特殊人口（如反革命、游民等），对于有工作的佣工、保姆也不予接收和安置，而这些恰恰是上海需要大力疏散的人口。

江苏省政法党组要求对回乡农民必须"积极负责"，并首先解决居住和生活问题："有家归家"；无家可归者投亲靠友；无家又无亲友可投靠者，则要求各地帮助解决居住问题；然后按照"农村供应标准列入计划供应"，"迅速帮助投入生产"。江苏省委迅速向各地批发了政法党组的这一报告，并要求各地"必须贯彻负责到底的精神，保证把这一工作做好"。③

然而，在江苏等接收省份尚未做好准备工作的时候，上海市的动员工作已经如火如荼地展开，并且"成绩喜人"，车站码头每天都是锣鼓喧天地欢送农民回乡。④ 上海市委"紧缩上海"的指示下发后，各单位在进行调查摸底并制订疏散计划的同时就开始动员，从7月初开始，回乡"农民"事实上已经逐日增多，进入8月后，每天回乡人数更是数以千计，最多的8月

---

① 《关于接收安置上海市回乡农民参加生产的方案（草案）》（1955年），苏档：3085-长期-115。
② 《关于接收安置上海市回乡农民参加生产的方案（草案）》（1955年），苏档：3085-长期-115。
③ 《中共江苏省委员会批发政法党组关于安置上海市疏散回乡的农民的报告》（1955年8月16日），苏档：3085-长期-115。
④ 《本市已有三万农民回乡生产》，《文汇报》1955年8月4日。

15日一天就有2万人以上离开上海回乡。①

面对汹涌而至的回乡潮，作为接收地的苏浙皖三省均感措手不及，尤其是接收了返乡人口中80%的江苏省更是叫苦连天，于8月12日紧急派出省民政厅干部及工作人员到沪进行实地调研，并与上海市领导当面协商；接收大户盐城、无锡、建湖、江都、高邮、兴化等县也先后派出干部到上海参与交涉。②江苏省民政厅及各县工作队到上海以后，与上海市委副书记陈丕显进行了两次谈话；不久，浙江和安徽也派出工作组到上海协商人口疏散工作。

上海市副市长宋日昌主持召开了两次四省市代表座谈会。苏浙皖三省来沪协商的主要目标是希望修改动员标准，使之更加具体、明确且更具操作性，也即更便于安置。四方代表都同意动员对象必须是"原籍有相当于当地农民平均所有的并足以维持其最低生活的土地、有一定的从事农业生产的劳动力，在上海无固定正当职业的外籍农民"。但对于多少土地能维持"最低生活"，则各方有不同看法。虽然土改以后，几乎所有真正的"农业人口"都分得土地，但几年来变化比较大，很多跑到上海的"农民"实际上可能已经没有土地或者土地很少了；而很多地方本身就地少人多，过于强调土地的数量，则动员工作很难进行。关于劳动力的问题，江苏认为很重要，没有"可以从事农业生产的劳动力"，回乡人口根本无法生活，但上海对此不置可否，实践中更没有把劳动力列入考虑之中。③江苏省提出对于失业或解雇之工人，按照行业归口办法进行解决，不要疏散回乡。上海对此表示同意，但在实际操作上却是让各口先办好解雇、退职手续，使得这些员工不再属于各口，从而成为可以遣送回乡的对象。上海认为，"不如此，疏散人口的出路就很狭"。④针对7月2日上海市委提出的五类动员对象（参见前文），江苏省委要求进行更明确的界定，包括来沪时间限制在1954年以后或土改后，家属、佣工、保姆不予动员等。但上海市委除了接受暂

---

① 《本市动员农民回乡工作概况》（1955年），沪档：B2-2-10；《本市已有三万农民回乡生产》，《文汇报》1955年8月4日；《为什么要动员农民回乡生产》，《文汇报》1955年8月16日。

② 《张志强给民政厅党组的报告》（1955年8月27日），苏档：3085-长期-115。

③ 《关于动员农民回乡生产的范围（草稿）》（原件无时间，应该是1955年8月），沪档：B25-1-1-44。

④ 《张志强给民政厅党组的报告》（1955年8月27日），苏档：3085-长期-115。

不动员家属、佣工、保姆的建议以外,"其余均不予采纳"。① 三省代表虽然向上海市委当面提出了诸多意见,但是基本未能使上海方面稍作让步。上海方面始终坚持:

> (1) 回乡对象不一定只限在农民成份;(2) 时间不一定限在土改以后或五四年以后;(3) 回乡基本条件是:有当时当地农业人口每人平均所有土地的一半以上,或土改时雇贫农每人平均所有土地的半数以上,没有房屋的上海拟拨款补助解决,有无劳动力亦不强调不作为条件之一,但要自愿,坚决不走者不强迫;其次是回乡生活的(赡养对象)基本条件是上海有人汇款供养,或在农村有亲属供养或自己有积蓄而又自愿者。②

奇怪的是,虽然上海方面坚持回乡对象"不一定只限在农民成份",但是当浙江代表提出动员的范围干脆改为"农民和其他必须和可能回乡的人口"时,上海却依然坚持使用动员农民回乡的名称。③ 关于来沪时间的规定,江苏等省希望只动员土改以后或者是1954年以后来沪的,上海都未能同意,且市委领导在口头上还加了一条"解放以前有条件的也可以回乡"。另外上海虽然同意对回乡无房屋的予以"拨款补助",但实际上"不准备给江苏多少钱","尽可能不花或少花钱",因为上海希望将钱"重点花在江西垦荒方面"。④

事实上,上海在与苏浙皖三省代表的协商中,基本上是一种将上海的意志或意见强加给三省的态度,不容商议。"一五"建设时期,国家拨给上海的全民所有制工业企业基本建设投资只有5.6亿元,仅占全国工业投资总额的2.2%。⑤ 与此同时,上海却为国家提供了大量工业产品和税收,1953年上海国营商业部门调出的工业品即达27亿元,1954年为37亿元,1955

---

① 《张志强给民政厅党组的报告》(1955年8月27日),苏档:3085-长期-115。
② 《张志强给民政厅党组的报告》(1955年8月27日),苏档:3085-长期-115。
③ 《关于动员农民回乡生产的范围(草稿)》(原件无时间,应该是1955年8月),沪档:B25-1-1-44。
④ 《张志强给民政厅党组的报告》(1955年8月27日),苏档:3085-长期-115。当时上海也在动员无法回乡的人员到江西垦荒,而垦荒的费用相对于回乡而言要高很多。阮清华:《上海移民江西垦荒研究(1955—1956)》,《中共党史研究》2014年第11期。
⑤ 中共上海市委党史研究室编《历史巨变1949—1956》(2),第577页。

年上半年比1954年同期又增加了6%；同时还完成了2.6亿元的军需供应，并为其他各地在建大型工矿企业提供了各种成套设备或零部件以及202亿元的日用工业品，上海提供的出口工业品更是占到了全国工业品出口总额的70%。1954年上海税收达17.3亿元，上缴企业利润10.9亿元，总计28.2亿元，占到国家全年收入预算的10%左右。① 为了给国家工业建设积累资金，上海甚至出现涸泽而渔的现象，到1955年底，上海实现的利润占到"一五"期间全国基本建设投资总额的20.9%。② 因此上海认为，在"一五"建设中，上海为国家付出了极大的努力，为其他地方的建设做出了巨大的牺牲，其他地方有义务协助上海的工作。而且上海是在按照中央精神进行城市社会改造，疏散和外迁"消费性人口"，而这些需要外迁的人口中，大多数原来就是来自附近的苏浙皖尤其是江苏省，因此上海认为三省应该无条件接受上海的疏散计划，并做好疏散回乡人口的安置工作。上海市委副书记陈丕显暗示三省代表，如果按照三省代表的要求，上海根本无法完成疏散人口的任务，也无法实现将上海改造成"生产基地"的目标。③

在上海市委看来，上海曾经是个"消费中心"的时候，接收了来自全国各地尤其是江浙等省的大量移民，这是人口由乡村流入城市的阶段，是城市为乡村解决剩余劳动力就业问题的阶段。而现在上海要由"消费中心"向社会主义的"生产基地"转型的时候，江浙等省就应该义无反顾地接收和安置上海疏散的人口，为城市"消费性人口"的疏散与安置提供帮助，协助上海完成城市功能的转型。上海市委实际上把周边江浙地区都当成农村，并认为这些地区有义务接收和安置上海疏散的原本来自这些地区的"消费性人口"，而不管这些人离开家乡的时间，也不管他们在家乡的生产生活条件如何。

上海疏散回江苏的人口中，至少有10%的人是"无家可归的"，"他们家中既无土地又无房屋"。即使"有土地"的也大多地少人多，根本无法依靠土地生产养活一家人，"回乡农民"的土地"有半数低于当地群众的平均田亩数"，其中"不够维持生活"的很多。这些人回乡后除了"生产自救"和"亲邻相助"以外，还有40%的人需要依靠政府救济，实际上加重了地

---

① 中共上海市委党史研究室编《历史巨变1949—1956》(2)，第579页。
② 中共上海市委党史研究室编《历史巨变1949—1956》(2)，第580页。
③ 《关于动员农民回乡生产的范围（草稿）》（原件无时间，应该是1955年8月），沪档：B25-1-1-44。

方政府的负担。如江都县三墩乡回乡38户50人,其中50%土地低于当地平均数(1.27亩),他们平均只有0.8亩左右的土地,最少的每人只有0.29亩。樊南乡回乡人员土地拥有量低于当地平均数70%以下的有37户161人,占回乡人口的48.4%。① 江苏省扬州、盐城、苏州和镇江4个专区所属8个县的19个乡和6个镇,1955年7、8两个月接收从上海返乡的"农民"1649户4038人。其中19个乡接收人口1372户3472人,这些乡原有人口2879人,回乡后人均土地在一亩以上的4910人,占总人数的78.6%;一亩以下的1176人,占总数的18.5%;无土地的184人,占总人数的2.9%。另外6个镇接收277户566人,原有人口549人,回镇后有土地一亩以上的182人,占总数的16.7%,一亩以下的324人,占总数的20.2%,无土地的618人,占总数的56.1%。② 许多县城以及镇上的居民,在家乡原本也不属于农业人口,土改中也未能分得土地,此时也被作为农民动员回乡,只能安排从事临时摊贩工作或流离失所。

另外,回乡人口的劳动力也是个大问题。回乡从事农业生产,劳动力是基本条件之一,至少得保证家里有足够从事农业生产并能够养活一家人的劳动力,否则,疏散回乡的人口就会成为农村吃"闲饭"的人,成为农村的"消费性人口"。江苏省民政厅在9月调查了盐城等4个专区17个乡的1161户2784名回乡人员,其中因缺乏劳动力而需要政府救助的残老孤幼有151人,占总人口的5.4%;生活有困难,自己生产仍不能解决的有795人,占总数的28.5%,这些人主要因为缺乏劳动力,因而不能维持生活。甚至还有70多岁的老婆婆也被单独动员回乡生产的情况。③ 江都县东汇乡回去一个失业工人家属,带了6个小孩,最小的不足一岁,劳动力严重不足。④

再者,我们可以看看疏散回乡人口在沪生活的时间。在1955—1956年

---

① 《中共江苏省民政厅党组给政法党组和省委的报告》(1955年9月10日),苏档:3085-长期-115。
② 《江苏省扬州、盐城、苏州、镇江四个专区八个县十九个乡、六个镇1955年七八月从上海回乡农民的主要情况综合统计表》,苏档:3085-长期-115。按:以上数据出自档案,其中部分数字与比例有细微出入。"4910人"应为"4990人";"占总数的16.7%"应为"占总数的16.3%";"占总数的56.1%"应为"占总数的55.4%";"一亩以下的324人,占总数的20.2%"应为"一亩以下的315人,占总数的28.3%"。
③ 《张志强给民政厅党组并报省委、政法党组的报告》(1955年9月),苏档:3085-长期-115。
④ 《本市动员农民回乡工作中动员妇女回乡的情况与今后工作意见》(1955年10月),沪档:B25-2-11。

疏散回乡的 637255 名"农民"中，1954—1955 年来沪者占 38.9%，1949—1953 年来沪者占 29.7%，1949 年以前即来沪居住者占 31.3%，甚至有 15.6% 的被疏散人口在 1945 年以前即已定居上海。① 江苏省民政部门调查了丹徒县滨溪等四个乡 1955 年 7、8 月回乡"农民"的 146 户，其中解放前去上海的 55 户，占总数的 37.7%；解放后（包括 1949 年）去上海的 91 户，占总数的 62.3%。江都县慈云等三个乡 7、8 月回乡的农民 316 户，其中解放前去上海的 93 户，占总数的 29.4%；解放后去上海的 223 户，占总数的 70.5%。丹徒、无锡、江都等地回乡人口中解放后去上海的占六到七成，与上海的统计差不多。但盐城、建湖、阜宁三县 7、8 月回乡 521 户，其中解放前去上海的 339 户，占 65%，解放后去的仅 182 户，占 35%，这三县回乡人口中解放前去上海的比解放后更多。② 更有去上海已经几十年的人也被作为农民动员回乡生产，如盐城李如山 1930 年就到了上海，在上海生活了 25 年，夫妻双方都有"不固定"工作，三个孩子都在上海出生，"生活可以维持"，但是也被动员回乡生产。③

最后，我们来看看这些被疏散回乡人员在上海的生活以及他们回乡后可能面临的处境。在被疏散回乡的 63 万多名"农民"中，在上海依靠亲友生活的占 44.5%，依靠政府救济为生的占 4.8%，其他一半左右的人口都有各种各样的职业，包括车工、佣工、保姆、奶妈、临时工、拾荒者等。④ 他们的工资收入从每月十来元到数十、上百元不等，少的勉强糊口，多的甚至还能生活得比较好。但是这些工作都被认为是"落后"行业或是需要淘汰的行业，如三轮车运输、码仓以及摆摊等。当时上海三轮车工人每人每月收入在 20—40 元，⑤ 码仓工人每人每月收入约 70 元，榻拖车工人每人每月 50—60 元，流散车工每人每月收入也在 30—40 元。⑥ 而"回乡"后，他

---

① 上海市人口办公室：《1955 年 4 月—1956 年 6 月回乡人数统计表》（1956 年 9 月），沪档：B168 - 1 - 866。
② 《张志强给民政厅党组并报省委、政法党组的报告》（1955 年 9 月），苏档：3085 - 长期 - 115。
③ 《张志强给民政厅党组并报省委、政法党组的报告》（1955 年 9 月），苏档：3085 - 长期 - 115。
④ 上海市人口办公室：《1955 年 4 月—1956 年 6 月回乡人数统计表》（1956 年 9 月），沪档：B168 - 1 - 866。
⑤ 上海市运输公司：《对民间运输工具的紧缩改造方案》（1955 年 10 月 24 日），沪档：B25 - 2 - 9。
⑥ 《上海市运输公司组织输送垦荒群众小结》（1956 年 4 月），沪档：B152 - 2 - 921。

们中的很多人很快就陷入了困境。如江苏省江都县人王登山，61岁，全家5口人，依靠做鞋匠为生，家里只有2.6亩地，全家被动员回原籍，回家后感觉日子没法过，10多天后自杀身亡。① 闸北区恒康里的134户回乡对象绝大部分有"固定工作"，其中工厂工人34户，机关工作人员5户，搬运工人17户，建筑工人2户，海员2户，三轮车工人32户，手工业工人10户，理发工人1户，佣工4户，共计107户，占总数的80%；其他"没有固定职业"的包括摊贩5户，临时工7户，收买旧货1户，倒马桶1户，洗衣1户，拾荒3户，收房租1户，失业工人7户，"不务正业"1户。这些人被动员回去后，至少超过40%的人生产、生活长期有困难或无法为生，更多的人需要临时救济。② 回到江苏的32万人中至少有33.36%的人需要救济。③ 这还是江苏省在认为可以解决土地的基础上提出的预算，还没考虑到劳动力的问题。事实上即使花费如此巨大的代价，许多回乡人口也无法在农村安置，更无法在农村长期生活。

四　结语

虽然江苏省一开始就确定要本着"积极稳定的方针和负责到底的精神，做到回乡农民各得其所安心从事农业生产，自食其力，不致因回乡而造成社会负担"，④ 但实际上由于动员回来的并非临时外出的农民，各县市安置条件非常有限，有些地方根本无法安置，有些地方只能临时解决食宿问题，有些则干脆开证明信让其重新流到上海。⑤ 许多人回到江苏后无法生活，住车篷、草堆，有的沦为乞丐，或倒流回沪，而且这种现象"在一般地区不同程度地存在着"。江苏省委认为这是基层干部"强调安置困难"、不负责

---

① 《江苏省民政厅党小组给政法党组及省委的报告》（1955年9月10日），苏档：3085-长期-115。
② 《张志强的报告》（1955年8月22日），苏档：3085-长期-115。
③ 《张志强给民政厅党组并省委、政法党组的报告》（1955年9月），苏档：3085-长期-115。
④ 《中共江苏省委批发政法党组关于安置上海市疏散回乡的农民的报告》（1955年8月16日）、《关于接收安置上海市回乡农民参加生产的方案（草稿）》（1955年8月12日），苏档：3085-长期-115。
⑤ 江苏省民政厅通报：《关于安置上海市疏散回乡农民工作情况》（1955年10月12日），苏档：3085-长期-115。

任的结果。① 但事实上巧妇难为无米之炊，被动员回去的人，有一部分长期离开农村，原籍没有或严重缺乏生产、生活条件；另一部分人原本就因为在农村无法生活才背井离乡去上海谋生，现在重新回来当然依然是一无所有。而且自实行粮食统购政策以后，农村中就开始出现饥饿问题，农村口粮原本极为有限，现在突然增加许多人口，基层干部的负担确实非常之重。有些干部愿意想方设法给回乡人员出具证明让其重回上海，但这可能受到上海市委和江苏省委两方面的批评。② 1955年10月，江苏省盐城地委提出尽量通过吸收加入"互助合作组织"的方式来安置回乡农民，③ 但因其时农村互助合作程度尚不高，加入互助组和合作社都需要各原组员同意并投入生产资料和资金，这对于回乡人员来说都非常困难。1955年10月中共中央做出《关于农业合作化问题的决议》，主张加快农村合作化步伐；同年底由毛泽东亲自策划并写下许多按语的《中国农村的社会主义高潮》一书正式出版，推动了中国农村社会主义高潮的到来，很快全国各地农民绝大部分都加入了初级社和高级社。尤其是高级社的大量组建，为江苏等省最终安置回乡人员提供了条件，大部分被疏散回乡的人员被安插进各合作社，包括盲人和孤寡老人④都进入了"社会主义"，吃上了大锅饭，由上海市疏散回乡的人员终于成为名副其实的农村人口。

托马斯·伯恩斯坦曾说："中国是第一个策划了人口倒流到乡村的社会。"⑤ 我不知道这个判断是否准确，但至少中国人口"倒流"到乡村的时间要比伯恩斯坦所说的干部和知青"下放"更早。1949年上海市人民政府成立以后即以"疏散难民回乡生产"的名义，开始进行城市人口疏散工作，到1950年3月底，疏散"难民""灾民"等40余万人回乡，⑥ 该批疏散人口中就包括大量常住人口，因此1950年上海市常住人口比1949年减少了10

---

① 《中共江苏省委批转盐城地委〈关于迅速做好上海市疏散回乡农民的安置工作的紧急指示〉》（1955年11月17日），苏档：3085-长期-115。
② 《江苏省民政厅关于外流情况的通报》（1956年7月8日），苏档：3085-长期-115。
③ 《中共盐城地委关于迅速做好上海市疏散回乡农民的安置工作的紧急指示》（1955年10月15日），苏档：3085-长期-115。
④ 江苏省民政厅通报：《关于安置上海市疏散回乡农民的通报》（1955年9月14日），苏档：3085-长期-115。
⑤ 托马斯·伯恩斯坦：《中国知青运动——一个美国人眼中的上山下乡》，李枫译，警官教育出版社，1996，第2页。
⑥ 《上海市民政志》，http://www.shtong.gov.cn/node2/node2245/node65977/node65993/index.html。

万余人。① 1955年上海市发动的大规模动员"农民"回乡生产运动，到1956年6月疏散"农民"63万多人，实质上仍然是一次大规模将"城里人"疏散到农村的运动。这些人回到农村后，最终借农业合作化的东风，顺利进入"社会主义"，成为农村大家庭中的一员。上海将城市中被认为不是生产性的人员或被认为不可靠的人员以及大量需要由城市供养的人口疏散到农村，借助农村合作化高潮将回乡人员安置到合作社中，同时将他们的户口迁到农村，并关闭城市户口迁入大门。通过这一系列动作，既清理了城市中不可靠之人，亦减轻了城市的负担，可谓城市的减员增效。而在这一过程中，上海进一步巩固了自身作为"大城市"的地位，同时将周边的江浙皖都视为农村，使之成为其解决城市失业工人就业、"过剩人口"安置的大后方。上海在成为"生产基地"的过程中，城市活力逐渐衰退，却在将江浙等省都看成"农村"的前提下，试图顽强地保持自身城市的优越感，从而形成一种特殊的城乡关系。而且，城市将农村看成解决其"剩余人口"的蓄水池，从而打开了城市人口疏散到农村的闸门，为此后城市人口接二连三地往农村疏散开辟了道路，进一步导致城乡关系的异化。

（作者单位：华东师范大学历史系）

---

① 《上海市公安志》，http://www.shtong.gov.cn/node2/node2245/node4476/node58286/node58395/node58402/userobject1ai46289.html。

·思想文化史研究·

论郭嵩焘使英期间中西观的变化

吴 琦 朱忠文

内容提要 使英初期,郭嵩焘承认西方的实学在实学上的优势,但并不承认其在道义上的优势。后来中国在道义上的优势在他的心中逐渐瓦解,他最终在一天的日记中承认西方在道义上对中国的优势。这种认识方式的形成与中国传统读书人思维世界中"理想的中国"与"现实的中国"的复杂关系密切相关。但郭嵩焘从未在公开场合承认西方在道义上对中国的优势,此后也没有再表达这类观点,因此这完全可以看作他思想的一次"出轨"。

关键词 郭嵩焘 中西观 中国 西方 道义

一 问题缘起

对郭嵩焘中西观变化的研究一直都是学界的热门,[1] 其中不乏具有启发性意义的真知灼见,但是其中有很多存在一个值得注意的问题,就是在对郭嵩焘的史料进行解读时,往往只见树木,不见森林,着力突出他作为革新者和传统突破者的形象。这很容易导致两种结果,第一是缺乏对史料的深度解析,盲从前人结论,从而对历史的评价产生偏差;第二是过分强调

---

[1] 如李长林:《郭嵩焘对西方社会的观察与思考》,《求索》1999年11月,第118—121页;郭汉民《郭嵩焘对西方的认识及其思想超越》,《湖南师范大学社会科学学报》,2000年3月,第99—104页等。很多有关郭嵩焘的研究著作中对他中西观的变化也进行了探讨,如:王兴国《郭嵩焘评传》,南京大学出版社,1998;张静《郭嵩焘思想文化研究》,南开大学出版社,2001;曾永玲《中国清代第一位驻外公使——郭嵩焘大传》,辽宁人民出版社,1989;汪荣祖《走向世界的挫折:郭嵩焘与道咸同光时代》,岳麓书社,2000;王晓天、胥亚主编《郭嵩焘与近代中国对外开放》,岳麓书社,2000;等等。

郭嵩焘求新求变的一方面，而忽视了他对传统的坚守以及其思想从传统中突破并走向革新的动态过程。

使英时期是郭嵩焘思想发展史上的重要时期。本文试图通过以下两条路径对这一时期其思想的转变进行研究：其一，从中国传统读书人的角度出发对郭嵩焘的思想进行认知①；其二，把握郭嵩焘思想的发展脉络，着重过程的还原，从而展示其中蕴含的历史意义。笔者无意改变郭嵩焘的革新者的地位，只是希望能够拂去笼罩在郭嵩焘身上的层层面纱，更客观地对他进行认识，并为了解他和他的时代提供一个新的视角。

二　实学尚可，道义不及——使英初期的郭嵩焘对西方的看法

光绪元年（1875）三月，郭嵩焘在《条议海防事宜》中指出："嵩焘窃谓西洋立国有本有末，其本在朝廷政教，其末在商贾、造船、制器，相辅以益其强，又末中之一节也。"②有些论著以此为依据，认为他已经对封建文明落后于资本主义文明有所认同，要求全面学习西方。③

得出这种结论的人，似乎是把郭嵩焘提到的"政教"当成了"文明"的代名词。笔者认为，此种说法值得商榷。出使英国期间郭嵩焘曾经说："此间富强之基，与其政教精实严密，斐然可观，而文章礼乐不逮中国远甚。"可见，在郭嵩焘的概念中，"政教"与"文章礼乐"并不是一回事，而"文明"显然应该包含"文章礼乐"。

郭嵩焘对于西方文明从局部到整体的认识也是经历了一番过程的。从出使英国开始，郭嵩焘非常明显地从超越器物的视角对西方进行认识。在目睹并询问了西方航船相遇的升降旗仪式后，郭嵩焘发出了"彬彬焉见礼之行焉。中国之不能及，远矣"④的感慨。而听了英国人马格理介绍西方

---

① 陆宝千和张卫波的研究已经在这方面进行了初步的尝试，但是在过程的还原和细节方面不够深入。参见陆宝千《清代思想史》，华东师范大学出版社，2009，第169—183页；张卫波：《试析郭嵩焘西方文化观的特点和局限》，《河南师范大学学报》（哲学社会科学版），2001年3月，第35—38页。
② 《条议海防事宜》（光绪元年三月二十一日），《郭嵩焘奏稿》，杨坚校补，岳麓书社，1983，第345页。
③ 参见曾永玲《中国清代第一位驻外公使——郭嵩焘大传》，第201页。
④ 《郭嵩焘日记》第3卷，光绪二年八月二十日，湖南人民出版社，1982，第66页。

优待战俘的规矩后,郭嵩焘称赞道:"西洋列国敦信明义之近于古也。"① 尽管如此,郭嵩焘仍然没有放弃中国文化的优越性。在赴英国的路上,郭嵩焘看了林乐知写的《中西关系论略》,他将东西方宗教进行对比后评价道:"西洋主教,或君民共守之,或君民异教,各有所宗尚,不相僭越。独中国圣人之教,广大精微,不立疆域,是以佛教、天主教、回教流行中国,礼信奉行,皆所不禁。"② 言语之中隐约透露出对中国"圣人之教"的优越感。

光绪二年(1876)十二月三十日,刚到英国不久的郭嵩焘与英国人理雅格讨论中英两国之优劣。理雅格认为英国优于中国。郭嵩焘指出:"余承认英国有较为富丽之公舍与官署,较多之精巧工艺,各方面均较中国整洁,但非余之所指。余意系就道德方面观察两国。"③ 理雅格回答道:"中国确有此种种美德之高尚思想,但英人则有更高见解,力谋使其见诸实行,此为中国所不及。就此方面而论,余仍以为英善于中。"于是郭嵩焘生气地质问道:"君谓自道德方面论,英善于中,请问,英国何以强将其鸦片加诸中国?"④ 最终理雅格被迫承认了贩卖鸦片乃英国所行不仁不义之事。在讨论中,郭嵩焘避开国力不谈,从道义的角度进行评判,甚至不惜与对方翻脸,从今天的角度看难免有些过腐,但这恰恰符合中国传统的评判标准。

到英国后的郭嵩焘进一步在"政教"上认同了西方。在郭嵩焘的语境中,"政教"一词的含义似乎更偏向"政"的方面,即具体的制度。在《使西纪程》中,他感慨:"西洋以行商为制国之本,其经理商政,整齐严肃,条理秩然。即在中国,往来内江船主皆能举起职,而权亦重。所以能致富

---

① 《郭嵩焘日记》第 3 卷,光绪二年十一月十四日,第 80—81 页。
② 《郭嵩焘日记》第 3 卷,光绪二年十一月十一日,第 119 页。
③ 《理雅格在国会的证词》(1893 年 9 月 8 日),"The First Report of the Royal Commission on Opium, Minutes of Evidence, Accounts and Papers, 1894", LX, p. 604, 大英博物馆藏,转引自郭廷以编订、尹仲容创稿、陆宝千补辑《郭嵩焘先生年谱长编》,台北中研院近代史研究所,1971,第 585 页。
④ 《理雅格在国会的证词》(1893 年 9 月 8 日),"The First Report of the Royal Commission on Opium, Minutes of Evidence, Accounts and Papers, 1894", LX, p. 604, 大英博物馆藏,转引自郭廷以编订、尹仲容创稿、陆宝千补辑《郭嵩焘先生年谱长编》,第 585 页。刘锡鸿《英轺私记》中也记载有理雅格见郭嵩焘之事,不过没有把两人的对话记下来,只是说理雅格承认鸦片乃是英国所行不仁不义之事。参见刘锡鸿、张德彝《英轺私记·随使英俄记》,湖南人民出版社,1986,第 86 页。两相印证,笔者认为此条材料应该比较可靠。

强,非无本也。"① 并做出了那段著名的评价:"西洋立国二千年,政教修明,具有本末,与辽金崛起一时,俄胜俄衰,情形绝异。其至中国,惟务通商而已,而窟穴已深,逼处凭陵,智力兼胜,所以应付处理之方,岂能不一讲求?并不得以和论。"② 在这段话中,郭嵩焘已经完全不再把今天的西洋与过去的"夷狄"相提并论。

除"政教"外,此时郭嵩焘肯定西方的另一方面是"实学"。到英国之前,郭嵩焘在评价天文算学馆章程的时候就曾指出:"文艺者,蹈虚之学,实用之而实效。天文算学,征实之学也,而可以虚应乎?"③ 所以在他提出的对于章程的修改意见中,反对正途出身的人来天文算学馆学习,而是建议从府县学和山林隐逸中选拔人才入学。在郭嵩焘的思维世界里,"征实之学"和"蹈虚之学"是分得很清楚的,学习它们的人,类型也应该有所不同。而在去英国的路上,郭嵩焘眼见一些西洋人砸胡桃、投石、跳远,"从容嬉,沛然有余。其人皆白晢文雅,终日读书不辍。彼土人才,可畏哉!可畏哉!"④ 这些西洋人居然可以在做好"文艺之学"的同时,做好体育锻炼这样不"蹈虚"的事情,难怪郭嵩焘要发出这样的感慨。

到英国初期,郭嵩焘经常称赞的主要也是西方的实学。光绪三年(1877)二月二十五日,郭嵩焘听说亚当·斯密和约翰·穆勒"所言经国事宜,多可听者",⑤ 感慨道:"中国人才相距何止万里,为愧为愧。"⑥ 同年三月二十六日,他参加了英国的学者基金的聚会,一睹各界人士风采,不禁感慨:"计数地球四大洲,讲求实在学问,无有能及太西各国者。"⑦ 但是在郭嵩焘这个传统读书人心中,西方"政教"之"精实严密"尚不能与中国的"文章礼乐"的地位相比,实学似乎更不能在道义的衡量中占据多大的分量。

---

① 郭嵩焘:《使西纪程》,《郭嵩焘日记》第3卷,第120页。
② 郭嵩焘:《使西纪程》,《郭嵩焘日记》第3卷,第133—134页。这两段记载并不见于郭嵩焘赴英途中的日记,所以应该是他来到英国以后的感想。
③ 《郭嵩焘日记》第2卷,同治六年七月二日,湖南人民出版社,1981,第445页。
④ 《郭嵩焘日记》第3卷,光绪二年十二月七日,第97页。
⑤ 《郭嵩焘日记》第3卷,光绪三年二月二十五日,第169页。
⑥ 《郭嵩焘日记》第3卷,光绪三年二月二十五日,第169页。
⑦ 《郭嵩焘日记》第3卷,光绪三年三月二十六日,第203页。

三 西方亦有道义——郭嵩焘中西观的逆转

但是随着时间的推移,在郭嵩焘心目中,中国在道义上的绝对优势开始逐渐瓦解。光绪三年五月十二日晚,郭嵩焘去白金汉宫看舞会,评价道:"铿伯叱(旁注:总督军政)年七十,哈定敦及大太子即俄国公使及太子妃及各公主,各挟所知,相与跳跃而不为非。使中国有此,昏乱何如也。"①在当月十八日他又评价道:"西洋君民尊卑之分本无分别,巴西国主至舍其国遨游万余里之外,与齐民往还嬉戏,品花听乐,流荡忘返,亦中国圣人之教所必不容者矣。"②

这两条材料表面上看是郭嵩焘对西洋文明某些方面的批评,但是其中另有弦外之音。郭嵩焘的措辞似乎是在强调中国皇室如此嬉戏宴游是不合理的。换言之,郭嵩焘并不否认西方皇室嬉戏宴游的合理性。虽然从两条材料的语言环境看,郭嵩焘对西方的态度带有负面情绪,但是这其中已经隐含着他承认中国与西洋文明各有其发展特色,似乎已经开始将东西方文明置于一种平等的地位进行评价。

随着对西方了解的深入,在郭嵩焘的心目中,西方文明的地位逐渐上升。光绪四年(1878)二月初二,郭嵩焘听闻英国在波斯国王游历伦敦时赐予他宝星,结果招致舆论非议,他评价道:"三代以前,独中国有教化耳,故有要服、荒服之名,一皆远之于中国而名曰夷狄。自汉以来,中国教化日益微灭,而政教风俗,欧洲各国乃独擅其胜,其视中国,亦由三代盛时之视夷狄也。中国士大夫知此义者尚无其人,伤哉!"③

这时的郭嵩焘已经承认,在西方人的眼中,中国已经成为"夷狄",尽管他自己还没有认同这一点。当年的四月二十一日,郭嵩焘再次到白金汉宫参加舞会,这回他评价道:"西洋风俗,有万不可解者。自外宫门以达内厅,卫士植立,皆有常度,无搀越者。跳舞会动至达旦,嬉游之中,规矩仍自秩然。其诸太子与德国太子,皆在跳舞之列。以中国礼法论之,近于荒矣。而其风教实远胜中国,从未闻越礼犯常,正坐猜嫌计较之私实较少也。"④

---

① 《郭嵩焘日记》第3卷,光绪三年五月十二日,第235页。
② 《郭嵩焘日记》第3卷,光绪三年五月十八日,第237页。
③ 《郭嵩焘日记》第3卷,光绪四年二月二日,第439页。
④ 《郭嵩焘日记》第3卷,光绪四年四月二十一日,第510页。

与上次对舞会的评价相比，其中虽然仍有批评的意味，但肯定了西方是有"常度"和"规矩"的，甚至"风教"远胜于中国，这说明郭嵩焘对西方的好感进一步加深。

四 中国"无道"？——理想的中国与现实的中国

光绪四年五月二十日，郭嵩焘终于做出了那段被后世津津乐道的评价：

> 三代以前，皆以中国之有道制夷狄之无道。秦汉而后，专以强弱相制，中国强则兼并夷狄，夷狄强则侵陵中国，相与为无道而已。自西洋通商三十余年，乃似以其有道攻中国之无道，故可危矣。①

大部分学者通常简单地将这段话当作郭嵩焘认为西方优越于中国的证据，但很少有人对日记中接下来的一段话进行深入分析：

> 三代有道之圣人，非西洋之所及也……圣人以其一身为天下任劳，而西洋以公之臣庶。一身之圣德不能常也，文、武、成、康四圣，相承不及百年，而臣庶之推衍无穷，愈久而人文愈盛。颇疑三代圣人之公天下，于此犹有歉者。②

在中国传统读书人的心目中，"中国"具有两个层面的含义：一个是现实的中国，一个是理想的中国。现实的中国基本上是以秦汉为起点的，因为在传统读书人的心目中，秦朝乃是以霸道得天下，不是以仁义得天下，而此后的历代王朝都基本上是"自有制度，本以霸王道杂之，奈何纯任德教，用周政乎！"③ 这种情况当然不能让人满意。朱熹就曾经愤慨地指出："千五百年之间，正坐如此，所以只是架漏牵补，过了时日。其间虽不无小康，而尧、舜、三王、周公、孔子所传之道，未尝一日得行于天地之间也。"④ 吕留良

---

① 《郭嵩焘日记》第3卷，光绪四年五月二十日，第548页。
② 《郭嵩焘日记》第3卷，光绪四年五月二十日，第548—549页。
③ 《汉书》卷9《元帝纪》，中华书局，1962，第277页。
④ 朱熹：《答陈同甫》，《朱子全书》第12册，上海古籍出版社、安徽教育出版社，2002，第1583页。

也说:"自秦并天下之后,以自私自利之心,行自私自利之政。"① 所以传统读书人心中,往往把理想的中国即"三代之治"的中国作为自己的信仰与目标。

虽然韩非早就敏锐地指出,所谓的"三代之治"不过是"人民少而禽兽众,人民不胜禽兽虫蛇……民食果蓏蚌蛤,腥臊恶臭而伤害腹胃,民多疾病"② 的原始时代,但是在汉代以后以儒家思想为正统的大背景下,这种声音微乎其微。千千万万的读书人都是高喊着"致君尧舜上,再使风俗淳"的口号,希望能够实现自己治国平天下的夙愿。而郭嵩焘居然认为三代之德治不如西方之法治,这表明在他的内心深处,这种理想的中国的至高无上的地位已经动摇了。

值得注意的是,郭嵩焘的这个突破,是他在深处西方文明的包围的环境下实现的。他到英国之前,对中国现状的不满已非一朝一夕,在咸丰十年(1860)九月二十四日写给朋友的信中,他批评道:"学士大夫习为虚骄之论,不务考求实际,迄今六七百年,无能省悟者。"③ 同治八年(1869)四月二十三日,因为家里的狸猫不好好捕鼠,以至家中老鼠横行,他"始悟末流之世,官司失职,盗贼横行,人物一理也"。④

正如秦晖先生所评价的那样:"清末的西方未必就像我刚才讲到的那些人所想的那样,是儒家理想中的三代盛世,但那时的中国的确是不仁不义,名儒实非,让这些真儒们痛心疾首到了极点。"⑤ 到英国之后的郭嵩焘,整天受到令他感到满意的西方的各个方面的冲击,所以他在评论时,难免处在一种偏激的情绪之中。光绪四年五月十一日,郭嵩焘与在中国待过二十多年的洋人瞻斯谈话,郭嵩焘称赞道:"西洋学、仕两途相倚,不患无以自立,此较中国为胜。"瞻斯回答说:"文武两途员缺有定制,而求仕进者日增。学成而待用,亦苦阶级不易攀跻,闲废为多。"后来瞻斯谈到,"知中国当兵者皆尚椎鲁,无文学。西洋必使学成而后充兵,近乃知有文学者多

---

① 吕留良:《四书讲义》卷32,《续修四库全书》经部第165册,上海古籍出版社,2002,第608页。
② 王先慎:《韩非子集解》,中华书局,1998,第442页。
③ 《郭嵩焘日记》第1卷,咸丰十年九月二十四日,湖南人民出版社,1981,第400页。
④ 《郭嵩焘日记》第2卷,同治八年四月二十三日,第543页。
⑤ 清华大学历史系、生活·读书·新知三联书店编辑部合编《清华历史讲堂续编》,生活·读书·新知三联书店,2008,第372页。在这里,秦晖先生详细探讨了"三代"与"秦汉以后"在晚清读书人心目中的区别,却忽略了"南宋"这一历史界标在当时读书人心目中的意义。

浮滑，故凡充兵者皆试其力，不试以文学。此亦中国所早见及者，西洋近始知之"。① 而郭嵩焘"谓中国尚文而贱武，凡横暴者，相与以兵目之，言可畏悸也。正惟视之轻，是以为兵者亦皆不自立，以成乎偷敝之习。此亦中国之弊也。"② 从这番对话中可以看出，瞻斯看待问题的方式还是比较客观的，他能够指出西方之不足，也承认中国在某些方面的合理性。但是郭嵩焘似乎一开始就带着一种批判中国、赞美西方的态度来进行这次交谈，表明他在某种程度上有一种自卑感。

处在偏激的情绪中得出的结论，往往难以长久。在此后郭嵩焘留下的资料中，笔者再也没有看到他认为三代之中国不如西方的观点。此外，他从来没有在公开场合表达过这种看法。在光绪十年（1884）正月写给李鸿章的信中，郭嵩焘指出："夷狄之民，与吾民同也。趋利避害同，喜谀恶直同，舍逆取顺同，求达其志而不乐阻遏其气同。贤者以理折衷，可以利之顺之，亦未尝不可直言之，因而阻遏之。取足于理，强者亦可使退听。吾民之于官吏父母也，即有屈抑，忍受而已，不能忍受，谓之乱民。夷狄弱者，奴隶也，鞭之挞之可也；强者义视友朋，但能以理相处，一有藐屈，愤然而起，祸福荣辱立见。"③ 在公开的场合，他最多承认西方与中国的地位是平等的。这次突破，姑且可以看作郭嵩焘思想的一次"出轨"。

不过即便如此，郭嵩焘的想法在当时已经算是惊世骇俗了。光绪六年（1880）二月初二，王闿运在听了郭嵩焘的观点后，"以为法可以行于物，而不可行之于人，人者万物之灵，其巧敝百出，中国以之，一治一乱。彼夷狄人皆物也，通人气则诈伪兴矣"。④ 光绪十年去世的张树声，在他的遗折里面还评价说："夫西人立国，自有本末，虽礼乐教化，远逊中华。"⑤ 郭嵩焘居然承认这些"夷狄"在"礼乐教化"上可以与"中华"平起平坐，所承受之压力可想而知。

但是对郭嵩焘而言，理想的中国这一信念，终究还是无法打破的。在光绪五年正月三十日的日记中，郭嵩焘在看过《新约》、对基督教的发展过

---

① 《郭嵩焘日记》第3卷，光绪四年五月十一日，第543页。
② 《郭嵩焘日记》第3卷，光绪四年五月十一日，第543—544页。
③ 《致李傅相》，《郭嵩焘诗文集》，岳麓书社，1984，第213页。原文无时间，根据《郭嵩焘日记》的记载推算，此信很可能是在光绪十年正月寄出。
④ 王闿运：《湘绮楼日记》，光绪六年二月二日，岳麓书社，1997，第881页。
⑤ 张树声：《张靖达公奏议》卷8，《中国近代史料丛刊》第23辑第222册，台北：文海出版社，1966，第559页。

程有所了解后，将中国的圣人之教与其进行了对比："三代以前为君者，皆兼师道而为之，名之天子，继天以统理下民者也。西方榛蒙始辟，无君师之统，而为民信从者，民辄归之……天子者，承天以统理百姓，而固不敢私天以为之父，为夫万有之生，皆天主之。私天而名之父以行教，而擅作君之权，且欲尽四方万国而统治之；赖有一死，其徒一附之耶稣，无敢更自托为天之子者，其名乃至今不废……其精深博大，于中国圣人之教曾不逮其毫厘，而流弊固亦多焉。"① 在归国后写给朋友的信中，郭嵩焘评价道："蒙以为泰西之教，其精微处远不逮中国圣人，故足以惑庸愚，而不能以惑上智。"② 可见在作为国之本源的文教问题上，郭嵩焘还是坚守自己的信念的。

而这种对于文教的坚持，最终还是会落实到对道义上的优势的坚持。明末一位笃信天主教的教徒朱宗元就曾经如此称赞西方：

> 况大西诸国，原不同于诸蛮貊之固陋，而更有中邦所不如者。道不拾遗、夜不闭户、尊贤贵德、上下相安，我中土之风俗不如也。天载之义，格物之书，象数之用，律历之解，莫不穷源探委，我中土之学问不如也。大小七十余邦，互相婚姻千六百年，不易一姓，我中土之治安不如也。宫室皆美石所制，高者百丈，饰以金宝，缘以玻璃；衣裳楚楚，饮食衎衎，我中土繁华不如也。自鸣之钟，照远之镜，举重之器，不鼓之乐，莫不精工绝伦，我中土之技巧不如也。荷戈之士皆万人敌，临阵勇敢，誓死不顾，巨炮所击，能使坚城立碎，固垒随移，我中土之武备不如也。土地肥沃，百物繁衍，又遍贾万国，五金山积，我中土之富饶不如也。以如是之人心风俗而鄙之为夷狄，吾惟恐其不夷也已！③

这番惊世骇俗的言论背后，是对西方的文教的认同。与此不同，对于理想的中国在道义上的优势的坚守，在郭嵩焘超越传统的努力中，扮演了

---

① 《郭嵩焘日记》第3卷，第774页。原文最后一句写作"而流弊固亦少焉"，与上一句意思互相矛盾。查同版《郭嵩焘日记》第4卷第3页，郭嵩焘在回国后评价一位中医"医道精微，不如洋药专用外解之为弊少也"。上下文同样语意矛盾。笔者怀疑这两处都是郭嵩焘的笔误，"少"应该改为"多"字。
② 《复姚彦嘉》，《郭嵩焘诗文集》，岳麓书社，1984，第202页。
③ 朱宗元：《答客问》，清康熙刻本，慈母堂1871年刊印，转引自闻黎琴《朱宗元思想研究》，浙江大学人文学院硕士学位论文，2007年，第43页。

微妙的角色。

五　结语

到英国之后的郭嵩焘并没有一下子就折服于西方的先进事物，他仍然恪守着"华夷之辨"，并没有承认西方文明的地位，只是承认了西方在制度与"实学"上的优势。但是随着时间的推移，他逐渐把中西文明放在同等地位上看待，承认二者各有特色，并一度承认西方文明的优越性。大多数研究者都看到了郭嵩焘承认西方文明的优越性这一点，却忽略了两个事实：第一，郭嵩焘此后再也没有表达过类似观点；第二，这种观点只见于郭嵩焘的私人日记，他从来没有对别人表达过这种思想。而正是这两个看似细微的事实，恰恰是认识郭嵩焘思想发展不可忽略之处。由此不难看出，只有将郭嵩焘思想变化的整个过程尽可能客观地还原出来，才能对他的思想做出合乎历史环境的评价。

但是做出这种评价往往很难。在郭嵩焘去世之前，现实中的他与旁人眼中的他就已经发生了偏差。光绪四年八月二十八日，郭嵩焘的继任者曾纪泽在面见慈禧太后的时候，曾经说："郭嵩焘恨不得中国即刻自强起来，常常与人争论，所以挨骂，总之系一个忠臣。"[①] 但是就在当年的八月二十七日，郭嵩焘在与德国人巴兰德谈论中国的问题时，却说："一二十年后，此风渐开，（中国）必能仿行（铁路、电报、汽机），今日尚难与言……中国幅员太广，地大物殷，一切需有成法，遵行已三千余年，本不易言变通。"[②] 郭嵩焘完全能够意识到中国的问题绝非一朝一夕所能解决。可见当时的郭嵩焘，就已经给世人留下了一种并非真实的激进形象。

随着时代的发展，郭嵩焘越来越受到推崇。梁启超曾经在《五十年中国进化概论》中高度评价郭嵩焘："记得光绪二年有位出使英国大臣郭嵩焘，做了一部游记，里头有一段，大概说：'现在的夷狄，和从前不同，他们也有二千年的文明。'嗳哟！可了不得！这部书传到北京，把满朝士大夫的公愤都激动起来了，人人唾骂，日日奏参，闹到奉旨毁板才算完事。"[③]

---

① 曾纪泽：《出使英法俄国日记》，光绪四年八月二十八日，湖南人民出版社，1985，第117页。
② 郭嵩焘：《郭嵩焘日记》第3卷，光绪四年八月二十七日，第638—639页。
③ 梁启超：《梁启超经典文存》，上海大学出版社，2003，第263页。后人对郭嵩焘类似的评价，可参见王兴国《郭嵩焘评传》，第173—182页。

而这种研究思路一直影响到当代的台湾史学界。① 在大陆很长一段时期的历史研究中，受意识形态的影响，郭嵩焘被打上了革新者的烙印，自然也是被歌颂的对象。②

为什么后人会对郭嵩焘做出过于求新求变的评价呢？笔者认为，在郭嵩焘去世之后，中国的民族危机日益严重，要求变革和开放的呼声越来越高涨，由此引发了新知识分子对于传统越来越强烈的批判。就像林毓生评价五四运动所说的那样："正在中国传统的思想内容解体之时，'五四'反传统主义者却运用了一项来自传统的，认为思想为根本的整体观思想模式来解决迫切的社会、政治与文化问题……在反传统主义者接受了许多西方思想与价值后，当中国传统文化因其架构之崩溃而失去可信性时，其中陈腐而邪恶的成分，从这种思想模式的观点看去，并不是彼此隔离的个体，而是整个中国心灵患有病毒的表征。"③ 而这种一元论的思想模式，极易使人在价值评价上陷入一种非黑即白的思维模式，从而将评价对象神化或妖魔化。④ 像郭嵩焘这样影响很大的传统读书人，居然带有开放和改革的色彩，自然就成大家争相歌颂的对象。但是在这样的前提下，对他的认识自然不可能全面。

晚清是一个中外、新旧碰撞的时代。只有以传统文化为出发点，着重研究这一时期传统读书人的思想世界的变化，才能如实地还原历史。同时，也能让后人更加充分地在比较中深刻地认识传统。对以郭嵩焘为代表的那一批具有转折意义的读书人进行研究，意义就在于此。

（作者单位：吴琦，华中师范大学历史文化学院；
朱忠文，华中师范大学历史文化学院）

---

① 如郭廷以先生在编纂《郭嵩焘年谱长编》时，虽然提出不会对郭嵩焘隐恶扬善，但是该书内容仍然存在这种倾向。参见郭廷以编订、尹仲容创稿、陆宝千补辑《郭嵩焘先生年谱长编》，序言第8页。
② 大陆对郭嵩焘的总体评价，可参见王晓天在1999年湖南举办的郭嵩焘生平与思想研讨会上的开幕词，载王晓天、胥亚主编《郭嵩焘与近代中国对外开放》，第1—5页。
③ 林毓生：《中国传统的创造性转化》（增订本），生活·读书·新知三联书店，第180页。
④ 比如郭嵩焘的敌手刘锡鸿长期以来一直都被打上顽固、保守的烙印，受到几乎所有人的一致唾骂。毋庸置疑，刘锡鸿在政治操守上的确有些问题。但是事实上，他在对外思想上并没有那么保守，其思想也颇有合理性。参见王维江《郭嵩焘与刘锡鸿》，《学术月刊》1995年4月，第76—81页；任云兰、熊亚平：《保守中的趋新——刘锡鸿反对修建铁路思想之再分析》，《学术研究》，2009年9月，第122—128页。

吴宓主编《武汉日报·文学副刊》的初步考察

傅宏星

内容提要 吴宓主编的《武汉日报·文学副刊》是一份与《学衡》杂志和《大公报·文学副刊》同路的刊物。因为主编个人的流动,使"学衡派"的影响由狭小的学术界渗透到华中地区最有实力的大众传媒。本文以吴宓创办《武汉日报·文学副刊》的过程为背景,分别从作者群体分析、栏目和内容介绍等几个方面展开论述,全面评价了吴宓编辑这份学院派报纸副刊的卓越贡献。

关键词 吴宓 《武汉日报》 文学副刊

提起吴宓的编辑生涯,人们自然会想到他主编11年之久的《学衡》杂志,以及他与《大公报》这份闻名遐迩的百年大报之间密切的关系,特别是与该报《文学副刊》的不解之缘,却很少有人知晓老先生在20世纪40年代后期执掌国立武汉大学外文系期间,还曾创办另一份报纸副刊——《武汉日报·文学副刊》。该刊由吴宓署名主编,是一份标榜"不立宗派,不持主义,而尊重作者之思想及表现自由",[①] 以文、史、哲学术短论(如红学论文)为主体,兼及著述序跋、学界动态、诗词创作和翻译作品的综合性报纸文艺周刊。由于《武汉日报》作为地方性报纸,传播有限,兼之战乱动荡和政治变迁,保存非易,即使在整个武汉地区,目前也只有湖北省图书馆、档案馆、武汉大学图书馆等少数单位藏有完整原件,普通读者很难一睹全貌,更没有一篇涉及副刊创办始末与整体面貌的详尽文字予以介绍,留下了诸多遗憾。本文依据华中师范大学中国近代史研究所庋藏的

---

① 吴宓:《序例》,《武汉日报·文学副刊》第1期,1946年12月9日。

《武汉日报》微缩胶卷,拟就此问题做一初步考察,并求教于专家学者。

一 《武汉日报·文学副刊》之始末

(一)《武汉日报·文学副刊》的出版发行情况

汉口《武汉日报》创办于1929年,曾经是一份活跃于华中地区的著名报纸,[①]但因其鲜明的反共立场和中统背景,伴随着蒋家王朝的覆灭而烟消云散,最终退出了历史舞台。根据《武汉日报》存在的不同历史时期和地域特点,湖北史学界将其分为战前版、恩施版[②]、敌后版、光复版和宜昌版,而恩施版和光复版的报社社长均由宋漱石担任。

1945年9月29日《武汉日报》光复版发行之后,在宋漱石的主持下,励精图治,版面由最初的四版先后增加到六版、八版,内容与栏目更趋合理,影响力逐渐扩大。改革后的《武汉日报》对开八版,第一版为刊头及广告;第二版国内新闻全版;第三版国际新闻全版;第四版《今日读》杂文半版,广告半版;第五版省市新闻,半版广告;第六版学术专版,半版广告;第七版社会服务及经济版,半版广告;第八版副刊,半版广告。每日发行两万多份。其中文艺类的副刊先后有《鹦鹉洲》副刊(周日出版)、"文史副刊"(周四出版)和"文学副刊"(周一出版)。

"文学副刊"是该报创办的最后一个文艺副刊。1946年8月,正逢武汉大学复员,大批内迁教师陆续返回武昌珞珈山。作为首届部聘教授的吴宓先生亦于此时离蓉来汉,接手武大外文系主任之职。宋漱石于是趁机开始谋划《武汉日报·文学副刊》,希望借助名家效应和名校资源,把这份"文学副刊"办出学院派文化特色。他特意委派湖北省立实验民众教育馆馆长兼《武汉日报》编辑王嗣曾参与筹备,并代为邀请吴宓这位海内著名的清华教授、红学大师、前《大公报·文学副刊》主编来主持其事,并商定大

[①] 国民政府定都南京之后,当时的国民党中央宣传部直辖一个通讯社——"中央通讯社"(社长萧同兹);下有四大党报:一是南京《中央日报》(社长兼总编辑程沧波),二是北平《华北日报》(沈尹默任社长,安怀音为总编辑),三是广州《中山日报》,四是汉口《武汉日报》。参见徐叔明《〈武汉日报〉发展史》,《湖北文史资料》第3辑,中国人民政治协商会议湖北省委员会文史资料研究委员会编,1985。
[②] 资料显示,《武汉日报》"恩施版"之前,曾存在一个时间非常短的"宜昌版",但很快就随着日军攻陷宜昌而终刊。

体办法。① 编辑部即设在武大校园里，而报社对稿件内容一律不加干涉。

为报头"文学副刊"隶书四字题字的，是时任武汉大学文学院院长的刘永济先生，② 双款条幅，右款是"吴宓主编"，左款是"每星期一出版"。由于聘请了吴宓担任主编，"文学副刊"不仅稿源充足，而且大都是高质量的精品力作。创刊伊始，佳评如潮，其作者群体和内容质量均堪称豪华，一经出刊，即给读者强烈的视觉冲击力。如"文学副刊"第1期，除《序例》外，学术论文有唐长孺（武汉大学历史系教授）的《读陈寅恪〈唐代政治史论稿〉后记（上）》、吴宓（武汉大学外文系教授兼主任）的《〈红楼梦〉之文学价值》、程千帆（武汉大学中文系教授）的《校雠目录辨》和金克木（武汉大学哲学系教授）的《印度师觉月博士来华讲学》，武汉大学文学院四系的四位知名学者一一登场；而"诗词录"则包括赵紫宸（燕京大学宗教学院院长）的《丙戌初冬即事》、陈寅恪（清华大学中文历史两系合聘教授）的《乙酉七月七日听说〈水浒新传〉后客有述近闻者感赋》和《华西坝（乙酉夏日成都作）》、沈祖棻（著名女词人）的《浣溪沙（乙酉冬成都作）》以及刘永济（武汉大学文学院院长）的《八声甘州（丙戌清明乐山作）》，均为学人诗词，作者无一例外都是各大学的知名学者，阵容强大。

《武汉日报·文学副刊》于1946年12月9日在汉口创刊，1947年12月29日终刊，每周一出版，共出50期。中间除了偶尔有几期推迟或脱刊之外，其余各期均能按时连续出版。如1947年6月9日（周一）第26期，因故推后至6月11日（周三）出版；1947年1月27日、6月16日、9月1日各脱刊一期；1947年9月29日，在出版第40期之后，主编吴宓因前往南京主持正中书局《牛津英汉双解字典》③的编校会议，另一位编辑程千帆则有私事外出，在两位编者都缺席的情况下，副刊不得已停刊三周（10月6日、13日、20日），迟至1947年10月27日才续出第41期。

（二）《武汉日报·文学副刊》的编辑团队

《武汉日报·文学副刊》的编辑力量非常精干，只有主编吴宓和编辑程

---

① 吴学昭整理注释《吴宓日记》第10册，三联书店，1999，第169页。
② 吴学昭整理注释《吴宓日记》第10册，第314页。
③ 戴镏龄：《英语教学旧人旧事杂忆》，《戴镏龄文集——智者的历程》，广东人民出版社，2004，第316页。

千帆二位先生，外加名个助理编辑盛丽生。

吴宓（1894—1978），字雨僧，国民政府教育部外文专业部聘教授，陕西泾阳人。1946年9月，吴宓一到武汉就引起了《申报》和《武汉日报》的注意，《申报》甚至用了非常醒目的标题《红楼梦专家吴宓受聘武大》，予以追踪报道。① 没过多久，人们又在《武汉日报》上看到一篇题为"雨僧飞腿"的回忆文章，作者笔底生花，寓惨痛于诙谐，寄深意于言外，展示了这位有名士做派的老教授在战乱年代遭受的磨难。文末说："上月他从成都来到武汉，担任武汉大学外文系的主任；部置稍定，书囊安排妥帖，武汉人士总可以听到他的议论，讽诵他的文章。"② 由此可见，武汉学界和普通读者对于吴宓的到来是充满期待的。

编辑程千帆（1913—2000），原名会昌，湖南宁乡人。程千帆先生是当今学界公认的国学大师，在校雠学、历史学、古代文学、古代文学批评领域都有杰出的成就。但在当年，他只是一个30岁出头的晚学后生；与吴宓的结识，则缘于一个共同的好朋友刘道龢。1944年12月25日，他们两人在成都第一次见面："晚6—10访刘道龢（君惠）于其宅。留同程会昌（千帆，宁乡。）共饮大曲酒畅谈。宓饮三四杯，薄醉。以浓茶解之。读程夫人沈祖棻女士（子苾，紫曼，籍嘉兴，居苏州。）近词《浣溪纱》三首，讽咏当道何、孔、宋（美龄）三人。"③ 三人品词论世，有酒有茶，吴宓不觉"畅谈"而"薄醉"，双方非常投缘。从此以后，程千帆夫妇的名字（"昌""棻"）就开始频繁出现在吴宓的日记中，可知他们之间来往密切。1946年11月17日，吴宓正式允诺报社承办《武汉日报·文学副刊》之后，他首先想到的就是请程千帆一起来编。程氏不仅爽快地答应了吴先生的邀请，而且在征稿、编稿过程中尽心竭力。吴宓很快就喜欢上了这个年轻人，认为他既有才华，又有勇于任事的精神。那时的程千帆，一没有留过洋，二没有研究生学历，年仅34岁，就被破格聘国立武汉大学中文系的教授，不久，他又被任命为武大中文系主任，这与刘永济、吴宓等人的提携与奖掖不无关系。④

盛丽生是吴宓在外文系的庶务助教，最初并不在编辑部的编制之内。

---

① 《红楼梦专家吴宓受聘武大》，《申报》1946年9月6日。
② 万柳：《雨僧飞腿》，《武汉日报》1946年11月5日。
③ 吴学昭整理注释《吴宓日记》第9册，三联书店，1999，第386页。
④ 吴学昭整理注释《吴宓日记》第10册，第208页。

但他经常帮着誊抄稿件、送稿或邮寄以及稿费和编辑费的办理领取等跑腿杂事。1947年7月23日，吴宓担心盛丽生经济上吃亏太大，就亲自致函报社，聘请他做《文学副刊》助理编辑。报社方面，与编辑部工作对接的责任编辑，前期为王楷元，后期为叶平林。

（三）《武汉日报·文学副刊》创办与终刊

抗战胜利以后，胡适回国当北京大学校长，他的好友兼幕僚周鲠生则任武汉大学的校长，原校长王星拱先生调到了中山大学。

周鲠生（1889—1971），法学家，中央研究院院士、国民政府教育部法学专业部聘教授，湖南长沙人。早年留学日本，后留学英法，获爱丁堡大学博士学位及巴黎大学国家法学博士学位。历任国立北京大学、东南大学、武汉大学教授及校务长。1945年回国后出任武汉大学校长兼政治系教授，广揽贤才，克服重重困难，在学校由四川乐山复员武昌珞珈山后，恢复农学院，增设医学院，使武汉大学成为拥有文、法、理、工、农、医的著名综合大学。

周鲠生早年有在汉口办《民国日报》的经验，后来《武汉日报》创办"星期评论"，又特意邀约他与王星拱、皮宗石、陈西滢等武汉大学教授撰写专论。在《武汉日报·文学副刊》创刊伊始，周鲠生不仅给予吴宓等人许多直接的支持，还积极参与《武汉日报》随后的体制改革。1947年下半年，武汉日报社成立股份有限公司，设立董事会和监事会，聘请周鲠生和工商界、金融界一些知名人士为董事、监事，王亚明为董事长，宋为董事兼社长。

《武汉日报·文学副刊》酝酿筹办之际，正是武汉大学百废待兴的快速发展之时。当时武大文学院在刘永济先生的领导下，学术研究氛围浓厚。刘永济不仅力图恢复武汉大学《文哲季刊》，支持吴宓在外文系建立图书资料室，为其解决经费；还亲自给《武汉日报·文学副刊》题写报头，并积极投稿，希望吴宓能把这份文艺副刊办成以武大同人为核心的学术阵地。文学院各系主任和教授皆一时之选，外文系主任吴宓，教授袁昌英、田德望、缪朗山、朱君允、周煦良、戴镏龄等；中文系主任刘博平，教授席鲁思、程千帆、苏雪林等；历史系主任吴于廑，教授唐长孺、梁园东等；哲学系主任洪谦，教授景昌极、金克木、周辅成等。此外，吴宓还有一帮活跃于国内学术界的知交好友，新知旧雨，声气相通，如清华大学的陈寅恪、燕京大学的赵紫宸、四川大学的缪钺、重庆大学的邵祖平、湖南大学的陈遫等人；而在武汉地区，武大之外，还有华中大学的林之棠、钱基博、徐嘉瑞、何君超、邵子风以及中华大学的贺良璜、湖北师范学院的顾学颉等。《武汉日报·文学副刊》正是在这样一个学术氛围浓厚、有一大批"学贯中西"的诗人词人和专家教授可以源源供稿的条件下问世的。

当然，导致《武汉日报·文学副刊》创刊的根本原因还在于武汉地区报业之间的激烈竞争，直接催生了武汉日报社的一系列改革措施。为了超越他报，宋漱石社长雄心勃勃地进行了大刀阔斧的改革，不仅增加版面，而且栏目方面也有大的变化。其中文艺副刊就由原来的一个（"鹦鹉洲"）增加到三个（"鹦鹉洲"、"文史副刊"和"文学副刊"），希望借助名人效应和名校资源，提升报纸的可读性和学术品位，吸引读者。

不过，筹划之初，吴宓就清醒地意识到《武汉日报·文学副刊》与其理想的刊物之间存在矛盾："回舍，金克木来，力赞宓独编撰《文学与人生》。勿与昌合编《文副》，俾精神一贯，免贻世讥，且《大公报·文学副刊》盛业难继。而胡适、杨振声、沈从文等之主编《大公报》文史、星期、文艺等，亦难与之抗衡也。……宓深以为然。"① 吴宓内在的矛盾与冲突，以及他过去与新文化派论争而惨败的阴影，始终伴随着文学副刊的编辑过程，同时也为其日后的停办埋下了伏笔。

吴宓创办《武汉日报·文学副刊》之后，国内的政治形势并没有朝着人们期望的方向发展，经济形势也没有得到逐渐改善。一方面，政府不顾人民意愿，穷兵黩武，积极内战；另一方面，恶性通货膨胀愈演愈烈，势如脱缰之野马，到1947年底，法币和关金券急剧贬值，导致国民经济几近崩溃。据相关资料显示，在"文学副刊"出版后的一年时间里，稿费变更5次，每千字从6000圆到40000圆，涨幅几近7倍；主编吴宓的编辑费变更4次，每月从75000圆到60万圆，涨幅达到8倍；而武大教授的薪资则激增了10倍。② 由此可见，当时货币贬值之快、通货膨胀变化之速，不仅深刻影响了普通人的生活，也给武汉日报社内部的经营管理带了诸多困难与矛盾。吴宓因此不得不为增加稿费和编辑费多次与报社方面交涉，甚至不惜以辞职为借口。

发生在1947年5月20日的"反饥饿、反内战、反迫害"运动是一场遍

---

① 吴学昭整理注释《吴宓日记》第10册，第173页。
② 《吴宓日记》（1947年12月9日）载："以武大月薪为比，一年中增十倍。"

及全国60多个大中城市的声势浩大的群众运动,运动的规模和气势也是以往学生运动所少见的。自此以后,大学生们忙于学运,再也不能安坐课堂,对于读书与学术殊少兴趣,加之"文学副刊"有一幅令左派大学生生厌的旧面孔,难免招来攻击。11月4日吴宓日记记载:"晚,接本校'不具名'学生来函,对《文副》内容深表不满,尤致憾于42期刘健《论黄山谷诗》一文。自云凤昔敬济而敬宓,故对宓之编辑《文副》潦草敷衍,多所责难,并致箴规,教以宁缺毋滥云云。宓读之深为感痛。"① 可以想见,青年读者的批评意见必定让吴宓陷入巨大的痛苦和失望之中,从而瓦解他办刊的信心与决心。

虽说报社方面从不干涉吴宓编辑稿件,但在版式设计和排版过程中,双方一直矛盾不断,冲突不断。1947年3月31日,《武汉日报·文学副刊》第16期出版,面对排版人员的"妄为改动"以至"颠倒错乱",吴宓在日记中愤然写道:"宓撰《一多总表》,按《文副》二栏每行二十五字之版式写成,俾可每格纵横如式。……乃今日《武汉日报》忽将《文副》七栏半版缩小,而另画为六栏,每行改为二十七。于是排字工人不能依样葫芦,而致颠倒错乱。其他各处,亦不遵宓所定版式,妄为改动。宓甚气愤,以白费心力,无良结果。区区形式末节尚不能如意,而况舍己而逐末,一己之精神烦苦,著作难成。……故拟向《武汉日报》宋社长漱石辞去《文副》主编之职,举程会昌自代,名实俱辞,不更留恋。又恐不获辞,拟托徐嘉瑞从旁婉言之,期必获允辞去。……金克木极以为然。谓宓此役毫无益处,辞去为善云云。"② 盛怒之下,吴宓遂萌生了辞职的念头。1947年9月22日,《武汉日报·文学副刊》第39期出版,又出现了相同的排版错误,吴宓实在忍无可忍,但又不便立刻辞职,只好在日记中表达自己的不满:"《文副》版式,不遵指示,甚愤怒。"③ 此外,由于报社方面常常擅自增加广告而改版,又因改版而屡屡错排,也让主编疲于应付,不断做出更正,并向读者致歉。按照惯例,编辑提前两日发稿,1947年11月27日,报社突然改为提前三日发稿,④ 几乎让吴宓措手不及。

自3月31日因版式不如意而萌生去意后,吴宓先后多次提出辞职,但

---

① 吴学昭整理注释《吴宓日记》第10册,第272页。
② 吴学昭整理注释《吴宓日记》第10册,第198页。
③ 吴学昭整理注释《吴宓日记》第10册,第242页。
④ 吴学昭整理注释《吴宓日记》第10册,第283页。

都被报社方面好言挽留；程千帆、王楷元、徐嘉瑞等友人亦从旁疏导，鼓励他继续办下去。1947年12月8日，吴宓上书宋漱石社长，决心辞去"文学副刊"主编之职。宋漱石复函慰留，好友徐嘉瑞也受托相劝，无奈吴宓去意已决，遂致终刊。同年12月29日，《武汉日报·文学副刊》最后一期出版，吴宓在当天的日记中写道："《武汉日报·文副》50期，既不照宓所画版式，又不将宓所撰之小方《停刊启事》登出，致宓十二月八日已去函辞职及善后结束办法，均不得见知于读者，殊为愤怒。"① 即便终刊，吴宓心里装着的还是读者，希望善始善终。

吴宓主编的《武汉日报·文学副刊》停办后不久，该报"文史副刊"也宣布停刊。但考虑到报纸的声誉和读者的要求，报社又一度恢复了"文学副刊"，直至武汉解放前夕。不过，此"副刊"非彼"副刊"，编者不得不做一奇怪的声明："本刊承'文学副刊'旨趣，继续出版；但'文学副刊'为吴雨僧先生专业，不敢掠美，改用今名，并自第一期纪数。"② 虽然明言宗旨不变，名称不变，但物是人非，总归不是一码事。于是，刊头另请武汉大学刘博平先生篆书"文学"二字，以示区别。

二 《武汉日报·文学副刊》之内容

（一）作者队伍

《武汉日报·文学副刊》先后出刊50期，各期作者共计91人，从作者当时的工作单位以及与吴宓之间的人际关系分析，可略分为五大类。

1. 武汉大学教师（19位）

吴宓（文12篇，诗词3题）、唐长孺（文6篇）、程千帆（文4篇）、金克木（文2篇）、沈祖棻（文1篇，诗词4题）、刘永济（诗词8题）、何君超（文18篇，诗词11题）、景昌极（文1篇）、顾绶昌（文1篇）、戴镏龄（文1篇）、苏雪林（诗词3题）、叶瑛（文1篇）、周煦良（诗词10题）、朱君允（诗词1题）、周辅成（文1篇）、李国平（文1篇，诗词2题）、席启駉（文2篇）、胡国瑞（诗词10题）、郑若川（文1篇）。

2. 华中大学及武汉地区各高校教师（7位）

徐嘉瑞（文5篇，诗词8题）、邵子风（文1篇，诗词5题）、林之棠

---

① 吴学昭整理注释《吴宓日记》第10册，第300页。
② 《编后记》，《武汉日报·文学副刊》第1期，1948年10月7日。

（文2篇，诗词3题）、钱基博（文4篇）；顾学颉（文3篇，诗词5题）、贺良璜（诗词36题）、刘绶松（诗词10题）。

3. 国内其他地区大学教师（23位）

赵紫宸（诗词7题）、陈寅恪（诗词2题）、罗常培（文1篇）、马浮（诗词4题）、孙望（文3篇）、李思纯（诗词1题）、缪钺（诗词14题）、潘重规（文1篇）、萧公权（诗词1题）、李源澄（文1篇）、赵景深（文1篇）、王恩洋（文2篇）、张敬（词1题）、陈逵（诗词31题）、梁方仲（诗词16题）、邵祖平（诗词9题）、徐仁甫（文1篇）、殷孟伦（诗词14题）、朱杰勤（文1篇）、王璠（文1篇）、杜仲陵（文2篇）、陈志宪（文1篇）、赵世忠（文2篇）。

4. 大学生、中学教师及其他职业者（26位）

孙以翱（文1篇）、陈大慧（文1篇）、孙乐（诗词30题）、张白珩（文1篇）、曾一（文7篇）、翟公正（诗词7题）、黄有敏（诗词1题）、金月波（诗词19题）、陈西庐（诗词1题）、吴季诚（诗词8题）、施蛰存（诗词6题）、周光午（文1篇）、文密（文1篇）、唐玉虹（文1篇，诗词40题）、廖慕禹（诗词17题）、常燕生（诗词2题17首）、卫挺生（文2篇）、覃孝方（文1篇，诗词2题）、张昭麟（诗词77题）、万云程（诗词1题）、刘楚湘（诗词36题）、乔曾劬（诗词1题）、刘泗英（诗词1题）、黄贤俊（文2篇）、凌宴池（诗词10题）、徐恕（文1篇，诗词1题）。

5. 职业不详者（16位）

赵冈（文1篇）、彭复斋（诗词1题）、乔懋叔（诗词1题）、杨慕村（诗词1题）、李自苏（诗1题）、柴自儒（诗词1题）、杨绛祥（文1篇）、张仲庄（文1篇）、万懋德（诗词9题）、李恩泽（诗词3题）、严涤宇（诗词2题）、张绍渠（文1篇）、刘健（文1篇）、张霖民（诗词1题）、杨霭生（诗词1题）、熊道琛（文4篇）。

从以上开列的作者名单中可以知道，武汉地区的作者占了绝大多数，其中一半人在国内各大学任教，还有普通大学生、中学教师甚至银行职员、医师或立法委员，职业五花八门，足以看出吴宓广泛的交游以及"只认来稿不认人"的编辑态度。其中发表过三篇次以上文章者计9人，依次为：何君超（文18篇，诗词11题）、吴宓（文12篇，诗词3题）、唐长孺（文6篇）、徐嘉瑞（文5篇，诗词8题）、程千帆（文4篇）、钱基博（文4篇）、熊道琛（文4篇）、顾学颉（文3篇，诗词5题）、孙望（文3篇）。

发表过 10 题以上诗词者计 15 人，依次为：张昭麟（诗词 77 题）、唐玉虬（文 1 篇，诗词 40 题）、刘楚湘（诗词 36 题）、贺良璞（诗词 36 题）、孙乐（诗词 30 题）、陈逵（诗词 31 题）、金月波（诗词 19 题）、廖慕禹（诗词 17 题）、梁方仲（诗词 16 题）、殷孟伦（诗词 14 题）、缪钺（诗词 14 题）、周煦良（诗词 10 题）、刘绶松（诗词 10 题）、胡国瑞（诗词 10 题）、凌宴池（诗词 10 题）。综观《武汉日报·文学副刊》主要作者的情况，可以说既有中西融贯、学有专长的知名学者，又有造诣精湛的诗人、词人。由于吴宓本人的文化倾向和处事风格，必然会形成一个以主编为中心的作者群体，并影响到《武汉日报·文学副刊》的内容形式和学术品位。

（二）《武汉日报·文学副刊》栏目分析

自创办以至终刊，《武汉日报·文学副刊》并未强分栏目，也没有明确标识。现根据其内容和文体特点，大略分为五部分。

1. 编者弁言。置于每期报头下的小方框里，自第 8 期以后，间或有之，以刊登出版说明、重要更正、来稿要求、译诗点评、作者简介、读者通信等为主。亦有推介新出版的同人刊物，前后五次，分别刊录了《思想与时代》《东方与西方》《历史与文化》《文教丛刊》等刊物的编者、版期、目录和作者。

2. 述学。这是《武汉日报·文学副刊》的主要栏目，以发表文、史、哲方面的学术论文为主，如第 7 期《略谈西洋信牍文学》（戴镏龄）、第 24 期《人生之向上与升华》（王恩洋）、第 47 期《论五朝素族之解释》（唐长孺）；而吴宓有关红学研究的一组论文亦可归入这一专栏。

3. 序跋。这也是《武汉日报·文学副刊》的主要栏目之一。众所周知，序跋文章不仅是一部书稿的重要组成部分，同时也可以看作另外一种形式的学术论文（书评、诗话、词论等）。大量最新的学术著作和诗词作品集，出版的或者未出版的，无不由副刊首先介绍给读者。

4. 文苑。专门刊登文学作品，又分为文录、诗词录等。以旧体诗词为多，兼或发表少量翻译作品。

5. 杂缀。此栏内容较芜杂，有杂记、悼文、诗词话等。杂记有张白珩的《尊闻录（马一浮先生讲学笔记）》、周光午的《我所知之王国维先生——敬答郭沫若先生》、文密的《（自传之一章）明德一年——吴芳吉先生从学记》；悼文有吴宓的《悼诗人王荫南烈士》和《悼念诗人常乃惪先生》、唐长孺的《悼金松岑先生》以及朱杰勤的《悼承钧先生》；而连载15期的《双燕楼词话》（何君超）亦属可归于此类。

（三）《武汉日报·文学副刊》内容分析

从《武汉日报·文学副刊》50期的内容考察，其刊载范围十分广泛，举凡文学、哲学、历史、宗教、艺术等，编者皆认为是广义之文学；又于考证、研究、批评、创作之稿，悉皆收纳，取精去粗，主要有以下四个方面的内容。

1. 文、史、哲学术通论。这方面的作者主要有程千帆、顾学颉、沈祖棻、戴镏龄、陈志宪、潘重规、覃孝方、杜仲陵、吴宓、赵世忠、孙望、徐仁甫、李源澄、王恩洋、杨绛祥、刘健、黄贤俊、徐嘉瑞等。如程千帆的《校雠目录辨》《再论大学中国文学系科目——与朱自清教授书》《王摩诘〈送綦母潜落第还乡诗〉跋》，顾学颉的《温庭筠〈感旧陈情五十韵〉〈献淮南李仆射诗〉旧注辨误》《读谢康乐诗》《王渔洋对于诗之主张》，赵冈的《乱弹名义考》，孙望的《王逸〈楚辞章句〉十七卷本原为十六卷说》，沈祖棻的《白石词暗香疏影说》，戴镏龄的《略谈西洋信牍文学》，陈志宪的《周礼十三律考异》《唯情剧曲家汤临川》，潘重规的《凯风诗义今解》，覃孝方的《旧诗新话》，杜仲陵的《八代文论叙指》，吴宓的《欧美大学之起原及大学教育之本旨》《一多总表》，赵世忠的《音韵答问》，孙望的《〈山海经〉篇目考》《读王度〈古镜记〉》，徐仁甫的《〈礼运〉大同脱简证》，李源澄的《儒道两家之音乐理论》，王恩洋的《人生之向上与升华》，杨绛祥的《国故考证拾遗》，刘健的《论黄山谷诗》，黄贤俊的《杨守斋事迹考略》，徐嘉瑞的《陶潜的故乡》、《陶潜的思想》等，林林总总，颇多创获，内容涉及现代学术的各个领域，时至今日，仍有其不可忽视的参考价值。

2. 专题研究。

（1）唐长孺的中古史研究

出于对青年教师的提携，《武汉日报·文学副刊》曾刊发了唐长孺的一组中古史研究系列论文，包括《读陈寅恪〈唐代政治史论稿〉后记》、《敦煌所出郡姓残叶题记》、《论金代契丹文字之废兴及政治上之影响》和《论五朝素族之解释》，以及唐氏的一篇悼文——《悼金松岑先生》。

处于一个新旧交替的转折时代，古今中外的各种学术思潮，毫无疑问会对学者的历史观产生深刻影响。学者们普遍认为，对唐长孺一生学术研究影响最大的三位学者是陈寅恪、吕思勉和李剑农，尤以陈氏影响最巨。唐长孺晚年曾赋诗，表达对这位史学大师的景仰："掩卷心惭赏誉偏，讲堂著籍恨无缘。他年若撰渊源录，教外何妨有别传。"虽以未列陈先生门墙而抱憾，但唐长孺的治史风格与陈寅恪神似，确是不争的事实。

1942年唐长孺到湖南蓝田国立师范学院史地系任教后，由于教学所需，专业转向魏晋南北朝隋唐史。也正在此时，陈寅恪研究中古史的两部划时代巨著——《隋唐制度渊源略论稿》和《唐代政治史述论稿》相继出版。陈寅恪既对中国古代文化、典章具有通识，又通晓多种外文，熟悉西方思想、学术及研究方法，因而能够兼摄中西史法，交叉多种学科，得以从魏晋隋唐时期错综复杂的历史现象中寻出主次，追溯源流，探明其内在的因果联系。陈氏治史，虽从大处着眼，却每从小处着手，从一些人所常见、不为注意的"小"问题出发，引申推论，融会贯通，因小见大，察微知著，最后得出人所未见、事关全局的重大结论。唐长孺讲授六朝隋唐史时，除了认真钻研陈寅恪的论著之外，还写下了《读陈寅恪〈唐代政治史论稿〉后记》。该文除研究方法、论题选择、治史风格明显受到考据学和陈寅恪的影响外，也隐然可见风行当时的文化史观的痕迹。

唐长孺早年治辽金元史，曾先后发表《辽史天祚纪证释》《论金代契丹文字之兴废及政治影响》《论五朝素族之解释》《蒙元前期汉文人进用之途径及其中枢组织》等多篇论文，所得结论在民族史研究中具有广泛的意义。作为从理论上全面而科学地对"敦煌学"进行概括的第一人，唐长孺预见敦煌学将成为当代世界学术的新潮流，号召中国学者积极"预流"，并身体力行，将敦煌文书运用于史学研究。1947年3月，唐长孺在《武汉日报·文学副刊》第15期发表了他的第一篇敦煌学论文——《敦煌所出郡姓残叶题记》，对新兴的学问表现出异常的学术敏感。

（2）吴宓的红学研究

吴宓治红学的时间比较早，他的《〈红楼梦〉新谈》问世于1919年春，次年春公开发表。在研究范式上，吴宓属于小说批评派，或称义理派，明确反对索隐派的"饾饤寡要"，重视曹雪芹小说文本的赏析与诠释，近于王国维。但吴宓在红学史上所产生的实际影响，显然赶不上俞平伯，也远不及王国维，更别提胡适了。在相当长的一段时间里，如同人们漠视吴宓的许多学术领域一样，他是一个被遗忘或被忽略的"红学大师"。

红学界之所以对吴宓关注不够，其中一个重要原因是对他的涉"红"著作知之不多，因而给准确评价其人其学带来相当大的困难。吴宓生前曾经手订《红楼梦研究集》与《红楼梦演讲节略》两部稿本，可惜目前下落不明。从已经披露的篇目来看，足以引发人们的兴趣，如《红楼梦与现代生活》《红楼梦索隐及考证撮述》《石头记之作成及历史考证》《石头记中爱情之大旨》《悲剧与恋爱》《薛宝钗之性格》《探春之性格》《论妙玉》《晴雯与袭人》等。其中一小部分已经发表，但愿那些尚未刊布的文稿，还侥幸留存于天壤之间。让人欣慰的是，在国内多位学者的努力下，在一些尘封的民国报刊如《流星杂志》《长青周刊》《武汉日报·文学副刊》中，陆续有了许多令人兴奋的发现。其中在《武汉日报·文学副刊》上刊发的红学论文就有《〈红楼梦〉之文学价值》《〈红楼梦〉人物评论之一：论紫鹃》《〈红楼梦〉之教训》《〈红楼梦〉之人物典型》四篇，还有一篇《〈红楼梦〉人物评论：柳湘莲与尤三姐》的讨论稿，作者虽系武大物理系学生孙以翱，但也为吴宓在武汉举办红学研究会留下了一篇物证。

据不完全统计，1919—1963 年，吴宓于课堂之外先后开设各类红学讲座至少有 70 次之多，① 这些红学讲座受到了异乎寻常的欢迎，所谓"每讲红学，千头攒动"。② 因而，尽快出版一部内容完备的《吴宓文集》，包括吴宓那些"一代文章矜四海，半生骚怨寄红楼"的红学遗文，是目前的当务之急，也是对他的最好的纪念。

（3）何君超的词学研究

何传骢（1891—1967），字君超，福建闽侯人。中国现代有机化学（或称生物化学）学科的开拓者与奠基人之一。1911 年就读于清华学校高等科，与中等科的吴宓、闻一多等人同为国学特别班成员，后留学德国习化学，毕业于德累斯顿工科大学。先后出任四川大学、西南联合大学师范学院、华中大学、武汉大学化学系教授兼系主任等职。译著有《有机化学分析》（中华书局，1939）、《大学有机化学》（国立四川大学出版组，1944）、《生物化学大纲》（商务印书馆，1951）、《有机化学讲坛试验》（商务印书馆，1955）和《实用德语语音学》（时代出版社，1958）等。

作为一位化学专业的知名教授，何氏学贯中西，文理兼通，尤工诗词，出版有《双燕楼词话》《关于吴梦窗莺啼序》《略论贺新郎》《黄弦隽碧山

---

① 沈治钧：《吴宓红学讲座述略》，《红楼梦学刊》2008 年第 5 辑。
② 王楷元：《文史锦片》，《武汉日报》1946 年 11 月 4 日。

花外集笺证序》等相关论著，可惜诗词作品多已散佚。如果不是《武汉日报·文学副刊》为我们保留了一些零篇断简，后人何从欣赏到化学教授的"绝妙好词"？福兮祸兮，还得要感谢主编吴宓先生。

何氏词共12首，为典型的文人之作，用辞典雅，讲究兴寄。较有代表性的是《金碧词》《菊园词》各四首，前者作于云南昆明，时间是1938—1942年，后者作于成都四川大学，时间是1945—1946年。因身处乱世，心忧国事，其词作不拘于表现一己之悲喜，而有沉痛婉约的风致。以其作于戊寅年（1938）的《念奴娇（赋吴淞之别）》为例："半江寒雨，配溟濛帆影，凄然轻别。凤泊鸾飘何足数，况是乱离时节。万里关山，百年兴废，来看滇池月。婵娟无语，几回圆了还缺。休问客里光阴，摩掌书剑，曾否深仇雪。金碧坊前裘马丽，尽是江东豪杰。酒次初逢，旧游重话，笑我今华发。衔杯相对，试听檀板呜咽。"上片先叙别离之景，虽念自身漂泊，但更叹家国兴废。下片抒发欲为国雪耻之情，然现实却令人大失所望，江东豪杰尽为偏安之客，兼之自身年华老去，更添愁绪。结尾写饮酒听曲，似勉力排遣。

何氏不仅能作词，而且长于评词。其在《武汉日报·文学副刊》连载15期的《双燕楼词话》，即效仿传统评词之法，往往先集录前人记载，再道出己见，颇为精炼中肯。其论词还有一个特点，重情感，重有益于世道，不喜言语鄙俗之作，又兼具考证，对前人观点有所质正。

3. 介绍最新的图书信息。

通过刊发大量书序文章，把文坛或学界最新的图书信息介绍给读者，是《武汉日报·文学副刊》又一重要功用，从创刊至终刊一直坚持不懈。这些书序，大都文字精练，说理透辟，自序他序兼备，例如徐嘉瑞的《〈辛稼轩评传〉自序》，景昌极的《〈名理新探〉自序》，邵子风的《〈横江楼诗〉序》，林之棠的《〈英诗名著选译〉序》《〈词讲〉自序》，钱基博的《〈关友声词集〉序》《〈仁园诗稿〉序》《〈转蓬集〉序》《〈欧洲兵学演变史论〉自序》，王璠的《〈校笺漱玉集〉序》，张绍渠的《〈新校切韵指掌图〉叙》，陈大慧的《〈新校韵镜〉叙》，王恩洋的《〈儒学中兴论〉叙》，等等。

五四以后，白话文兴起，伴随着文学观念的演进，语言研究在观念及方法上也发生了根本性的变革。其中，具有里程碑式的语言学著作，就有徐嘉瑞的《金元戏曲方言考》。该书1944年成书，1948年由商务印书馆正式出版，共收录金元戏曲方言俗语600余条，用滇语注释，并逐条加以例证,是第一部以方言俗语为研究对象的语言学专著,具有开创之功。北京大学教授、语言学家罗常培先生认为此书"导乎先路","能发前人所未发";① 著名学者赵景深亦称其为"开山的著作",② 并分别作序。1946年12月《武汉日报·文学副刊》创刊后,陆续刊登了罗常培、赵景深二人的序文,以及徐嘉瑞《金元戏曲方言考》的导言,予以全面介绍。由此引发了语言学界的高度重视,人们才逐渐认识到它在解释金元戏曲方言俗语上的优长之处,不仅扩宽了汉语词汇的研究范围,而且提出了新的研究方法——"以滇语释曲辞",这对后来的元曲语言研究产生了深远的影响。

《武汉日报·文学副刊》介绍图书,一般只登序文,较少同时刊发书序与作品。但也有例外,比如该刊第27期就同时刊登了大数学家李国平教授的《〈屈赋诗译〉序》和夫人郑若川女士的《屈赋诗译》,不仅交代了作品的成书原委,而且通过选录《离骚》《九辩》《哀郢》《怀沙》四首四言、五言的屈赋译诗,使读者领略了作序者的良苦用心和译诗者的诗艺才华。

4. 文学创作。

(1) 文

传统的文章诸体(不包括序跋文)并非《武汉日报·文学副刊》关注的内容,目前所知,唯有席启駉的《清徵君谢石邻先生暨配刘孺人墓碣铭》《新纂宁远县志祠祀篇虞陵后案》,熊道琛的《文录》(4题),杨霭生的《村妇骂街赋》和卫挺生的《春兰赋》《秋菊赋》,数量虽少,但各具特色。

(2) 诗

诗是《武汉日报·文学副刊》"诗词录"的重要组成部分,言简意永,数量也最多。由于吴宓本身就是一位毕生吟咏的著名诗人,以诗会友,因诗结缘,故而,他的身边经常聚集着不少高雅之士,论学谈道,酬诗命对,有许多清新的诗句保留在《武汉日报·文学副刊》里。其中选刊的诗集有《冰茧庵诗》(缪钺)、《蠲戏斋诗》(马浮)、《锦屏楼诗词》(林之棠)、《旅闽诗钞》(施蛰存)、《玻璃声续集》(赵紫宸)、《尘海诗钞》(刘绶松)、《结桂簃近诗》(殷孟伦)、《真我诗钞》(陈迮)、《常乃悳遗诗》(常燕生)、《匡庐集》(徐嘉瑞)、《流云诗钞》(金月波)、《宴池近诗录》(凌宴池)、《万山吟草旧体诗》(覃孝方)、《环瀛诗钞》(梁方仲)、《转蓬集》

---

① 罗常培:《徐嘉瑞〈金元戏曲方言考〉序》,《武汉日报·文学副刊》第2期,1946年12月16日。
② 赵景深:《〈金元戏曲方言考〉序》,《武汉日报·文学副刊》第23期,1947年5月19日。

(贺良璜)、《培风楼时事乐府》(邵祖平)等,琳琅满目,网罗极广,皆大有功于文献。

(3) 词

《武汉日报·文学副刊》刊发的词作不少,除刘永济、缪钺、沈祖棻这样的词学大师的作品之外,我们从中还认识了何君超、金月波、唐玉虬以至更为生疏的一批词作者,读到他们在一般诗词选本和文学史料选编中难以见到或久被冷落的遗篇,自然觉得新奇而饶兴味。但《武汉日报·文学副刊》选刊的词集并不太多,只有《金城秋影词钞》(顾学颉),《金碧词》《菊园词》(何君超),《慷慨集》(唐玉虬),《琴心诗词钞》(廖慕禹),《云想词》(金月波),《己斋词》(胡国瑞),等等。

(4) 金克木、周煦良、苏雪林等人的翻译文学

刊登翻译作品,一直是吴宓所编刊物中不可或缺的内容之一,但每种刊物的侧重点又略微不同。而像《学衡》那样大量引介西方文化与文学的翻译活动,或者如《大公报·文艺副刊》多为应景的西方文坛新闻的译介情况,在《武汉日报·文学副刊》里几乎看不到。仅有金克木的《吠檀多精髓》梵文中译文,周煦良的《西洛泼少年》(英国霍思曼作)、《霍思曼诗连选》等英文中译诗,以及苏雪林的《海崖漫步》(嚣俄,即雨果)、《在某墓地中》(嚣俄)两首法文中译诗。

《吠檀多精髓》共 36 则,由印度哲人真喜(Sad Ananda,15 世纪末)所著。属于商羯罗系统的不二一元论派,书名的意思是吠檀多哲学的精髓、纲要。该书以精练的文字,简洁而有序地叙述了形而上学的哲学体系。金克木以雅可布校勘孟买版梵文本第五版为底本,参证德国波特林克校刊附德译本、波罗奈城刊通行本、浦那新刊附英译注本及雅可布旧英译注本,字斟句酌,密合原义,是目前为止最好的中文译本。周煦良(1905—1984)是当代著名的英国文学翻译家,自青年时代起就致力于新诗格律的探讨,一方面创作新体白话诗,另一方面通过译诗来作实验,直至暮年,从未止歇。《西洛泼少年》《霍思曼诗连选》则是其早期文学翻译活动的实绩之一,在中国现代文学史上有一席之地。苏雪林本为新文学女作家,但她翻译雨果的两首法文诗时,居然以中国五言古诗译之,贴切传神,令主编吴宓倍加赞赏,认为是汉译法文诗之"三大译家",并加按语曰:"译法国名家之诗,为中国旧体诗,而甚精美者,除本期及下期苏雪林女士所译者外,有李思纯君译古今名家诗六七十篇名曰《仙河集》,刊登民国十四年《学衡杂志》

四十七期。又有王力君所译波德莱尔《恶之花》诗二三十篇，连登民国三十四年昆明《中法文化月刊》各期。李译诗体不一，每首描摹原作极能传神。王译则一律为五言古诗，与苏女士同。"①

三 余论

距吴宓创办《武汉日报·文学副刊》之岁，已快 70 年了。天涯谈往，谈吴宓先生，我们不能因为其主动放弃而责备先贤的怠惰，更不能因为其办刊时间短而低估了这份副刊的学术贡献。如何公正、全面、客观、科学地评价吴宓编辑活动的是非功过，小心谨慎地处理好历史与现实这个复杂的关系，才有可能得到一个完整、准确、实事求是的结论，以慰逝者，复警后人。

2014 年，是吴宓先生诞辰 120 周年。我们除了缅怀这位前辈学者在比较文学、外国文学、诗学、教育学、红学等诸多学术领域的丰功伟绩之外，千万不要忘记他还是一位杰出的编辑大家。仔细考察《武汉日报·文学副刊》的撰稿人身份，我们很容易看出，他们中既有声望卓著、成果丰硕的名流宿儒（如马浮、钱基博、赵紫宸、刘永济、陈寅恪、席启駉、王恩洋、罗常培、吴宓、徐嘉瑞、缪钺、苏雪林），也有一大批学风笃实、年富力强的中青年骨干（如唐长孺、金克木、程千帆、沈祖棻、周煦良、戴镏龄），即日后的学术大师。同样，我们今天重读《武汉日报·文学副刊》刊载的文章，还可以发现，无论是唐长孺的中古史研究、吴宓红学研究的系列论文，抑或金克木、周煦良、苏雪林等人的翻译文学，都称得上那一时期的精品力作，足传不朽。他们在学风和学术思潮上表现出同声相应、同气相求的倾向，通过这样一份副刊向社会和学术界传达了学衡派的学术追求和学术气象，的确起到了引领一时学术方向、开创一代学术风气的作用。

（作者单位：华中师范大学中国近代史研究所）

---

① 吴宓：《编者弁言》（译诗点评），《武汉日报·文学副刊》第 25 期，1947 年 6 月 2 日。

·近代大学与社会·

大学、城市与集体记忆：1930年代南京中央大学"大学城"计划始末[*]

蒋宝麟

内容提要 1932年9月罗家伦出任国立中央大学校长后，开启了该校稳定发展的新局面。除了提升学校教研水平，罗家伦还积极推进学校基础建设。他于1933年向国民政府提出了中央大学从南京市中心迁往市郊、建立"大学城"的计划。该计划得到了政府的支持，但校内外的反对声音十分强烈。最终，该计划因抗战爆发而终止。迁校建立"大学城"的目的，一方面在校舍面积、办学规模和教学品质上凸显"最高学府"的学术地位；另一方面，学校在获得政治资源的同时又远离首都政治中心，保证学校安定的环境。但是，在众多校友及部分舆论看来，中大的迁校计划不仅在地理上抹去了"首都大学"的地位，而且割裂了最高学府的学术传承和"集体记忆"。中央大学"大学城"计划体现出近代中国大学与城市的复杂关系。

关键词 南京国民政府时期 中央大学 南京 集体记忆 "大学城"计划

近代中国大学产生于通都大邑，大学和城市相伴而生，两者的关系是理解近代以来中国社会、制度和知识转型的一条重要线索。西方大学产生于西欧中世纪的城市和城镇，封建时代的城市属自治性质，大学也有极大的自主性，而中国大学所处的城市社会环境显然与西方不同。中国城市史和中国大学史是当下史学研究的两大热点领域，成果积累颇丰。虽然已有

---

[*] 本文系教育部人文社会科学重点研究基地重大项目"近代中国大学与社会"（12JJD770019）、国家社会科学基金青年项目"清末新式学堂与近代中国教育财政的起源研究"（14CZS044）的阶段性成果。

大学、城市与集体记忆：1930年代南京中央大学"大学城"计划始末

研究注意到近代中国大学的"地方性"问题，①但与西方学界对中世纪以来欧美大学与城市关系的充分研究相比，②近代中国大学与城市的关系至今缺乏系统梳理。

大学不仅是城市文化中一个独特的地理构成（geographical configuration），也在本区域内有实际和象征的文化意义；而不同城市的文化和社会特性，又对本地大学的文化塑造产生重大影响。本文以1930年代国立中央大学校长罗家伦主导的中央大学从南京市中心迁往市郊、建立"大学城"计划的来龙去脉为个案，展示该计划本身以及反对者的持论中所蕴含的大学与城市的关系，以及校友中形成的"都市中的大学"这一"集体记忆"所引发的学术派系之争，并期待为加深对近代中国大学与城市关系的理解起到引玉之效。

一 罗家伦的"大学城"计划

1932年9月，罗家伦出任国立中央大学校长，从而结束了该校持续大半年的校长更替危机，校内秩序渐趋稳定。③罗家伦在经过一年时间的努力后，使中央大学基本完成他之前所设定的"安定期"，开始进入"建设期"。④

学校的建筑和图书仪器设备，是现代大学发展的一个重要衡量指标。罗家伦深谙此道，出掌中央大学之初，他准备沿用在清华大学时的旧法，通过节省行政经费以增加学校设备建设。⑤中央大学长期沿用东南大学的旧图书馆，由于学生人数和图书数量的增多，原图书馆只能供百人使用，极其不便。1933年11月，从学校经常费中支取经费的中央大学图书馆加建工程正式竣工，新馆较之前大两倍，可容纳900人阅读，堪称"首都最伟大之图书馆"。⑥从1932年9月罗家伦上任到1937年6月建校十周年，中央大

---

① 王东杰：《国家与学术的地方互动：四川大学国立化进程（1925—1939）》，三联书店，2005。
② 如 Tomas Bender ed., *The University and the City: From Medieval Origins to the Present*, New York: Oxford University Press, 1988。
③ 详见蒋宝麟《1932年中央大学校长更替难局及其化解》，《民国研究》总第18辑，社会科学文献出版社，2010。
④ 罗家伦：《中大一年和将来的希望——民国二十二年九月十一日在国立中央大学总理纪念周讲》，罗家伦先生文存编辑委员会编《罗家伦先生文存》第5册，台北"国史馆"、中国国民党中央委员会党史委员会，1988，第314页。
⑤ 罗家伦：《中央大学之使命——民国二十一年十月十一日在国立中央大学讲》，《罗家伦先生文存》第5册，第242页。
⑥ 《中央大学图书馆新屋落成》，《中央日报》1933年11月21日。

学的建筑、图书和实验仪器等设备建设积极进行，经费占五年经费总数的1/4强。① 但是，罗家伦的理想不止于此，他计划将中央大学迁至南京城外，在市郊另建一座庞大的新"大学城"。

1932年9月，罗家伦上任不久就有消息称中央大学即将扩充校址。为此，《中央日报》记者特向罗家伦求证。罗氏称："中大为将来发展计，虽有考虑校址问题之必要，但目前因种种关系，一时尚谈不到，至报载迁移扩充说不确"，目前先集中精力发展图书馆。② 从措辞来看，罗家伦从一开始就对中央大学迁校问题有所考虑，只不过上任之初立足未稳，加之其他建筑工程亟待进行，所以没有立即计划迁校方案。不过从当时学校的面积和日益扩大的办学规模来看，与国内各大高校相比，中央大学占地的确较小（见表1）。

表1 全国各大学占地面积比较（1936年）

单位：亩

校别	建筑地	运动场	农场	园地	林地	其他	总计
中央大学	300.0	37.8					337.8
北平大学	402.9	48.3	965.8	49.0	3153.3	117.4	4736.7
北京大学	1240.8	22.0		14.1			1276.9
北平师大	78.9	15.0		3.4		46.1	143.4
清华大学	132.0	57.0	128.0	73.0			390.0
浙江大学	145.0	68.0	450.0	180.0		45.0	888.0
武汉大学	829.3	34.7	900.0	300.0		1800.0	3864.0

资料来源：《全国各大学校地面积之比较》，《中央周报》第408期，1936年3月30日。

罗家伦在任中央大学校长之前，曾向教育部提出"请先以半年为期，如临时有事实上之必要，则至多再继续半年，以一学年为度，届时当毅然去职"的条件。③ 一年之后，罗家伦果然向教育部和行政院提出辞呈，但即

---

① 详见《中央大学概况（1937年）》，《南大百年实录》编辑组编《南大百年实录》上卷（中央大学史料选），南京大学出版社，2002，第326—338页。
② 《中大校址扩展问题，罗家伦谈目前尚难实现》，《中央日报》1932年9月20日。
③ 罗家伦：《上行政院呈缕陈发展中央大学步骤》（1932年9月2日），罗家伦先生文存编辑委员会编《罗家伦先生文存》第6册，台北"国史馆"、中国国民党中央委员会党史委员会，1988，第124页。

被上峰挽留，罗氏在中大迁校重庆前亦再未提辞职之事。① 此次呈请辞职，纯属罗家伦为践履前约的一种姿态，并无实际意义，但表明他在中大的地位已经稳固。其实早在提出辞呈的前几天，罗家伦已上书教育部，制订了一个庞大的迁校计划，其中牵涉的工程规模和经费问题已体现出其提升学校地位的雄心和长期执掌校政的意愿。

1933年7月30日，罗家伦呈请教育部称，因为中央大学校舍地处南京城市中心，"地面既感狭小，发展殊感不易"，而且因环境关系而无法"树立良好学风"。理由有三：一为学校本部地处成贤街旁之大石桥，占地仅90余亩，而文、理、法、工、教育五学院均会集此地，目前难以扩充；二为农学院需要大规模农场，设在城市内不适宜，且农学院位于三牌楼，学生来本部修读规定的基本课程在时间和交通上不便；三为教室和学生宿舍处于闹市间，管理困难，学生"易染恶习"，且教员在此也难以专心治学。故特提出学校迁址，"在总理陵园范围指拨地亩及中央运动场全部，以建设首都学府"。新校址工程拟分两期进行，各学院分批迁移，全部建筑经费共300万元，具体地基为中央体育场东北3000亩。② 罗家伦提及的"总理陵园范围"系指中山陵园所辖之地。1925年3月12日，孙中山逝世于北京，遗体暂厝西山碧云寺，但根据孙本人遗言，死后葬于南京紫金山。1927年南京国民政府成立后即设"葬事筹备委员会"，开始在紫金山择址建造中山陵，1928年将紫金山全部划为总理陵园范围，此后陆续收购周围民地。1935年经国民政府核定陵园界线，陵园范围包括南京东郊紫金山及山脚周边地区。③ 中央体育场位于中山陵之东的陵园范围内，1931年建成。

罗家伦迁校的计划深思熟虑，之所以选址陵园内的中央体育场，或与时任教育部长王世杰的整体规划有关。就在罗家伦向教育部呈书前一个多月，王世杰邀胡适登紫金山时提及以中央体育场为中心建立一个"大学区"并将中央大学迁来的想法。④ 据罗家伦几年后的回忆，中大迁校的计划得到

---

① 罗家伦：《上教育部呈恳辞中央大学校长职》（1933年8月），罗家伦先生文存编辑委员会编《罗家伦先生文存》第7册，台北"国史馆"、中国国民党中央委员会党史委员会，1988，第132页；《行政院会议通过慰留中央大学罗家伦校长》，《中央日报》1933年8月9日。

② 罗家伦：《上教育部呈请在总理陵园范围指拨地亩及中央运动场全部以建设首都学府》（1933年7月30日），《罗家伦先生文存》第7册，第124页。

③ 《国父陵管会历次征地述略》（1948年10月），南京市档案馆、中山陵管理处编《中山陵档案史料选编》，江苏古籍出版社，1986，第453—454页。

④ 曹伯言整理《胡适日记全集》第6册，1933年6月14日，台北：联经出版事业股份有限公司，2004，第672页。

了王世杰的极力赞成,"他的热诚,是自动的,而且非常之高",并得到蒋介石的同意,"在某届中央全会提了一个建立中大新校址的提案"。①

1934年1月,中国国民党四届四中全会在南京召开。会议期间,由汪兆铭、孙科、林森、吴敬恒、朱家骅、顾孟余、程天放、陈立夫、周佛海及罗家伦等23名中央执行委员联名提出《中央大学移筑郊外由行政院月拨建筑设备专款八万元案》。在署名人中罗家伦列最后,按当时的习惯,其应为该案的起草人。②该提案所持理由与之前上呈教育部计划大致相同,并提出"为谋中央学府现状之迅速改善暨为中央学府确立将来发展之永久基础起见",拟请将中央大学移筑郊外,分两期共30个月时间完成,每月由行政院拨给8万元建筑专款。③国民党中央执行委员会秘书王子壮亲历此会,在其日记中记述中大建筑费案的讨论情形:会议教育组审查认为应并交行政院核办,行政院院长汪精卫即席声明:"一次要二百四十万不易办到,不过财部已竭力筹措,月助其六万至十万元。"④1934年1月23日,四届四中全会正式通过该提案,并交行政院"酌量办理"。⑤

该提案由行政院院长汪精卫领衔,国民党各派要人联署,足以增强中央大学移筑案的政治分量。而中大校长罗家伦具有中央执行委员会的特殊身份,在国民党中央全会上为学校求款,体现了学校的政治性质。该提案明确提出国立中央大学为"中央学府"的概念,本身也包含了在党国权威下"首都大学"的"中央化"内涵。⑥

但是,迁校所需经费的划拨却经历一番波折。1934年8月19日,国民

---

① 罗家伦:《中央大学之回顾与前瞻——民国三十年七月在国立中央大学全体师生初次惜别会中讲》,《罗家伦先生文存》第6册,第99页。
② 《罗家伦先生文存》第1册(台北"国史馆"、中国国民党中央委员会党史委员会,1976)第537—538页收入该提案,标注日期为1936年,有误。
③ 《中央大学移筑郊外由行政院月拨建筑设备专款八万元案(提32)》(1934年1月),台北"国史馆"藏国民政府档案:001-091005-0001,下文引用,径称"中大移筑档"。
④ 《王子壮日记》第2册,1934年1月12日,台北中研院近代史研究所,2001,第4页。
⑤ 《中央大学移筑郊外由行政院月拨建筑设备专款八万元案》,荣孟源主编《中国国民党历次代表大会及中央全会资料》下册,光明日报出版社,1985,第228页;《中国国民党中央执行委员会公函(漾字第100号)》(1934年2月1日),中大移筑档。
⑥ 王东杰通过对四川大学国立化进程的研究,认为当学校遇到地方政府侵害时,便要诉诸中央政府。这一阶段川大师生所追求的"国立化"有"中央化"的内涵。参见氏著《国家与学术的地方互动:四川大学国立化进程(1925—1939)》,第323页。不过,在南京国民党中央层级的党政一体架构中,中央大学的"中央化"更具典型性。

政府训令行政院，中央大学迁校案由行政院于"本年度实行记录在卷"。①但是，迁校工程并未如期动工。行政院根据四届四中全会决议，定于1934会计年度（1935年7月至1936年6月）起实施中央大学移筑案，并提出全年度概算96万元。但国民政府主计处认为提出时间太迟，拟改从1935年1月起列6个月经费共48万元；但又由于动支国家第二预备费金额不足，而改在1935会计年度列入教育部预算。②但是不知何故，1935年度国家财政预算中仍未列入这笔经费。为此，蒋介石、居正和叶楚伧联名向中央执行委员会政治会议提议，因中大新校址建筑计划"亟待实行"，所以本年度从国家第二预备费内每月开支6万元支付中大。该决议经政治会议通过，并由国民政府下达训令执行。③1935年8月，中央大学总务长李善棠对外宣称，学校由财政部每月拨款6万元，年内开始在中山门外（即陵园）分期建设新校址。④经费终有着落，但中央大学新校址的择定进展并不顺利。起初，中大校方派人核查和具体规划后，选择南京中山门外马群镇附近的山地农田区域，占地约5400亩，于1935年2月上报教育部。⑤几经周折，因原勘土地与京沪和京芜公路建设计划冲突，又于9月择定中华门外的南郊石子岗附近建筑新校舍，占地2500—2700亩。随后，教育部通过中央大学新址案。⑥

二 反对的声音

中央大学建筑新校址计划延宕日久尚未动工，而反对之声早已此起彼

---

① 《中央大学迁移郊外》，《中央日报》1934年8月20日。
② 《中央执行委员会政治会议致国民政府函》（1935年3月8日），中大移筑档。
③ 《中央执行委员会政治会议致国民政府函》（1935年8月1日）、《国民政府训令（密字第六〇号）》（1935年8月9日），中大移筑档。
④ 《中大决分期迁移》，《中央日报》1935年8月9日。
⑤ 《中央大学呈教育部（特字第54号）》（1935年2月1日），中国第二历史档案馆藏中央大学档案：648-5894。
⑥ 《中央大学呈教育部（特字第497号）》（1935年9月11日）、《教育部训令（总捌3第1610号）》（1935年10月16日），中国第二历史档案馆藏中央大学档案：648-5894。按：中央大学原定土地为民地。郭廷以回忆，陵园管理委员会反对中大迁移到陵园范围因而新址改定南郊土地之说有误。张朋园等访问、陈三井等记录《郭廷以先生访问记录》，台北中研院近代史研究所，1987，第199页。1927年4月国民党奠都南京后，6月南京改设特别市，市辖区面积待扩大以适应首都建设的需要。1934年9月，南京市与江宁县正式划界，江宁县将部分地区交割予南京市。其中中央大学先后所择的两处新校址，归属南京特别市的新界之内。详见南京市地方志编纂委员会编纂《南京建置志》，海天出版社，1994，第234—237页。

伏。1934年4月8日，《中央日报》刊登一则消息，大意谓中央大学建筑新校址已由四届四中全会决议"拨款二千万为建筑经费"，并且财政部长孔祥熙"表示可以分期拨付，决无问题"。① 不知是记者采访记录有误，或有其他缘故，四中全会决议的经费额由300万元一变而成为2000万元。十余天后，有国民党CC系背景的《政治评论》就刊出短评，援引《中央日报》该则消息，对中央大学的2000万元兴建费用颇为惊诧，"以之兴水利，造铁路，购飞机，造兵舰，绰有余裕"，相形之下，中大之迁移目前尚无必要"。②

尽管罗家伦出任中央大学校长后常有意显出谦虚的身段，并极力淡化其北大色彩，强调与中央大学的"历史联系"，但是，中央大学内的部分教授及南高、东大和中大校友对于罗家伦的观感仍不佳。就在罗家伦上任一年之后象征性地向教育部提出辞呈又被坚决挽留之后，国立南高东大中大毕业同学总会则在《中央日报》发表宣言，强烈要求罗家伦辞职，并列出其六大罪状，其中有一点指出：罗家伦上任后，"自知德薄能鲜，深恐不久于位，日夜匍匐权门，借官缘以维持，而于校中各处院系，滥插私人，排除异己，凡与南高东大中大有历史关系之优良教授，排斥殆尽"。③ 罗家伦立即发表讲话驳斥："南高、东大、中大毕业同学会名义所发之宣言，虚构事实，恶意诬蔑，借广告以贯彻其损毁名誉，散布于众之企图，实属触犯刑章"，并指出毕业同学会对于校务横加干涉，而且随时向校方荐人，"稍不遂意，即加恶声"。④ 1935年11月，国民党召开五全大会之际，同学会直接上书大会，抨击罗家伦为"党政投机"之徒，不配为中央大学校长，请求大会"议订党治下之大学校长标准，树立学术尊严，以肃败类，而维国本"。⑤

---

① 《中大迁移郊外，下半年开始进行》，《中央日报》1934年4月8日。
② 允：《中央大学校舍迁移问题》，《政治评论》（南京）第98号，1934年4月19日，总第658页。关于《政治评论》的政治背景，参见王奇生《党员、党权与党争——1924—1949年中国国民党的组织形态》，上海书店出版社，2005，第239页。
③ 《国立南高东大中大毕业同学总会为母校罗校长辞职宣言》，《中央日报》1933年8月21日。
④ 《中大罗校长昨发表重要谈话》，《中央日报》1933年8月22日。按："国立南高东大中大毕业同学总会"于1930年6月22日在南京成立。参见《南高东大中大毕业同学会成立大会》，《中央日报》1930年6月23日。
⑤ 《国立南高、东大、中大毕业同学会呈中央秘书处文》（1935年11月21日），美国斯坦福大学胡佛研究院藏中国国民党缩微胶片，Reel 10, File 19.15.56。

当然，反罗之声并非全为空言，罗家伦在中央大学上任后，的确引进了很多非本校毕业的教授。与罗家伦晚年有较深交往的龚选舞认为，罗出身北大，主持中央大学十年间在教职员的聘用与升迁上多少有"重北轻南"之嫌。譬如一批出身北大、清华随罗家伦南下的学人多能占据中大的重要职位，而出身中大本校之士却有不少沉于讲师、助教之职，久久难以出头。① 是非曲直姑且不论，至少在当时中大校内，由罗家伦长校所引发的学派纷争的确存在。而对中央大学迁校的态度分歧正是这种矛盾的具体化。

从 1935 年下半年起，中央大学新校址建筑经费正式纳入国家预算，并由校方正式对外公布此事。该年 9 月，国立南高东大中大毕业同学总会向国民政府呈书，极力反对母校迁址郊外。同学会声称："南京之有国学，远溯孙吴"，直至民国时期的南京高师和东南大学，"一脉相传，系统贯串，历史悠久，基础巩固，物质建设，已具规模"。况且现代大学"除讲学修身外应以接近民众、改造社会为重要之使命"，故"不应僻处荒郊，划地自封，有如部落"，学校位于"政治中心"而易受影响不应成为迁校的理由。该会当年第一次各地会员代表大会决议："母校物质建设，已具基础，学校环境，尚属适宜，另建校舍，多靡公帑，应呈请政府，停止移校计划。"② 而后，国民政府以中央大学迁移案已议定，且经费已纳入预算为由，对这份呈书并未置论。③

与此同时，中央大学地理系教授、南京高等师范学校毕业生张其昀在北平《独立评论》上发表《中央大学迁校问题》一文，批评中大当局的迁校措施，并从"首都"和"大学"的关系阐述中央大学不宜迁校之理由。罗家伦欲将中央大学迁往郊外的一个重要理由是城市内的环境不适宜师生讲学和求学。对此，张其昀表示，"都市乃人文之渊薮，教育的中心，首都尤其是全国政治文化上首善之区，大学与大都市关系极为密切，可以说是相依为命"。其一是"大学需要首都"：近代大学需要完善的设备，而国家在首都设立各种学术机构，这些学术机构"环绕国立中央大学的周围"，成为首都最大的文化区；其二是"首都需要大学"：国立大学的教授"以讲学为职业"，虽然不与政治发生关系，但他们"未尝不是国家的中坚人物"，

---

① 龚选舞：《龚选舞回忆》，台北：时报文化出版事业有限公司，1991，第 197 页。
② 《国立南高东大中大同学总会呈国民政府》（1935 年 9 月），中大移筑档。
③ 《行政院公函国民政府文官处（第一二九五七号）》（1935 年 11 月 8 日），中大移筑档。

而且"在大学的门墙之内,最富于自由的空气,所以要充实首都,决少不了一所国立大学"。张其昀还指出,中央大学现校址是明代国子监旧址,至于南京高师和东南大学,更是在这里凝聚"艰难缔造的历史"。他希望"大学教育精神物质应双方兼顾,我们很不愿把一切流风余韵置之不顾,何况迁校以后更有澌灭殆尽的恐惧"。①

张其昀从"首都大学"(或"首都最高学府")的角度立论,与当时国民政府与中央大学当局对学校的定位颇为契合。但该文中涉及的"地理"内涵则更多地体现了校友对母校的特殊情感,迁校无疑将割断一代人的"集体记忆"。这一点正是罗家伦和校友关于迁校计划分歧的焦点。

1927年7月,南京国民政府在改组东南大学及合并江苏省内其他八校的基础上成立第四中山大学。江苏省教育会主导下的东南大学曾是国民党在教育文化领域的政治对手,被后者视为"东南学阀"的反动大本营。故中央大学(第四中山大学)在成立之初,多强调学校革命性的断裂一面。不过,随着时间的推移,校方渐从学术的角度有意论及南京高等师范学校、东南大学和中央大学之间延续的一面。中大校长张乃燕曾谈到,中大校史,"上溯孙吴兴学,以逮明代之南雍,清季之三江两江师范,国初之南高东大,洎十六年后,本校继承而光大之经营"。② 不仅南高、东大、中大一脉相承,而且校史还可追溯到三国时期东吴的国学和明代南国子监,历史可谓极其悠远。

1935年9月10日为南京高等师范学校成立20周年纪念日,诸多已在文教界享有盛名的校友特撰文,并在《国风》月刊结集,以资庆祝。中央大学地理系教授胡焕庸认为:"自南高以至中大,学校名称,虽经数易,而学校内容,实一线相承,绝少变异,凡治学于此者,不论时间先后,多具有同一之好尚;自社会旁观之批评言之,则此校自南高以至中大,亦有同一学风;此前后一贯始终不渝之好尚与学风无他,即所谓孜孜为学之精神是已。"③ 但也有人认为今日之中大已不复昔日南高之精神,"制度屡更,门庭易位,焚毁颓坏之余,仅旧日栖士之舍,馆师之楼,与所谓南高院者存耳。而一时大师,风流云散,或自放于江湖,或别立其事业,或竟入鬼篆,

---

① 张其昀:《中央大学迁校问题》,《独立评论》第172号,1935年10月13日,第7—8页。
② 秘书处编纂组编印《国立中央大学沿革史》,"张乃燕序",1930。
③ 胡焕庸:《南高精神》,《国风》(南京)第7卷第2期,1935年9月,第25页。

一去不返"。① 但无论如何，相对于官方的校史叙述，南高东大时代的毕业生更多地表现出对昔日母校"学风"或"精神"的怀念。② 正因为"南京高师固然为今日中央大学始基之所自，不惟其图书设备犹多沿用至今，其精神遗产保留于今之中大"，所以迁校即意味着将"千余年之历史上文化地位"轻易弃之。③

不独众多校友对于中央大学迁校持反对态度，张其昀在《独立评论》撰文之后，各方舆论也纷起响应，指责校方措置不当。如杭州《东南日报》、天津《益世报》和南京《中国日报》等，均对张其昀之论表示同情，其主要理由为："或谓迁移中央大学，足以毁灭中大历史精神，或谓教育不可专在建筑上用工夫，或谓将建筑新校舍费用，移到充实图书设备。"而且有人将罗家伦执意迁校的目的归结为"学校迁居郊外后，可免校友之监视，社会之注意，校长位置，能保持永久不动摇"。④

此外还有重要的一点，中央大学若迁往南京郊外，是否仍可称得上是"首都大学"（"首都最高学府"）？据罗家伦的经验，近代大学的规模应以英国的剑桥和牛津的大学城为蓝本，而英国伦敦大学、美国哥伦比亚大学和德国柏林大学位于都市而空间极小。⑤ 因此，迁校绝不是好大喜功，而是"为树立一个未来完善的大学，可与世界各著名大学媲美的实际办法"。⑥ 反对者则认为国家的首都需要一个大学，城内有浓厚的学术空气，中央大学迁往郊外是错误的。⑦ 至于各国"具领袖资格的首都大学"，如德国的柏林大学、法国的巴黎大学、英国的伦敦大学、意大利的罗马大学、奥地利的维也纳大学、俄国的莫斯科大学和美国的华盛顿（D.C.）大学等"一律设

---

① 王焕镳：《谭南高学风》，《国风》（南京）第7卷第2期，1935年9月，第12页。
② 关于南高、东大和中大部分校友及在校师生强调"南高学风"，并以此作为群体认同，这一点受到许小青论述的启发。参见许小青《首都迁移与"最高学府"之争——以北大、中央大为中心的探讨（1919—1937）》，中山大学历史系博士后出站报告，2008，第178—186页。
③ 陈训慈：《南高小史》，《国风》（南京）第7卷第2期，1935年9月，第54页。
④ 德亮：《论中央大学之迁校问题》，《青年月刊》（南京）第1卷第4期，1936年1月15日，第2—4页。
⑤ 罗家伦：《中央大学之回顾与前瞻——民国三十年七月在国立中央大学全体师生初次惜别会中讲》，《罗家伦先生文存》第6册，第101页。
⑥ 罗家伦：《希望二十三年度的中央大学——民国二十三年九月十七日在国立中央大学总理纪念周讲》，《罗家伦先生文存》第5册，第403页。
⑦ 郭子雄：《中央大学之迁校》，《人言周刊》（上海）第2卷第44期，1936年1月11日，第865页（卷页）。

在都市，一律设在首都"。①

西欧中世纪以来，各大学逐渐兴起于城市。进入工业化时代之后，这一传统得以延续，英国和德国许多优秀的城市大学（civic university）都位于新兴工业城市中的核心区域。美国的情形稍有不同，最初的大学一般都有意建在小城镇（town）。尽管如此，美国仍有一些大学建在大都市。二战之后，欧美和日本的许多大学在城市边缘修建新校区，扩大规模，以提升自身的学术实力。② 大学体制在近代中国的建立，在很大程度上受到西方影响。不过在体制移植的过程中颇具"中国特色"的是，从清末新政开始，新式学堂尤其是大学基本都设于大城市。清末废科举和兴办新式学堂几乎同时进行，由于新式学堂办学经费的昂贵，乡村社会往往无力承担，因此形成了学堂集中于城市的现象。反过来，这也加剧了此后城乡文化疏离的现象，大学等高等教育机构对城市的依赖程度更为加深。③

关于中央大学迁校争论所蕴含的"都市"与"大学"关系，值得回味的是，虽在具体问题上观点对立，但两者关于中国大学的选址方式均有"世界眼光"，均援引西方大学的成例而验证自身观点的正确性，本身即呈现出中国大学在意识层面受到的"现代性"影响。而与此同时，有论者提出，南京为传统的政治性城市，随着近代城市空间发生变化，一整套以西方文明为基础的现代科学及社会知识体系开始生产。其中，南京新式学堂的空间存在就是现代知识的生产。如金陵大学和东南大学（中央大学）占据城市中心，折射着西方的建筑理念与知识体系，现代知识体系在城市空间的显现更为突出。④ 但是，在时人（特别是校友）心目中，大学渊源有自，其中包含古代学宫以来"传统知识生产"的延续性，这恐怕比"空间的现代性"更为重要。与旧址和相对简陋的建筑相比，未来更为现代的"大学城"却无太大吸引力。从史实考证的角度看，此种"校史"叙述未免多存玄虚，但其中蕴含面向"传统"的"集体记忆"颇为真切。

---

① 罗廷光：《中国大学教育中几个重要问题》，《教育杂志》第 27 卷第 1 号，1937 年 1 月 10 日，第 69 页。
② Peter Hall, "The University and City", *Geojournal*, Vol. 41: 4, April 1997, pp. 301 - 02.
③ 关于科举废除与新式学堂的关系，参考罗志田《科举制废除在乡村中的社会后果》，《中国社会科学》2006 年第 1 期，第 191—204 页。
④ 陈蕴茜：《城市空间重构与现代知识体系的生产——以清末民国南京城为中心的考察》，《学术月刊》2008 年第 12 期，第 134—139 页。

中央大学迁校方案得到国民党中央全会通过后，各方关于迁校与否的论争不断，同时新址改定为南郊后，因石子岗附近所圈土地内有回民墓地数千户，又遭到南京回民团体的强烈抗议。① 直到1937年5月，工学院和农学院建筑工程才正式动工兴建。② 可惜的是，两个月之后全面抗战爆发，中央大学新校舍建筑和迁校计划因而中辍，罗家伦的"大学城"梦想也因战争而湮灭。但正是建造新校的余款确保了中央大学得以迅速内迁，并在重庆沙坪坝修建新校址。③ 八年抗战烽火岁月，身在重庆沙坪坝的中大师生，回望南京沦陷区的老校舍，又生出一段新的"集体记忆"。

三 余论

罗家伦出掌中央大学，使得学校得以持续稳定并发展，同时开启了中大的"中央化"进程。从某种程度而言，中央大学的"中央化"进程牵涉学术资源、政治支撑、文化象征和历史传承等多个层面。从地域性而言，"中央化"的意义与国民政府的新都南京有紧密的关联。

罗家伦处心积虑的迁校郊外的"大学城"规划是其对中央大学"中央化"最理想的定位：一方面，在校舍面积、办学规模和教学品质上凸显"最高学府"的学术地位；另一方面，学校在获得"中央"政治资源的同时又远离首都政治中心，保持学校相对安定平静的环境，达到校内"去政治化"的目标。但是，在众多校友及部分舆论看来，中大的迁校计划不仅在地理上抹去了"首都大学"的地位，而且割裂了最高学府的学术传承和"集体记忆"。身系党国重寄的校长力图为中央大学改换一个更为"纯粹"的学术环境，而坚守"学术精神"的反对者则希望大学"应以接近民众，

---

① 《中华回教公会南京市分会常务委员会贾国民等呈国民政府》（1936年2月）、《中华回教公会南京市分会常委贾国民等呈国民政府》（1937年3月14日），中大移建档。

② 1937年6月9日中央大学十周年校庆时编订的《中央大学概况》显示，当时"农工两院之主要建筑，业经招商承造，着手兴工，预计二十七年秋间可以落成"。《南大百年实录》上卷，第339页。罗家伦回忆称："在二十六年五月间投标开工者，计有工学院的本院，航空工程系的教室实验室，和农学院的本院三大栋房屋。"罗家伦：《中央大学之回顾与前瞻——民国三十年七月在国立中央大学全体师生初次惜别会中讲》，《罗家伦先生文存》第6册，第101页。

③ 罗家伦：《中央大学之回顾与前瞻——民国三十年七月在国立中央大学全体师生初次惜别会中讲》，《罗家伦先生文存》第6册，第101页；张朋园等访问、陈三井等记录《郭廷以先生访问记录》，第199页。

改造社会为重要之使命",与"全国政治文化上首善之区"的首都南京"相依为命"。① 此中纠结,或能从另一个侧面折射出"首都最高学府"和"中央化"在不同语境中的多歧性和复杂性。

(作者单位：南京大学历史学院博士后流动站、
上海社会科学院历史研究所)

---

① 关于近代中国大学"学术独立"的问题,在晚近的认知中一般均视其为应然乃至是然。但在当时许多人的认知中,大学为一纯粹学术机构并非对自身发展有利。如中央大学心理学系教授潘菽就曾指出:"在几个比较著名的大学里,提倡研究和促进学术的呼声也甚嚣尘上。在这样弥漫的空气中,好像大学的唯一任务仅是知识的创造和传播。现在一般人士也往往把大学看作一种纯粹的'知'的机关",而大学应该是"陶冶社会文化的烘炉",不仅包括"学问和知识",而且包括"理想和态度"。参见《大学教育之我见》,《国立中央大学半月刊》第1卷第5期,1929年12月16日,第499页。

论民国时期基督教会大学
立案中的校长人选问题*

赵飞飞

内容提要 20世纪二三十年代发生的基督教会大学立案事件有着错综复杂的历史背景。教会以信教自由为借口,企图抓住基督化的教育权不放,而历届中国政府强调的是教育主权的收回。为应对教部立案,基督教会大学做了因应对策,其中确立华人校长人选是非常重要的一个内容。尽管这些华人校长还不能完全掌握大学的行政权,但政治变化使他们能够按照自己的理念去实践中国基督教的大学教育,并使教会大学在中国大学教育史上开出了一朵奇葩。

关键词 基督教会大学 立案 校长 教育权

20世纪二三十年代发生的基督教会大学①立案事件不仅有着错综复杂的历史背景,也深刻影响了中国社会的进程。基督教会和中国历届政府围绕教育权展开了各种博弈,教会以信教自由为借口,企图抓住基督化的教育权不放。而在民族主义日益高涨的近代中国,历届中国政府强调的是教育主权和国家主权的收回。在基督教会大学注册立案上,随着力量的此消彼长,基督教大学从最初的等待观望到讨价还价到最后的主动立案,而中国历届政府也由开始的消极限制到积极、强硬收回。为应对教部的立案,基督教大学做了各种的政策应对和调整,其中确立华人校长人选是非常重要的一个内容,因为各种政策的落实最终还是要靠人来执行,而选择能为中

---

* 本文为江苏省2014年度普通高校研究生科研创新计划项目"近代留学生与中国语言学的体制化建设"(KYLX-0024)的阶段性成果。

① 本文所说的基督教会大学仍采用学界普遍认可的13所基督新教大学,因习惯性称谓,本文对基督教会大学和教会大学概念不做严格的区分。

西双方都接受的校长人选应是当务之急。目前学界关于基督教会大学研究和收回教育权研究已出现不少的专著①和论文②，在这些著作和论文中对于基督教会大学立案都有所论及，吴梓明的《基督教大学华人校长研究》③ 如其书名所示是少有的专门论述基督教华人校长的力作，以个案研究为主，集中探讨各华人校长教育理念的形成和实践教育理想的情况，但专门从基督教华人校长的角度来研究基督教大学立案的文章鲜有出现，本文试图从此角度做一研究的尝试。

一 立案与收回教育权

基督教大学的出现一开始就不是中国社会内部自己孕育的产物，它是借助不平等条约的特权在中国出现的异质文化，尤其这种异质文化建立在中西不对等的基础上，建立在西方对中国"炮舰"政策的威逼之上，正如蒋梦麟先生所说，"如来佛是骑着白象来到中国的，耶稣基督却是骑着炮弹飞过来的"。在这种背景下出现的教会大学从它诞生之日起就注定在与中国社会的调适中处于尴尬的地位。

当然我们也不能简单地把基督教大学与帝国主义的军事、政治侵略等同看待，作为教育机构，教会大学具有符合自身发展规律、由自身性质所决定的规律和特点，可以说是近代西方资产阶级教育输入的一条途径。正如章开沅先生所言："以往的基督教教育史研究……没有将教会大学作为主

---

① 目前学界关于基督教大学研究代表作主要有：杰西·格·卢茨《中国教会大学史》，浙江教育出版社，1987；芳卫廉《基督教高等教育在变革中的中国（1880—1950）》，珠海出版社，2005；胡卫清《普遍主义的挑战：近代中国基督教教育研究（1877—1927）》，上海人民出版社，2000 等。关于收回教育权，杨天宏的《基督教与民国知识分子：1922—1927 年中国非基督教运动研究》一书有专门的章节讨论收回教育权运动，而且见解颇为深刻。杨思信和郭淑兰的《教育与国权——1920 年代中国收回教育权运动研究》是专门研究这一课题的力作。其他涉及这一研究领域的著作限于篇幅不做介绍。

② 关于教会大学立案代表性的论文有：张筱良《近代中国基督教大学立案事件述略》，《殷都学刊》2008 年第 3 期；孙邦华《收回教育权运动与中国教会大学的"立案"问题：以辅仁大学为个案的分析》，《天津师范大学学报》2009 年第 1 期；黄登欣《浅谈教会大学立案的意义：以齐鲁大学为例》，《黑龙江史志》2009 年第 3 期；虞宁宁《齐鲁大学"立案"研究》，《当代教育科学》2010 年第 1 期；龙伟《教会大学与"地方认知"：基于华西协和大学立案的分析》，《宗教学研究》2009 年第 1 期等。

③ 吴梓明：《基督教大学华人校长研究》，福建教育出版社，2001。

体的教育功能与日益疏离的宗教功能乃至政治功能区别开来"。① 教会大学与中国社会冲突的焦点还是在于教育的宗旨不同,即基督化教育与世俗化、民族化教育的对抗。其实传教士也意识到自身的外来性,正如孙乐文所说:"教会学校应当尽可能少地带有外国特征,而尽可能多地带有中国特色","我们这些人决不能忘记中国不是美国或英国,在这片土地上建立起来的教育制度必须符合这个民族的民族性"。② 教会学校要想在中国土地上获得发展,获得中国政府的承认就显得至为重要。关于教会学校的立案注册问题并不是 20 世纪 20 年代才出现的,早在清末就已经出现。1906 年即有在华基督教教育组织"中华教育会"出面向清政府提出立案,清朝学部颁布了《咨各省督府外人设学无庸立案文》,规定:除已设各学堂暂听设立,无庸立案外,嗣后如有外国人呈请在内地开设学堂者,亦均无庸立案,所有学生,概不给予奖励。③ 清政府的消极限制政策既有国弱无力掌控的无奈,但对教会学校概不承认也为后来中国历届政府收回教育主权在法理上留下了依据。

1913 年 1 月 16 日北洋政府教育部公布的《私立大学规程令》④ 并无明确针对教会学校的规程,只是一般性地要求所设立学校须报告目的、名称、位置、学则、学生定额、地基房舍、经费及开校年月,对于课程及设立人资格也没有详尽的规定。同年 12 月教育部颁布的《取缔私立大学之布告》⑤ 也没有专门提到教会大学,教会学校始终被冷落一旁,既不予以取缔,也不准立案注册,这种做法仍然是清政府消极限制政策的延续。

但这种消极的处理政策不会一直持续,一个明显的转变是 1919 年 3 月 26 日,教育部发布了一个专门针对外国人所设学校的公告,全文如下:

> 查外国人在内地所设之专门以上学校,虽学科编制不无歧异,本

---

① 章开沅:"序言",章开沅、林蔚主编《中西文化与教会大学》,湖北教育出版社,1991,第 3 页。

② D. L. Anderson, "The Mission School in its Relation to the Government Education System", *Records of the Sixth Triennial Meeting of the Educational Association of China held at Shanghai*, May 19–22, 1909, pp. 39–41.

③ 朱有瓛、高时良主编《中国近代学制史料》第 4 辑,华东师范大学出版社,1993,第 26 页。

④ 中国第二历史档案馆编《中华民国史档案资料汇编》第 3 辑教育,江苏古籍出版社,1991,第 141 页。

⑤ 舒新城编《中国近代教育史资料》中册,人民教育出版社,1981,第 661 页。

部为广育人才起见,深冀其毕业学生得与公私立各校毕业生受同等之待遇,兹特订定办法。凡外国人在内地所设之专门以上学校,不以传布宗教为目的,且不列宗教科目者,准其援照私立专门学校规程或私立大学规程及专门以上同等学校待遇法,呈请本部查核办理。①

这个公告的内容与前面清廷学部的不准立案的咨文相比,应当承认此时中国政府对待教会学校的态度有了很大的改变,尤其是对教会学校毕业生权利的问题,希望对他们一视同仁,这与清政府断然否定教会学校毕业生的国民权利的做法相比已有很大的进步。也可以解读出政府想统一包括教会大学在内的全国高等教育的愿望,可视为收回教育权的先声,这也预示着对基督教教育的政策将会有一个很大的转变。

如果说北洋政府统治的前十年对教会学校的政策还算是放任自流的话,之后随着中国民族主义运动的广泛兴起,对教会学校的政策势必会越来越严厉。1922年声势浩大的非基督教运动爆发,1923年9月余家菊在《少年中国》月刊发表了《教会教育问题》②一文,不但揭示了以宗教教育为核心的教会教育对中国的危害,而且提出了抵抗教会教育的原则和方法,同时也提出了"收回教育权"的口号,推动了非基督教运动向收回教育权方向发展。一些教育团体如中华教育改进社、全国教育联合会、少年中国学会、全国学生联合会等纷纷要求收回教育权。1925年的五卅惨案更是将运动推向了高潮,从1925年6月到9月中旬,因五卅惨案而直接引发的教会学校风潮达44起。③ 教会学校被视为帝国主义侵略势力的形象更加牢不可破,在各方面的压力之下,政府不得不采取进一步的措施。

1925年11月16日,北洋政府教育部公布了《外国人捐资设立学校请求认可办法》④ 六条,其中关于接受注册的要求大致有:凡外人捐资设立各等学校须向教育行政官厅请求认可;学校名称应冠以私立字样;须中国人任校长或副校长;董事会中国人董事须超过半数;学校不得以传布宗教为

---

① 朱有瓛、高时良主编《中国近代学制史料》第3辑上册,华东师范大学出版社,1990,第599页。
② 余家菊:《教会教育问题》,朱有瓛、高时良主编《中国近代学制史料》第4辑,第696—705页。
③ 舒新城:《收回教育权运动》,中华书局,1927,第81—86页。
④ 《政府公报》第3459号,1925年11月20日,朱有瓛、高时良主编《中国近代学制史料》第4辑,第784页。

宗旨；宗教科目不得列入学校必修科。这些政策无疑给教会大学施加了巨大了压力，但由于时局混乱和各教会学校当局的等待观望，注册问题在这一时期进展不大。伴随国民革命的兴起，历史进入一个新时期。广州国民政府教育行政委员会于1926年10月18日颁布了《私立学校规程》和《私立学校校董会设立规程》。① 其中，《私立学校规程》与教会学校有直接关系的条文如下：

  第一条 凡私人或私法团设立之学校，为私立学校；外国人设立及教会设立之学校均属之。
  第二条 私立学校须受教育行政机关之监督及指导。
  第八条 私立学校，不得以外国人为校长；如有特别情形者，得另聘外国人为顾问。
  第十条 私立学校一律不得以宗教科目为必修科，亦不得在课内，作宗教宣传。
  第十一条 私立学校，如有宗教仪式，不得强迫学生参加。
  而《私立学校校董会设立规程》中与教会学校有关的如：
  第十三条 外国人不得为校董；但有特别情形者，得酌量充任，惟本国人董事名额，须占多数；外国人不得为董事长，或董事会主席。

相较于北洋政府出台的关于教会学校的管理规定，广东国民政府有关的规定更系统、严厉。但由于此时国民党还没有建立全国性的政权，这个规程并没有得到有效的贯彻。

随着北伐战争的胜利，国民党基本上完成了对全国形式上的统一，政治上的统一势必引起在教育方面也要塑造统治的威权，政府对收回包括教会学校在内的教育权必然更加紧迫、严格。1927年10月大学院成立，1928年2月6日公布了《私立学校条例》。② 从内容看，它与广东国民政府颁布的《私立学校规程》大致无甚差别，《私立学校规程》本有17条，大学院根据前项规程加以删并，成为11条。

不久后大学院被废除，1928年11月1日大学院改为教育部，蒋梦麟出

---

① 《大学院公报》第1年第1期，朱有瓛、高时良主编《中国近代学制史料》第4辑，第785页。
② 《大学院公报》第1年第3期，朱有瓛、高时良主编《中国近代学制史料》第4辑，第786页。

任教育部长，1929年2月1日，教育部公布了《私立学校规程草案》，① 8月29日，蒋梦麟以108号文件正式公布《私立学校规程》。② 这里尤值得注意的是，先后颁布的《私立学校规程》的草案和正式文本内容之间也有很大的变动，举其要点罗列如下。

《私立学校规程草案》第1章第1条：凡私人或私人团体设立之学校，为私立学校；外国人及宗教团体设立之学校均属之。这一条与之后颁布的正式文本内容是一样的，与之前相比，改动在于将"外国人设立及教会设立之学校"改为"外国人及宗教团体设立之学校"，改"教会"为"宗教团体"，可见范围比之前更广，无论基督教、佛教、道教、伊斯兰教等组织，皆为宗教团体，可见教育部对于各宗教团体一律等同看待，不分轩轾。

第5条：私立学校如系宗教团体所设立，不得以宗教科目为必修科，亦不得在课内做宗教宣传。学校内如有宗教仪式，不得强迫学生参加。之后的正式文本改为"宗教仪式不得强迫或劝诱学生参加，在小学并不得举行宗教仪式"。"劝诱"二字更显教部的严厉态度，含有不允许教会学校应用一切不正当的、不道德的方法，怂恿学生参加宗教仪式的意思。另外，对小学明令禁止举行宗教仪式，这是以往所没有的。

第二章关于校董会，第19条规定：有特别情形者，得以外国人充任校董，但名额最多不得达半数。其董事长或校董会主席须由中国人充任。正式文本将外国人充任校董名额限制在不得超过1/3。因校董会有权选任校长，将校董会掌握在中国人手中，实质是为了掌控学校的行政大权。

由此看出，此项"私立学校规程"前后共经三个最高教育机关的修订，蜕变共计四次，无论在文字方面、办法方面和条例方面，均渐趋缜密而有系统，而尤以1929年8月颁布的《私立学校规程》正式文本最为完善。

南京国民政府不仅对教会学校的政策越来越紧，而且还对最后立案的时间做了规定，限令1929年12月底为立案最后截止时间，③ 后来因未呈报立案者尚多，一再延期，最后限定为1932年6月底，④ 规定届时未注册的

---

① 《私立学校规程草案全文》，《中华基督教教育季刊》第5卷第1期，1929年3月，第93—96页。
② 《教部公布私立学校规程》，《中华基督教教育季刊》第5卷第3期，1929年9月，第83—87页。
③ 秋笙：《最近政府对于私立学校注意各点》，《中华基督教教育季刊》第6卷第1期，1930年3月，第1—4页。
④ 费玛丽：《圣约翰大学》，王东波译，珠海出版社，2005，第156页。

学校将停止招生或勒令关闭。注册时间表的提出是对教会方面施加的最大的压力，教会学校要想继续承办下去就不得不积极立案注册。

二 基督教会大学的因应对策

以往历届政府规定教会大学毕业生不得享有公私立学生同等的待遇，但教会学校大都已在国外注册，毕业生可以获得国外大学文凭，对中国政府发的毕业文凭根本不在意，再加上教会大学在社会上有口皆碑的教育水平，所以对毕业生的升学和就业影响不是很大，对学校办学也没有造成实质上的冲击。但立案时间表的提出，无疑等于下了最后通牒，教会方面也越来越明白，政府这次是动真格的。正如有学者所说：国民政府在注册问题上与北洋政府的不同之处，不在于颁布了更为严厉、细致、详尽的条例规程，而在于它有实施上述条例规程的强烈愿望和能力。[①] 1928年底东北易帜，国民党政权名义上基本完成了对全国的统一，政令统一，收回教育权不再是以往的一纸空文。

为应对立案，教会大学从办学宗旨、课程设置、校长人选、董事会组成等各方面进行了调整，其中最关键的还是确立华人校长人选，校长掌握学校的行政大权，这也是国民政府为什么一再要求教会大学校长必须为中国人的原因，当然也是教会不愿意放弃的权力。教会担心"在民族主义热情高涨的时期让中国人管理学校，会导致爱国主义而不是基督教义成为教会大学的指导原则，从而辜负了国内支持者的信托"。[②] 校长不仅位高权重，而且立案的各项手续基本上都是在新校长上任后领导进行的，所以选择能为中西双方都能接受的校长人选，是当时教会大学首先要考虑的最重要的问题。

实际上当时教会并不想放弃学校的控制权，并不愿让中国人当校长，只是局势发展不得已而为之。学校行政权能否成功移交，或移交的效果如何，正如当时人所言，主要取决于四种人物，"这四种人物，即是前任者，继任者，教职员与学生。前任者是什么样的人？他的性格，他的宗旨，他的方针是什么？他可以仍留在校内吗？如果留校，他应做什么？他

[①] 胡卫清：《普遍主义的挑战：近代中国基督教教育研究（1877—1927）》，上海人民出版社，2000，第420页。
[②] 杰西·格·卢茨：《中国教会大学史（1850—1950）》，浙江教育出版社，1987，第234页。

的继任者,是什么样人?他的性格、目的、方针是什么?他确能担保移交的成功吗?前任者和继任者的意见,能双方相合吗?……"① 应该说当时人的观察还是很深刻的,也很有预见性。教会并不肯轻易放弃校长的位置。最典型的要属燕京大学。燕京大学为应对立案,1929年委任德高望重的吴雷川为校长(Chancellor),原校长司徒雷登为校务长(President),但从该校美国版的章程可以看到,担任校长(President)职务的仍然是司徒雷登,吴雷川的校长职务只是一个虚衔,并没有治校实权,美国仍然认为司徒雷登是大学的行政首长,换句话说,燕京大学的校长其实并没有换人,仍然是美国人,并不是中国人,只是为应对中国政府变了个手法而已。这一点作为同时代人的杭立武先生说得很明白:"其他的教会大学,像燕京大学,则因司徒雷登的个人关系,虽然以后数任校长都是国内德望很高的博学之士,但实际上司徒教务长仍掌握行政实权,这也可说是环境和历史的因素造成的。"② 著名学者章开沅先生也说:"金大没有如同司徒雷登那样的外国强人,陈裕光遂得在名分与实际两方面都能体现为一校之长",③ 拿金大与燕大做比较,似乎更说明了当时燕京大学校长吴雷川的名不副实。

其他教会大学虽然都任用中国人为校长,但在人选上煞费苦心,一定是教会信任和可靠的,综观几位教会大学校长,大都有这样几个特点:基督徒出身,与任职大学有渊源,留学过西方,有一定的威望和学术水平。为了更直观地了解当年首任基督教会大学校长,整理表1如下。④

表1 教会大学历任校长名录

校名	首任华人校长	求学经历	任校长时间	立案时间
金陵大学	陈裕光	金陵大学化学系毕业;美国哥伦比亚大学硕士、博士	1927年11月	1928年9月

---

① 张南伯:《南伟烈学校移交职权之经过》,《中华基督教教育季刊》第4卷第2期,1928年6月,第31—32页。
② 杭立武:《念校长陈裕光先生》,金陵大学南京校友会编《金陵大学建校一百廿周年纪念文集》,南京大学出版社,2008,第22页。
③ 章开沅:《金陵之光——陈裕光办学理念试析》,金陵大学南京校友会编《金陵大学建校一百廿周年纪念文集》,第9页。
④ 此表根据芳卫廉《基督教高等教育在变革中的中国(1880—1950)》、吴梓明《基督教大学华人校长研究》、杨思信《教育与国权——1920年代中国收回教育权运动研究》、张鹏程等主编《之大往事》等相关资料整理而成。

续表

校名	首任华人校长	求学经历	任校长时间	立案时间
金陵女子大学（1930年更名为金陵女子文理学院）	吴贻芳	金陵女子大学毕业；美国密歇根大学生物学博士	1928年	1930年12月
华南女子文理学院	王世静	华南前身——华英女学堂预科班读书；美国密歇根大学化学硕士	1930年1月	1933年6月
华西协和大学	张凌高	华西协和大学文学学士；美国西北大学文学硕士；美国德鲁大学哲学博士	1932年	1933年9月
华中大学	韦卓民	华中大学前身——文华大学毕业；英国伦敦经济学院博士	1929年9月	1931年12月
岭南大学	钟荣光	岭南前身——格致书院学习；1914年入哥伦比亚大学深造	1927年	1930年7月
福建协和学院（1942年才升为大学）	林景润	福建协和学院政治系学习；美国奥柏林大学文学硕士；哈佛大学名誉博士	1928年	1931年1月
之江大学	李培恩	之江大学前身——育英书院；芝加哥大学文学硕士；纽约大学工商管理硕士	1930年	1931年7月
东吴大学	杨永清	东吴大学文学学士；美国威斯康星大学法学学士、文学硕士	1927年	1929年7月
沪江大学	刘湛恩	东吴大学理学士；芝加哥大学教育硕士；哥伦比亚大学哲学博士	1928年2月	1929年3月
齐鲁大学	朱经农	早年留学日本；美国华盛顿大学文学学士和硕士	1930年	1931年12月

在13所基督教会大学中，有两所是特殊的，一所是前面提到的燕京大学，吴雷川尽管是首位华人校长，但基本上不掌握学校实权，校长实际上还是美国人司徒雷登。另一所是圣约翰大学，它是立案最晚的教会大学，到1947年10月才向中国政府立案，校长一直是美国人卜舫济，立案时华人校长是涂羽卿。

从表 1 可以很清楚地看到，这些教会大学的首位华人校长与所任职的教会大学都有不同寻常的关系，留学西方尤其是美国的经历、本校校友的出身，使得教会感觉这些华人校长是可以信赖、掌控的，实质上还是体现了教会对学校控制权的争夺。好在教会大学聘任的华人校长，大都是饱学之士，学识、声望、经历也都获得了中国政府的认可，于是在华人校长人选方面中外达成了一致。但这些华人校长的任务并不轻松，他们上任后面临的第一项任务就是为学校争取立案。

基督教会大学与中国政府的分歧最主要体现为教育宗旨的不同，教会大学并不愿放弃自己的基督化教育，但公开宣扬基督教，显然有悖于《私立学校规程》不准传教的精神，这样只能在"基督化"和"中国化"之间寻求平衡，要能获得外国差会和中国政府的双方认同，这无疑是对考验新任华人校长智慧的考验。

关于宗教教育的方法，教会人士早有讨论，如魏福恩就提出："现在有许多人仍欲保持宗教教授的权利，他们视必修的宗教科，好似大战中最后的防线，用以遏制青年人邪恶的思想。试问除此以外，难道没有别种方法，可以陶铸学生的品格，并使学校的赞助人或政府中教育当局，皆不发生反对吗？……最主要的方法就是采用公民教育，……以为训练品格和转移青年的意志之助，使这些青年在服务上和牺牲上均有更高尚的理想。"①此语道出了基督教育的精髓，不能只囿于形式，关键在于将基督教精神融入现实生活。谢扶雅说得更直白："从前所谓宗教教育是课程中心制，以圣经为教材，以礼拜堂为实验室；现代新的宗教教育，是人格中心制，以生活为教材，以现实社会为实验室，……教会学校当局只要抓住'人格感化'的大方针，则宗教活动的天地，正广且大，何至限于不得不停办的地位呢？"②有鉴于教会学校对宗教教育理念的转变，从重形式到重精神的熏陶，基督教会也相应改变了办学宗旨。如燕京大学将办学宗旨由"以基督教的、福音的而非宗派的原则建立与指导学校"，改为"以教授高深学术，发展才、德、体、力，养成国民领袖，应中华民国国家及社会需要为

---

① 魏福恩：《宗教科除必修之外更有他法吗？》，《中华基督教教育季刊》第 3 卷第 2 期，1927 年 6 月，第 29—30 页。
② 谢扶雅：《教会学校要关门吗？》，《中华基督教教育季刊》第 6 卷第 4 期，1930 年 12 月，第 8—12 页。

宗旨"。① 金陵大学也将办学宗旨由"培养学生的'基督化人格'，即基督牺牲与服务精神"，改为"研究高深学术，养成专门人才，适应社会需要"。② 有些教会大学在办学宗旨上处理得很高明，用博爱、牺牲、平等、服务等字眼代替基督教义，以获得教会和政府双方的认可。如福建协和大学办学宗旨为"以博爱、牺牲、服务精神为中国青年提供大学水平的教育"，之江和齐鲁都借用了这一说法，但增加了"为满足社会需要而进行道德和才智训练"。③ 办学宗旨的变化也说明教会大学更加"中国化""世俗化"。

至于立案要求的其他方面，如课程设置、校董会人员构成、校产和经费问题等，尽管存在困难，但在华人校长的领导下，还是得到了比较好的解决。如金陵大学校长陈裕光很注重发扬"共和"精神，④ 成立校务会常务委员会，讨论、研究校务，就各项重大措施制定决策，增加了中国籍校董的比例，使中国人占总数的 2/3，美国人占 1/3，又将各院院长、系主任及各级领导逐步改由中国人担任，教职员工中，中国人的比例也大大增加，依靠全校师生的支持，陈裕光还是完成了这一改革。关于校产，各教会大学通行的做法是，由新成立的校董会与西方的托事部签订合同，以"租借"的方式取得校产的管理权。如岭南大学校董会与美国基金委员会所订合约中规定："一切校地，校舍，校具，除有特别规定者，均由美国基金委员会借与岭南大学校董会。以五年为期，每年租银一元，期满再议续借。"⑤ 在筹集办学经费方面，中国人校长在国外募捐会少一些优势，不得不考虑更多向国人募捐，好在中国政府收回教会大学教育权后，将教会大学同公立、私立大学等同看待，也予以财政方面的支持。

这样到 1933 年底，除了圣约翰大学，其他的基督教会大学都完成了向国民政府的立案，中国也基本上收回了教育主权，这不能不说是一大进步。

---

① 司徒雷登：《在华五十年——司徒雷登回忆录》，程宗家译，北京出版社，1982，第 103 页。
② 陈裕光：《回忆金陵大学》，金陵大学南京校友会编《金陵大学建校一百周年纪念册》，南京大学出版社，1988，第 10、15 页。
③ 芳卫廉：《基督教高等教育在变革中的中国（1880~1950）》，刘家峰译，珠海出版社，2005，第 113 页。
④ 陈裕光：《回忆金陵大学》，金陵大学南京校友会编《金陵大学建校一百周年纪念册》，第 14 页。
⑤ 高冠天：《岭南大学接回国人自办之经过及发展之计划》，朱有瓛、高时良主编《中国近代学制史料》第 4 辑，第 571—572 页。

三 立案的意义和局限

20世纪30年代，教会大学基本上完成了向中国政府的立案注册，这个过程可以说漫长而曲折，无论是对收复中国国家主权的诉求，还是对教会大学以后的发展，意义都很重大。

第一，教会大学注册立案的完成是中国收回教育权运动的一个伟大胜利，它基本上结束了近代中国教育体制中外教育并存的半殖民状态，从此教会大学不再作为一种外国教育体制存在，而是作为中国私立教育体制的一部分由国家统一管理。正如杰西·格·卢茨所言："许多教会大学已被公认为是中国的大学而不是外国的大学，教会大学的学生被承认为合法的中华民族的发言人。"[①] 尤其值得一提的是，在不平等条约尚未被完全废除的情况下，国民政府能让教会大学改变传教的宗旨，将宗教必修课改为选修课实属不易，这是对基督教教育的传教体制重大的打击，迫使教会大学对教育方针做出调整。

第二，教会大学完成向中国政府立案，也有利于自身的发展。原来教会教学囿于宗教特质，招生只限于基督徒子女和基督教中学毕业生，立案后面向社会招生，招生范围扩大。另外毕业文凭得到政府承认，毕业生在就业、升学等方面获得了与公立、私立大学同等的待遇，所以报考人数迅速增加，在校生也逐年增多。关于基督教会大学学生人数，不同的资料统计会有所出入，但总体来看20年代基督教会大学在校生一般在二三百人，有的只有几十人，但30年代，特别是立案以后，这个数字显著增加，多所大学人数超过500人，如金陵大学1932年秋季学期人数582人，1933年春季学期人数564人。[②] 到抗战时期，有几所大学人数甚至超过了1000人，如金陵大学1942—1947年学生每学年人数都在1000人以上，[③] 可见教会大学自立案成功后迎来了飞速发展的一个时期。办学宗旨调整后，教会大学更

[①] 杰西·格·卢茨：《中国教会大学史（1850—1950年）》，第298—299页。
[②] 《私立金陵大学一览》，张研、孙燕京主编《民国史料丛刊》第1085册，大象出版社，2009，第362页。
[③] 《私立金陵大学要览》（1947年），详见南京大学高教研究所编《金陵大学史料集》，南京大学出版社，1989，第212页。

加注重与中国社会实际相结合，挖掘自身优势，拥有了一批有自身特色的、在国内领先的知名专业和学科。如金陵大学的农林科、燕京大学的新闻系和国文系、华西协和大学和齐鲁大学的医学、东吴大学的法学、沪江大学的商科、金陵女子大学的师范教育和医护学等，都是当时国内首屈一指的重点学科，也奠定了基督教会大学在高等教育领域的地位。立案以后，教会学校性质等同私立学校，国民政府对其与其他公私立学校等同看待，在经费补助方面也有所照顾。1930年8月23日教育部发布《私立大学、专科学校奖励与取缔办法》，规定"凡已经立案之私立大学、学院及专科学校成绩优良者，得由中央或省政府酌量拨款补助，或由教育部转商各庚款教育基金委员会拨款补助"，同时还规定对"某学院或某科系在教育学术上有特殊贡献者及有实验成绩优良者，也由政府给予褒奖或补助费"。[①] 当时国民政府行政院决定拿出72万元奖励已经立案的40多所私立学校，金陵大学于1935—1937年三年中，分别获得了32558元、30000元、35000元的补助；[②] 金陵女子大学每年从教育部得到总额为1.2万元的资助，用于补助3位教授的讲座费；[③] 其他教会大学也得到数量不等的拨款。政府补助的经费虽然经常是僧多粥少，但毕竟是对教会大学经济上的扶持和政治地位的认同。

第三，时势造英雄，也造就了一批享誉中外的教会大学华人校长，如果没有这样一场收回教育权运动，这些华人基督徒教育家可能只会在某个学科领域有所建树，而不可能以校长的身份引领一个时代。这里我想到了美国的哲学家、教育学家杜威评价北大校长蔡元培的话："以一个校长的身份，而能领导那所大学，对一个民族、一个时代起到转折作用的，除了蔡元培，恐怕找不出第二个。"[④] 民国时期这批教会大学华人校长，他们的地位、影响虽然达不到蔡元培的高度，但也是独一无二、史无前例、功不可没的。而且他们有的人持续长校达20多年，如金陵大学校长陈裕光从1927年任校长到1951年辞职，前后24年；金陵女子大学校长吴贻芳任校长时间

---

① 《教育部订定私立大学、专科学校奖励与取缔办法》，《中华民国史档案资料汇编》第5辑第1编教育（1），江苏古籍出版社，1994，第180页。
② 张宪文主编《金陵大学史》，南京大学出版社，2002，第75页。
③ 吴贻芳：《金女大四十年》，《江苏文史资料选辑》第13辑，江苏人民出版社，1983，第1—5页。
④ 参见刘宝存《大学理念的传统与变革》，教育科学出版社，2004，第98页。

从 1928 年到 1951 年，前后 23 年；这在中国近代高等教育史上是屈指可数的，他们已经将个人的生命融入学校，正如陈裕光的女儿陈佩德在《忆我的父亲陈裕光》一文中说："作为女儿，我一直百思不解，一个不喜欢搞行政领导的人，竟能在这样困难的条件下'乐此不疲，义无反顾'地当了 24 年校长，甘愿放弃自己心爱的专业，也失去很多本属于他的家庭幸福"，"临危受命给了他最高的信任，一种使命感使他为金陵付出了一切，金陵也给了他很高的荣誉和支持，使他和金陵已成为一体"。① 金陵女子大学校长吴贻芳为教育事业奉献了一生，终身未婚，正如当年金女大排演的一个剧目，吴校长将自己嫁给了金女大。而且这些华人校长独具特色的教育理念，也值得现在的高等教育研究者仔细品味，如华中大学校长韦卓民在教会学校普遍轻视中国传统文化的情况下，提出务必重视中国文化教育的思想；金陵大学校长陈裕光提出教学、科研、推广"三位一体"的"三一制"教育制度；华西协和大学校长张凌高提出"崇尚求实与服务社会"的办学理念；金陵女子大学校长吴贻芳和华南女子文理学院校长王世静的"厚生""受当施"的教育理念，使这两所女子大学成为中国女子高等教育的楷模；更有沪江大学校长刘湛恩为了民族大义以身殉国，以自身的行动践行了一个教育家的誓言。尽管在当时的历史条件下，这些华人校长并不能完全掌握大学的行政权，但无论如何，20 年代时所发生的政治变化却让这班中国基督徒教育家可以按照他们的理想去实践中国基督教的大学教育，并使中国基督教大学在中国大学教育史上开出了一朵奇葩。

当然我们也注意到，尽管基督教会大学已经向中国政府注册立案，但由于外国教会仍然控制着学校的财政大权，仍然通过各种方式对教会大学施加直接或间接的影响，有的教会也仍然在变相地进行宗教教育，正如当时报纸所言："美国教会他们不是最快而最愿意把全国所有的教会学校——不过圣约翰是个例外——都换了个中国人做校长，向中国主管机关去立案的吗？这样，在外表既可博得个好评……同时他们的内容，不还是一样地在我行我素吗？"② 圣约翰大学的确是个例外，一直到 1947 年才向国民政府

---

① 陈佩德：《忆我的父亲陈裕光》，金陵大学南京校友会编《金陵大学建校一百廿周年纪念文集》，第 31—32 页。
② 悟：《两个教会学校的进行立案》，《新时代》（上海）第 1 卷第 1 期，1931 年 9 月，第 6 页。

立案，这期间国民政府并没有将其关闭，这其中的原因有学者①已给予深入剖析。圣约翰大学不仅要顶住来自国民政府的压力，也要面对社会舆论和校友的批评，其实在1928年9月圣约翰大学重新开门的时候，上海特别市学生联合会就呈请中央大学院取缔圣约翰大学，"国民政府命令上海市教育局调查约大教育宗旨是否与中央违背"，并且明确答复学生联合会："毕业生在该校未经核准立案以前，自不得与国立大学及已准立案之私立大学，受同等待遇。"② 圣约翰大学不立案，对毕业生在就业、升学、出国留学等方面造成很大的影响，因此学生督促校方向政府立案。1929年《私立学校规程》要求教会学校立案，而到1947年圣约翰才完成立案，从中可以解读出南京国民政府其实并不想关闭教会大学，而只是要其服从立案规章，对圣约翰并没有强硬的接管其校产人员，而是绵里藏针地抑制其发展。从这将近20年的僵持中可看出，国民政府看似强硬，实则"外强中干"，这足以说明收回教育权运动的实际效果是大打折扣的，这场教权与国权的博弈并没有想象得那么简单，也不仅是一纸立案批准状就可以解决的。它的不彻底性既说明了国民党政权的软弱性和妥协性，也说明了教育有其独特的内在规律，不是简单的行政命令可以改变的。

四 结论

发生在20世纪二三十年代的基督教会大学立案事件，实际上是在基督教高等教育发展的内在要求和中国民族主义运动的双重驱动作用下产生的结果。基督教会大学越来越清醒地意识到，要谋求在中国发展，注定要"中国化"，而最实质的就是学校管理的"中国化"，将学校逐渐交由中国人办理。但何时移交？在多大程度上移交？相信历史当事人谁也说不准，但中国政局的瞬息万变使他们来不及多想，20年代的"非基"运动和收回教育权运动固然使基督教会大学受到了猛烈的冲击，但"南京事件"更是以极端突变的方式为他们做出了最后的决定，西方传教士不得不把学校管理大权交给中国人。就这样，一群中西结合的基督徒华人校长应运登上历史

---

① 详见杨禾丰《圣约翰大学的校园生活及其变迁（1920—1937）》第四章第四节"圣约翰大学不立案可能性分析"，复旦大学博士学位论文，2008年，第104—108页。
② 《取缔教会学校之中央复函》，《中华基督教教育季刊》第4卷第3期，1928年9月，第77页。

舞台，他们既熟悉西方基督教精神，又深谙中国社会的传统之道，他们身上既富有基督徒的博爱品质，又富有中国传统知识分子的家国情怀，这种"中西混血"一方面使他们受到中西双方的信任，另一方面也时刻受到中西价值观冲突的考验，在上帝和民族国家之间如何取舍、调适，甚至有时不得不做出选择。华人校长大都怀抱沟通中西文化的志向，各取所长，致力于教育、文化发展，他们的努力不仅使得基督教会大学在中国高等教育史上占有一席之地，也使其自身在教育史上了留下了浓重的一笔。

（作者单位：南京大学历史学院）

基督教大学"中国化"意涵与实践的歧异[*]

——1930年代燕京大学"百万基金运动"研究

陈　岭

内容提要　"中国化"是燕京大学孜孜以求的目标,其"中国化"转型得益于外部环境与内在逻辑的共同作用,因而更为中国社会所认同。1930年代初,立案后的燕京大学开始推进经费来源的"中国化",以求全面实现"中国化"转型,1933年美国经济危机为此提供了契机。由于此时美国方面无力为燕大提供经费支持,燕大便在中国社会发起"百万基金运动",希望筹募一百万基金来摆脱危机并进一步推进"中国化"转型。"百万基金运动"以燕大师生、校友为主力,并外扩至中国社会各界。各募集主体均建立相应筹款组织以承担校方分配的定额任务,各方之间协力共进,运动得以分区分期稳步进行。但由于1930年代中国经济社会局势的不稳,"百万基金运动"未能收到理想效果。而燕大校方和学生对"百万基金运动"及其"中国化"意涵的歧异化理解,则展现了燕大"中国化"转型的复杂多样。

关键词　燕京大学　百万基金运动　筹款　中国化　困境

"中国化"①是近代在华基督教大学为适应中国社会需要而进行的自我调适,这种调适的方式有主动和被动之分,但无一例外是基督教大学在中国得以生存维系的必要前提。就燕京大学（简称燕大）而言,不同于大多数基督教大学消极被动的中国化进程,燕大的中国化转型体现了主动调试的因应策略,是外部环境压力和内在发展逻辑共同作用的结果。早在"非基督教"运动和"收回教育权"运动之前,司徒雷登在燕大创建伊始就明确表示了其中

---

*　本文系教育部人文社会科学重点研究基地重大项目"近代中国大学与社会"（12JJD770019）的阶段性成果。

①　以下为行文方便,"中国化"一律不再加引号。

国化的强烈意愿:"我带到北京的所有理念中,最清楚明白的一条就是,新的大学应该立身于中国社会中,独立于与西方列强签订的条约之外,不受外来因素影响。"① 因此,燕大的中国化具有长期而深厚的内在理路,有其自身发展的内在逻辑。由是,燕大的中国化转型最先得到中国社会的认同,到1930年代,燕大更是被胡适等人誉为中国化最为彻底的基督教大学。"在司徒雷登先生的领导之下,都极力求了解中国新兴的思想潮流与社会运动,他们办的学校也极力求适合于中国的新社会。"② 在中国化的转型过程中,经费来源的中国化逐渐成为燕大全面推进中国化的重要环节,也被视为检视燕大中国化转型成果的绝佳方式。经费来源的中国化与整个中国化转型进程密切相关,二者相互依存也相互制约,经费来源的中国化受制于中国化转型的整体发展概况,也对中国化转型具有重大促进意义。对二者关系的深入考察实有必要,以往学界对此却未多关注。③ 故此,本文拟从经费来源的中国化角度对燕大的中国化转型做进一步的考察和研究,通过选取"百万基金运动"④ 这一典型个案作为分析对象,将燕大百万基金运动置于具体的时空语境中,在史实重建的基础上,细致考述运动的发起及运作情形,深入分析燕大校内各方对运动及其展现的中国化意涵的态度,详细阐释经费来源中国化与燕大中国化转型的复杂关联,以图能对以燕大为代表的基督教大

---

① 司徒雷登:《在华五十年:从传教士到大使——司徒雷登回忆录》,陈丽颖译,东方出版中心,2012,第46页。
② 胡适:《从私立学校谈到燕京大学》,《独立评论》第108号,1934年7月8日,第4页。
③ 以往学界对燕大中国化的关注一方面集中于用人行政、教职员聘任及向政府立案等具体措施上,展现出对燕大中国化的赞赏态度,如罗义贤的《司徒雷登与燕京大学》(贵州人民出版社,2005,第93—101页)和郝平的《无奈的结局:司徒雷登与中国》(北京大学出版社,2011,第91—96页);另一方面则注目于司徒雷登的个人思想特质及宗教品格对燕大中国化的影响上,重在阐释司徒雷登个人的作用,如史静寰在《狄考文和司徒雷登在华的教育活动》(台北:文津出版社,1991,第208—226页)中从司徒雷登教育思想和政治思想的角度阐释了燕大中国化的办学宗旨。总体而言,对经费来源中国化的具体意涵及其与中国化转型的具体关联,学界尚有可探讨的空间。
④ 对该运动,学界前贤曾有简要述及,可见下。史静寰在谈及燕大筹款来源时,简单以"百万基金运动"为例指出中国方面的筹款对燕大的整体经费募集作用极小(史静寰:《狄考文和司徒雷登在华的教育活动》,第164—165页);罗义贤对燕大"百万基金运动"有所述及,但所述不详,对运动中国民政府对燕大的补助情况在时间表述上(文内为1933年,实为1934年)有误(罗义贤:《司徒雷登与燕京大学》,第67—70页);陈翠荣从校友捐助的角度对燕大"百万基金运动"进行了简单阐述(陈翠荣:《反思与建构——大学办学特色问题研究》,华中师范大学出版社,2012,第110页)。以下为行文方便,"百万基金运动"不再加引号。

学中国化转型的历史本相和复杂内涵有进一步的理解和认识。

一 燕大是一所"中国的大学"——百万基金运动之发起

向国民政府立案后,燕大与中国人自办的私立大学一样受到了政府当局的认可,也进一步为中国社会所接纳。胡适即认为燕大这样的教会大学"和(中国)其他的私立学校已没有多大的分别,只是在财政上比较安定"。① 燕大校务长司徒雷登认为这正彰显了燕大中国化转型的成效,燕大"最终能在本质上成为一所中国的大学"。② 胡适对燕大的中国化成果深表赞赏,但他从中国人的角度出发,指出燕大中国化的不足之处在于经费来源尚未实现中国化,也即"财政来源未改"。③ 司徒雷登对此心知肚明,为全面实现燕大的中国化转型,燕大当局逐渐将经费来源的中国化提上了议事日程。百万基金运动也便因缘于此,它与燕大中国化转型的关系由此可见一斑。

1933 年伊始,世界经济危机波及美国全境,燕大常年经费的美国来源大幅减缩,短亏情况空前严重,甚至无法维持学校正常运转。燕大在紧缩财政预算及合理安排经费用度后依然无法解决这一问题。"燕京收入突减,仅得九十一万六千余元,即行紧缩政策,预算自一百十六万减至九十三万四千。与收入相抵,仍亏一万八千余元。"④ 为摆脱困局,燕大当局打算在中国社会发动全面募款运动,以便将经费来源的中国化落到实处。其实早在 1932 年美国经济呈现衰退之势时,燕大当局便有向中国社会筹款之意图,只不过得自美国的两笔意外捐款暂时弥补了经费亏短状况,筹款之举因而作罢。⑤ 1933 年秋季开学后,司徒雷登便立即准备在中国进行筹款事宜。10 月中旬,司徒雷登赴上海面商燕大董事会主席、国民政府财政部长孔祥熙,详细阐明燕大经费短缺之情状:"本校经费向由美国友人捐赠,近年来因受美国经济萧条之影响,捐款者渐行减少,而原有基金之利息,亦随之低落,故经费来源,因而减缩",同时为如何在中国筹款向孔氏请教,共商募款进

---

① 胡适:《从私立学校谈到燕京大学》,《独立评论》第 108 号,1934 年 7 月 8 日,第 3 页。
② 司徒雷登:《在华五十年:从传教士到大使——司徒雷登回忆录》,第 46—47 页。
③ 胡适:《从私立学校谈到燕京大学》,《独立评论》第 108 号,1934 年 7 月 8 日,第 3 页。
④ 刘廷芳、谢景升:《司徒雷登年谱》,中国人民政治协商会议全国委员会文史资料研究委员会编《文史资料选辑》第 83 辑,文史资料出版社,1982,第 42 页。
⑤ 详细情形可见《燕大向各界募临时捐款》,(北平)《世界日报》1932 年 6 月 13 日;《燕大在美国募得巨款》,(北平)《世界日报》1932 年 7 月 25 日。

行办法。孔氏对立案后燕大的中国化情形颇为熟悉,从中国人的角度出发,他认为向中国筹款正是落实燕大经费来源中国化的良机,对燕大中国化转型意义重大,因此中国人有担负筹款的责任。"本校一切行政及教学方面既渐由国人主持,则维持本校之常年经费一项,自亦应由国人渐加负担。"孔氏建议燕大在中国发动百万基金运动,即"在国内募集基金一百万元,将基金利息,弥补常年经费之亏短"。① 孔祥熙的建议深为司徒雷登赞同,司徒认为筹募基金比筹募临时捐款更加有效,也更能适应中国社会经济状况。"欲在国内募捐,如募集基金,可得一劳永逸;如亏短若干,劝募若干,募捐之举将积年不已。"② 随后,司徒雷登立即就百万基金运动征求校方意见并力促其顺利施行。10月24日,司徒雷登主持召开燕大行政会议,就燕大经济困窘状况和是否发动百万基金运动事征询各委员意见,"提议在中国发起百万基金运动,筹募经费一百万元",各委员在经过激烈的讨论后表示,"只要燕大董事会同意,他们对该运动全无异议"。③ 有了学校行政会议的支持,百万基金运动议案很快在燕大校董会上获得一致通过,这给了司徒雷登发动百万基金运动的莫大信心。11月3日,在燕大全校教职员大会上,司徒雷登通报了燕大董事会准备发动百万基金运动的决议,希望全体教职员"当经一致通过资助"。最终,大会通过了百万基金运动的议案,并决议"在校之教职员担任十万元,其余之九十万元,本校拟向两千余校友及八百在校之学生筹集,向同情本校之国内人士劝募"。④ 至此,百万基金运动得以正式发动。

二 "立身于中国社会"——百万基金运动之进行

自11月3日燕大全体教职员大会议决在中国社会展开百万基金运动后,燕大校方便开始对教职员与学生进行广泛动员,同时积极筹设募款组织以

---

① 《本校拟在国内筹募基金百万元》,《燕京大学校刊》第6卷第11期,1933年11月10日。同时,此处所见的"元"即为中国的银元,也即时人所称的"大洋",下文凡见"元"字样者,皆与此同。
② 《校务长致全体学生书》,《燕京大学校刊》第6卷第12期,1933年11月17日。
③ "Minutes of the Faculty Executive Committee Administrative Incl Yenching University"(《燕京大学行政执行委员会常务委员会记录》)(1933年10月24日),北京大学档案馆藏燕京大学档案:YJ33011。
④ 《本校拟在国内筹募基金百万元》,《燕京大学校刊》第6卷第11期,1933年11月10日。

利运动之推进。

（一）从教师到学生——对校内的"运动"

1. 教职员

百万基金运动首先从燕大教职员开始。校方规定教职员必须认捐10万元，同时在教职员中设立募捐委员会领导认捐事宜，"即推派委员八人，办理认捐事宜，限于十日内，办理完毕"。同时，学校对教职员的认捐期限及交款日期加以严格限定，以期10万定额能早日完成。"兹该委员会已发出通知，闻各教职员均较乐捐，惟须于限期内（11月13日以前）将总捐数目，及付款办法，填写清楚，交会计处收齐。"① 在自愿认捐外，校方对教职员采取了强制募款办法，"教职员所担任款系由薪金按比例扣减"。② 在事关切身利益的情况下，教职员对校方带有强制色彩的捐募举动未加反对，而是积极认捐，每人按照薪金水平量力而行。燕大当局对教职员的捐募速度较为满意，预计"教职员担任之十万元，最多于二年内完成（按：该校每年教职员薪金共约四十万元——引者）"。③ 但出乎校方预料，教职员的募捐数额很快就基本募齐。1933年11月15日，经会计处统计后报告，教职员认捐额度已经接近预期，"认捐者已有一百三十六人，其共计捐款八万元；此外约有六十人，因未在校内及其他原因，尚未将认捐单交到；预料全体征齐后，其总数当可超过预定之标准云"。④ 到1934年2月初，教职员认捐人数已达160人，上交认捐总额也增至92000元，燕大校方对此甚为奋兴，"总数必可超过预定十万元之数额"。⑤ 百万基金运动在教职员方面"首战告捷"。

2. 校内学生

燕大校方规定，学生在百万基金运动中须负责40万元，即"校内的五十万，教职员担任十万，其余的由八百同学分担"。⑥ 学生是百万基金运动

---

① 《本校拟在国内筹募基金百万元》，《燕京大学校刊》第6卷第11期，1933年11月10日。
② 《北平燕京大学举办百万基金募捐运动，教职员校友同学联合进行》，（天津）《益世报》1933年12月18日。
③ 《燕大百万基金运动现已正式开始募集，教职员所担任之十万元两年内可完成，校友代表南下与孔祥熙等接洽》，（北平）《世界日报》1933年11月10日。
④ 《教职员认捐基金之消息》，《燕京大学校刊》第6卷第12期，1933年11月17日。
⑤ 《百万基金运动教职员认捐消息》，《燕京大学校刊》第6卷第21期，1934年2月9日。
⑥ 《本星期二师生大会纪略》，《燕京大学校刊》第6卷第13期，1933年11月24日。

的主力，司徒雷登认为"燕大的学生造就了我们的学校"，① 故对学生的作用甚为看重。燕大校方不断在学生中进行广泛动员，以求得到学生的充分理解和支持。1933年11月16日，校务长司徒雷登致函全体学生，殷切希望学生能为百万基金运动贡献力量，以利运动及早完成："兹特函请诸位以个人及团体之资格予以协作，使此项艰巨之目的如愿完成。"司徒雷登将百万基金运动视为检视燕大中国化转型的重要契机，其注目所在并不仅在具体的募捐数额，而重在运动的中国化意义。"本校此举，其所包含之意义，非仅为经济的，亦非偏重经济的也。"司徒雷认为学生对百万基金运动的支持，将会给燕大中国化进程开创一新时代，对学生个人也极有意义。"惟诸位在校学生之态度，关系极为重大，吾人敢信，此项决心，在诸位个人自由之生活中特为一种快乐的回忆之源泉，而在本校校史上则为一新时代之开创也。"司徒雷登对学生地位和作用的积极肯定，在学生中间引起了强烈震动，学生中的募捐活动马上得以展开。②

1933年11月22日，燕大学生会召开全体大会，议决以学生会为核心筹设学校基金募集委员会。"本校学生近为协助学校当局筹募百万基金事，特于学生会代表大会开会时，提议组织学校基金募集委员会，并选定学生田兴智、虞惠卿、王安琳、涂荧光、谭邦杰、卓东来、刘纪华、王世中、徐烈、王安福、贾学诗等十一人为委员"，③ 积极响应学校百万基金运动。11月29日晚7时，学生会募集基金委员会举行第一次会议，对委员会组织架构及人员分工进行安排，当场议决十项重要事项，如"决定本会工作原则案，即校内宣传募集并进，校外规定若干时日为宣传时期，然后进行募集工作分配案；本会设：宣传，交际，调查，募集，财务，庶务等六股，股设股长一人；遇必要时，股长得聘请同学；协助工作；尽量与学校当局，联络合作，以推进本会工作，遇必要时，并得派代表出席学校与本会性质相同之会议案"。④ 12月6日学生会募集基金委员会召开第二次会议，选举委员会各股负责人，并规定各股负责人有权自行聘请股内办事员，同时为

---

① 司徒雷登：《在华五十年：从传教士到大使——司徒雷登回忆录》，第51页。
② 本段引文均见《校务长致全体学生书》，《燕京大学校刊》第6卷第12期，1933年11月17日。
③ 《学生会组织本校基金募集委员会》，《燕京大学校刊》第6卷第14期，1933年12月1日，第2版。
④ 《燕大学生会学校基金募集委员会召集第一次会议，决议要案十项》，《燕大周刊》第5卷第9期，1933年，第19—20页。

加强联络起见,规定委员会"以后每星期开常会一次,讨论会务"。① 经过反复协商讨论,基金募集委员会的工作职能很快得到完善和加强。

12月12日上午11时,燕大学生会召开全体大会,专门商讨学校基金募集问题,并"讨论募款工作大纲及进行之计划",② 决定将百万基金运动分为四期,每期为一年,并确定每期之职责。"募捐期间定为四年分四期进行,逐年结算,在校同学毕业以后,其捐募责任应归并入校友部分。"同时,大会决定在学生会基金募集委员会下设立十人团组织,以便将800余学生全部纳入募捐运动(共80余团),"募捐运动以十人团为单位,由同学自由结合,但每人必须加入一团"。为能早日筹到40万元,大会规定在四年期限内每团募捐总额不低于5000元,每团每年最少为1000元;各团团员每人每年最少为25元,余下1000元则由每团各位团员均摊,"每人百元"。③

1934年1月14日,学生会基金募集委员会通告全体同学,敦促各十人团迅速组织完毕,并希望同学们"于假中努力向亲朋劝募,以冀集腋成裘,汇齐备用"。同时,委员会仿照校方对教职员募款之强制方法,"将于二月一日开学交费时,请该校会计处代向学生征收其自捐之二十五元,以便存储生息,提交学校"。④ 此种做法明显带有"专制色彩",但燕大学生出于对

---

① 《燕大基金募集委会昨开二次会,举出各股股长》,(北平)《世界日报》1933年12月7日。
② 《燕大基金募集委会今日召全体学生开会 讨论募款工作大纲及进行计划》,(北平)《世界日报》1933年12月12日。
③ 以上所引均见《学生全体大会关于募集基金之决议》,《燕京大学校刊》第6卷第16期,1933年12月15日。
④ 以上引文均见《燕大基金会募集委会昨发表告全体同学书,请共同努力筹集款项完成大计,各生自捐之二十五元假后交费时即将征收》,(北平)《世界日报》1934年1月15日。同时并附上《燕京大学学生会学校基金募集委员会通告全体同学书》全文如下:"敬启者:本会自进行基金运动以来,幸已粗具端倪。刻正努力完成组织十人团之工作。惟迄今尚有一部分同学未来报名,本会殊不欲越俎代谋,盖以十人团关系基金运动前途至巨,如非出自大多数同学之自动结合,将来工作,实难收效。职是之故,亟希同学全体总动员,务于最短时间,完成报名手续,俾校外宣传及募集工作,克早进行。当寒假期中不拘报名或未报名十人团者,留校或离校,我同学正可利用这休学余略,努力向亲友或社会人士,作书面或口头之宣传,或单独进行征募,以便开学时交付负责机关,且经宣传以后,将来募集自当更易为力也。根据全体大会之决议案,每位同学新负担之个人捐款为一百元,以四年为期,分四期(一年为一期)缴纳,即每人每年应缴二十五元。此项捐款,既系以个人为单位,故可不受十人团之约束,由个人尽先交纳。本会为增进捐募效率起见,特议决于春季开学时,开始征收,并经商请会计处于收费时负责代收,再由本会财务股负责将款划存大陆银行,于基金运动第一期终结时,即将本息提交学校,兹值寒假在迩,即希同学及早准备,共同努力,俾得集腋成裘,完成募集大计,惟我全体同学共同勉之。"

学校前途考虑，对此做法并无异议，该计划得以成功进行。1934年2月初，燕大十人团组织完备者已有九团，每团团长多由学生会干部及学生基金募集委员会委员充任。"闻此项团体，最近已经正式成立者，共计九团，每团各设团长一人，其他未成立者，现正陆续进行中，学生会募集学校基金委员会，为筹商进行募款步骤起见，决定期召开团长会议，以襄助办理一切。"① 到1934年3月初，全校800余学生已全部加入十人团组织并与校方通力合作。"本校学生会学校基金募集委员会现已将全校学生十人团组织完竣，并倡请学校举办扩大运动周。"② 通过基金募集委员会和十人团组织，全体燕大学生被彻底纳入募款体系，百万基金运动在燕大校园内得以稳步推进。在校方和学生会组织的联合宣传发动下，燕大学生开展各种活动声援与支持基金运动，如"金勤伯的书展，还有许多计划着的筹款方法，如一两个十人团的联合演戏筹款，音乐会等等"。③ 这些活动虽然募款不多，但彰显了学生对燕大存在价值和意义的认同，也超越了对基金运动的简单物质化理解，这正是燕大中国化转型所不可或缺的精神内涵。因此，当1934年12月百万基金运动第一年结束时，燕大学生共认捐27748.63元，虽与第一年定额存在差距，但学生们仍认为"本年之成绩，虽有种种困难情形，但所得之结果，尚堪自慰"，④ 足见学生此种心态。

（二）走出校园——对社会之"发动"

1. 重视校友的"中心"作用

校友是沟通燕大和中国社会的"桥梁"。燕大校友多为社会精英，在政商学各界声名卓著者颇不乏人。司徒雷登对校友在百万基金运动中的作用充满信心。"他们推崇建校者的理想和信念，又回忆起当年在学校的美好时光，对燕京大学的忠诚度是其他中国人所无法比拟的。"⑤

---

① 《燕大基金运动募集团已成立九团，学生会基金委会拟召开团长会议》，（北平）《世界日报》1934年2月11日。该报道并对九团之各团团员名单予以详细开列，同时名单也见于《百万基金运动学生会十人团消息》，《燕京大学校刊》第6卷第21期，1934年2月9日版。
② 《百万基金运动消息》，《燕京大学校刊》第6卷第23期，1934年3月2日。同时，十人团全部团员名单可参见《燕京大学百万基金学生募集十人团各团团员姓名录》，《燕大周刊》第5卷第14期，1934年，第19—24页。
③ 安得烈：《对于百万基金运动的话》，《燕大周刊》第5卷第20期，1934年，第3页。
④ 《百万基金运动第一年结束》，《燕大友声》第2期，1934年，第4页。
⑤ 司徒雷登：《在华五十年：从传教士到大使——司徒雷登回忆录》，第52页。

运动发起后，燕大代理校长周诒春和校务长司徒雷登便立即奔赴全国各地，在京津沪等校友会所在城市发动校友为母校捐募。由于北平上海天津三地是燕大校友最为集中的地区，故在百万基金运动中地位最为重要，捐款也最为活跃。北平为燕大所在，该处校友对基金运动的动态最先知悉。1933 年 12 月 17 日，燕大校友会会所委员会在北平灯市口会所举行年会，"改选下届职员，并请司徒校务长出席报告百万基金运动之意义及计划"，① 以利运动之进行。1934 年 1 月 14 日，北平校友会召开全体常委会议，并设宴款待各在平校友，"需商母校百万基金运动事"。同时，北平校友会决定"组织北平校友募集母校基金筹备委员会，并推选全绍文先生为主席，高凤山先生为会计，周亚伯先生为文书"，② 以便在北平全面展开百万基金运动。上海作为中国经济最为发达之地，募捐活动较易进行，校友会的作用不可忽视。1934 年 11 月初，上海校友会首先响应校方号召，成立募集母校基金委员会，组织上海校友尽快进行捐募，"请旅沪诸校友或自行解囊，或代广为劝募，预定自本月十日起于两星期之内结束"。③ 1934 年 1 月 28 日，燕大代理校长周诒春与校务长司徒雷登联袂抵达上海，参加燕大上海校友会活动，并就百万基金运动向上海校友劝捐。上海校友会当即表示"对母校百万基金运动，（将）策勉同学努力捐募"。④ 天津也是燕大校友较为集中的地方，1934 年 2 月 23 日，天津校友会设宴款待燕大代理校长周诒春与校务长司徒雷登一众人等，在校方通报百万基金在校内进行情况及拟在天津进行计划后，全体到会天津校友当即决定组织募集母校基金委员会，并将随时召开会议"筹商进行办法"。⑤ 3 月 8 日，天津校友会母校基金募捐委员会在燕大校友课干事曹义的指导下举行常委会，商讨具体筹款计划，仿照燕大十人团组织将天津校友分为三十团，规定每团认捐数额，"天津方面校友自身之认捐，每人至少数为一百元，并须将天津校友分为三十团，每团五人或六人，后组织完成后，约四月中可以进行劝募云"。⑥ 北平与天津相距较近，两地校友对各自的募捐情形较为了解，也暗含竞争之意。3 月下旬，

---

① 《校友会开会》，《燕京大学校刊》第 6 卷第 16 期，1933 年 12 月 15 日。
② 《百万基金运动北平筹备委员会》，《燕京大学校刊》第 6 卷第 20 期，1934 年 2 月 1 日。
③ 《本校拟在国内筹募基金百万元》，《燕京大学校刊》第 6 卷第 11 期，1933 年 11 月 10 日。
④ 《燕大同学会昨晚欢宴司徒雷登，努力促成百万基金运动》，（上海）《申报》1934 年 1 月 29 日。
⑤ 《百万基金运动消息》，《燕京大学校刊》第 6 卷第 23 期，1934 年 3 月 2 日。
⑥ 《天津校友筹募母校基金》，《燕京大学校刊》第 6 卷第 25 期，1934 年 3 月 16 日。

两地校友会母校基金募捐委员会敦促各校友迅速将认捐单据收齐上交校方,并规定尽量在两个星期内完成,"北平与天津两处校友,暂定于下星期内起始,分组填写认捐单,预定于一二星期内结束"。①

在各地校友募捐委员会的推动下,百万基金运动在各地有条不紊地进行,尤以北平、天津、上海进行最为迅速。"校友方面,分于北平,天津,上海等各大埠积极办理。北平校友已组成四十个十人团,由金城银行顾问,该校毕业生全绍文领导进行一切,天津方面则由周亚伯等负责推动,自捐并向外劝募,上海则由陈立廷、房福安等负责进行劝募。"② 到1934年4月24日,北平校友会自身认捐"共计总数为两万五千数百余元",③ 成为各地的表率。天津校友会不愿居于人后,立即表示要以天津为核心将河北省打造成一募捐模范区,并认为"此处如能有办法,全国自亦不会太坏云云"。④ 截至1934年6月9日,天津校友募捐会已募得15000余元,同时"因有多数校友仍正在进行,决定津埠向外捐募,有继续三星期之必要云"。⑤ 在燕大各地校友的通力配合之下,至1934年12月百万基金运动第一年结束时,校友实际募款32106.71元。虽然与所担份额相比差距甚大,但校友们并未灰心,而是积极总结经验教训,"现在正从事计议,改善策略",对散居国内的各地校友进行沟通接洽,"希望今后不但能予每一个校友有机会自己捐资,并能协助母校,继续向社会募集基金也",⑥ 足见校友们对燕大生存前途的深切感情。

2. 对社会人士之"劝募"

成功将燕大融入中国社会是司徒雷登孜孜不倦的追求,他认为燕大"一切的一切,均系贡献于中国的"。⑦ 因此,司徒雷登对百万基金运动蕴含的中国化意义甚为看重,希望通过经费募集的中国化进一步推进燕大的中国化,"让中国人明白我们的学校会成为他们自己的大学,它是值得他们不遗余力地去支持的,而不只是一个尽管动机单纯却是一个外国人办的学

---

① 《百万基金运动消息》,《燕京大学校刊》第6卷第26期,1934年3月23日。
② 《燕京大学劝募百万基金》,(上海)《申报》1934年4月2日。
③ 《百万基金运动北平校友认捐结束》,《燕京大学校刊》第6卷第30期,1934年4月27日。
④ 《燕大百万基金非专为金钱,旅津校友讨论办法》,(天津)《益世报》1934年5月21日。
⑤ 《燕大百万基金,津校友已捐募一万五千元,再继续捐募三星期》,(天津)《益世报》1934年6月10日。
⑥ 《百万基金运动第一年结束》,《燕大友声》第2期,1934年,第4页。
⑦ 《本星期二师生大会纪略》,《燕京大学校刊》第6卷第13期,1933年11月24日。

校"。① 因此，中国社会各界均成为燕大募捐的对象。为推进燕大百万基金运动，司徒雷登辗转于全国各大城市，不停拜会政商学各界精英及社会名流，利用多年积累下来的人脉关系，游说他们为燕大募捐，推进燕大中国化转型。早年为筹建燕大时，司徒雷登"认识了中国政府几乎所有的重要官员，以及教育界、金融界和工业领域的其他杰出人物"，② 并与他们建立了深厚的个人友谊。这些人组成的庞大关系网，为"燕京大学的生存和发展助了一臂之力"。③

1934年初，司徒雷登在天津举行茶话会，邀请华北政商学要人与会筹商基金运动事宜，"列席之人，有华北政整会委员张志潭，暨前直系要人靳云鹏、齐燮元、孙传芳诸人"。在这些政界要员外，司徒雷登特请燕大校董会副主席颜惠庆及南开大学校长张伯苓组成主席团，为燕大募款壮大声势。在热烈的劝捐气氛中，华北政商学各界要人认款甚为踊跃，"当场认款达三十万元之巨"。司徒雷登认为此举对燕大的中国化极有意义，"为吾国伟大庠序，他时造就人才，宁有既极乎"。④ 1934年3月下旬，为使社会各界人士尽快参与燕大百万基金运动，司徒雷登与燕大中国籍校董联名提请校董会通过"赞助人"议案：决定聘请党国权要林森、汪兆铭、宋子文；教育文化界名流胡适之、蒋梦麟、张伯苓、王晓籁；新闻界名人史量才、汪伯奇、董显光等人为燕大百万基金运动"赞助人"，使"该校今后之进行扩充，有赖于外界人士之指导匡助"。⑤ 聘请"赞助人"之举扩大了百万基金运动在中国社会的影响，展现了燕大融入中国社会的坚强信念。

司徒雷登一直与中国的工商界领袖维持着良好关系，"银行家周作民、中国商会主席虞洽卿"，⑥ 都是司徒雷登重点结交的对象，也是燕大重要的捐款人和座上宾。因此，在中国发动百万基金运动，拥有雄厚财力的工商界自然是不能错过的重要对象。1934年5月16日，为在上海地区进行筹募，在上海市长吴铁城的介绍下，燕大校长周诒春和校务长司徒雷登联名致函"味精大王"吴蕴初，恳请吴蕴初能继续其一贯赞助教育之公心，为燕大捐募资金，同时希望吴氏能凭借其人望替燕大向江南地区人士广为劝

---

① 司徒雷登：《在华五十年：从传教士到大使——司徒雷登回忆录》，第47页。
② 司徒雷登：《在华五十年：从传教士到大使——司徒雷登回忆录》，第47页。
③ 郝平：《无奈的结局：司徒雷登与中国》，北京大学出版社，2011，第136页。
④ 以上引文均见《燕大募款百万基金建筑新校》，《兴华》第31卷第26期，1934年，第37页。
⑤ 《燕京大学劝募百万基金》，（上海）《申报》1934年4月2日。
⑥ 郝平：《无奈的结局：司徒雷登与中国》，第143页。

募。"敝校自发起百万基金运动以来，荷承国内贤达之赞助与鼓舞，一切筹备事宜，业经就绪，现拟分区推进劝捐工作，以期众擎易举，集腋成裘。素仰先生公益为怀，对于教育尤具热心，用敢送奉捐簿一册，临时收据二册，敬希鼎力代劳，广为劝募，俾敝校此次之运动，得以早日完成。"① 在司徒等人的劝募下，吴蕴初立即表示要捐款"大洋二千元"。② 工商界对燕大重视之态度由此可见一斑。

凭着司徒雷登个人影响及燕大在中国学研究中的超高水准，北平教育文化界与燕大关系颇为融洽。当燕大因经费困窘而在中国发起百万基金运动时，北平学术文化界即积极响应，想方设法为燕大筹款。1934年5月19日，北平学术团体联合会召集各学术团体举行联席会议，筹议为燕大筹款事宜。是日到场团体众多，故宫博物院、北大研究所、西北科学考察团、北平图书馆、古物保管委员会、历史博物馆以及各文化机关当局均积极参加。大会议决在5月25、26、27三日在北平北海前门团城举行西北文物展览会，展出珍贵文物，"大多数为各学术机关尚未公开之藏品，而为中外人士素所欣羡景慕者"。③ 展览会之后，北平学术团体联合会立即将所得"一千一百八十九元五角"④ 及各项收支清单函送燕大，足见北平学术团体帮助燕大之不遗余力。胡适等学界名人则更是公开支持燕大百万基金运动，呼吁政府及国人对燕大进行扶持，从经费来源角度将燕大中国化落到实处。1934年7月8日，胡适在《独立评论》上撰文指出，大学只有好坏之分，并不能有公私之别，"凡是好的学校，都是国家的公益事业，都应该得国家社会的热心赞助。学校只应该分好坏，不应该分公私"。胡适表示他"要借此替燕京大学说几句话"。对燕大中国化的改革成果，胡适赞誉有加："（燕

---

① 《司徒雷登、周诒春致吴蕴初函》（1934年5月16日），转引自上海市档案馆《吴蕴初企业史料——天厨味精厂卷》，档案出版社，1992，第129页。
② 《吴铁城致吴蕴初函》（1934年12月4日），转引自上海市档案馆《吴蕴初企业史料——天厨味精厂卷》，第130页。
③ 《北平学术团体筹募燕大百万基金》，（天津）《益世报》1934年5月20日。
④ 《文化团体捐助 燕大基金总数 共一千一百余元》，（北平）《世界日报》1934年6月5日。此次展览会收支清单附下：计三日中售票二千一百三十九张，合洋一千零六十九元五角。除三日中零用杂物职工茶饭及运送各展览物品脚力等费只用洋六十九元五角外，所余千元，均全数捐助该校，该款亦正式拨到。此外并有各团体临时捐款一百八十九元五角。内计为历史博物馆捐印参观券及搬运陈列柜洋二十五元，古物保管会电灯及全场杂用五元，历史博物馆捐北魏元偁拓本售价洋九元二角，西北科学考察团捐纪念邮票七十六元五角，及西北调查团临时售书洋七十三元八角。

大）这几年的改革已有很明显的进步，在司徒雷登先生的领导之下，都极力求了解中国新兴的思想潮流与社会运动，他们办的学校也极力求适合于中国的新社会。"因此，胡适认为燕大这样努力适应中国社会的大学"是最值得国家与社会的援助的"。①

1934年9月，上海市长吴铁城邀请司徒雷登赴上海商谈百万基金运动事，司徒雷登对此深感振奋："吴市长对于我们学校的百万基金很表赞同。这次邀我去同他的一些朋友见面，谈谈这件事，因为他们都很愿意帮忙。"② 9月22日司徒雷登抵达上海后，燕大董事会主席、财政部部长孔祥熙和上海市长吴铁城设宴招待司徒雷登及沪上各界名流，为燕大百万基金运动向众人劝募。到会诸人对燕大的中国化改革极为称许，纷纷表示愿意为燕大慷慨输将，"席上各到会人员认捐四万六千元以上，未到者尚在继续进行中"。③ 该日正值大雨，但到会众人踊跃捐款的情形令司徒雷登极为感动，也让他对百万基金运动的前途深表乐观。上海之行刚告结束，南京之邀便联翩而至。10月初，国民政府行政院院长汪精卫邀请司徒雷登赴宁与党国要人商谈百万基金进行计划。司徒雷登抵达南京后，10月14日，蒋介石、汪精卫、孔祥熙三人以私人名义联名发帖邀请国民党全体中央委员和各部会长官参加16日在励志社举行的私人茶话会，为燕大百万基金运动筹商捐款。这种极高规格的待遇令司徒雷登激动莫名。10月15日，蒋介石致电司徒雷登，称因事不能参加大会，特表歉意，并嘱托茶会由汪孔二氏代劳。可见蒋介石对司徒雷登和燕大的重视。10月16日下午四时茶话会开始，除汪孔二氏外，党国要人居正、陈绍宽、王世杰、黄绍雄、曾仲铭、卫挺生、石瑛等尽皆出席，共计100多人，足见燕大在国民党要员中的影响力。汪精卫、孔祥熙、王世杰等先后演讲，号召众人为燕大捐款，"燕大今岁经费困难，该校代表来京向各方筹募基金，希望在座者在可能范围内，尽量援助，期该校能保持原有状态"。④ 此外，为帮助燕大顺利完成募款，大会做出重

---

① 以上引文均见胡适《从私立学校谈到燕京大学》，《独立评论》第108号，1934年7月8日，第2—5页。
② 《上海市长吴铁城电邀司徒雷登博士赴沪商谈燕大百万基金事》，《燕京新闻》第1卷第1期，1934年9月22日。
③ 《司徒雷登沪上之行结果圆满，捐得基金四万六千余元》，《燕京新闻》第1卷第8期，1934年10月9日。
④ 《为燕大百万基金募款，蒋汪孔联合在北京招待要人》，《燕京新闻》第1卷第11期，1934年10月18日。

要决议,决定由励志社主干事黄仁霖负责燕大在南京所有筹募事宜,"领导该校请愿人等向各方开始劝募",① 直到完成捐募任务。

经燕大校方多方奔走及社会各界的持续帮助与呼吁,国民政府当局终于出台了补助私立学校(特别是教会大学)的法令,燕大经费来源中国化的意图某种程度上得到了实现。1934年5月18日国民政府教育部颁布了《私立专科以上学校补助费分配办法大纲》,表示"教育部为奖助优良之私立专科以上学校发展起见,自民国二十三年度起,设置私立专科以上学校补助费额"。教育部规定每年补助总金额为72万元,凡"立案私立专科以上学校之办理成绩优良而经费困难未得公私机关之充分补助者"皆可申请该项补助,但须由"教育部组织私立专科以上学校补助费审查委员会审核",以决定私立学校是否有获得补助资格,"每次以一年为期"。② 中国化改革成效显著的燕大自然成为官方资助的首选,按照教育部规定申请后,自1934年10月起,燕大每年可获政府拨款6万元,"按十二个月均分,每月应为五千元"。③ 胡适对政府当局的举动颇为支持:"政府今日真能每年提出七十万元作补助金,其功用等于私立大学筹得一千万元的基金。在政府所费甚少,在各私立大学所受恩赐已很多了。"同时,胡适指出,官方的资助正表现了中国社会对燕大这类基督教大学的真正接纳,"这是最值得赞颂的一件事"。④

经过对政商学等社会各界的全面发动,百万基金运动最终得以按照既定计划稳步推进。司徒雷登对覆盖了整个燕大和中国社会的募集网络颇感乐观,对经费来源中国化及燕大的中国化转型充满信心。

三 "殊途"与"同归"——百万基金运动中国化意涵的双重视域

在中国发动百万基金运动,直接原因自然是解决燕大经费短亏问题,但深层目的则是实现燕大经费来源的中国化,并对燕大的中国化转型进行

---

① 《汪蒋孔为燕大募基金募集标准一百万元》,《兴华》第31卷第41期,1934年10月,第34页。
② 以上引文均见教育部编《教育法令》,上海中华书局,1947,第190—191页。
③ 《教育部补助本校设备用费》,《燕大友声》第1期,1934年11月30日,第5页。
④ 胡适:《从私立学校谈到燕京大学》,《独立评论》第108号,1934年7月8日,第4、2页。

检视。"(中国社会)凡与本校关系密切者,对于本校之事工,是否觉其有保存维护之价值,而愿为之牺牲,皆当由今次之基金运动中见之也。"① 由于对燕大中国化现状的定位及理解不同,燕大校方和学生对百万基金运动及其中国化意涵存在歧见,百万基金运动因而具有双重视域。

(一)乐观与悲观并存——对百万基金运动前途之观感

1930 年代,在持续的中国化改革下,司徒雷登认为其将燕大打造成一所中国的大学的"梦想差不多实现了"。② 于是,燕大开始从经费来源中国化的角度推进燕大中国化的全面转型,使燕大的中国化真正实现内容和形式的统一,即"燕大要比从前更中国化,要完全为中国的大学"。③ 百万基金运动是燕大经费来源中国化意图的实现载体,它建基于燕大中国化的既有成果,即"燕京大学取得的成绩越大,就越容易得到额外的赞助"。④ 从此角度出发,司徒雷登对百万基金运动充满信心。1933 年 11 月 21 日,司徒雷登在全体师生大会上表示,百万基金运动对燕大而言不是挫折而是机遇,"本校所面临的困难及拟进行的运动,能使吾人对于世界的经济转变有更亲切的感觉与更敏锐的观察……倘此次的基金运动能够在这一点上给诸位一种提示,则本校虽遭遇困难亦不为无所成就"。⑤ 由此可见司徒雷登对基金运动之乐观态度。司徒雷登的乐观精神引发了部分同学的共鸣,他们认为百万基金运动"最要紧的贡献,不在物质,而在精神的一贯"。⑥ 田兴智指出,百万基金运动的最大意义不在物质层面,而在精神的锻炼上,"所谓完成,不仅仅是说四十万基金募集的成功,就算是成功了,真正的成功,是要在这次的运动里,每位同学都尽了他应尽的一份义务。都出了他能出的一份力量……纵或我们的数目没有达到四十万,谁能说不是我们的成功呢?"⑦ 安得烈认为百万基金运动可以使中国人掌控燕大财权,这是燕大彻底实现中国化的良机,"我们不愿意做完全依靠别人的寄生虫,为什么我们不

---

① 《校务长致全体学生书》,《燕京大学校刊》第 6 卷第 12 期,1933 年 11 月 17 日。
② 司徒雷登:《在华五十年:从传教士到大使——司徒雷登回忆录》,第 47 页。
③ 《本星期二,师生大会纪略》,《燕京大学校刊》第 6 卷第 13 期,1933 年 11 月 24 日。
④ 司徒雷登:《在华五十年:从传教士到大使——司徒雷登回忆录》,第 37 页。
⑤ 《本星期二师生大会纪略》,《燕京大学校刊》第 6 卷第 13 期,1933 年 11 月 24 日。
⑥ 《本星期二师生大会纪略》,《燕京大学校刊》第 6 卷第 13 期,1933 年 11 月 24 日。
⑦ 田兴智:《基金运动的意义》,《燕大周刊》第 5 卷第 9 期,1933 年,第 2 页。

能自己为自己谋一点利益？这是我们的一个好机会"。① 中国人应该抓住这次机会，将燕大中国化真正落到实处。

对百万基金运动的乐观态度，某种程度上可以视为对运动趋势的一种预设和推想，并不是发展的最终结果。因此，乐观之外，一部分人所持的悲观态度也就不足为奇了。叶德光首先"发难"，他认为贵族化、浪漫、奢侈、麻木与醉生梦死的生活是燕大的致命伤，这与燕大原本"因真理得自由以服务"的校训背道而驰。如果对此风气不加改进，燕大根本无法为社会国家服务，中国化的实现也就不无谈起。"在这别有一天的大学里养了许多少爷小姐，冀其学成能吃苦耐劳、服务社会，诚似缘木求鱼……学校所培植的人才而不能供社会与国家的需要才是燕大前途最大的危险。"叶德光对百万基金运动充满悲观，"就使我们能募集一万万基金，亦不敢保证必能福寿延年"。② 王汝梅（即黄华）坚持认为百万基金运动没有前途可言，"详细考虑一番实际情况之后，我们终觉得成功的希望颇为渺小"。他对燕大学生、校友的实际收入进行了详细分析，认为二者的现有经济水平根本无法承担百万基金的筹款任务。首先，就校友而言，"毕业同学主要皆服务于教育界，服务教育界的同学，月薪平均在百元上下，拿这五十万元放在这千余个每月才捞着一百块钱的校友身上，无论如何也是一个过于沉重的担子"；其次，对于在校学生，"平均每人每年费用约在四百元至四百五十元之间。这个数目，在一般人家，已是个沉重的担子，这四十万元基金，按八百同学分摊，每人合五百元。这样大的一个数目，在校的八百同学，便咬起牙根，硬了头皮也无力担任偌大一个四十万元"。因此，王氏认为百万基金运动前途一片黯淡，毫无乐观可言，"无奈经济能力，限制了我们的野心，使我们不敢对这运动之前途，抱多大的乐观"。③

学生们的悲观态度，并非是对学校当局发动百万基金运动的阻挠，同样来源于对燕大现状的考量，甚至较乐观态度更为合理。1933 年 12 月 12 日，在全校师生大会上，司徒雷登对学生中存在的尖锐意见"甚表欢迎"。他认为，这些意见均表现了燕大同学对学校事务的关心和热爱，这是燕大得以生存维系的重要基础，"本校现当财政困难之时，凡有意见……而仍不

---

① 安得烈：《对于百万基金运动的话》，《燕大周刊》第 5 卷第 20 期，1934 年，第 3 页。
② 以上引文均见叶德光《提倡俭朴生活》，《燕大周刊》第 5 卷第 8 期，1933 年，第 4 页。
③ 以上引文均见王汝梅（黄华）《百万基金运动之检讨》，《燕大周刊》第 5 卷第 9 期，1933 年，第 5—6 页。

碍及事工之进行者，全认为均属有价值的"。① 燕大校方与学生关系的融洽可见一斑，这或许正是燕大中国化转型得以稳步进行的重要因素。

（二）百万基金运动的中国化意涵——对燕大前途之拷问

司徒雷登认为只要燕大生存于中国土地上，其"目的就是要使它更完全和永久地中国化"。② 因此，百万基金运动便被司徒雷登视为对燕大中国化转型的检视。司徒雷登对百万基金运动蕴含的中国化质素的阐发引起了燕大校内学生的共鸣，并由此引发了对燕大前途的思考。由于对燕大当前中国化定位和理解的不同，这些思考显得颇为异质。

中国化是司徒雷登和燕大孜孜以求的价值内涵。因此，为推进经费来源的中国化，司徒雷登认为"在这个时候，把财政的责任与其他行政及教学方面的责任同时由中国人负担起来较为好些"。就百万基金运动的中国化意涵而言，司徒雷登将其与燕大前途紧密联系起来，认为运动的推行会使燕大"比从前更中国化，要完全为中国的大学。我以为这一点，是此次基金运动最为重要的意义"。故此，司徒雷登将百万基金运动视作推进燕大中国化转型的绝佳良机，"本校与政府的关系，在社会上的地位，都要使之与其他的中国机关一样，使本校成为中国的一部分"。燕大教授郑振铎对司徒雷登反复提及的燕大中国化问题深有感触，认为完全依靠外国资金支持的燕大带有明显的"洋化"标签，根本无法体现其中国特质，这种现象极不合理，中国人应该加以注意："我们若想到中国的大学，到现在还要借助友邦，这种情形实在有些不合理，觉得很有点难堪。"郑振铎认为百万基金运动正是中国人对此问题进行反省和改造的良机："本校的基金运动，是我们一个很好的机会。"由是，燕大要实现经费来源的中国化就必须摆脱对外国资金的完全依赖，为实现燕大的全面中国化创造条件："我们开始帮助自己，我们要从这个运动中看出，中国人是否有能力，在别人不能帮助的时候，自己能够帮助。"③

司徒雷登和郑振铎均看到了百万基金运动对燕大中国化转型的积极促进意义，"当局倡议募集基金，乃复有所谓大学归华人负责管理之意，证之

---

① 《本星期师生大会纪略》，《燕京大学校刊》第6卷第16期，1933年12月15日。
② 司徒雷登：《在华五十年：从传教士到大使——司徒雷登回忆录》，第47页。
③ 以上引文均见《本星期二师生大会纪略》，《燕京大学校刊》第6卷第13期，1933年11月24日。

校务长及郑振铎先生之请辞当不能否认此语"。① 这是对百万基金运动超越物质层面所展现的精神价值的诚挚追求，也是出于对燕大发展状况的现实考量。只是在学生们看来，司徒等人对燕大中国化现状的判断并不真确，多少有点虚幻的味道，"他对于学校的实情实在是太隔膜了"。②

王汝梅（即黄华）对燕大校方津津乐道的中国化成效并不乐观，认为燕大的"洋化"形象在中国一般民众心里依然根深蒂固，即所谓"常听一般人说，燕京是教会大学，燕京是贵族学校，燕京的一切都沾上了洋气"，虽然燕大近来为融入中国社会而采取了一些适应中国人观感的改进措施，但中国民众对所谓中国化了的燕大仍然充满疑虑。"近年国人的心理中，对于教会大学之恶感，虽已未若前数年之深，但终久还是隔阂层层，使一般人士难以和我们接近。"王氏断言，在并不充分的中国化现状下以中国化来感召中国民众为燕大捐款，恐怕难以奏效，"这种种，都正在阻碍着我们学校的发展，在校外的公众心上印下个大的污点。则这次百万基金运动，则因之而行失败或迟延，事实至为明显"。王汝梅甚至担心中国民众是否会因此质疑燕大在中国存在的理由："燕京在一般人来观察，是否值得他们维持？换言之，燕京的存在，是否值得？"因为这些弊病对燕大的中国化转型前途甚为有害，"如果我们不设法消灭我们与一般国人间之壁垒，缩短我们与中国情况间之距离，即使此次百万基金运动幸而成功，燕京除继续其不必要之存在，继续进行其脱离中国社会程序外，实无前途可言"。王氏敬告燕大校方："在使燕京成为中国之一部一点，今日急要之图，就是如何降低我们的生活，来适合中国的国情"，③这是事关燕大生存前途的大事，也是百万基金运动必须着力达到的目标。

王汝梅对燕大中国化现状的质疑并非孤见，其他学生也多有同感。学生会干部张兆麐的质疑甚至比王汝梅更为强烈，他的批判对象从燕大师生的洋化作风扩展到燕大的教育制度，直接就将燕大的中国化成绩一笔抹杀了。"燕京大学成立在民国八年，一直到现在，它是十四岁了，十四年来，除了两三点外，没有良好的，可夸耀的成绩可言，反之，倒学了一身坏习气。"张兆麐认为燕大最为中国社会诟病的就是强烈的"洋化"色彩。"我

---

① 支那记者：《何去何从?》，《燕大周刊》第 5 卷第 9 期，1933 年，第 14 页。
② 张家驹：《司徒校务长南下与募捐前途》，《燕大旬刊》第 8 期，1935 年，第 28 页。
③ 以上引文均见王汝梅（黄华）《百万基金运动之检讨》，《燕大周刊》第 5 卷第 9 期，1933 年，第 5—8 页。

们在外边最常听到的看见的,对于燕大的印象是洋化、宗教化、贵族化,对于我们的批评是'公子'、'小姐'、'摩登青年'、'高等华人'。"张氏认为人们的这些看法正是对所谓燕大中国化成果的最好批判。他不无揶揄地表示,现在甚至连同样身处私立学校的"张伯苓先生也称我们是'太子'、'公子'了",这正可以"证明燕大教育以往几乎完全失败,没有成绩可言"。张兆麐进而表示,这种失败就是燕大教育制度的失败,"分析十四年以来,所以失败的唯一原因,就是教育方针,完全错误"。张氏认为,虽然燕大一直在标榜中国化,用人行政方面也确实显示出中国化的意图,但对美国教育制度的固守态度并未改变,"以现在中国环境下,用美国教育方针实行到中国教育界中,完全是张冠李戴"。由是,张氏指出,根本的教育制度没有中国化,那所谓的中国化成绩也就无从谈起了,"结果自然失败,所以燕大走到现在的歧路上,乃是自然结果,没什么可奇怪的"。张兆麐认为燕大身处中国社会,自然负有服务中国社会的责任,"那么燕大所以有存在的价值,是被目前中国的环境造成的,它是负有非常的使命的",因此,燕大必须将过去的错误观念加以消除,为适应中国社会而随时加以改变,"所以燕大的将来,在如何能发展它的新意义,新使命,将以往一切观念,完全消灭"。从根本而言,"就是取消美国式的模式,建设中国式样的教育",只有如此,燕大的"中国化"转型才能完成。对于百万基金运动,张兆麐认为其进行目标应在于对燕大中国化前景之诠释,以使燕大真正为中国社会所接纳,"无论是捐款的或劝捐的,都使他们确实认识燕京大学,明了燕京大学存在的真谛,然后他们才高兴帮忙"。① 王汝梅和张兆麐等人的批判虽然激烈,但并非空穴来风,也确实暴露出燕大现存的问题。这事关学校前途,对燕大校方继续中国化改革颇有镜鉴之意义,司徒雷登对此颇为赞赏,"本校甚愿接受此种意见,并愿随时予以改正"。②

总之,燕大校方和学生对燕大中国化现状的理解存有歧见,对百万基金运动前景及其中国化意涵也态度各异,但他们的共同之处在于对燕大中国化转型前途的强烈关切,这正展现了燕大中国化的"殊途"之下的"同一"精神。

---

① 以上引文均见张兆麐《百万基金募捐运动与燕大之将来》,《燕大周刊》第 5 卷第 9 期,1933 年,第 8—10 页。
② 《本星期师生大会纪略》,《燕京大学校刊》第 6 卷第 16 期,1933 年 12 月 15 日。

四 "无奈"的结局——百万基金运动之结束

1933 年燕大经费"所短的数在十万上下",① 燕大当局至少须募集 10 万元弥补亏短。由于美国经济危机何时结束不得而知,在中国筹募临时捐款无法根本解决问题,且此后每年都得向中国社会募款,这是中国衰颓的经济社会状况所无法承受的。因此,燕大当局决定在中国社会募到 100 万元充当永久基金,用基金每年产生的利息(大约 10 万元)来支抵燕大以后每年的经费亏短状况。这种做法颇受时人好评,"若是百万基金募成,燕大就可以一劳永逸,在物质及教学方面,至少可以维持现时的标准"。② 自 1933 年 11 月燕大百万基金运动发动以来,为完成筹款目标,燕大建立了一个包括校内师生、校友以及整个中国社会的全方位筹捐网络,百万基金运动在各方协同并进下得以稳步推行。

1934 年 2 月,燕大教职员率先完成校方规定的 10 万元筹募任务,这是百万基金运动中第一个也是唯一一个完成额定款项的群体。燕大学生对教职员的快速募捐行为并不惊奇,反而认为这是理所应当的。"教职员们已经认捐了十万,他们都是有恒产有恒业的人们,而且把从学校得来的一部薪金,再还给学校,事实上不仅合理而且应当!"③ 相当多的学生对自己的经济状况表示哀叹,认为自己无法承担起学校分配的筹募任务,因为"按八百同学分摊,每人合五百元",对大多出身普通家庭的学生来说,确实是心有余而力不足。"无奈经济能力,限制了我们的野心……而我们掏钱的手,当然也难如本校教职员的慷慨了。"④ 学生是百万基金运动的主力,但囿于燕大学生的实际经济条件,学生募集基金委员会和十人团为学生制定了长达四年的筹募间期,甚至采取了强制性的募集手段(即将学生的筹款金额附于学费之内)。但截至 1934 年 5 月 22 日,即百万基金运动发动半年之后,800 余燕大学生只有 300 余人捐款,总数也只有两万多元,即"现时已填写认捐单之同学有三百五十多人,所认捐款数目,计达二万零六百零三元五

---

① 《校务长致全体学生书》,《燕京大学校刊》第 6 卷第 12 期,1933 年 11 月 17 日。
② 詹詹:《吾人对于外人设立的学校应负的责任》,《独立评论》第 108 号,1934 年 7 月 8 日,第 10 页。
③ 匹夫:《我捐八万!》,《燕大周刊》第 5 卷第 9 期,1933 年,第 3 页。
④ 王汝梅(黄华):《百万基金运动之检讨》,《燕大周刊》第 5 卷第 9 期,1933 年,第 6 页。

角",① 不仅与校方规定的 40 万定额相差太远，与学生会自己制定的每年八万定额的任务也差距甚大。燕大校外，校友和其他社会人士是决定百万基金运动能否成功的关键，对实现燕大经费来源中国化至关重要。为在中国社会多募捐款，1934 年 6 月燕大校方特指派校友科主任曹义专司校友筹款事务，"而待分区请各地校友推进认捐与募捐之工作"。② 司徒雷登则亲自负责向中国社会各界筹募，凭借深厚的人脉基础，司徒雷登受到了中国各地社会的名流热烈欢迎。各界人士对燕大中国化的改革成果极表认同，也表达了很强的捐款意愿，但是许诺的人多，真正慷慨解囊的人却大打折扣。1934 年 12 月，在百万基金运动开展一年之际，校友和社会人士共计认捐约 12 万元，但燕大所收只有区区 3 万余元，与 50 万定额差距甚大。③ 由于捐款多寡直接关系翌年经费运转状况，燕大在 1934 年 12 月初接连致函各位认捐人，催促他们迅速交款。"燕大百万基金运动委员会，议决将一年来募捐成绩作一结束，该会会长出函件分致各认捐人及校友，催促交款，以便结束。"④

1933 年 11 月至 1934 年 12 月的整整一年时间里，百万基金运动虽然在各方的努力下稳步推进，在中国社会上也颇有声势，但由于中国社会经济情势的持续倾颓，再加上中国东南沿海旱灾肆虐，即"又逢本年夏季，东南各省旱魃为虐，全国经济几无处不呈萧条之象"，燕大并未完成一百万元的筹款任务。除上述客观原因外，中国社会各方对燕大的认款共为 236000 余元，但实际到款只有不足 6 万元，即"认捐总数为 236609.88 元，已收总数为 58199.60 元，认捐未付为 178623.16 元"。此数字距离百万之数实在太远，因此，燕大被迫将百万基金运动展期进行，希冀能达到预定数额，"现在正从长计议，改变策略，希望今后能顺利进行"。⑤ 至 1935 年，燕大百万基金运动虽仍在进行，但宣传力度与筹募规模大为减缩，一方面是中国时局持续恶化所致，筹款越发不易；另一方面则由于美国经济状况好转，燕

---

① 詹詹:《吾人对于外人设立的学校应负的责任》，《独立评论》第 108 号，1934 年 7 月 8 日，第 9 页。
② 《曹义先生从事推进百万基金运动》，《燕京大学校刊》第 6 卷第 35 期，1934 年 6 月 1 日。
③ 具体认捐数额及未付数额详见《百万基金运动第一年结束》，《燕大友声》第 2 期，1934 年，第 4 页。
④ 《百万基金运动函催认捐人交款，办理结束第一年成绩》，《燕京新闻》第 1 卷第 32 期，1934 年 12 月 8 日。
⑤ 以上引文均见《百万基金运动第一年共捐二十三万余元》，《燕京新闻》第 1 卷第 36 期，1934 年 12 月 18 日。

大经费的美国来源又见增多，这使在中国筹款的压力大为减轻。司徒雷登经过反复权衡，决定继续向美国方面筹款，但经费来源中国化的意图和方式并未放弃，只是较之前在声势上有所减弱而已。之后，"百万基金运动，继续举行了几年"，① 迨至抗日战争全面爆发，中国方面的捐募活动无法进行，百万基金运动终至悄然结束。时人对燕大百万基金运动略显"虎头蛇尾"的结局抱持理解态度，他们更看重运动对燕大中国化转型的促进作用，即"虽物质上之收获离欲达之目的相差甚远，但精神上之成功，则远超过理想中之预期"，② 而这恰是燕大校方发动百万基金运动的精神内核。因此，对百万基金运动的结局须要辩证看待。

五　结语

中国化是近代基督教大学在中国得以生存下去的必然结果。相对于其他基督教大学被动消极的中国化进程，燕京大学的中国化转型更多主动调适色彩，有其内在的发展逻辑。因此，燕京大学被胡适等人誉为中国化程度最为彻底的基督教大学。为实现燕大中国化在内容和形式上的统一，进一步融入中国社会，立案后的燕大着力谋求经费来源的中国化，以使燕大"最终能在本质上成为一所中国的大学"。③ 1933年百万基金运动在中国的发动便是这种意图的现实表现。百万基金运动不同于燕大以往在中国私人间进行的临时筹募，而是在经费来源中国化意识的觉醒下以整个中国社会为对象进行筹款的典型事件，对燕大中国化的全面转型极富象征意义。故司徒雷登认为百万基金运动开启了燕大中国化转型的新纪元，"这是我们学校新纪元的开头，从今以后，本校在中国的社会中所有的地位比以往的更为重要了"。④ 司徒雷登和燕大校方对经费来源中国化的推行建基于对燕大中国化转型的信心之上，得自于中国社会人士对燕大中国化成果的赞誉和燕大对自身中国化现状的乐观估计。但在学生看来，校方对燕大中国化的成效过于乐观，并不符合燕大中国化的现状，甚至带有某种想象的虚幻意

---

① 徐兆镛：《燕大的逸闻趣事》，陈明章：《学府纪闻——私立燕京大学》，台北：南京出版有限公司，1982，第250页。
② 《百万基金运动近况》，《燕大友声》第1期，1934年11月30日，第5页。
③ 司徒雷登：《在华五十年：从传教士到大使——司徒雷登回忆录》，第47页。
④ 《本星期二师生大会纪略》，《燕京大学校刊》第6卷第13期，1933年11月24日。

味，因为"他（们）对于学校的实情实在是太隔膜了"。① 学生认为校方对燕大中国化现状的理解多来自中国社会上层人士的过度夸赞和校方的自我想象，并未从中国社会一般人士的角度加以理解，因而颇为片面，也有失真切。燕大校方对中国社会一般人士在燕大中国化转型中地位和作用的忽略，直接导致了百万基金运动无法顺利完成，也使燕大校方对经费来源中国化的追求未能实现。学生对此殊为不满，他们认为学校百万基金运动所以进行不顺利，主要是因为"燕京是外国人办的，中国人看燕京大学，总存一种'非我族类，其心必异'的传统观念"，② 而这恰是燕大中国化转型亟须解决的问题，也表明燕大的中国化现状并不尽如人意。

燕大校方和学生对燕大中国化现状的定位标准不同，理解也不尽相同，因而对燕大百万基金运动及燕大的中国化转型前景存有歧见。这正体现了经费来源中国化与燕大全面中国化转型之间的复杂关联，二者之间既相互制约，也相互影响。经费来源的中国化受制于燕大中国化的现实水平，也即中国社会对燕大中国化现状的认同状况，校方与学生对百万基金运动及其中国化意涵的分歧也正因缘于此；经费来源中国化在理念和实施层面的展开，也对燕大中国化的转型现实具有促进作用，这是燕大校方和学生对百万基金运动中国化意涵始终关注的根源所在。或许可以说，校方和学生对燕大中国化的态度和看法既"殊途"又"同归"。学生对校方的批评，恰恰表明他们对燕大中国化转型的信心。本质上，校方和学生对燕大的中国化转型充满同样的关切和真挚的感情，这种"殊途"却"同一"的精神正是燕大得以实现中国化转型的精神内核，也是以燕大为代表的基督教大学实现中国化转型的必要前提。

（作者单位：华中师范大学中国近代史研究所）

---

① 张家驹：《司徒校务长南下与募捐前途》，《燕大旬刊》第 8 期，1935 年，第 28 页。
② 张肆：《礼拜堂与百万基金运动》，《燕大旬刊》第 8 期，1935 年，第 4 页。

·札记·

70天的过渡：从光复到接收间隙中的台湾

张健康

内容提要 从1945年8月15日台湾光复到10月25日中国政府正式接管，其间70天的间隙，台湾处在政权真空中，但社会没有出现明显动乱。其中最主要的因素，应是台湾民众对回归祖国的兴奋、憧憬和至诚期待的良好心态以及他们的自治精神。当然一个600万人口的大社会，面对权力空窗期，也会出现多种反应，甚至包括某些重大隐患。这是从杨渡先生所辑录的《激动一九四五》中可得到的认识。

关键词 台湾 光复 接收 社会秩序

2014年是中日甲午战争120周年，2015年为中华民族抗日战争暨世界反法西斯战争胜利70周年。这两场战争深刻影响了中国的命运，尤其强烈影响了台湾人民的命运和情感。自清政府签订《马关条约》、台湾被割让给日本后，台人经历了半个世纪的日本殖民统治，直到日本被迫接受《波茨坦公告》而放弃台湾。1945年8月15日，日本发布天皇"终战"诏书，台湾光复；10月25日中国政府组建的台湾省行政长官公署正式接管台湾。对于台湾殖民时期和光复以后的历史，学界都有较深入的研究，但对于从日本停止在台湾行使"治权"到中国治权的恢复，其间70天的间隙中台湾社会的面貌，研究成果却几为空白。近读台湾杨渡先生辑录的《激动一九四五》[①] 资料集，得到一些初步认识。

---

① 杨渡：《激动一九四五》，巴扎赫出版社，2005。该书主要收录《台湾新报》新闻报道和部分时人回忆录，学界利用甚少。

一 政权真空中的社会秩序

1945年8月15日当天,当时台湾唯一的报纸《台湾新报》所做的报道主要针对"新型炸弹"(原子弹)的爆炸及其应对措施,刊载日本无条件投降的天皇诏书是在16日。可以想见,得知日本将放弃台湾,那些昔日颐指气使的殖民官员,心中必是五味杂陈,一时难以理出头绪。

大约一周以后,总督安藤借与台湾"有力者"(士绅)谈话,就各界关心的重要问题发表了意见,包括要求台湾士绅"强力援助"以维持治安,保证粮食的增产,日本官兵归乡要极力减少本岛负担等,尤其强调要"以居民的轻举妄动为戒,明确说出独立运动或是自治运动等是绝对不可行的"。[①] 显示出于重大战略利益考虑,其对某些在台日本少壮军人的"台独"意图有所抑制,希望将台湾平顺交还中国,避免国际社会对日本不利的看法。这个谈话也显示,殖民当局已经明确其权力行使的合法性已然消失,社会治安的维持需要借助本地士绅的影响力,而日人当局更多考虑的则是日人自己的去留问题。9月8日,总督府召开全岛地方长官会议,安藤再次就治安、民生稳定、日人去留等问题做出"训示"。[②]

而在中国方面,日本宣告投降后,8月26日任命陈仪为台湾战区受降主官,29日再次任命陈仪为台湾省行政长官兼警备总司令,在陪都重庆组建台湾省行政长官公署。但此时尚无法对台湾社会管理实际行使权力。10月5日行政长官公署秘书长葛敬恩一行飞抵台北成立前进指挥所,主要任务是"注意日方实施情形,调查一般状况,并准备接收工作",[③] 这个指挥所只是为20天后的整体接收打前站,与直接从事台湾社会管理无关。对于台湾社会的管理,陈仪的说法是:"在未完成接收工作以前,暂以维持原状为权宜之计,故令日方之警察仍就原驻地维持秩序,日籍官员亦各守原职,以使行政不中缀,工商不停业,学校不停课。"[④]

[①] 《全民团结一致,诚实热心开拓新命运》,《台湾新报》1945年8月24日,转引自杨渡《激动一九四五》,第24页。
[②] 《为了万全处理终战后的各问题召开全岛地方长官会议》,《台湾新报》1945年9月9日,转引自杨渡《激动一九四五》,第27页。
[③] 台湾省文献委员会编《台湾省通志稿》第9卷,台北:捷幼出版社,1999,第21—22页。
[④] 《台省收复工作繁重,今日扫障碍备给养以迎我师,行政暂维原状币制暂不改革》,《中央日报》1945年10月18日。

实际上，投降后的日本人，对于台湾已不敢再行使权力了。"日本投降当晚，人群在夜间涌动，呐喊。不少家庭焚香祭租（祖），禀告列祖列宗在天之灵——台湾光复了！此后几天，台湾各地游行庆祝，歌仔戏、布袋戏、龙灯舞狮全部出动。锣鼓动地，爆竹喧天。到处张灯结彩，街上扎起牌楼。"① 根本视日本殖民当局如无物，甚至出现"街上有老百姓追打日本人"，"派出所和警察局里面的警察，为了怕被台湾人报复殴打，纷纷化妆（装）逃出去"②的情况，日本军警和官员大多不再理事。前进指挥所人员之一的郑坚后来回忆："海岸线没有人防守，也没有人管关卡。我从高雄坐火车到彰化，不用买票，是从窗口硬钻进车厢的，也没有人管。"③ 学校的情形也大致如此，当时彰化商业学校学生张克辉回忆："除商科、理工科、英文教员外，其他日籍教员无事可做了，日籍学生自动停课，不来上课。校长室仍坐着大场原校长一人，新校长还没有来，学校一时变成无政府的真空地带。"④

在这70天的空窗期，一方面日本人早就不敢管了，另一方面祖国又还没有来接收，所以整个台湾，其实是处在一种无政府状态。"可是就在这个青黄不接的时候，一件最不可思议的事情发生了：全台湾各个地方，都出现了无人领导的，自动自发的'自治运动'。"⑤ 这个"自治运动"当然不是过去日本殖民统治时期的政治自治运动，而是民众在无政府状态下自动维护社会秩序。权力真空期的台湾社会秩序良好应该是时人比较普遍的观感。重庆版《大公报》对政府接收前台湾社会的报道里说："惟台湾社会秩序井然，守法精神彻底普遍，这对接收非常有利。"⑥

二 台湾梦

过渡期台湾，之所以能够社会秩序井然，原因当然是多方面的。但其中最主要的因素，应是台湾民众对回归祖国的兴奋和至诚期待。纪朝钦就

---

① 张克辉：《难忘的一九四五》，杨渡：《激动一九四五》，第155页。
② 黄智贤编《回忆一九四五·周青》，杨渡：《激动一九四五》，第218页。
③ 黄智贤编《回忆一九四五·郑坚》，杨渡：《激动一九四五》，第227页。
④ 张克辉：《难忘的一九四五》，杨渡：《激动一九四五》，第155页。
⑤ 黄智贤编《回忆一九四五·周青》，杨渡：《激动一九四五》，第218页。
⑥ 李纯青：《台北一月》，《大公报》（重庆版）1945年12月20日，转引自杨渡《激动一九四五》，第89页。

解释说:"日本人很防范台湾人,随时怕台湾人会反叛,对台湾人结社和集会是很注意的。所以在日治时期,没有什么自由,日本人或是警察要整你,随时都可以找到借口。在日本人眼里,我们就是被征服者,是'殖民地奴隶'。"① 到了日本投降,"台湾人真的是高兴啊!到处都是舞龙舞狮,每个人都很兴奋,觉得从此要做主人了。大家跑到街上吃东西、放鞭炮,说日本人终于失败了。所以日本投降以后,到国民党接收以前,那段时间,台湾的治安非常好,没有暴动,没有人闹事,每个人都自动自发的维护台湾"。②

台湾民众对回归祖国、当家做主的期盼,从他们自发筹备迎接国民政府接收的活动,可管窥一二。《台湾新报》8月27日报道了陈仪将出任国民政府接收委员的消息,9月19日报道了陈仪对记者谈对台施政方针,台湾民众开始筹划迎接祖国政府的准备。陈仪来台之前所谈治台方针,一是表示将"遵照着国父遗训,实行三民主义,让台湾同胞从不自由的生活中解脱,得到自强康乐的幸福",二是承认"到目前为止,日本人为了能在台湾达到目的,他们在行政效率上花了非常多的心思",光复后在重建台湾和增进人民福利过程中,行政效率方面政府也将"特别积极且努力去做"。③ 这个许诺对于期盼回归已久的台湾民众,是很正面的回应,因为他们所要实现的目标,正是法治化、有效率的生活和当家做主的尊严。因此,很自然他们会以最良好的意愿和克制精神,维持秩序稳定,迎接祖国接收。

名义上仍然属总督府管辖的《台湾新报》报道:"台湾光复的喜悦现在正在全岛各地蔓延着,全岛各地都忙着准备迎接国民政府。在永乐町一丁目的台湾信托会社里所设置的'欢迎国民政府事宜筹备会办事处',则是积极地呼吁全岛各地在接收日当天要举办'庆祝台湾光复及欢迎陈行政长官民众大会'。为了要庆祝台湾光复这历史性的一刻,举办了许多仪式。"④ 这些仪式包括各家各户张灯结彩、挂祖国国旗,市内各重要通道设置欢迎门,组织演艺队伍、召开演艺大会,准备最热烈的欢迎队列等。这几乎是一个全民动员的阵势。一时间,教唱国歌、订购国旗、征集光复歌曲、招募国

---

① 黄智贤编《回忆一九四五·纪朝钦》,杨渡:《激动一九四五》,第203页。
② 黄智贤编《回忆一九四五·纪朝钦》,杨渡:《激动一九四五》,第204页。
③ 《实行三民主义,让台湾省走向自强康乐》,《台湾新报》1945年9月19日,转引自杨渡《激动一九四五》,第29—30页。
④ 《欢迎国民政府,岛都的准备稳定而顺利的完成》,《台湾新报》1945年9月22日,转引自杨渡《激动一九四五》,第32页。

语人才,各种广告纷纷出现。

尤其难能可贵的是,青年学生自动结成"台湾学生联盟"。9月30日各学校学生推举代表在台北"台湾第一剧场"集会,提出"训练自治精神""发扬中华文化"的行动纲领,致力于辅导国军进驻台湾,协助维持本岛秩序,宣传三民主义,普及国语运动,推动新生活运动,建设三民主义之新台湾。① 正如资料集编者杨渡所评:"这是一个旧时代已经结束,新时代还未来临前的时刻。什么都还未定型,什么都还未开始。一切梦想都是可能的,一切理想都是未来的。被压抑五十年的心,期望重新开始。生命力燃烧着,在市场,在街道,在广告的每一个字里。那是最好的时代,最有希望的时刻。因为一切都不确定,只有等待,只有梦想。"② 对三民主义热情之高,正代表了"学生、青年对未来的梦想"。③

憧憬意味着心态的平顺,心态平顺是良好秩序的最可靠保障。

三 社会的多面相

说真空期台湾社会秩序井然,是就没有出现明显社会动乱而言,不等于全社会整齐划一,每个人都自律自守。毕竟光复时的台湾是一个600万人口的大社会,而且受殖民统治半个世纪,遭遇各不相同,面对权力真空,出现多种反应也在情理之中。

在台湾同胞整体上对光复充满期待的同时,难免存在祖国认同较淡薄者,"但对于一般小老百姓,甚至是偏僻的乡下人家来说,都只是在求生活安稳,吃的饱,穿的暖罢了!"④ 他们在苦难中有一种"兴,百姓苦;亡,百姓苦"的历史感受,只关心自己眼下的生活,对政权的变化处之漠然。战争给台湾造成很大破坏,基隆、高雄等地房屋被毁严重,很多民居和工厂都因轰炸和日本人撤离而废弃,失业者没有出路,加上被征用参战的台胞陆续从内地及海外遣回,"像这些血气方刚的人群,一旦游手好闲,自然

---

① 《标榜三民主义,组织台湾学生联盟》,《台湾新报》1945年9月29日,转引自杨渡《激动一九四五》,第38—39页。
② 《庆视(祝)台湾光复,欢迎陈民政长官阁下》,《台湾新报》1945年10月1日,转引自杨渡《激动一九四五》,第46页。
③ 《标榜三民主义,组织台湾学生联盟》,《台湾新报》1945年9月29日,转引自杨渡《激动一九四五》,第39页。
④ 林蓓瑜:《台北阳明山》,杨渡:《激动一九四五》,第258页。

角",① 不仅与校方规定的 40 万定额相差太远，与学生会自己制定的每年八万定额的任务也差距甚大。燕大校外，校友和其他社会人士是决定百万基金运动能否成功的关键，对实现燕大经费来源中国化至关重要。为在中国社会多募捐款，1934 年 6 月燕大校方特指派校友科主任曹义专司校友筹款事务，"而待分区请各地校友推进认捐与募捐之工作"。② 司徒雷登则亲自负责向中国社会各界筹募，凭借深厚的人脉基础，司徒雷登受到了中国各地社会的名流热烈欢迎。各界人士对燕大中国化的改革成果极表认同，也表达了很强的捐款意愿，但是许诺的人多，真正慷慨解囊的人却大打折扣。1934 年 12 月，在百万基金运动开展一年之际，校友和社会人士共计认捐约 12 万元，但燕大所收只有区区 3 万余元，与 50 万定额差距甚大。③ 由于捐款多寡直接关系翌年经费运转状况，燕大在 1934 年 12 月初接连致函各位认捐人，催促他们迅速交款。"燕大百万基金运动委员会，议决将一年来募捐成绩作一结束，该会会长出函件分致各认捐人及校友，催促交款，以便结束。"④

　　1933 年 11 月至 1934 年 12 月的整整一年时间里，百万基金运动虽然在各方的努力下稳步推进，在中国社会上也颇有声势，但由于中国社会经济情势的持续倾颓，再加上中国东南沿海旱灾肆虐，即"又逢本年夏季，东南各省旱魃为虐，全国经济几无处不呈萧条之象"，燕大并未完成一百万元的筹款任务。除上述客观原因外，中国社会各方对燕大的认款共为 236000 余元，但实际到款只有不足 6 万元，即"认捐总数为 236609.88 元，已收总数为 58199.60 元，认捐未付为 178623.16 元"。此数字距离百万之数实在太远，因此，燕大被迫将百万基金运动展期进行，希冀能达到预定数额，"现在正从长计议，改变策略，希望今后能顺利进行"。⑤ 至 1935 年，燕大百万基金运动虽仍在进行，但宣传力度与筹募规模大为减缩，一方面是中国时局持续恶化所致，筹款越发不易；另一方面则由于美国经济状况好转，燕

---

① 詹詹：《吾人对于外人设立的学校应负的责任》，《独立评论》第 108 号，1934 年 7 月 8 日，第 9 页。
② 《曹义先生从事推进百万基金运动》，《燕京大学校刊》第 6 卷第 35 期，1934 年 6 月 1 日。
③ 具体认捐数额及未付数额详见《百万基金运动第一年结束》，《燕大友声》第 2 期，1934 年，第 4 页。
④ 《百万基金运动函催认捐人交款，办理结束第一年成绩》，《燕京新闻》第 1 卷第 32 期，1934 年 12 月 8 日。
⑤ 以上引文均见《百万基金运动第一年共捐二十三万余元》，《燕京新闻》第 1 卷第 36 期，1934 年 12 月 18 日。

大经费的美国来源又见增多,这使在中国筹款的压力大为减轻。司徒雷登经过反复权衡,决定继续向美国方面筹款,但经费来源中国化的意图和方式并未放弃,只是较之前在声势上有所减弱而已。之后,"百万基金运动,继续举行了几年",① 迨至抗日战争全面爆发,中国方面的捐募活动无法进行,百万基金运动终至悄然结束。时人对燕大百万基金运动略显"虎头蛇尾"的结局抱持理解态度,他们更看重运动对燕大中国化转型的促进作用,即"虽物质上之收获离欲达之目的相差甚远,但精神上之成功,则远超过理想中之预期",② 而这恰是燕大校方发动百万基金运动的精神内核。因此,对百万基金运动的结局须要辩证看待。

五 结语

中国化是近代基督教大学在中国得以生存下去的必然结果。相对于其他基督教大学被动消极的中国化进程,燕京大学的中国化转型更多主动调适色彩,有其内在的发展逻辑。因此,燕京大学被胡适等人誉为中国化程度最为彻底的基督教大学。为实现燕大中国化在内容和形式上的统一,进一步融入中国社会,立案后的燕大着力谋求经费来源的中国化,以使燕大"最终能在本质上成为一所中国的大学"。③ 1933年百万基金运动在中国的发动便是这种意图的现实表现。百万基金运动不同于燕大以往在中国私人间进行的临时筹募,而是在经费来源中国化意识的觉醒下以整个中国社会为对象进行筹款的典型事件,对燕大中国化的全面转型极富象征意义。故司徒雷登认为百万基金运动开启了燕大中国化转型的新纪元,"这是我们学校新纪元的开头,从今以后,本校在中国的社会中所有的地位比以往的更为重要了"。④ 司徒雷登和燕大校方对经费来源中国化的推行建基于对燕大中国化转型的信心之上,得自于中国社会人士对燕大中国化成果的赞誉和燕大对自身中国化现状的乐观估计。但在学生看来,校方对燕大中国化的成效过于乐观,并不符合燕大中国化的现状,甚至带有某种想象的虚幻意

---

① 徐兆镛:《燕大的逸闻趣事》,陈明章:《学府纪闻——私立燕京大学》,台北:南京出版有限公司,1982,第250页。
② 《百万基金运动近况》,《燕大友声》第1期,1934年11月30日,第5页。
③ 司徒雷登:《在华五十年:从传教士到大使——司徒雷登回忆录》,第47页。
④ 《本星期二师生大会纪略》,《燕京大学校刊》第6卷第13期,1933年11月24日。

味，因为"他（们）对于学校的实情实在是太隔膜了"。[①] 学生认为校方对燕大中国化现状的理解多来自中国社会上层人士的过度夸赞和校方的自我想象，并未从中国社会一般人士的角度加以理解，因而颇为片面，也有失真切。燕大校方对中国社会一般人士在燕大中国化转型中地位和作用的忽略，直接导致了百万基金运动无法顺利完成，也使燕大校方对经费来源中国化的追求未能实现。学生对此殊为不满，他们认为学校百万基金运动所以进行不顺利，主要是因为"燕京是外国人办的，中国人看燕京大学，总存一种'非我族类，其心必异'的传统观念"，[②] 而这恰是燕大中国化转型亟须解决的问题，也表明燕大的中国化现状并不尽如人意。

燕大校方和学生对燕大中国化现状的定位标准不同，理解也不尽相同，因而对燕大百万基金运动及燕大的中国化转型前景存有歧见。这正体现了经费来源中国化与燕大全面中国化转型之间的复杂关联，二者之间既相互制约，也相互影响。经费来源的中国化受制于燕大中国化的现实水平，也即中国社会对燕大中国化现状的认同状况，校方与学生对百万基金运动及其中国化意涵的分歧也正因缘于此；经费来源中国化在理念和实施层面的展开，也对燕大中国化的转型现实具有促进作用，这是燕大校方和学生对百万基金运动中国化意涵始终关注的根源所在。或许可以说，校方和学生对燕大中国化的态度和看法既"殊途"又"同归"。学生对校方的批评，恰恰表明他们对燕大中国化转型的信心。本质上，校方和学生对燕大的中国化转型充满同样的关切和真挚的感情，这种"殊途"却"同一"的精神正是燕大得以实现中国化转型的精神内核，也是以燕大为代表的基督教大学实现中国化转型的必要前提。

（作者单位：华中师范大学中国近代史研究所）

[①] 张家驹：《司徒校务长南下与募捐前途》，《燕大旬刊》第8期，1935年，第28页。
[②] 张肆：《礼拜堂与百万基金运动》，《燕大旬刊》第8期，1935年，第4页。

·札记·

70天的过渡：从光复到接收间隙中的台湾

张健康

内容提要 从1945年8月15日台湾光复到10月25日中国政府正式接管，其间70天的间隙，台湾处在政权真空中，但社会没有出现明显动乱。其中最主要的因素，应是台湾民众对回归祖国的兴奋、憧憬和至诚期待的良好心态以及他们的自治精神。当然一个600万人口的大社会，面对权力空窗期，也会出现多种反应，甚至包括某些重大隐患。这是从杨渡先生所辑录的《激动一九四五》中可得到的认识。

关键词 台湾 光复 接收 社会秩序

2014年是中日甲午战争120周年，2015年为中华民族抗日战争暨世界反法西斯战争胜利70周年。这两场战争深刻影响了中国的命运，尤其强烈影响了台湾人民的命运和情感。自清政府签订《马关条约》、台湾被割让给日本后，台人经历了半个世纪的日本殖民统治，直到日本被迫接受《波茨坦公告》而放弃台湾。1945年8月15日，日本发布天皇"终战"诏书，台湾光复；10月25日中国政府组建的台湾省行政长官公署正式接管台湾。对于台湾殖民时期和光复以后的历史，学界都有较深入的研究，但对于从日本停止在台湾行使"治权"到中国治权的恢复，其间70天的间隙中台湾社会的面貌，研究成果却几为空白。近读台湾杨渡先生辑录的《激动一九四五》[①] 资料集，得到一些初步认识。

---

① 杨渡：《激动一九四五》，巴扎赫出版社，2005。该书主要收录《台湾新报》新闻报道和部分时人回忆录，学界利用甚少。

一　政权真空中的社会秩序

1945年8月15日当天，当时台湾唯一的报纸《台湾新报》所做的报道主要针对"新型炸弹"（原子弹）的爆炸及其应对措施，刊载日本无条件投降的天皇诏书是在16日。可以想见，得知日本将放弃台湾，那些昔日颐指气使的殖民官员，心中必是五味杂陈，一时难以理出头绪。

大约一周以后，总督安藤借与台湾"有力者"（士绅）谈话，就各界关心的重要问题发表了意见，包括要求台湾士绅"强力援助"以维持治安，保证粮食的增产，日本官兵归乡要极力减少本岛负担等，尤其强调要"以居民的轻举妄动为戒，明确说出独立运动或是自治运动等是绝对不可行的"。① 显示出于重大战略利益考虑，其对某些在台日本少壮军人的"台独"意图有所抑制，希望将台湾平顺交还中国，避免国际社会对日本不利的看法。这个谈话也显示，殖民当局已经明确其权力行使的合法性已然消失，社会治安的维持需要借助本地士绅的影响力，而日人当局更多考虑的则是日人自己的去留问题。9月8日，总督府召开全岛地方长官会议，安藤再次就治安、民生稳定、日人去留等问题做出"训示"。②

而在中国方面，日本宣告投降后，8月26日任命陈仪为台湾战区受降主官，29日再次任命陈仪为台湾省行政长官兼警备总司令，在陪都重庆组建台湾省行政长官公署。但此时尚无法对台湾社会管理实际行使权力。10月5日行政长官公署秘书长葛敬恩一行飞抵台北成立前进指挥所，主要任务是"注意日方实施情形，调查一般状况，并准备接收工作"，③ 这个指挥所只是为20天后的整体接收打前站，与直接从事台湾社会管理无关。对于台湾社会的管理，陈仪的说法是："在未完成接收工作以前，暂以维持原状为权宜之计，故令日方之警察仍就原驻地维持秩序，日籍官员亦各守原职，以使行政不中缀，工商不停业，学校不停课。"④

---

① 《全民团结一致，诚实热心开拓新命运》，《台湾新报》1945年8月24日，转引自杨渡《激动一九四五》，第24页。
② 《为了万全处理终战后的各问题召开全岛地方长官会议》，《台湾新报》1945年9月9日，转引自杨渡《激动一九四五》，第27页。
③ 台湾省文献委员会编《台湾省通志稿》第9卷，台北：捷幼出版社，1999，第21—22页。
④ 《台省收复工作繁重，今日扫障碍备给养以迎我师，行政暂维原状币制暂不改革》，《中央日报》1945年10月18日。

实际上，投降后的日本人，对于台湾已不敢再行使权力了。"日本投降当晚，人群在夜间涌动，呐喊。不少家庭焚香祭租（祖），禀告列祖列宗在天之灵——台湾光复了！此后几天，台湾各地游行庆祝，歌仔戏、布袋戏、龙灯舞狮全部出动。锣鼓动地，爆竹喧天。到处张灯结彩，街上扎起牌楼。"① 根本视日本殖民当局如无物，甚至出现"街上有老百姓追打日本人"，"派出所和警察局里面的警察，为了怕被台湾人报复殴打，纷纷化妆（装）逃出去"②的情况，日本军警和官员大多不再理事。前进指挥所人员之一的郑坚后来回忆："海岸线没有人防守，也没有人管关卡。我从高雄坐火车到彰化，不用买票，是从窗口硬钻进车厢的，也没有人管。"③ 学校的情形也大致如此，当时彰化商业学校学生张克辉回忆："除商科、理工科、英文教员外，其他日籍教员无事可做了，日籍学生自动停课，不来上课。校长室仍坐着大场原校长一人，新校长还没有来，学校一时变成无政府的真空地带。"④

在这 70 天的空窗期，一方面日本人早就不敢管了，另一方面祖国又还没有来接收，所以整个台湾，其实是处在一种无政府状态。"可是就在这个青黄不接的时候，一件最不可思议的事情发生了：全台湾各个地方，都出现了无人领导的，自动自发的'自治运动'。"⑤ 这个"自治运动"当然不是过去日本殖民统治时期的政治自治运动，而是民众在无政府状态下自动维护社会秩序。权力真空期的台湾社会秩序良好应该是时人比较普遍的观感。重庆版《大公报》对政府接收前台湾社会的报道里说："惟台湾社会秩序井然，守法精神彻底普遍，这对接收非常有利。"⑥

二　台湾梦

过渡期台湾，之所以能够社会秩序井然，原因当然是多方面的。但其中最主要的因素，应是台湾民众对回归祖国的兴奋和至诚期待。纪朝钦就

---

① 张克辉：《难忘的一九四五》，杨渡：《激动一九四五》，第 155 页。
② 黄智贤编《回忆一九四五·周青》，杨渡：《激动一九四五》，第 218 页。
③ 黄智贤编《回忆一九四五·郑坚》，杨渡：《激动一九四五》，第 227 页。
④ 张克辉：《难忘的一九四五》，杨渡：《激动一九四五》，第 155 页。
⑤ 黄智贤编《回忆一九四五·周青》，杨渡：《激动一九四五》，第 218 页。
⑥ 李纯青：《台北一月》，《大公报》（重庆版）1945 年 12 月 20 日，转引自杨渡《激动一九四五》，第 89 页。

解释说:"日本人很防范台湾人,随时怕台湾人会反叛,对台湾人结社和集会是很注意的。所以在日治时期,没有什么自由,日本人或是警察要整你,随时都可以找到借口。在日本人眼里,我们就是被征服者,是'殖民地奴隶'。"① 到了日本投降,"台湾人真的是高兴啊!到处都是舞龙舞狮,每个人都很兴奋,觉得从此要做主人了。大家跑到街上吃东西、放鞭炮,说日本人终于失败了。所以日本投降以后,到国民党接收以前,那段时间,台湾的治安非常好,没有暴动,没有人闹事,每个人都自动自发的维护台湾"。②

台湾民众对回归祖国、当家做主的期盼,从他们自发筹备迎接国民政府接收的活动,可管窥一二。《台湾新报》8月27日报道了陈仪将出任国民政府接收委员的消息,9月19日报道了陈仪对记者谈对台施政方针,台湾民众开始筹划迎接祖国政府的准备。陈仪来台之前所谈治台方针,一是表示将"遵照着国父遗训,实行三民主义,让台湾同胞从不自由的生活中解脱,得到自强康乐的幸福",二是承认"到目前为止,日本人为了能在台湾达到目的,他们在行政效率上花了非常多的心思",光复后在重建台湾和增进人民福利过程中,行政效率方面政府也将"特别积极且努力去做"。③ 这个许诺对于期盼回归已久的台湾民众,是很正面的回应,因为他们所要实现的目标,正是法治化、有效率的生活和当家做主的尊严。因此,很自然他们会以最良好的意愿和克制精神,维持秩序稳定,迎接祖国接收。

名义上仍然属总督府管辖的《台湾新报》报道:"台湾光复的喜悦现在正在全岛各地蔓延着,全岛各地都忙着准备迎接国民政府。在永乐町一丁目的台湾信托会社里所设置的'欢迎国民政府事宜筹备会办事处',则是积极地呼吁全岛各地在接收日当天要举办'庆祝台湾光复及欢迎陈行政长官民众大会'。为了要庆祝台湾光复这历史性的一刻,举办了许多仪式。"④ 这些仪式包括各家各户张灯结彩、挂祖国国旗,市内各重要通道设置欢迎门,组织演艺队伍、召开演艺大会,准备最热烈的欢迎队列等。这几乎是一个全民动员的阵势。一时间,教唱国歌、订购国旗、征集光复歌曲、招募国

---

① 黄智贤编《回忆一九四五·纪朝钦》,杨渡:《激动一九四五》,第203页。
② 黄智贤编《回忆一九四五·纪朝钦》,杨渡:《激动一九四五》,第204页。
③ 《实行三民主义,让台湾省走向自强康乐》,《台湾新报》1945年9月19日,转引自杨渡《激动一九四五》,第29—30页。
④ 《欢迎国民政府,岛都的准备稳定而顺利的完成》,《台湾新报》1945年9月22日,转引自杨渡《激动一九四五》,第32页。

语人才，各种广告纷纷出现。

尤其难能可贵的是，青年学生自动结成"台湾学生联盟"。9月30日各学校学生推举代表在台北"台湾第一剧场"集会，提出"训练自治精神""发扬中华文化"的行动纲领，致力于辅导国军进驻台湾，协助维持本岛秩序，宣传三民主义，普及国语运动，推动新生活运动，建设三民主义之新台湾。① 正如资料集编者杨渡所评："这是一个旧时代已经结束，新时代还未来临前的时刻。什么都还未定型，什么都还未开始。一切梦想都是可能的，一切理想都是未来的。被压抑五十年的心，期望重新开始。生命力燃烧着，在市场，在街道，在广告的每一个字里。那是最好的时代，最有希望的时刻。因为一切都不确定，只有等待，只有梦想。"② 对三民主义热情之高，正代表了"学生、青年对未来的梦想"。③

憧憬意味着心态的平顺，心态平顺是良好秩序的最可靠保障。

三 社会的多面相

说真空期台湾社会秩序井然，是就没有出现明显社会动乱而言，不等于全社会整齐划一，每个人都自律自守。毕竟光复时的台湾是一个600万人口的大社会，而且受殖民统治半个世纪，遭遇各不相同，面对权力真空，出现多种反应也在情理之中。

在台湾同胞整体上对光复充满期待的同时，难免存在祖国认同较淡薄者，"但对于一般小老百姓，甚至是偏僻的乡下人家来说，都只是在求生活安稳，吃的饱，穿的暖罢了！"④ 他们在苦难中有一种"兴，百姓苦；亡，百姓苦"的历史感受，只关心自己眼下的生活，对政权的变化处之漠然。战争给台湾造成很大破坏，基隆、高雄等地房屋被毁严重，很多民居和工厂都因轰炸和日本人撤离而废弃，失业者没有出路，加上被征用参战的台胞陆续从内地及海外遣回，"像这些血气方刚的人群，一旦游手好闲，自然

---

① 《标榜三民主义，组织台湾学生联盟》，《台湾新报》1945年9月29日，转引自杨渡《激动一九四五》，第38—39页。
② 《庆视（祝）台湾光复，欢迎陈民政长官阁下》，《台湾新报》1945年10月1日，转引自杨渡《激动一九四五》，第46页。
③ 《标榜三民主义，组织台湾学生联盟》，《台湾新报》1945年9月29日，转引自杨渡《激动一九四五》，第39页。
④ 林蓓瑜：《台北阳明山》，杨渡：《激动一九四五》，第258页。

构成社会问题"。①

权力真空期出现的比较突出的治安情况,一是对日人和御用者的报复,二是公然的赌博,三是局部地方发生偷盗案件。

台湾民众被日本殖民者无情压迫,得闻日本战败而出现报复行为,其实是很自然的反应。据说当日本宣布投降之际,台胞犹将信将疑,"日本人和警察都还在啊!大家都不敢高兴,也不敢上街"。② 直到看到美国空军的传单,许多人才相信日本真的投降了。"这个时候,日本人开始躲起来了,来不及躲的,会被拖去毒打一顿。打日本人的理由很简单,就是出一口晦气,以前被你欺负,现在揍你几拳,报复一下。街上常常看见日本人被打,不过倒是很少有日本人真的被杀。"③ 报复的范围,有时也从日本人扩大到欺压同胞的台湾警察、殖民政府走狗和御用者。这种复仇行为并不符合台湾的根本利益,台湾有识之士大力呼吁"立即更正同胞相残的愚昧",④ 10月17日到台湾的祖国先遣部队长官也表示希望台胞"不念旧恶","决不以日本之人民为敌","以仁义答复暴戾"。⑤

赌博在日本统治时代被禁绝,日本投降后,警备松弛下来,在路旁赌博的风气就开始盛行。这也反映出台湾民众"从战争生活中解放出的自由"。《台湾新报》这样报道台北龙山寺旁的赌场:"在龙山寺的一隅,有露天的赌博场,眼神锐利的男子在掷骰的时候,十元钞票就在赌桌上看着你来我往。另外,在小学里,有五位男子也从衬衫的口袋里拿出钱混杂着玩。市民总是抱持着必胜必赢的决心,这民族特有的侥幸心理在战争结束后更是强烈地被反映出来。"⑥ 也许,在经历漫长而惨烈的战争之后,"人们需要遗忘,需要刺激,需要呐喊,需要释放压抑五十年的悲哀"。⑦ 但赌博历来

---

① 台湾省文献委员会编《台湾近代史》(政治篇),台北台湾省文献委员会,1995,第381页。
② 黄智贤编《回忆一九四五·谢雨辰》,杨渡:《激动一九四五》,第196页。
③ 黄智贤编《回忆一九四五·彭腾云》,杨渡:《激动一九四五》,第213页。
④ 《立即更正同胞相残的愚昧》,《台湾新报》1945年10月1日,转引自杨渡《激动一九四五》,第47页。
⑤ 《维护地方之秩序,望同胞忠诚合作,陈军长,登陆第一声》,《台湾新报》1945年10月18日,转引自杨渡《激动一九四五》,第62页。
⑥ 《宛如店的洪水》,《台湾新报》1945年9月22日,转引自杨渡《激动一九四五》,第34—35页。
⑦ 《在台北州一带取缔赌博》,《台湾新报》1945年9月27日,转引自杨渡《激动一九四五》,第36页。

是犯罪的温床，威胁到社会治安。总督府为此呼吁"希望民间指导阶级的人能做一个指导启蒙者"，也表示"台北州警察部也会做全面性的取缔"。①

偷盗的情况，发生在国民政府人员陆续到台准备接收之际，最严重者为盗杀耕牛，其次为偷卖公共物资。"全岛的耕牛频频被偷屠杀，现在耕牛总数三分之一既被屠杀。"② 耕牛大量被屠杀不全然出于偷盗，也与逐渐增多的城市"肉食者"（国民政府先遣人员）有关。但也正是市场的扩大，使盗牛贼猖獗，乃至有命案发生。报载"桃园郡卢竹庄中兴詹桶，（10月）11日夜半水牛被偷，詹桶立刻赶追，至庭外二百步左右，反被盗人杀死，三民主义青年团社会服务队桃园大队接到情报，马上召集团员追赶调查，知强盗是在桃园街中路柯士之处结党，该团员严究其不法行为，将柯士与其长男以下七名捕出交与警察课"。③ 这则消息显示，在市场利益诱惑之下，盗牛贼已结为团伙，猖獗到偷盗杀人的程度；也反映出总督府的警政机关基本处于不作为状态，接案完全居于被动。"日据时期的警察治安管理非常严格，老百姓根本不必担心小偷；但光复后，家家户户就要严防宵小。"④

在这起追捕盗牛贼的行动中，主角为"三民主义青年团"。三民主义青年团是先期到台湾的国民党下属组织，在维护接收前民间秩序方面能力很强、作用很大。除此以外，协助维护社会安定的组织还有曾赴大陆参与抗战、先行回台的台湾义勇队副队长张士德组织的"治安服务队"，这个服务队遍布全省。⑤ 台湾本地成立的一些组织则有上文提到的"台湾学生联盟"以及"庆祝受降大典筹备委员会""人民调解委员会""义勇警察队""农村自卫队"等。这些组织"虽然难免一些投机份子掺杂在内，但也有经过群众大会公推出来者"。⑥

也有另外一些类型的组织成立，台共组建的"人民协会"即其一。大陆上国共的对立直接导致以谢雪红为首的台共与即将赴台受降接管的国民党人立场对立。他们的态度是："台湾人民将不再受日本帝国主义的压迫，

---

① 《在台北州一带取缔赌博》，《台湾新报》1945年9月27日，转引自杨渡《激动一九四五》，第36页。
② 《牛是老百姓的性命，乱偷乱屠、妨害农村增产》，《台湾新报》1945年10月24日，转引自杨渡《激动一九四五》，第78页。
③ 《强盗偷牛杀人，社服队追捕交官》，《台湾新报》1945年10月17日，转引自杨渡《激动一九四五》，第57页。
④ 邱孟硕：《新竹新丰》，杨渡：《激动一九四五》，第276页。
⑤ 袁成毅、钱志坤编《1949年以前的台湾》，浙江大学出版社，2006，第158页。
⑥ 林书扬：《激动的一九四五年》，杨渡：《激动一九四五》，第169—170页。

但如果今后我们得不到政治上的民主，我们还要进行斗争。"① 他们议定："中国共产党还未到台湾来，我们不了解党的群众方针和建党方针，但我们要把群众组织起来，继续争取群众，以便今后展开斗争。"② 人民协会就是他们酝酿成立的一个政治性团体。台共的另一支，由王万得领导，日本刚投降他就深入到竹东、苗栗大湖、兰阳的山地部落去调查"山的兄弟"的状况，开展群众路线。杨渡不禁评论道："这两个台湾共产党，在日据时期坐牢，却在光复刹那，就同时展开活动，果然生命力非常强！"③

虽然人数极少，但对回归祖国持抵触心态的人也非完全没有。他们"于台湾光复后心理上不平衡，尤其日人统治期间御用的绅士、皇民奉公会人员，及私自接受日人财产的劣绅、恶霸，以靠山已倒，心怀旧主"④ 这些日据时期的既得利益集团和受"皇民化运动"蛊惑者，怀念感激日治时期的建设、待遇、教育、卫生、治安，对即将来临的时代感到疏离和不安，个别人还与酝酿"台独"的少壮派日本军人往来谋划。

在台湾的日本人，随着台湾的光复，身份变成侨民。多数侨民平静地接受了角色的转换，14万日侨志愿留台，⑤ 双十国庆日"日本商店住宅，没一不挂中国国旗"。⑥ 正如学者所论："其实在台湾日军有18万人，其他日本人也有29万多，合计近47万人，粮食充足，军器完备，日本人如果制造'台湾独立'或制造动乱等麻烦，既有力量也有时间。"⑦ 但其中确有"一些特工军官意图勾结少数台湾士绅，以三十万台湾军为后盾要求独立"⑧ 的情况，9月22日军委转台湾义勇队总队长李友邦电文显示，一些日人在台湾策动的阴谋包括："（甲）日本浪人组织暗杀团，准备阻止我赴台接收人

---

① 杨克煌：《从人民协会到地下斗争——谢雪红的一九四五》，杨渡：《激动一九四五》，第128页。
② 杨克煌：《从人民协会到地下斗争——谢雪红的一九四五》，杨渡：《激动一九四五》，第129页。
③ 《高山兄弟欢天喜地，听到日本降伏之喜讯》，《台湾新报》1945年10月18日，转引自杨渡《激动一九四五》，第71页。
④ 中央研究院近代史研究所编《二二八事件资料选辑》（一），台北中研院近代史研究所，1992，第9页。
⑤ 《光复接收时之日侨情况》，魏永竹编《抗战与台湾光复史料辑要》，台北：台湾省文献委员会，1995，第484页。
⑥ 李纯青：《欢迎》，《大公报》（重庆版）1945年12月20日，转引自杨渡《激动一九四五》，第85页。
⑦ 戚厚杰：《台湾光复》，南京出版社，2005，第142页。
⑧ 林书扬：《激动的一九四五年》，杨渡：《激动一九四五》，第169页。

员及做种种破坏工作。（乙）目前台湾全部交通已统制为军用。（丙）积极秘密破坏军事设施。（丁）教唆无知台民积极倡导台湾独立运动以作诱惑。"① 此外，"战后台湾地区日俘犯罪案件也颇多：持枪抢劫；无故射杀、殴伤平民；故意撞死撞伤国民党官兵；枪杀中方、美方俘虏；盗窃财物等等"。② 这一部分日本人是台湾安定的重大隐患。

  杨渡先生所辑录的这本资料集还不能说十分全面、完整、深入，但从中仍依稀可以看到台湾光复平顺安详的可靠根据，也能蠡测到台湾日后风潮涌动的若干潜因，对于全面解读"二二八"事件乃至后来的党外运动，都不失为重要线索之一。

（作者单位：华中师范大学中国近代史研究所）

---

① 《军事委员会为防备日本在台活动致行政院快邮代电》，陈鸣钟、陈兴唐编《台湾光复和光复后五年省情》（上），南京出版社，1989，第114页。
② 《台湾省警备总司令部接收总报告》（1946年4月），中国第二历史档案馆馆藏国民政府行政院档案，全宗号二，案卷号7899，转引自章慕荣《台湾光复后日俘处理问题》，《南京社会科学》2005年第10期，第61页。

·综述·

近代中国卷烟工业史研究综述*

魏晓锴

卷烟工业是近代中国经济史和区域社会史研究领域的重要课题。烟草是一种重要的经济作物,在人类经济、文化、社会生活中起着非常重要的作用。吸烟在中国有着悠久的历史,而卷烟作为最主要的烟草制品,于清朝末年始传入中国。进入20世纪,中国的民族卷烟工业产生,并发展成为国民经济的重要领域。在现实生活中,吸烟是亿万烟民文化生活中不可缺少的一部分,卷烟有着广阔的消费市场,可以获取稳定的利润,是国家和地方财税的重要来源,受到相关部门的高度重视。但是,吸烟严重危害人类的健康与安全越来越成为人类的共识,影响着卷烟工业的生存与发展。卷烟工业尤其是机制卷烟工业在国内究竟有着怎样的发展历程?为了有助于对这一领域的深入研究,兹将国内外有关中国卷烟工业史的重要研究成果做一回顾。

一

卷烟作为商品于19世纪90年代始传入中国,国内有关卷烟的资料,从它传入起就已经出现了,其中以当时官员和学者的著述最为典型。光绪三十二年(1906)由英美烟草公司创刊的《北清日报》,在刊登当时国内外时政大事的同时,最早在中国大量刊登关于卷烟产品的广告,为开拓英美卷烟在华销售市场服务。民国初年,北洋政府实行烟酒公卖,财政部官员李恩藻写了一部《烟酒税法提纲》,比较全面地总结了清末民初的烟酒税收情

---

* 教育部人文社会科学研究青年基金项目"战后上海卷烟业政企关系研究(1945—1949)"(14YJC770034)、中国博士后科学基金资助项目(2014M550970)成果。

况，成为政府实施这一制度和法规的培训教材。该书共五篇十章，对当时的税法情况以及公卖制度实施后征收公卖费用的必要性及相关政策都做了详细的论述，涉及全国各个省区，资料非常详尽。南京国民政府成立后，在财政部内设立烟酒税处，负责整理全国烟酒税事宜，同时着手对北洋政府遗留的烟酒税进行整顿。1929年11月，烟酒税处处长程叔度组织编写了《烟酒税史》上下两册，分"沿革""区域""税制""公卖费""烟酒税""牌照税""卷烟税""洋酒类税""收支概况""整理概况"十章，记述了烟酒税的起源、管理机构的演变、各地烟酒税的制度、烟酒税的收支及整顿情况等。鉴于卷烟税收的重要地位，不久卷烟统税处整理出版了《卷烟统税史》，分"概论""卷烟税之起源及其沿革""改办统税""施行规划""实行加税""扩充统税区域""税收状况""杂录""结论"九章，对中央和各地方有关烟税的政治法规和征收情况做了详细的叙述，资料性强，是当时最完备的有关卷烟税收管理的专著。这两部著作具有开拓性，对民国以来的烟酒税和卷烟统税进行了较为全面的总结。1934年1月，上海商业储蓄银行调查部调查编写了《烟与烟业》一书，从上海卷烟工业和原料出发，汇集了全国各地区烟业相关情况，资料翔实可靠，反映了20世纪30年代以前国内的烟业发展概貌。1939年，学者陈翰笙通过对河南、山东、安徽等省历时两年的乡村调查，写成了《帝国主义工业资本与中国农民》一书，它以英美烟公司为中心，对当时国内烟草种植业及卷烟工业状况进行了分析，揭示了美种烤烟在中国的发展以及中国烟农的命运。

卷烟税是抗战胜利后国民政府货物统税当中的第一大税。1947年，担任国民政府财政部货物税署署长的姜书阁通过组织调查，编写了《两年来之货物税》一书，总结了战后两年来货物税的地位、制度、人事、缉私及征收情况，其中对1945年、1946年两年全国各地区的卷烟税分类及数目做了详细的统计和分析。1947年3月，经济学家张一凡主编的《烟叶及卷烟业须知》由中华书局出版，属于"现代经济研究所商品丛书"的一种，对国内烟叶的种类、产地、培植、市场及当时上海卷烟厂商和工业情况分别进行了论述，具有商品学指南的性质，有助于我们了解这一时期国内烟草业及上海卷烟工业概况。1948年，农林部烟产改进处编写了《烟草产销》，全书以10万字左右的篇幅叙述了全国各产烟区的自然环境、产销分布、总产量以及贸易情况，并附有当时进口烟叶和纸烟的基本情况。上海市卷烟工业同业公会作为政府与上海卷烟企业的中间团体，根据会员烟厂发展情况，组织编写了1946年度、1947年度、1948年度的工作报告，对各卷烟企业的生产量、纳税额等做了详细的统计，为我们了解战后上海卷烟工业发展状况提供了依据。

民国时期还出现了关于卷烟工业的专门性报纸和杂志。1928年10月创刊的《卷烟月刊》，以提倡国货为宗旨。作为卷烟同业界的喉舌，它提供卷烟产销信息，刊登烟业管理和生产技术方面的文章，反映当时业内人士的呼声。1947年3月，由张逸宾等烟草专家在武汉发起创刊的《烟草月刊》，主要反映当时卷烟工业面临的困难，以及政府卷烟税收制度的弊端，报道国内外烟业发展概况，为国内卷烟企业提供技术管理等信息。这一时期，还有专门报道烟业界新闻的《烟业日报》，该报于1947年7月1日创刊，由当时的上海卷烟商业同业公会编印，内容以卷烟销售商情为主。此外，从民国时期上海一些著名的报刊上还可以找到卷烟工业的报道和专论，如《申报》《大公报》《商业月报》等报刊，都曾登载当时卷烟企业经营的最新报道。同一时代专家学者的相关著述，为我们了解当时中国的卷烟工业发展提供了依据。如冯肇樑在《钱业月报》第8卷第2期（1928年）上发表的《华洋卷烟税则平议》、杨华在第14卷第11期（1934年）发表的《我国之卷烟及世界烟草之度量》、希超在生活书店1935年出版的《中国经济论文集》第1集上发表的《英美烟公司对于中国国民经济的侵蚀》、麦辛在《上海工商》第4期（1946年）上发表《抢救我国卷烟工业之途径》等，这些著述都从不同侧面向我们展示了各个阶段中国卷烟工业发展的内外环境和一般状况。

二

新中国成立后，人民政府对卷烟工业给予高度重视，资料的整理工作随之展开。国营中华烟草公司于1950年2月编印了《上海卷烟工业概况》一书，对上海中华烟草公司的源流演变进行了梳理，并探讨了卷烟工业发展的前景及当下困难等。关于原始资料，具有代表性的是中国科学院经济研究所与上海社会科学院经济研究所合编、上海人民出版社1960年出版的《南洋兄弟烟草公司史料》与上海社会科学院经济研究所编辑、中华书局1983年出版的《英美烟公司在华企业资料汇编》，这两部书详尽地收集了近代中国卷烟工业两大巨头经营斗争有关历程的大量丰富原始资料。由陈真等编的《中国近代工业史资料》和彭泽益编的《中国近代手工业史资料：1840—1949》，收录了诸多有关中国近代工业及手工业发展特点、资本、结构情况的史料，其中关于卷烟业的资料亦较丰富。三卷本《中国资本主义发展史》是在毛泽东、周恩来重要指示下，由著名经济学家许涤新担纲完成的一部填补空白的巨著，它以大量真实的史料分析了旧中国工业发展状况，揭示了中国资本主义发生发展的真实历程，该书虽涉及卷烟方面的史料，但有关抗战胜利后部分提到很少。另外，还有著作对近代轻工业发展中卷烟生产技术和工艺进行了总结和传承，如1956年出版的由烟草专家王承翰等总结编写的《卷烟工艺学》、1977年由上海卷烟厂调查编写的《卷烟生产基本知识》等。新中国成立初期，国内烟业发展史研究的一个焦点是揭示垄断资本和帝国主义的代表——大型跨国企业英美烟公司的对华经济侵略。[1]这些著作有助于我们从另一个侧面深刻理解外国卷烟企业在中国发生、发展、衰落的具体历史过程。

20世纪80年代以来，学界对于跨国企业英美烟公司的研究越来越细化，研究更加客观，不断走向深入。张仲礼的《旧中国外资企业发展的特点——关于英美烟公司资本的积累和超额利润》分析了英美烟公司在旧中国发展过程的六个阶段，考察了外资企业对旧中国经济发展所产生的影响；[2]陈曾年的《英美烟公司在中国的销售网》分析了英美烟公司在销售组织方面的发展过程，对其业务成功的原因进行了探讨，指出行之有效的销售管理体系、仓库体系及大经理经销体系均发挥了重要作用；[3]张洁的《市场内部化的历史启示——从英美公司在近代中国的经销方式看现代企业制度》，以制度经济学理论为依据，对具有典型现代企业制度特征的英美烟公司的机构、资本构成、运营模式进行了深入的考察，阐明了制度这一因素对企业发展的重要影响；[4]王强通过研究认为英美烟公司尊重并吸收了近代

---

[1] 相关论著有：唐垂裕《从烟业看帝国主义对华的经济侵略》，《历史教学》1957年第12期；阿英《帝国主义在旧中国的香烟市场之争》，《人民日报》1960年12月19日；史济今《英美烟公司在旧中国干了些什么？》，《解放日报》1963年5月3日；史济今《英美烟公司在旧中国的掠夺》，《光明日报》1963年10月29日；汪熙《从英美烟公司看帝国主义的经济侵略》，《历史研究》1976年第4期；等等。

[2] 张仲礼：《旧中国外资企业发展的特点——关于英美烟公司资本的积累和超额利润》，《社会科学》1980年第6期。

[3] 陈曾年：《英美烟公司在中国的销售网》，《学术月刊》1981年第1期。

[4] 张洁：《市场内部化的历史启示——从英美公司在近代中国的经销方式看现代企业制度》，《南开经济研究》2001年第5期。

中国社会文化和商业习惯的一些元素,与自身的企业制度和经营理念相结合,降低了企业经营的社会成本,以文化适应为主要特征的本土化经营策略是其获得商业成功的必经之路。①

作为民族卷烟企业的典型代表,学界对南洋兄弟烟草公司的研究与对英美烟公司的研究难分伯仲。方宪堂先生从爱国热情、原料来源、管理经验、设备更新、销售方法等多个层面对南洋兄弟烟草公司经营的成功经验进行了总结。②李会龙对南洋兄弟烟草公司的产品销售做了细致考察,认为健全销售机构、扩大销售范围、采用各种销售方法降低销售费用,是其销售额逐渐扩大的主要原因。③李玉、熊秋良则从公司法角度切入,考察了南洋公司的设立程序、公司章程、组织特征、运作过程、改组清算程序等,揭示出民初公司法对该公司的指导、保障和约束作用。④

由于上海是近代中国民族卷烟工业的发源地和工厂企业的聚集地,所以这一领域工人运动的研究主要围绕上海展开。具有代表性的是中共上海卷烟一厂委员会宣传部编写的《战斗的五十年:上海卷烟一厂工人斗争史话》和中共中央党校出版的《上海卷烟厂工人运动史》两部著作。这两本书详述了在中国共产党的领导下,上海卷烟厂工人与英美、日本资本家展开斗争及反内战反饥饿反迫害和迎接解放等斗争史实,书中对当时卷烟厂工人的衣食住行等生活状况均有记述,反映了当时卷烟工人艰苦的工作环境和所受的剥削。此外,沈以行等主编的《上海工人运动史》、上海市总工会编的《解放战争时期上海工人运动史》、张祺等解放前上海的革命同志编写的《上海工运纪事》等著作中均有关于卷烟工业工人运动情况的介绍。

对于卷烟工业发展史的研究,具有开拓性学术意义的是1989年上海社科院方宪堂研究员主编的《上海近代民族卷烟工业》。该书是在对卷烟工业史料进一步收集和整理的基础上,以南洋兄弟烟草公司和华成烟草公司为中心写成的,是中国近代卷烟工业史上第一部较为全面、系统的专著,同以前出版的《英美烟草公司在华企业资料汇编》和《南洋兄弟烟草公司史料》一起,构成了一部完整的、以上海为主的中国近代卷烟工业发展概史,

---

① 王强:《近代外国在华企业本土化研究——以英美烟公司为中心的考察》,复旦大学博士学位论文,2008年。
② 方宪堂:《试论南洋兄弟烟草公司的经营特色》,《上海经济研究》1988年第1期。
③ 李会龙:《南洋兄弟烟草公司产品销售略论》,《天中学刊》1998年增刊。
④ 李玉、熊秋良:《论民国初年公司法规对公司经济发展的影响——以荣氏企业和南洋兄弟烟草公司为例》,《社会科学辑刊》1999年第6期。

具有较高的学术价值。1998 年由上海社会科学院出版社的《上海烟草志》,以较为丰富的资料记述了上海卷烟工业的形成、演变及发展过程,是中国卷烟工业百年沧桑的一个缩影,为我们提供了许多值得借鉴的经验。

三

进入 21 世纪以来,学界关于烟草及卷烟业领域的研究日趋广泛,集中表现为介绍国内烟业大型工具书及志书的出版。比较典型的有杨国安编著的《中国烟业史汇典》,该书不仅介绍了中国烟业发展的沿革,而且对近代中国各地卷烟企业的发展、原料采购、技术革新、销售战略等方面都有详细的论述,同时对近代不同时期的政府烟草专卖资料也做了系统的整理,为我们了解和研究中国卷烟工业的过去提供了许多有价值的信息;2006 年中华书局出版的《中国烟草通志》,一共五册,记事时间上起烟草传入中国,下至 2000 年底,内容涉及烟叶、烟丝、手工卷烟、鼻烟、卷烟工业、卷烟市场与营销、烟草机械、烟草专卖、烟草税收等 15 篇,是一部关于中国烟草和卷烟工业发展史的大型百科全书。

除大型专业志书外,关于卷烟工业发展史的专题研究方兴未艾。金源云在追溯中国卷烟统税源流的基础上,对南京国民政府卷烟统税的创办过程、推行情况、管理制度、实施影响等进行了细致的考察。[1]王海虹从策略创意、商标、阵地、赠品等方面分析了近代中外卷烟业商家的广告竞争,指出它是近代工商业发展的必然产物,推动了卷烟业和近代广告业的发展。[2]李国俊对抗战前的上海卷烟市场做了细致的考察,指出尽管存在外商卷烟垄断,但民族卷烟企业依然从外商手中争得一席之地,一定程度上打破了后者对中国卷烟市场的垄断和控制。[3]皇甫秋实以 1927—1937 年的中国卷烟市场为考察对象,从供应和消费两个方面探究了多重阻力下中国卷烟产销量居高不下的原因,其特点是将卷烟消费纳入整个卷烟市场体系进行研究,着重分析中国厂商和消费者对 1930 年代经济危机的应对策略,并凸

---

[1] 金源云:《南京国民政府卷烟统税研究——1927—1937 年》,河北师范大学硕士学位论文,2003 年。
[2] 王海虹:《近代中外卷烟业商家广告竞争述论》,《株洲师范高等专科学校学报》2004 年第 1 期。
[3] 李国俊:《中国民族卷烟工业的生存与发展——以抗战前的上海卷烟市场为中心》,《皖西学院学报》2004 年第 3 期。

显出卷烟消费所承载的社会功能和文化意涵。①魏晓锴对抗战胜利后上海卷烟工业同业公会进行了研究，认为它在吁请改善税收、争取原料输入、解决"年奖"工潮方面不遗余力，一定程度上缓解了卷烟工业面临的危机；在进口原料外汇的分配过程中与政府、其他团体及外国势力之间既有合作又有矛盾。②烟草史专家曲振明的一系列论著具有代表性，为我们展示了自烟草传入中国到当代卷烟工业发展的曲折历程。③汪银生《中国烟草的历史现状与未来》一书主要探讨了烟草传入中国之后吸烟行为迅速普及的成因及背景，反烟运动及对烟草科技进步所产生的影响，烟草品牌及烟草科技发展战略等问题，为近年来烟业史领域代表著作。④

关于区域卷烟及烟草工业发展史的研究也取得了较大进展，各地有关烟草的专门志书层出不穷，⑤在国内各高等院校的学位论文中亦多有体现。河南是近代中国烟叶种植的主要区域，也是民国烟业经济发展较快的地区。朱兰兰对20世纪初至30年代英美烟公司与河南烟草业的关系进行了分析，认为英美烟公司促进了河南的烟草品种改良，对该地卷烟工业的产生和发展起到了示范作用，促进了这一地区社会经济生活的近代化，但同时也使当地民族卷烟工业在夹缝中求生存，付出了惨痛代价。⑥张红峰从烟草传入河南开始谈起，从种植、收购、运销等层面考察了1912—1937年河南烟草种植业的发展状况，对这一时段当地烟草业发展的原因、影响及制约因素进行了综合分析。⑦陈洪友以河南为中心，着重考察了该地手工卷烟业的产生条件、发展过程、生产建构、市场构成及政府和公会对手工卷烟业的管

---

① 皇甫秋实：《中国近代卷烟市场研究（1927—1937）：以企业发展、消费文化、经济危机为中心》，复旦大学博士学位论文，2012年。

② 魏晓锴：《战后上海卷烟工业同业公会研究》，《中国社会经济史研究》2012年第3期。

③ 相关论文有：《我国试办烟草托拉斯的历史回顾》，《中国烟草学报》2005年第2期；《烟草在中国的传入与传播》，《湖南烟草》2006年第4期；《卷烟工业的形成与发展》，《湖南烟草》2007年第1期；《烟草税收制度的形成》，《湖南烟草》2007年第2期；《20世纪30年代前后的中国烟草业》，《湖南烟草》2007年第3期；《1949—1981年烟草行业发展概况》，《湖南烟草》2007年第3期；《卷烟销售史话》，《湖南烟草》2008年第1期；《中国卷烟纸的生产、经营与专卖》，《湖南烟草》2008年第6期；等等。

④ 汪银生：《中国烟草的历史现状与未来》，安徽大学出版社，2000。

⑤ 笔者所能见到的各类地方烟草史志统计达80部之多，参见《中国烟草通志》编纂委员会《中国烟草通志》，中华书局，2006，第1862—1865页。

⑥ 朱兰兰：《20世纪初至30年代英美烟公司与河南烟草业》，郑州大学硕士学位论文，2004年。

⑦ 张红峰：《1912—1937年的河南烟草业》，河南大学硕士学位论文，2007年。

理，通过区域的个案分析论述了当时以手工卷烟为代表的中国手工业发展及其困境，并阐述了当时手工卷烟业中的资本主义和近代化因素。① 山东是中国烤烟种植最早的省份之一，该地区烤烟业在民国具有十分重要的地位。马爱东在回顾山东烟草历史的基础上，对英美烟公司在这一地区经营活动的状况、特点及其对山东经济社会尤其是烟草业的影响进行了综合研究，复原了民初30年山东烟草业发展的原貌，分析了该地烤烟种植区的成因，指出民族企业和政府在这一过程中均发挥了重要作用。②刘冬青从民国时期四川农村经济的整体出发，考察了民国前中期该地区烟草种植业与加工业的发展历程，并从政策、技术、经济三个层面阐述了抗战时期四川烟草生产兴盛的原因。③任光辉追溯了陕西卷烟产业形成与发展历程，在此基础上分四个阶段对民国后期（1937—1948）当地卷烟政策、经销、利税及卷烟文化进行了系统分析，其中涉及陕甘宁边区及各地卷烟手工作坊的研究。④周曦运用大量有关烟税征收的原始材料，以时间为序，对清末、北洋时期、20世纪20—30年代重庆地区烟草业税收制度的历史发展特点、实施状况及其利弊得失进行了历史的客观的评价与分析，以这一地区为例向我们展示了近代中国的烟税制度发展变迁的历史图景。⑤

四

台湾及香港地区学者对卷烟及烟草工业发展史的研究成果较为集中，以高等院校学位论文最具代表性。台湾学者何思瞇专注于近代中国卷烟工业发展及专卖制度的研究，其专文《近代中国卷烟工业之发展（1912—1937）》以清末至抗战以前为时间断限，探讨了中国卷烟工业之兴衰起落及影响其发展情形，分析了其经营形态与产销结构，揭示了新式卷烟工业在中国的兴起、发展及演变的过程。⑥他的另一部著作《抗战时期的专卖事业

---

① 陈洪友：《民国时期河南手工卷烟研究（1912—1949）》，南京大学博士学位论文，2012年。
② 马爱东：《英美烟公司的经营活动及其对山东的影响》，中国海洋大学硕士学位论文，2008年。
③ 刘冬青：《民国时期四川烟草业发展研究》，南京农业大学硕士学位论文，2009年。
④ 任光辉：《民国后期陕西卷烟业研究》，西北大学硕士学位论文，2009年。
⑤ 周曦：《民国时期重庆地区烟草税收制度研究》，西南政法大学硕士学位论文，2009年。
⑥ 何思瞇：《近代中国卷烟工业之发展（1912—1937）》，《国史馆馆刊》复刊第20期，台北"国史馆"，1996。

(1941—1945)》考察了抗战时期中国专卖制度实施的背景及效果,按照行业分类对各项专卖事业做了详尽的介绍,其中对卷烟专卖及收益的研究较为透彻。①陈佳文的《我国烟酒专卖政策及专卖制度之研究》在考察历史时期政府烟酒专卖制度的基础上,对新时期台湾地区烟酒专卖政策的实施及利弊得失进行了综合研究。②王文裕从明清之际烟草传入中国开始谈起,以时间为序分明清之际、清朝入主中国至清中叶及晚清三个阶段考察了烟草的引进与传播、烟草与健康、烟草生产与消费、烟草与国家政策等一系列课题。③胡力人的《日治时期台湾烟草专卖制度下叶烟草产业设施发展历程之研究》为台湾近代烟草产业史结合建筑史导向性研究的典型。叶烟草泛指制烟前的原料物,胡文着重分析了台湾叶烟草产业规划原因、产业设施构筑技术与产业功能等面相,揭示了日治时期台湾叶烟草产业设施所代表的时代意涵以及在当下之文化价值。④香港关于卷烟及烟草史的研究,据笔者目力所及,20 世纪 80 年代以来出现了两篇相关的学位论文。吴玉英的《南洋兄弟烟草公司之史的研究》建立在大量史料基础上,对中国民族卷烟企业的典型代表南洋兄弟烟草公司组建、发展过程以及后期兴衰的原因进行了分析和探讨。⑤杨学元的《中国烟业史研究(1573—1937)》从烟草传入中国开始谈起,一直到抗日战争发生,按时间顺序介绍了中国烟草行业发展的历史进程,其中对政府的烟业政策、卷烟工业的缘起与发展等都有详尽的探讨。⑥

国外关于中国卷烟及烟草工业史的研究比较深入,以美国为典型,对卷烟企业的考察较为深细致,其中学者高家龙(Sherman Cochran)的研究最具代表性。1980 年,高著《中国的大企业——烟草工业中的中外竞争(1890—1930)》(*Big Business in China: Sino-Foreign Rivalry in the Cigarette Industry, 1890 - 1930*)一书出版,该书从英美烟公司和南洋兄弟烟草公司

---

① 何思瞇:《抗战时期的专卖事业(1941—1945)》,台北"国史馆",1997。
② 陈佳文:《我国烟酒专卖政策及专卖制度之研究》,台湾政治大学财政研究所硕士学位论文,1986 年。
③ 王文裕:《明清的烟草论》,台湾师范大学博士学位论文,2001 年。
④ 胡力人:《日治时期台湾烟草专卖制度下叶烟草产业设施发展历程之研究》,台湾中原大学硕士学位论文,2009 年。
⑤ 吴玉英:《南洋兄弟烟草公司之史的研究》,香港新亚研究所硕士学位论文,1987 年。
⑥ 杨学元:《中国烟业史研究(1573—1937)》,香港新亚研究所博士学位论文,1996 年。

之间的竞争与合并展开论述,其中涉及英美烟公司自身经营策略较多。[1]
2000年,他又写成《大公司与关系网:中国境内的西方、日本与华商大企业
(1880—1937)》(Encountering Chinese Networks: Western, Japanese, and Chinese Corporations in China, 1880 - 1937),建立在对企业发展史料剖析基础上,
对美孚石油公司、英美烟公司以及日资三井物产株式会社等大公司的关系网
络展开论述,对当时企业的战略结构变化、文化冲突的表象及决策成败的
原因进行了研究。[2]乔治城大学班凯乐(Carol Benedict)教授2011年出版的
《金丝烟:中国烟草史,1550—2010》(Golden-Silk Smoke: A History of Tobacco in China, 1550 - 2010)以时间为序追溯了烟草传入中国的历史,并从空
间、时间、社会经济和性别的角度考察了自晚明至今500余年中国烟草及吸
烟文化的延续和演变。[3]关于卷烟工人运动方面,哈佛大学费正清研究中心
裴宜理(Elizabeth J. Perry)教授的《上海罢工:中国工人政治研究》
(Shanghai on Strike: The Politics of Chinese Labor)将工人政治放在比较的角
度,以一种更普遍的眼光关注罢工、工会、政党等问题,探讨了工人的文
化与生活状况,工人运动涉及各个领域,其中对卷烟行业颇费笔墨。[4]此外,
记者、编辑出身的理查德·克鲁格(Richard Kluger)用六年半时间写成了
《烟草的命运:美国烟草业百年争斗史》(Ashes to Ashes: America's Hundred-
Year Cigarette War, the Public Health, and the Unabashed Triumph of Philip Morris),该书追溯了美国烟草业的发迹史,对"皇室家族"——杜克家族和雷
诺兹家族以及他们继承人的营销策略进行了考察,对烟草界不惜任何代价
地推销香烟而美国公众不顾一切忠告去购买香烟的复杂现象进行了反思。[5]
学者葛凯(Karl Gerth)的《制造中国:消费文化与民族国家的创建》(China Made: Consumer Culture and the Creation of the Nation)以中文、日文和英
文的档案、杂志、报纸及书籍为文献基础,考察了国货运动和反帝抵货运

---

[1] Sherman Cochran, *Big Business in China: Sino - Foreign Rivalry in the Cigarette Industry, 1890 - 1930*, Cambridge, Massachusetts: Harvard University Press, 1980.

[2] Sherman Cochran, *Encountering Chinese Networks: Western, Japanese, and Chinese Corporations in China, 1880 - 1937*, Berkeley: University of California Press, 2000.

[3] Carol Benedict, *Golden - Silk Smoke: A History of Tobacco in China, 1550 - 2010*, Berkeley, University of California Press, 2011.

[4] Elizabeth J. Perry, *Shanghai on Strike: The Politics of Chinese Labor*, Stanford, Calif.: Stanford University Press, 1993.

[5] Richard Kluger, *Ashes to Ashes: America's Hundred-Year Cigarette War, the Public Health, and the Unabashed Triumph of Philip Morris*, New York: Vintage Books, 1997.

动、商品展览会、爱国企业家形象的塑造等消费文化在 20 世纪中国的变迁，探讨了民族主义与消费主义的关系，其中对卷烟工业市场和消费文化的剖析较为深刻。①

美国之外，世界各地专家学者也从不同角度和侧面对中国烟业发展史进行了研究。2000 年，英国学者考克斯（Howard Cox）写了《世界烟草：英美烟草的起源与演变（1880—1845）》（*The Global Cigarette：Origin，and Evolution of British American Tobacco，1880 - 1845*），该书把英美烟公司在全世界的经营状况展现给读者，其中也论述了该公司在中国的经营情况，但较为简略；②由桑德尔·吉尔曼（Sander L. Gilman）等创作的《吸烟史：对吸烟的文化解读》（*Smoke：A Global History of Smoking*）一书描述了吸烟的起源、传播及其与历史文化、文学艺术、种族、性别等因素的互动过程，并就吸烟生理学等焦点问题进行了科学的分析，对人类吸烟的历史做了深刻的文化解读。③此外，法国著名中国问题研究专家玛丽·格莱尔·白吉尔（Marie-Claire Bergère）教授专注于中国资产阶级与上海史的研究，她的两部作品《中国资产阶级的黄金时代：1911—1937 年》（*Marie-claire bergère lâge dor de la bourgeoisie Chinoise，1911 - 1937*）和《上海史：走向现代之路》（*Histoire De Shanghai*）以上海为中心，考察民族企业家群体的发展历程，其中论及上海的民族卷烟企业，还运用市民社会方法论对上海的社会团体展开论述。④日本学者小浜正子的《近代上海的公共性与国家》一书对民国时期的民间社团与政府的关系进行了深刻的剖析，考察了政府与上海社会组织对公共领域的争夺，其中工商同业公会组织研究涉及卷烟行业，有助于理解该领域同业公会的历史作用。⑤

五

综上所述，我们可以看出，学界目前研究卷烟及烟草工业发展史的成

---

① Karl Gerth, *China Made：Consumer Culture and the Creation of the Nation*, Cambridge, Massachusetts：Harvard University Press, 2003.
② Howard Cox, *The Global Cigarette：Origins and Evolution of British American Tobacco, 1880 - 1945*, Oxford：Oxford University Press, 2000.
③ Sander L. Gilman and Xun Zhou, *Smoke：A Global History of Smoking*, London：Reaktion, 2004.
④ 白吉尔：《中国资产阶级的黄金时代：1911—1937 年》，张富强等译，上海人民出版社，1994；白吉尔：《上海史：走向现代之路》，王菊等译，上海社会科学院出版社，2005。
⑤ 小浜正子：《近代上海的公共性与国家》，葛涛译，上海古籍出版社，2003。

果已经很多，不仅有资料集、行业及地方专志，还有不少专书和专论。研究既涉及烟草的传入与种植，也有卷烟制作与销售，还有卷烟企业和政府税收、烟业组织及工人运动等，从农业史、工业史及广告学、营销学、管理学、社会学等角度对中国卷烟工业的缘起、发展以及民族卷烟与外商英美烟公司的竞争等做了比较详尽的论述。然总体而言，目前对近代中国卷烟工业史的研究尚有许多薄弱与不足之处。

第一，研究视角有待进一步的拓宽。新中国成立后一段时间内，革命史观和阶级斗争的视角在学界占据主导地位，因此国内卷烟工业史的研究主要围绕对帝国主义和官僚资本的批判展开。卷烟工人运动研究，主要集中于共产党领导的反对帝国主义和官僚资本的压迫和斗争方面。20世纪80年代以来，革命史的叙述框架逐渐被打破，学理化的趋势日渐明显，学界对卷烟工业和企业从市场学、管理学、营销学、广告学等不同角度出发进行了考察。但卷烟工业史的研究总体仍有深入拓展的余地，如缺乏从政府管理的角度，对政府与企业、社会的关系进行研究，进而考察卷烟工业的发展。这就涉及卷烟工业的外围组织卷烟工业同业公会、商业同业公会及产业工会等社会团体，从新的视角出发，这些非政府组织的研究有待进一步开拓和深入。还有，从工人运动的角度研究卷烟工业发展，在新的视角和方法下，对共产党领导之外的卷烟业工人运动及工会的研究，均有待于进一步加强。

第二，研究的时段和地域的不平衡。无论是中国还是外国学者，对中国卷烟工业发展史的研究，主要集中在20世纪初至30年代，对战后中国（1945—1949）卷烟工业的研究显然十分薄弱，甚至可以说是一大空白。相关的文史资料虽提到一些，但远不足训。尽管若干研究当时恶性通货膨胀和经济崩溃的论著，对卷烟业有一定学理性的反映，但不过是间接的、支离的，不足以当作直接的成果看待。就民族卷烟企业集中地上海，相关专著仅有方宪堂先生《上海近代民族卷烟工业》，战后部分只占全书1/5，属史料汇编性质，与其历史重要性、内容丰富性与复杂性仍不匹配。就战前中国卷烟工业史的研究来看，一是集中于近代中国主要烟叶产区河南、山东、安徽等地，这些地区美种烟叶的引进与种植较早，烟业经济发展较快；二是集中于卷烟企业较多的上海、武汉、重庆、广州等地，对于其他如广大内地及边疆民族地区的情况，除了部分志书专书外，尚缺乏研究。事实上，旧中国长期以来处于不统一状态，各地卷烟工业发展的状况特点也不尽相同，无论是半机器还是机器卷烟生产，都为后来的卷烟工业发展提供了经验和借鉴，值得我们去进一步探索。

第三，研究内容也有待进一步的完善。企业史研究是卷烟工业发展史研究的重要组成部分。目前学界对卷烟企业的研究，主要集中于外资企业英美烟（颐中）公司和民族企业的典型南洋兄弟烟草公司，而关于其他民族企业如华成、利华、大东南烟草公司等，以及另一种特殊类型企业即抗战胜利后以接收为基础建立起来的国营卷烟企业的专题研究均非常缺乏。[①]另外，时代在不断发展变化，无论是晚清、北洋还是南京国民政府，不同阶段的卷烟工业发展都有它的脉络、特点及影响因素，其中既有共性，又有特殊性。即使南京国民政府统治的不同时段，行业发展的状况也各不相同。从已有成果看，研究缺乏由点到面的深入，除对卷烟企业生产、管理、营销的研究外，对行业发展的环境、特点及原料市场，对国民政府烟业政策及实施与民间团体互动的具体情况缺乏考察和分析；对近代卷烟工业研究，没有将其从经济范畴上升至社会、政治范畴，进行全面、深入的研析；在新近开放的档案文献资料运用方面，亦存在不足，这不能不影响研究者对卷烟工业发展问题的复杂性及各个时期政府烟业政策成败得失的认识。

通过回顾和分析该领域的研究，笔者认为夯实和完善中国近代卷烟工业史研究的关键是要进一步开阔研究视野，强化战后中国卷烟工业在整个卷烟工业史研究中的地位。当务之急是要加强对抗战胜利后全国各地卷烟工业方面史料的发掘与整理，较为全面地掌握这一时期卷烟企业的数量、种类、分布、组织形态以及企业个体、群体与政府及其他民间团体的互动，以此为依据，利用多学科的视角分析卷烟工业发展的地域性特征，透视转型时代社会经济的发展变迁，从而构建出一个比较符合当时实际状况的近代卷烟工业研究体系。只有这样，才能既突出卷烟工业史研究的地域特色，又更好地融入近代经济史以及区域社会史。总之，近代中国卷烟工业史的研究还有较多的工作要做。

（作者单位：山西大学历史文化学院）

[①] 有关这方面的研究，笔者曾对上海国营中华烟草公司的承购权纠纷进行过探讨，参见拙文《战后国营企业出售与"优先承购"的困境——上海中华烟草公司承购权纠纷案探研》，《上海经济研究》2012 年第 2 期。

社会转型视野下的国家治理研究

郑成林 姬凌辉

国家治理与社会变迁不仅是古今中外历史中的重大议题，也是基于当下国际环境风云突变，对中国日益突出的国家治理、社会民生、民族冲突等问题的现实关怀，涉及政治、经济、制度、外交、社会、文化等各个方面，影响国家、社会、个人等各个层面。近年来，随着新史料的发掘、新理论的运用、新视角的转换，社会转型视野下的国家治理研究取得了令人瞩目的学术积累。为了进一步推动相关研究的深入和创新，中国社会科学杂志社《历史研究》编辑部与华中师范大学中国近代史研究所、历史文化学院、人文社会科学高等研究院等单位，于 2014 年 10 月 10—12 日在武汉联合举办了"第八届历史学前沿论坛"。来自中国社会科学院、中国人民大学、南京大学、南开大学、武汉大学、华中师范大学、上海大学、江西师范大学等 30 所高校和科研院所的 50 余位学者，提交论文近 40 篇，围绕"国家治理与社会变迁"的主题，就国家的起源、治理与道路，国家的形象塑造与文化认同，国家对经济的管理与调控，国家治理下的社会治理，国家对日常生活的管控、渗透与影响，国家的边疆治理与外交政策等主题，进行了深入研讨，充分展示了国家治理与社会变迁领域的前沿成果，在理论、方法、视角、史料等方面均有新的发现和突破。

一 国家的起源、治理与道路

论及社会转型视野下的国家治理，一个最基本的问题就是国家的起源、治理及其道路问题，这也是此次论坛一开始争论的焦点。在欢迎致辞中，高翔（中国社会科学杂志社）认为，当前史学研究应当坚持唯物史观，探索历史规律，经世致用；坚持在长时段、全面、发展的视域下，探讨既有历史意义又有现实感，同时又能与国际史学界前沿进行平等对话的问题，最终形成具有鲜明中国特色的马克思主义史学学术话语体系。周群（中国社会科学杂志社）的《当代中国历史学的发展路向——兼论历史学前沿论坛的意义和价值》一文，认为马克思主义史学在过去的65年里，走过了三个阶段：初步确立及挫折阶段（1949—1978）、发展和面临挑战阶段（1978—2007）、初步构建阶段（2007—2014）。沈长云（河北师范大学）指出，以往马克思主义史学名家对"五种社会形态"的讨论依然是学习和运用唯物史观的"标本"，但是维护"五种社会形态"并不代表就是维护唯物史观。他的《中国古代国家产生的标志、路径及相关史实的考订》一文，运用考古学"地下资料"与文献学"地上资料"互证的方法，逐一回应了古代史学界和考古学界长期纠缠不清的几个基本问题，即中国古代国家产生的标志、中国古代国家产生的路径、夏王朝的真实性等，认为亚细亚生产方式是不可否认的。任放指出，应当注意治水社会与魏特夫所提出的东方专制主义之间的关系。国家产生之后，必然带来治理问题，在人治占主导地位的古代中国，任人唯亲和选贤任能便成了两项最重要的选官标准。晁天义（中国社会科学杂志社）的《"亲亲"与"尊贤"：古代国家治理的两项原则及其史前传统》一文指出，基于血缘的亲族关系与地缘的个人才能是前国家时代推选首领的两项基本因素，中国的前国家时代实际上是血缘与地缘因素共存并用的社会，在部落领袖的产生过程中，人们一方面从血缘因素出发强调"任人唯亲"，另一方面从地缘因素出发力求"选贤任能"，其结果就是"世袭"与"禅让"（民主推选）在中外历史的前国家时代共存，而先秦时期偏重"亲亲"而兼顾"尊贤"的传统，是中国前国家时代留下来的重要政治遗产。齐春风指出，选官问题是自古以来国家治理的重要内容，中国自上古以至中古，实际的选官制度是逐渐从"尊贤"走向了"亲亲"。

春秋战国时期是百家争鸣、百花齐放的时代，诸子百家纷纷著书立说，阐明不同的治国方略和主张，其中法家"以法治国"的主张经过商鞅和韩非等人的努力在秦帝国得以实践。

李禹阶（重庆师范大学）的《论商鞅、韩非的国家思想及"法"理念——兼论商、韩法家理论的结构性缺陷》一文，从国与民、法与刑、法与术、法与德四对关系入手，总结出商、韩国家思想与"法"理论存在结构性缺失，这种缺失又使秦帝国政治运行与社会控制有着极大局限，并且隐藏着使国家崩溃的潜在的功能性缺陷。包伟民（中国人民大学）认为，结构性缺陷的提法确实有助于理解国家兴衰，但这种国家理论并非是"形而上"的，而是具有社会整合功能。因此必须对基层社会进行分析，方能理解上层建筑土崩瓦解的根由。他在《制度嬗变的前顾后瞻——从帝制晚期东南地区乡村基层组织的沿革说起》一文中，提出应从历史发展的长时段着眼，以"会通"的视野来观察其沿革与变化。他通过对唐宋乡村基层组织的回溯和元明清乡村基层组织的后瞻，发现由于乡原体例等因素的影响，文献所记述的帝制晚期农村基层组织的名称与其结构常常出现"名实不符"的复杂现象。但其实存在某种一致性，即在不同时期和地区，农村基层组织的组织架构具有相当的一致性，而且这些组织复杂的名称与结构并非某时某地的人们凭空创设，而是渊源有自。范金民指出，对于宋元明清社会基层组织的研究，需要宋史学者与明史学者的协作方能出新。从这个意义上说，对宋元明清社会结构与基层社会组织问题的探讨，对于深入理解"唐宋变革"不无裨益。姜锡东（河北大学）的《宋代社会的货币化与政府的双重角色》一文，与内藤湖南的"唐宋变革论"和林文勋的"富民社会"两种观点进行了对话，从货币流布角度分析了宋代社会的货币化趋势及程度，认为宋朝政府在货币社会中扮演着双重角色，即发行货币与监管调节，并在不同时期出现强弱转换的现象，进而认为宋代是一个在官僚地主统治下的"货币化社会"。对国家性质、社会形态、社会结构的探讨终归要回答中国道路这个大问题，特别是近代以来，前仆后继的中国人逐渐探索出了一条有中国特色的社会主义道路。张艳国（江西师范大学）的《李大钊、瞿秋白认识"俄国道路"异同研究》一文，认为虽然李大钊与瞿秋白在对俄国道路及相关问题的研究上存在异同点，但是他们的认识都是中国五四新文化运动中的宝贵思想财富，都是中国早期马克思主义中国化的珍贵思想资料，都是中国近代思想文化与社会转型互动的一个宝贵案例。许冠亭认为，如果说俄国道路是马克思主义理论与俄国革命相结合的产物，那么在探讨中国问题时，应该把俄国革命、马恩经典著作与中国国情加以结合。

以上讨论既有对"五朵金花"问题的再认识，又有对古代具体治国思想和选官制度的探究，还有对近代中国百年救亡与启蒙道路的探索，在视野方面，体现了从长时段视域、全面的视阈、发展的视域看待历史。

二 国家形象的塑造与文化认同

国家既是"想象的共同体",又是对"共同体的想象"。中国古代礼仪制度是构筑中国古代文明的基石,一度超越地理疆域,形成独特的文化疆域,即"东亚文化圈"。杨华(武汉大学)的《中国古代礼仪制度的几个特征》一文,从国家活动和日常生活中的礼仪入手,通过对行礼者、礼器、礼物、礼辞、礼仪动作和举行礼仪的场所等要素的分析,归纳出中国古代礼仪制度的三个特征:等级性、象征性、合法性。任放认为,礼仪制度的合法性与王权的合法性应当区别开来,礼制对王权的功能意义似乎更大一些。如果说礼仪制度是中国古代文明的重要组成部分,那么基于礼仪之争的"夷夏之防""华夷之辨"就是汉民族对异族统治中国的合法性的质疑、反抗和认同的过程。刘晓东(东北师范大学)在《雍乾时期清王朝的"华夷"新辨与"崇满"》中指出,以欧立德为代表的美国新清史学派把中国"对象化"的做法,实则是忽视乃至淡化了大一统国家的"中国性",认为雍正皇帝"华夷一家"民族观念的阐释,与中国传统"华夷之辨"相较,无疑体现出了更强的民族平等意识。从当时的历史语境来看,"华夷一家"理念的提出,"夷"作为一种地理方位的指代,卸除了附加于其上的文化自卑,而具有了与"华"相对等的文化地位。既然华夷是平等的,就不需要再刻意模糊满汉之别,因此乾隆时期的"崇满",实则也是对雍正之后"华夷一家"理念的一种体认与回应。对此,包伟民有不一样的认识。他认为,乾隆"崇满"一定程度上是对雍正的反证或补证,不一定是民族平等,有可能是一种自我中心化,而前提是先确保满族的自我中心化,其次才会保证对汉族的相对平等。民众对政权的合法性认同是维持政权统治的必要条件,如果政权形象不佳,则极易造成认同危机。齐春风(南京师范大学)的《孔祥熙形象及其对国民党政权的戕害》一文,以日记记载为主探讨了孔祥熙的贪腐形象对蒋介石的南京国民党政权造成的潜移默化的影响,以及蒋介石、孔祥熙、宋美龄三者之间的关系,进而认为历史的复杂性在于,社会各界对孔祥熙形象的构建,既建立在一定的事实真相之上,又掺杂了一定的历史幻象。

历史中存储的集体记忆或共同记忆是激活民族精神的重要资源,是一个国家赖以自存和延续的精神基础,因此历史认同是民族认同、国家认同的前提，漫长的中世纪即是西欧民族国家形成的重要时期。陈文海（华南师范大学）在《三维路径下的法兰克社会生态诉求——〈法兰克人史纪事〉写作意蕴释论》指出，《法兰克人史纪事》一书很好地呈现出中世纪三种史书写作范式，即古典史学架构下的民族优越论、基督教观念指引下的正统民族论、圣经类型学喻示下的上帝子民论，此外，还体现出一种合乎"传统"的君臣协治论，该书不仅是对法兰克民族的"礼赞"，且其根本目的在于通过对伟大而优越的法兰克人历史的追溯，为现实中的法兰克社会政治格局寻求注解，并希望能够维持这一格局，即权势的贵族与正统的国王之间保持互不逾越底线的平衡关系。计秋枫认为，对于世界史而言，文本的考证显得非常重要，重新梳理法兰克人的历史和史书书写传统的流变，同时进一步厘定"君"与"臣"的关系，或许能对国内学者思考中国封建社会问题带来启示。近代以降，19世纪是英、法、荷、西、葡等列强在全球范围内掠夺和瓜分殖民地的时代，美国独立建国以后，迫切希望加入"文明国家"行列，取得欧洲列强的认同。王晓德（福建师范大学）的《美国开国先辈对"美洲退化论"的反驳及其意义》一文，以美国开国先辈反对欧洲中心主义者丑化美洲及美国人形象的历史情节为主题，认为在这长达一百年的历史进程中，美国人掀起的这场反驳布封等人的"美洲退化论"的论战有助于加强美国人的凝聚力和文化上的自信心，对美国大踏步地迈向世界强国起到了很重要的作用。徐滨认为，民族国家塑造过程中，如何加强和树立民族自信问题是值得继续深入思考的问题。陈海忠（韩山师范学院）的《故乡的复制与再造：一百多年来马来西亚潮人社会的故事》一文，根据田野调查，以海外潮州人对主要分析对象，探讨了一百多年来马来西亚华人如何在原乡社会文化脉络与诸多跨国要素的相互作用、影响下，进行故乡的复制与再造，最终成为构筑马来西亚多元社会文化的一部分。通过观察和分析这一新世界，有助于"在国家之外发现历史"，进而反思闽粤沿海社会的形成历史及其地方社会脉络。李巨轸认为，马拉西亚华人的国家认同、民族认同、文化认同，对于当前的"认同"问题有重要的补充作用。

对于国家形象的塑造与文化认同这一新兴问题，与会学者提出了很多有新意的见解，古今中外皆有论及，把人引向历史的深处。尤其是当今世界，全球化和认同的对立趋势带来的是民族、区域、国家、文明之间的冲突与融合日益剧烈，认同危机、信仰危机成为当今国家治理的难题，因此对于历史上国家、民族的形成和形象塑造以及文化认同问题的研究，将大有可为。

三 国家对经济的管理与调控

在国家治理中，国家对经济的管理与调控则是相对专业的问题，也是政府的重要职能之一，本次会议有不少学者对此进行了广泛而深入的探讨。张萍（陕西师范大学）的《官方贸易主导下的清代西北地区市场体系的形成》一文，从分析清代西北地区市场体系的地域特性出发，认为西北地区在官方主导下的茶马贸易的刺激下，同时受地理环境、政治格局、交通体系影响，在清代逐渐形成了有中心、有层次的三级市场体系。该体系对于和靖边疆，缓和民族矛盾，发展西北地区经济都有着积极的作用，该体系的形成也奠定了今天西北地区以陕西为龙头的商业地理格局。范金民指出，应当明确西北地区的贸易与其他省份、边境、域外的贸易的关联性和密切度。西北地区的丝绸、布匹大部分是从江南转运而来，有大量的存世文献可以证明，应当予以重视。商人是商业活动的主体，清代较为著名的商人群体有晋商、徽商等，而内务府皇商更是因其与国家重大经济活动有着千丝万缕的联系而备受学者关注。付海晏（华中师范大学）的《清代山西介休皇商范氏史事考》一文，凭借细腻的笔法和精致的考证功夫，在继承前人研究以及查阅《清宫内务府奏销档》等原始资料的基础上，通过对范氏皇商研究中若干史事的补正、修订，重新梳理了范氏家族的事迹，进而提出采取从"家史"到"国事"的思路，来拓展和深化清代商人研究。在做到史料的尽量扩充和正确解读的前提下，以精细之实证丰富商人之"家史"，进而从"国事"之视野反思商人之"家史"。姚霏认为，除范氏皇商之外，也应当关注普通商人的商业活动。

如果说转运军粮、办理盐务是山西皇商范氏赖以发家致富的前提，那么说淮盐湘岸制度是咸同年间战时军饷的重要保障则不为过。王静雅（南方医科大学）的《咸同战时筹饷与淮盐湘岸旧制规复》清晰地呈现了在战时财政需求驱动下，湘岸淮盐制度从"肢解"到"变异"再到"规复"的复杂过程，认为晚清战时财政制度运作过程深受时境、利益和人脉等诸多因素牵制，其中畛域利益与国家需求，公意与私情，权力博弈的平衡与否，均系近代制度史研究不可忽视的"密钥"。许冠亭认为，国家治理应当既见制度，又见组织，又见人，尤其是关照下层民众的思潮及其对制度的反应。刘增合（暨南大学）在《巡视督查制度与清季财政转型》中，梳理了晚清以来从巡查事件到巡查制度建立的整个过程，具体到清末财政改革，中央巡查官与地方督府、库司围绕清理财政、试办预算、划分国地两税三个方面展开互动与博弈，在此过程中，运行环境内的各种牵制因素十分复杂，既有正面牵引力量，又有众多的负面牵制因子，两种因素交互影响，制约着这一新式制度的运作成效。

工业革命以来，自由贸易和市场经济逐渐在世界上多数国家的经济活动中占据主导地位。中央和地方之间，活跃着大量的政府机构、金融机构、民间组织和商人团体。围绕公债发行，郑成林、刘杰（华中师范大学）的《南京国民政府国债基金管理委员会述论》一文，对国债基金管理委员会成立的背景和过程以及组织构成和主要职能进行了详细介绍，认为国债基金管理委员会作为南京国民政府时期最重要的公债基金管理与监督组织，在稳定国家债信、降低金融业经营公债风险乃至构建国家信用方面发挥了不可替代的作用。江沛指出，在民间、市场与政府之间，国债基金管理委员会的实际作用和职能须审慎评估。徐滨（天津师范大学）的《英国1825—1826年金融危机中的银行、政府与变革》一文，分析了1825—1826年经济危机本身的特点以及危机中英格兰银行与英国政府的应对措施，并认为在商业利益的推动下，政府重新安排金融制度与秩序，在1826年以后，本与英国政府关系密切的英格兰银行的银行体制被迫从私人公司向参股公司转变。计秋枫认为，对政府与银行之间的双向互动以及国家管理与银行管理之间的双向互动进行揭示，将更有意义。

1929—1933年爆发了资本主义世界最严重的经济危机，自由主义市场经济模式的弊端日渐凸显，美国在20世纪30年代后就加入了政府干预的手段，用国家的力量推动经济的运转。从此，"看得见的手"和"看不见的手"交相作用，改变了人们对传统市场经济模式的认识。田纳西河流域开发作为当时美国政府干预经济的重要手段无疑值得深入研究。黄贤全（西南大学）的《二战后美国区域经济开发政策述评》一文，以二战后美国田纳西河流域综合开发为例，对三个历史时期的区域经济开发的成效进行评估，认为区域经济开发政策受到了国内政治经济思潮影响和政党政治的制约，并认为开发田纳西河流域的国有企业投资模式开创了联邦政府直接参与经济活动的先河。徐滨认为，自西方民族国家产生之后，国家与市场的关系就是一个长期存在的问题。陶飞亚指出，效率低下是美国国企与中国国企的通病。戴建兵认为，由于国企产权不明晰，管理容易虚置，所以效率不高。

放眼世界，大部分国家的经济活动都经历了由前近代官方主导的区域性、国家间贸易活动向近代自由市场经济模式的转变，一战后由自由市场经济模式向政府干预市场、宏观调控与自由市场相结合的模式转变。对于国家对经济的管理与调控这一传统研究主题，与会者既有宏观研究，又有微观探讨，对于近代国家如何处理政府与市场的关系做了更为翔实的论证。

四 国家治理下的社会治理

所谓"社会治理"，指特定的治理主体对社会实施的管理。在本次会议上，学者围绕义仓制度、宗教、非政府组织、灾荒救济、医疗卫生、环境治理等问题展开了有益的探讨。任放（武汉大学）在《清代仓储管理的规范化——以社仓、义仓为中心》中指出，从制度史角度看，清代民间仓储（社仓、义仓）经历了一个规范化的过程。由于社仓义仓的建设与基层社会正常运转的关系非同寻常，尤其是在饥馑之年，直接关系社会稳定和人心向背，故清代帝王对社仓义仓均极为重视，其中雍正帝的上谕多次对"荒政"之事进行专门指示，对民间仓储的规范化管理发挥了重要作用，表明在雍乾之际，传统的民间仓储之管理制度已臻完备。刘增合提出，在讨论"规范化"本身时，是否存在一个自我规范化的问题。换言之，除了官方与民间外，随着朝代的变化，会有一些不同的举措，管理手段、管理内容、经营者等都在变化中，若从事件史路径切入，或许更能深入探讨此类问题。包伟民认为，义仓自隋代出现之后，其实一直存在，并不是说"宋代义仓久废"。除常规文献外，还可利用基层的地方文献来补证。陶飞亚（上海大学）的《晚清国家基督教治理的博弈与走向》一文，采用贯通清史的视角，围绕清廷与西方国家在基督教问题上的博弈，认为鸦片战争前，清廷治理天主教的现行政策是严禁与宽容皆有，清廷占据上风。鸦片战争后，随着通商口岸的逐步开放，清廷的基督教政策开始由禁教而弛禁而演变为保护传教和信教自由为核心的宗教宽容，基督教渐渐占据上风。随着清廷对在华基督教运动了解的增多，以及传教士主动与朝廷的沟通，清廷开始转变对教会的政策，但又走向迁就教会的一端，在处理民教纠纷中有失公允，结果在政局变化中造成了庚子事变的失控局面。从民教冲突的层面讲,又造成零和局面。整个晚清博弈和影响社会的过程,又为辛亥革命后《中华民国临时约法》写入"人民有信教之自由"做了不自觉的历史铺垫。戴建兵认为,从中层和下层视角来看,民间的民教关系与政府层面的记录有很多不太一致的地方,应当对中央治理和地方治理、民教关系的多样性和复杂性进行深挖,换言之,应从多层次、多角度、地方差异性来看待这个极具有现实意义的社会问题。许冠亭(苏州大学)的《试论苏州"五卅路"的修筑起因与资金来源——兼与退款筑路说之商榷》一文,对苏州"五卅路"的修筑起因与资金来源重新梳理,指出"五卅路"是苏州人自筹资金和自力更生修筑的,与上海退还国内外五卅捐款无关,且上海总商会当时已是收不抵支,根本不可能有退款之举。计秋枫认为,"上海退款筑路说"的前因后果,被建构的具体过程和细节,需要运用考证的方法进一步澄清。

朱英(华中师范大学)的《1934年天津商会改选纠纷与地方政府应对之策》一文,探讨了天津商会、同业公会与天津党政当局在《商会法》法律框架下,围绕天津商会改选问题进行互动与博弈的复杂过程,认为天津同业公会反对商会的这一吊诡现象,折射出天津商会改选的特殊性,体现了近代中国商会发展演变过程中的多重复杂面相。戴建兵认为,该文是以微见著的大文章,包含很多对民主问题的看法。他认为在中国传统文化体系中,政府看得见的那只手去处理看不见的手,在清朝或者民国可能是常态。因此,政府宏观调控与市场自我调节视角亦可用于探讨此类问题。江沛(南开大学)的《虚实之间:1942—1943年河南大灾荒述论》一文,结合台湾"国史馆"藏"总统府"档案,对1942—1943年河南大灾荒的成因、救灾过程以及死亡人数等问题进行了重新梳理。万振凡(江西师范大学)的《虫、人之争与鄱阳湖区域生态环境变迁》一文,通过分析血吸虫、人、环境三者关系,探讨了鄱阳湖地区生态环境经历的三个演变阶段,认为未来鄱阳湖区血防工作必须走既能有效地防控血吸虫病,又能保护生态环境的"生态血防"之路。齐春风认为,将疾病史和环境史进行结合,把握住了当下医疗史研究的前沿,但跨学科研究似乎应当坚守历史感和时空感,如若能将该文分成具体的部分和时段进行剖析,则成果可期。张萍则指出,根据生态系统理论,生态系统包括大气、植物、人、动物等,虫、人和环境等概念不能并列,虫、人、水可以并列,因此应当关注民国时期的气候变化对血吸虫病的影响。

五　国家对日常生活的管控、渗透与影响

国家治理除了高屋建瓴的顶层设计和雄心勃勃的大政方针外，还有数以亿计的普通民众，民众的声音和生活无法自我呈现，往往湮没在历史尘埃中。本次会议上，学者们围绕个人档案与私人生活、单位社会与劳动竞赛、土地政策与富农雇工、文革口号与日常生活等内容展开了讨论。戴建兵（河北师范大学）的《档案中的历史：当代中国个人生活史研究散论》一文，认为当代中国个人生活史研究与西方私人生活史研究在概念、资料等方面存在较大差异，由于中国人的个人档案依托于单位人事制度之下，公权力对私人领域渗透甚深，所以并非像西方私人生活史以"不受法律管辖的墙壁后生活"为研究对象，但当代中国的人事档案内容丰富、数量庞大，故研究者可以以个人档案为基本研究依据，综合使用日记、回忆录和田野调查等各种相关资料，借鉴"从底层看历史"的社会史研究模式，从微观史角度再现传统史学所忽略的社会下层民众的喜怒哀乐和日常生活变迁，更能够丰富个人生活史的研究内容，拓展社会史研究的新领域。陶飞亚指出，由于个人档案过于私密，对当事人形象乃至国家形象会有颠覆性影响，因此对档案资料的搜集和解读一定要多下功夫。李葳（中国社会科学杂志社）的《单位社会视域下的北京市劳动竞赛（1949—1957）》一文，在考察新中国成立后北京市单位社会形成过程的基础上，通过对劳动竞赛开展的阶段与内容、劳动竞赛典型推广进行分析，探讨了劳动竞赛制度的实际作用，提出"劳动竞赛—典型推广—道德规范"模式，并认为劳动竞赛活动不仅彰显着新中国对"劳动价值"的肯定，而且在新中国单位社会建构的过程、集体主义工作伦理的形成过程中承载了不可或缺的历史作用。陈海忠认为，应当尽可能收集一些口述史资料，从个人生活和个人记忆角度去看普通人眼中的"劳动竞赛"。

张静（湖北省社会科学院）的《趋利与避风：新中国成立初期乡村富农雇工行为研究》一文，从中共富农政策宏观演变和村庄内部富农雇工行为的微观变化两个维度，考察了新中国成立初期，富农在趋利与避风之间如何运用"弱者的武器"，实现了"日常形式的反抗"。作者认为，当政府政策偏好与农户的行为选择出现冲突时，应将施政视角深入乡村社会微观情境中，增强农民的参与权和决策权，关键是运用经济或法律手段，培育

公平、平等的要素市场秩序和环境，而不是简单地以行政干预替代市场运作。陶飞亚认为，在探讨国家政策时，应当把决策者、决策的过程、政策的误读等面相呈现出来，历史学实证研究与社会学定性定量分析应当做更好的结合。姚霏（上海师范大学）的《"文革"时期的标语口号及其图像化呈现——试析主流意识形态是如何进入日常生活》一文，则运用西方多模态话语理论，以《人民日报》"报眼"和各种日常生活用品上的标语口号和宣传画为材料，揭示了"文革"时期主流意识形态的传播过程，认为标语口号的图像化是其进入日常生活的关键环节。刘增合认为，"文革"史研究存在文献不易得和政治敏感性等问题，从图像化角度切入"文革"史研究，是将"文革"史做深、做细、做扎实的一个很好尝试。他指出，把呈现者本人的心态与图像化本身结合起来，做到既看到物，又看到人，将是进一步努力的方向。虞和平（华中师范大学）认为，图像证史对于研究"文革"史很有意义，但对"文革"器物是否是政府指定生产，单位是否有意订制，有没有厂商为了销路和追逐利益而生产此类产品等问题有必要区分考察，进而指出，实际上主流意识形态宣传以及图像化是影响了日常生活，而非进入日常生活。

六　国家的边疆治理与外交政策

鸦片战争以后，古老的中国逐渐从传统的"朝贡－宗藩体系"和"天下观念"转向国际条约体系和现代化国际关系。在变动中的世界秩序中，国家的外交政策和手段往往会影响到大国的兴衰。计秋枫（南京大学）的《晚清"保藩固圉"方略的得失检讨》一文，认为清朝作为传统中国的统治理念和管辖模式的继承者，在19世纪60、70年代西方列强加紧对中国周边国家进行殖民统治并试图入侵中国本土之时，逐步提出确立了把保护属国的安全和加强本国的防务相结合的"保藩固圉"的边防政策。在实际操作中，清廷对属国琉球、越南和朝鲜采取了不同应对策略，从最终结局来看，虽然"保藩固圉"不乏战略合理性，且短期内在对朝鲜政策中获得了某些成效，但由于晚清国力孱弱，内政外交难为，最终是"封贡体系"和"天下"观念的分崩离析。陶飞亚认为，该文对于当下严峻的边疆问题有参照价值，虽是旧题新作，但文章体量目前不够饱满，"保藩固圉"的概念演变也未得到充分揭示。此外，涉及中外关系和晚清外交政策，必须将中外外交史料进行比照分析。"侨务公共外交"是国家治理的重要内容。朱东芹（华侨大学）的《闽南侨乡新移民初探：形成、分期与特点》一文，选取"新移民"群体中较具代表性的闽南侨乡新移民进行研究，对其形成、分期及特点展开分析，将20世纪70年代以来闽南侨乡掀起的新移民出国潮大致分为三个阶段：20世纪70年代初到80年代中后期、20世纪90年代初至21世纪初、21世纪初至今，且各个时期移民的背景、动因、类型、流向等均存在差异。文章以赴菲闽南侨乡新移民为例，通过分析新移民（"新侨"）与老一辈华侨华人（"老侨"）的复杂关系，认为对传统侨乡新移民的研究不仅有历史文化价值，亦有强烈的现实意义。

此外，本次会议上还有部分学者在新史料的挖掘与解读方面做出了很好的努力。姜生（四川大学）的《汉墓龙虎交媾图考——兼论〈周易参同契〉的起源》一文，认为汉墓画像系统用图像化的语言保存了汉代盛行的阴阳合气、龙虎交媾结精成仙信仰。汉人利用此类仪式象征图像，使整个墓室成为类似丹家炉鼎的逆时序生命转换器，即《老子想尔注》所谓的"炼形之宫"。这些认识对于认识汉墓的信仰结构，揭示《周易参同契》之汉代起源，具有钩沉起蔽的重大意义。包伟民指出，图像证史的方法固然很好，但是否存在作者有意建构成分，从墓葬学角度看，是不是所有墓葬类型都有类似现象，换言之，如何将图像与其对应的文献材料的结合论证做实，则是需要进一步思考的问题。范金民（南京大学）的《清代江南田宅买卖订立的"草议"》一文，结合在日本东京大学东洋文化研究所、京都大学法学部和东北大学等地新近发现的草议及草议类文书，探讨了江南地区田宅交易过程中草议的具体内容、基本特征和性质，以及草议签订的情形、效力及其与正契之区别，认为"草议"作为一种房地产交易具立正式文契前订立的文书，值得学者进一步搜集、整理和研究。虞和平指出，对明清社会经济史研究而言，范氏对海外草议文书的整理与研究填补了目前国内研究的空白。但是不同草议对毁约的处罚力度不一，毁约的具体细节和过程仍需要进一步挖掘。

七 结语

由上述可知，在此次会议上，学者们对国家治理的各个方面均有论及，相关研究既立足于档案、契约等原始史料，也借助于经济学、新文化史、田野调查、多模态话语分析等理论和方法，颇有新意。部分学者围绕"贯通中外历史""长时段研究""跨学科交叉研究""多角度研究"进行了积极尝试和热烈讨论。在闭幕式上，李红岩（《中国社会科学》杂志社）指出，历史学者应当避免从文本到文本的形式主义研究倾向，揭示史料背后的故事，揭示历史真相，走向本真，从而建构新的历史认知。马克思主义史学的价值在于如何具体地指导学者做研究，发挥方法论意义上的指导作用。空泛、肤浅地理解和运用马克思主义唯物史观是将马克思主义教条化的表现。如何做到活学活用马克思唯物史观，写出高水平的学术作品，如何纠正"马克思主义作品形象不佳""非马克思主义作品畅销吸睛"的弊病，需要当代历史学者继续耕耘。

（作者单位：华中师范大学中国近代史研究所）

·书评·

经济史与演化发展经济学结合的创新

——评《战略性工业化的曲折展开：中国机械工业的演化（1900—1957）》

黄阳华

严鹏博士所著《战略性工业化的曲折展开：中国机械工业的演化（1900—1957）》一书已由上海人民出版社付梓。这部著作脱胎于作者的博士学位论文，几经打磨，谋篇布局和行文用词已臻成熟。为了避免班门弄斧，笔者想从经济理论背景切入，从该书的特点、贡献和面临的问题等方面对其进行评价。

在经济思想史上，坚持非均衡主义的经济发展学说可以上溯至比英国古典政治经济学还久远的时代。相比于古典经济学研究一般性的经济活动，这一传统的经济学理论更注重产业结构红利，主张国民财富的源泉不是来自贸易，① 也不是报酬递减的（传统）农业部门，而是具有报酬递增的制造业部门。这些制造业部门也被称为战略性产业、先导部门或基础部门。甄别出具有报酬递增效应的产业并给予重点扶持或保护，被视作政府在经济发展中的核心作用。相应的，隶属这一传统的经济学家，奉工业化或者抑制他国发展工业为国家竞争之圭臬。虽然在不同的历史时期（或发展阶段），战略性产业的形态有所不同，或为纺织业、制铁业、炼钢业、机械装备制造业，或为交通运输设备、石油化工、信息技术、生物产业，但其对经济发展的效应并无二致。从第二次世界大战前后至1970年代中期，经济学界和政策界活跃着一大批发展经济学家，将上述关于工业化与经济发展的学术思想加以系统化、理论化和模型化，一时间经济发展理论百花齐放，

---

① 虽然有时主张提升制造业、改善贸易条件的理论被不当地贴上"重商主义"的标签。

群星璀璨。以此为指导的经济发展政策成为诸多国家战后经济建设的指导思想，特别是大量战后获得民族独立的亚非拉国家，出于谋求独立自主、国富民强甚至赶英超美的目的，纷纷采取以战略性产业为主导的工业化纲领。受新古典复兴运动的冲击，经典发展经济学在20世纪70年代后期一度陷于低潮。近年来，演化经济学家一方面利用产业创新的研究重构了战略性工业化理论，另一方面利用经济史、经济思想史和经济政策史的研究，形成了演化发展经济学，在基本理论和政策主张上，继承和发展了战略性产业与工业化的学术传统。

按照演化发展经济学的研究纲领，该书具有如下贡献。首先，高度重视战略性部门在推动工业化进程中的决定作用。机械工业是19世纪第二次工业革命中涌现的战略性部门，机械工业的发展为其他产业提供了资本和技术密集度更高的装备，不仅提升了工业的生产效率，而且改变了工业生产的组织方式和管理模式，对人类社会工业化的路径有着不可替代的作用。近代以来，中国因错失工业革命的机遇，在相当长的历史时期内沦为一个后发国家，在该书的考察期内（1900—1957）都是一个追赶型的后发国家，工业化水平与发达工业化国家相比存在发展阶段上的差别。作者把握住这一历史时期中国机械工业的演进，并以此为研究中国战略性工业化的切入点，准确抓住了战略性产业演进与工业化进程的主线。

其次，产业演进嵌入特定的制度环境，即便是同一产业且处于产业生命周期的相同阶段，当被置于不同的制度环境中时，产业演进的路径也可能会分化。在长达半个多世纪的历史中，国家与市场的关系无疑是产业演进外部制度中的基础性制度。20世纪上半叶，中国经历了多种多样的政治体制与经济体制，也遭到了强烈的外生冲击（如抗日战争）。其间，政府与市场的关系也经历了数次重大调整，机械工业的产业管理体制、产业政策实践、行业管制等制度进行了多组"实验"，这样的制度环境为机械工业史的研究提供了极好的素材。该书作者牢牢抓住考察期内政府与市场关系的演变，重构不同制度环境下战略性产业的发展状况、特点和绩效，使得全书的理论框架自洽，逻辑一致，结构清晰。

再次，正是由于重视制度环境对机械工业发展的重要影响，该书作者所宣称的"历史学派视野"大有用武之地。全书主要采用历史学派传统的历史方法、比较方法和制度方法，剖析不同历史时期的特定制度环境下机械工业的结构性差异、中外产业发展的分野，用理论思维统率翔实的史料，

经济史与演化发展经济学结合的创新

并从中抽离出一般性的规律用于新理论的构建，颇有历史学派和老制度主义的遗风。同时，该书关注中国情景和中国问题，对以西方和东亚日韩等少数发达国家为主要对象的演化发展经济学，做出了中国学者的原创性贡献。

最后，虽然这是一本产业史的研究著作，但是所探讨的问题并不过时，对当代中国相关问题的研究仍然具有重要的启发价值。例如，当前中国大力培育和发展的战略性新兴产业虽然比20世纪上半叶的机械工业复杂、高端得多，但是这些产业部门对中国进一步推进工业化，提升中国产业国际竞争力的作用与当年的机械工业依然有诸多相似之处，如何培育和发展这些战略性新兴产业也会遇到当年机械工业发展所遇到的问题。例如，在战略性产业的发展过程中，政府与市场的关系也是任何时代、任何国家都需要回答的问题，产业史的研究对这些问题的解答或许可以提供一定的思路。

这部著作是一部跨学科的研究成果，其中涉及一些经济学的理论和概念，作者将之用于建构分析框架，组织史料，归纳结论。那么，相关经济理论和概念的界定是一项重要的工作。该书选择以"战略性工业化"为题，不可避免地带有经典发展经济学的"基因"，那么关于经典发展经济学的"是是非非"也成为该书不可回避的问题。下面仅对此做三点近乎苛刻的评论。

第一，贯穿该书的主线是战略性部门演进过程中国家与市场作用之争，虽然作者对政府和市场的界定着墨不多，但存在按照主体区分国家与市场边界的倾向，即将非国家（政府当局）的因素归结为市场，以区别于国家。这种分类符合日常的惯例，但从经济意义上讲，如此划界或存在一定的局限性。在经济学中（特别是在发展经济学中），市场表示供给与需求之间的关系，供需双方的主体既可以是以政府为代表的公共部门，也可以是企业、家庭、个人结成的私人部门，公共部门和私人部门的供求都是市场的组成部分。从该意义上说，抗日战争时期（1937—1945）国民政府出于满足公共效用（抗战救亡）之目的，对机械工业的大量订单是一种公共部门的需求，在行业内的相关企业看来，难以区分这是国家的作用还是市场的作用。换言之，即便是特定时期公共部门的需求主导了市场需求，也仍然是市场需求。这是按照主体区分国家和市场关系所面临的挑战。在国家与市场关系的讨论中，核心的问题在于是否遵从价格机制配置产业资源，即"矫正价格"（make price right）与"扭曲价格"（make price wrong）之别。因此，以价格机制之存废划定国家与市场之界限，或许比按主体划分更为准确。

第二，20世纪上半叶中国机械工业的曲折演进受到多重因素的作用，至于不同时期何种因素起决定性作用需要专门的检验。作者通过一系列的对比研究，论证两个机械工业发展的"好"时代（1937—1945年和1949—1957年）都不是市场主导的结果，此结论值得进一步商榷。至少中日战争为中国机械工业创造了空前的市场需求，不仅机械工业投入与产出需求量大幅增长，而且需求层次显著提升，这些需求方的因素在机械工业发展过程是难以忽视的。对此，甚至可以提出如下替代性假说：抗日战争之前和战后内战时期，中国机械工业发展绩效相对"较差"，恰恰是因为缺乏了战时市场拉动的作用。事实上，战争市场对战略性产业（或新兴产业）的显著促进作用，包括演化经济学家在内的很多研究者都给予了承认。如第二次世界大战对机械化和摩托化作战的需求刺激了履带式车辆和轮式车辆产业的发展，日本军国主义"要求"丰田等原轻工业制造企业发展汽车业务等。这个问题的本质是上述国家与市场界定问题的延续。

第三，作者推崇国家而非市场在战略性工业化中的首要作用，所以进一步推导出"国家意志"的强弱对产业发展有重要影响，主张以国家意志弥补市场作用的缺陷。这在逻辑上是成立的，但是中间的过程或需细化。资源动员能力和资源配置效率都是战略性工业化所必需，强国家意志可确保的是一国具有较强的资源动员能力，但并不一定确保其具有更高的资源配置效率。在支撑性制度不健全的情况下，市场机制存在多种多样的缺陷，但是市场机制仍然是提升资源配置效率的重要方式，使用不当的"国家意志"也存在"挤出"市场机制的风险。这是20世纪70年代经典发展经济学饱受诟病而逐渐丧失思想与政策市场的重要原因之一。因此，在识别国家和市场作用时，分别发挥二者在资源动员和资源配置方面的优势，或更有利于战略性工业化的推进。

（作者单位：中国社会科学院工业经济研究所）

Table of Contents

Studies on Economic and Social History

The Split of the Jiangnan Arsenal and the Jiangnan Shipyard as Analyzed from the Perspective of Chinese Business History Studies   *Lee Pui-Tak*

 Abstract: The Jiangnan Arsenal was one of the earliest modern enterprises of China which commenced in the 1860s. It was restructured significantly for three times during the period of 1865 – 1912: 1) by merging with the Shanghai Arsenal in order to form the Jiangnan Arsenal in 1865; 2) by separating from the Jiangnan Arsenal in order to form the Jiangnan Shipyard in 1905; 3) by renaming as Jiangnan Shipbuilding Company and placing under the Chinese Navy's custody in 1912. These innovations of company reorganization helped the Jiangnan Shipyard to become the most earliest and biggest modern shipbuilding enterprise of China. This paper argued that the 'split of arsenal and shipyard' in 1905 was the most important change of the enterprise structure on one hand, and reassessed the impact made by the 'split' from a viewpoint of business history studies on the other.

 Keywords: Jiangnan Arsenal; Jiangnan Shipyard; Split of Arsenal and Shipyard; Alfred Chandler's Thesis; Chinese Business History

The Municipal Participation and Its Demonstration Effects of Shanghai Business Communities —Take the Shanghai Fire Protection Association as the Core
 Fang Qiumei

 Abstract: Municipal subject consciousness of Shanghai business community had been awaked in late Qing and early Republic of China. The Shanghai Fire Fighting Association (SF-

FA) had been a successful example of Shanghai business community's municipal participation, which can be proved by its establishment and development. SFFA's municipal participation in many respects had not only made a positive contribution to the municipal construction and administration in modern Shanghai, but also produced obvious demonstration effects to the folk fire protection group of many cities in Jiangsu and Zhejiang Province. Such demonstration effects also had positive effects on the development of the modernity in Chinese urban area, especially in Jiangsu and Zhejiang Province .

Keywords: Late Qing and Early Republic of China; Shanghai Business Community; the Shanghai Fire Fighting Association; Municipal Participation; Demonstration Effects

The China Merchandise Corporation (Shanghai) under "Combined Sales"

Diao Chenglin

Abstract: The China Merchandise Corporation (Shanghai) was invested by main national factories and some banks in Shanghai. By establishing a modern enterprise management system which was featured by "national products" and "Combined sales", the corporation reflected the influence of the external political and economic environment on the development of the department stores' strategy in the 1930s. The foundation of China Merchandise Corporation also showed the attempts of the new but weak national factories which united together to save themselves under crises. It promoted the development of national products movement in Shanghai and colored the business activities of modern department store by the injection of nationalistic consumption.

Keywords: China Merchandise Corporation in Shanghai; National Products Movement; Nationalistic Consumption

A Study on the Problems and the Undercurrents of the Financial Market in the Rear during the Sino-Japanese War

Zhao Guozhuang

Abstract: During the Sino-Japanese war, some implicit problems such as dilemma of borrowing concepts and loan procedures, the struggle between seasonal spend and lending speed, and the frequent existence of the capital shortage, had made a good deal of hardship and undercurrent to financial market in the rear. Those implicit problems which were microscopic, potential and sustainable, presented a multi-dimensional vision of financial industry together with the construction of financial industry network and the explicit problems such as idle funds, monetary speculations and inflations.

Keywords: the Sino-Japanese War; Financial Industry; Handicraft Industry; Fund-raising

The Evolution of Technology in the Home Front Industrial Enterprise during the War: A Case Study on Central Machine Work
Yan Peng

Abstract: During Sino-Japanese War, the home front industrial enterprises experienced a technical evolution under special circumstance. These enterprises, including Central Machine Work of NRC, manufactured large-scale machines such as power equipment at a tough time and promoted China's industrial technology. This evolution owed to the results of various combined factors such as capital, technology and market. Without imports during the war, the state capital endured a long period non-market logic of investment. The dispatch of personnel to foreign enterprises to participate in the technical activities of research and development mechanism, as well as the support and encouragement to the national independent manufacturer from consumers, constituted some advantage to the development of the technology for the industry in the rear. Thus, despite the great negative impact by the war, the special circumstance accelerated technical accumulating of capital goods sector. The Counter-Japanese War had therefore become an important stage of China's industrialization process.

Keywords: Machine Industry; Wartime Economy; State Capital; National Resources Committee; Industrialization

The Changes of Transportation, Commercial Network and Cities in Tibet in Republic of China
Fu Zhigang

Abstract: Traffic has been one of underlying constraints for development of Tibet. During the period from late Qing Dynasty to the Republic of China, both the central and local government have made efforts in transportation in order to strengthen political and economic ties with Tibet. In the Republic of China, road traffic in Tibet stayed the same as Qing. With the merchants diversified and the political situation changed, the trade with Sichuan declined. By contrast, it was getting more prosperous with Qinghai, India and Nepal. The development of commercial trade promoted the formation and development of the commercial trade network. At the same time, the commercial towns have developed, which laid the foundation of the modern city of Tibet.

Key words: Republic of China; Commercial Network; Cities; Tibet

Research on the Relationship between Concession Expansion and Railway in Modern Shanghai

Yue Qintao

Abstract: In order to break through the land channel between the concession and the mouth of the Huangpu River, British colonists built Woosung Railway regardless of the opposition from Qing government. However, the railway did not promote the development of the concession because of the short existence. After the Sino-Japanese War (1894 – 1895), from the government to the local gentry, China took unified actions to prevent the railway and the station going into the concession. Shanghai Municipal Council took measures like filling rivers to build roads across the border and regional expansion to approach the railway and then maintain the prosperity of the concession. This aroused a new round of rejecting tide and finally stopped the pace of concession expansion forcefully.

Keywords: Shanghai; Concession Expansion; Railway Line; Railway Station

Studies on Political History

A Study on the Revolutionary Strategy and Frontier-Building of Zhang Taiyan

Wang Penghui

Abstract: Zhang Taiyan stood at the forefront of the enlightenment of modern China with profound knowledge of the so-called "yi xia jin you" (the integration of China proper and the frontiers) principle of imperial China's territorial structure. He combined the "yi xia zhi bian" (the distinction between China proper and the frontiers) principle and nationalism to develop revolutionary strategies. Zhang Taiyan's ethnic Han nationalism, which consisted of both the "rang yi kuang xia" (consolidate China proper and strike the frontier ethnic groups) principle and modern nationalism, led to inherent conflict between the actual state territory and imaged state territory of modern China, in which the central theoretical dilemma was whether the frontiers inhabited by the non-Han ethnic groups belonged to China's state territory. After the Republic of China was founded, Zhang Taiyan joined the development of Northeast China, indicating his position of unifying the non-Han ethnic frontiers into China's state territory and the return to the "yi xia jin you" principle of state building.

Key words: Zhang Taiyan; Revolutionary Strategy; Frontier Development

A Review on the Third Negotiation Document of Hanyeping Company in the "Twenty-one Demands"

Li Haitao

Abstract: The proposal of the Third Negotiation Document of Hanyeping Company in the "Twenty-one Demands" had a profound economic and historical background. The company concealed great strategic interests of Japan as it possessed important strategic significance in terms of the development of Japanese iron and steel industry. After the founding of the Republic of China, Beiyang Government didn't admit the loan contract and intervened in corporate affairs forcibly. In order to reconstruct a link with the government, Hanyeping Company put forward the government-private industry partnership on its own initiative. Meanwhile, due to the negative influence of turbulent social situation on management of the company, Japan was forced to present the Negotiation Document of Hanyeping Company to avoid threats against its vested interests. The document claimed seeking for operating jointly as its main goal, thereby strengthening Japanese control over the company. The signing of "Twenty-one Demands" established principles of dealing with problems of Hanyeping Company between Chinese and Japanese government, compelling Beiyang Government to acknowledge Japanese vested interests, moreover, legalizing Japanese qualifications to operate the company jointly. Nevertheless, the sticking point of the joint operating plan couldn't be solved just through a textual document. The realization of this plan was restricted by various factors, e. g. attitude of Beiyang Government and public opinion, the circumstance of Han Yeping Company.

Keywords: Hanyeping Company; "Twenty-one Demands"; Operating Jointly

Special Relationship between Urban and Rural Areas—From the Farmers' Mobilization Campaign to Return Home in Shanghai during 1955 – 1956 to See the Early Days of the Relationship between Shanghai and its Neighboring Provinces

Ruan Qinghua

Abstract: In 1955, in order to transform Shanghai into a "production base", the Shanghai Municipal Party Committee proposed a plan, "tighten Shanghai" (紧缩上海), which required to evacuate a large number of people from Shanghai. Tens of thousands of people were relocated, labeled as farmers, into neighboring provinces such as Jiangsu Zhejiang and Anhui. The Shanghai Municipal Party Committee considered that since Shanghai had made tremendous sacrifices and contributions for New China, Jiangsu, Zhejiang, Anhui provinces and other neighboring areas had the obligation to assist Shanghai to resettle the "surplus population." In fact, Jiangsu, Zhejiang, Anhui and other surrounding areas were treated by Shanghai as its rural areas, a place for the settlement of 'the surplus population' from Shanghai, and a special relationship was formed between urban and rural areas. Further more this relationship has introduced a new model that urban population will be evacuated to the rural areas, and it has a far-reaching influence.

Keywords: Reduce Shanghai; Production Base; Population Placement; Relationship between Urban and Rural Areas

Studies on Intellectual History

The Change of the Chinese and Western Concept of Guo Songtao as China's Envoy to the Britain (1875 – 1879)
Wu Qi, Zhu Zhongwen

Abstract: During his initial days as an envoy in Britain, Guo Songtao firstly admitted that the "practical learning" of the West was unmatched in the world, while denied the superiority of the West in morality. With the collapse of the superiority of China in morality, he finally admitted the superiority of the west in morality in his diary. The formation of this way of understanding is closely related to the complicated relationship between "the ideal China" and "the real China" in the mind of Chinese traditional scholar. However, without expressing such views anymore after that, it could be seen as an abnormal thought in his mind.

Keywords: Guo Songtao; View of China and the West; China; the West; Morality

Preliminary Survey on "Literature Supplement of Wuhan Daily" with Wu Mi as Editor in Chief
Fu Hongxing

Abstract: "Literature Supplement of Wuhan Daily" (《武汉日报·文学副刊》) with Wu Mi as editor in chief was similar to journal "*XueHeng*" (《学衡杂志》) and "*Literature Newspaper Supplement of Ta Kong Pao*" (《大公报·文学副刊》). Due to the move of editor in chief, the influence of "XueHeng school" was about to infiltrate into Central China area from a small academic circle, and became the strongest mass media in the area. In the backdrop of establishing process of "literature newspaper supplement of Wuhan daily" (《武汉日报·文学副刊》), the article discusses his thought as an editor on four aspects: group analysis, columns and contents, in order to make a comprehensive assessment of his excellent contribution achieved in this academic style newspaper supplement.

Keywords: Wu Mi; Wuhan Daily; Literature Supplement; Comprehensive Survey

Modern Universities and Societies

University, City and Collective Memory: The University Town Project on the National Central University in 1930s *Jiang Baolin*

Abstract: In September 1932, Luo Jialun had been appointed as the president of the National Central University. From then on, the school developed steadily, not only in the improvement on teaching and research qualities, but also in the advancing of infrastructure construction, which was promoted by Luo Jialun. In 1933, Luo offered a proposal to the National government to migrate the National Central University from city center to suburb and to build an university town. Luo's project was supported by government, while facing fierce objections from alumni and outsiders. Though terminated because of the Counter-Japanese War, Luo's project has had two aims: to manifest the academic status of the National Central University as a capital academy in facilities and scales; to secure the stability environment of the campus by being away from the political centre without losing the political resources. In alumni and some public opinions, the migrating project would cancel the status as capital academy geographically, and cut the relationship between the academic tradition and collective memory on the school. Thus, the university town project reflected the complex relationship between the modern Chinese university and the city.

Keywords: Nanking National Government Period; National Central University; Nanjing; Collective Memory; the University Town Project

Principal Candidates of Missionary University for Registration in the Republic of China Period *Zhao Feifei*

Abstract: The registration of Missionary University had complicated historical background in 1920s and 1930s. The church strove for educational right in the name of freedom of religion. However, past Chinese governments emphasized recovery of educational sovereignty. Missionary University took relevant countermeasures to deal with Ministry of Education's registration. One of the most important countermeasure was that Chinese to be chosen as the president of Missionary University. Although Chinese presidents had not complete administrative power, political changes gave them opportunity to practise christian university education, resulting in success of Missionary University in the history of Chinese university education.

Key Words: Missionary University; Registration; President; Educational Right

Differences between the Implication and the Practice of Chinese Characteristics in Christian University: A Research on the Mission Fund Campaign of Yenching University in the 1930s

Chen Ling

Abstract: Chinization has been the objective sought assiduously and consistently by Yenching University. Its "Chinzation" transformation benefited work together from external environment and internal logic, thus more socially in china. In the early 1930s, in order to realize the sinicization of transformation, Yenching University began to advance the nativization of sources of funds. In 1933, the U. S. economic crisis provided an opportunity for this purpose. Because the U. S. was unable to provide funding support for Yenching University at this time, Yenching University launched "The Million Fund Campaign" in the society of China, hoping to raise funds for one million to get rid of the crisis and further promote sinicization of transformation. "The Million Fund Campaign" was main with teachers, students and alumni of Yenching University, and extending to the Chinese society from all walks of life. Each main body was established corresponding fund-raising organizations to undertake the quota tasks assigned by the university, cooperation between the parties and movement to partition staging the raised steadily. But due to the situation of China's economic and social instability in the 1930 s, "The Million Fund Campaign" failed to get the ideal effect. Meanwhile, the different understanding between the implications for "The Million Fund Campaign" and its "Chinization" by students and the school authorities of Yenching University also revealed the complexity and diversity of the "Chinization" transformation of Yenching University.

Keywords: Yenching University; The Million Fund Campaign; Raise Money; Chinization; Dilemma

Notes

The Transition during 70 Days: Taiwan between Liberation and Return

Zhang Jiankang

Abstract: With the power vacuum in the 70 days between liberation on August 15th, 1945 and returning to China on October 25th, there was no obvious uprisings in Taiwan society. The reason maybe owed to the excitement of Taiwanese on the returning to motherland and their hopes to self-autonomy of Taiwanese. But the power window period had also inevitably brought various reactions even vital dangers in a society of 6 million people. Those were what can be learned from the *the 1945 of Agitated* collected by Yang Du.

Keywords: Taiwan; Liberation; Return; Social Order

Reviews

An Overview of Modern Chinese Cigarette Industry *Wei Xiaokai*

Research on National Governance from Perspectives of Social Transformation
Zheng Chenglin, Ji Linghui

Book Review

Innovation from the combination with Economic History and Evolution of Development Economics —Review on "Strategic Industrialization Twists Unfold: the Evolution of China's Machinery Industry (1900 – 1957)" *Huang Yanghua*

稿　约

《近代史学刊》为近代史学界交流学术成果之公开园地，原由华中师范大学出版社出版，自第 11 辑始，由社会科学文献出版社出版。由于学界的支持与厚爱，本刊在近代史学界获得了比较好的评价，并成为 CSSCI 收录集刊，中国知网也已经收录本刊全部论文。2014 年起本刊由每年一辑增加为两辑。为了进一步提升学刊水准，非常希望得到您的支持和赐稿。

本刊倡导"走出中国近代史研究中国近代史"，因此，研究对象可以是 1840—1949 年的"近代中国"历史，也可以是 1840 年以前及 1949 年以后与近代中国历史源流有关的内容，以求融会贯通地理解近代中国的"古今之变"。本刊奉行英雄不问出处、佳作不拘形制的开放性编辑方针，专题论文、问题争鸣、学术综述、书介书评、读史札记均所欢迎，字数长可 3 万，短可数百，选取稿件唯在学术建树，实行匿名审稿，不收取任何费用。唯限于编辑部力量，现只接受用中文撰写的稿件。

本刊注释一律采取脚注形式，每页单独排序，标为①②③……具体规范可参见会科学文献出版社《2012 年学术著作出版规范》第 17—25 页。下载地址：http://www.ssap.com.cn/pic/Upload/Files/PDF/F6349319343783532395883.pdf。

来稿邮箱：jindaishixuekan@126.com。一经刊用，将寄赠样刊并略致薄酬。

近代史学刊编辑部

图书在版编目(CIP)数据

近代史学刊.第14辑/朱英主编.—北京:社会科学文献出版社,
2015.10

ISBN 978 - 7 - 5097 - 8121 - 0

Ⅰ.①近… Ⅱ.①朱… Ⅲ.①中国历史 - 近代史 - 研究 - 丛刊
Ⅳ.①K250.7 - 55

中国版本图书馆 CIP 数据核字(2015)第 232986 号

近代史学刊(第14辑)

主　　编 / 朱　英

出 版 人 / 谢寿光
项目统筹 / 赵　薇
责任编辑 / 赵　薇

出　　版 / 社会科学文献出版社·近代史编辑室(010)59367256
　　　　　 地址:北京市北三环中路甲29号院华龙大厦　邮编:100029
　　　　　 网址:www.ssap.com.cn
发　　行 / 市场营销中心 (010) 59367081　59367090
　　　　　 读者服务中心 (010) 59367028
印　　装 / 三河市东方印刷有限公司
规　　格 / 开　本:787mm × 1092mm　1/16
　　　　　 印　张:19.75　字　数:330 千字
版　　次 / 2015 年 10 月第 1 版　2015 年 10 月第 1 次印刷
书　　号 / ISBN 978 - 7 - 5097 - 8121 - 0
定　　价 / 59.00 元

本书如有破损、缺页、装订错误,请与本社读者服务中心联系更换

▲ 版权所有 翻印必究